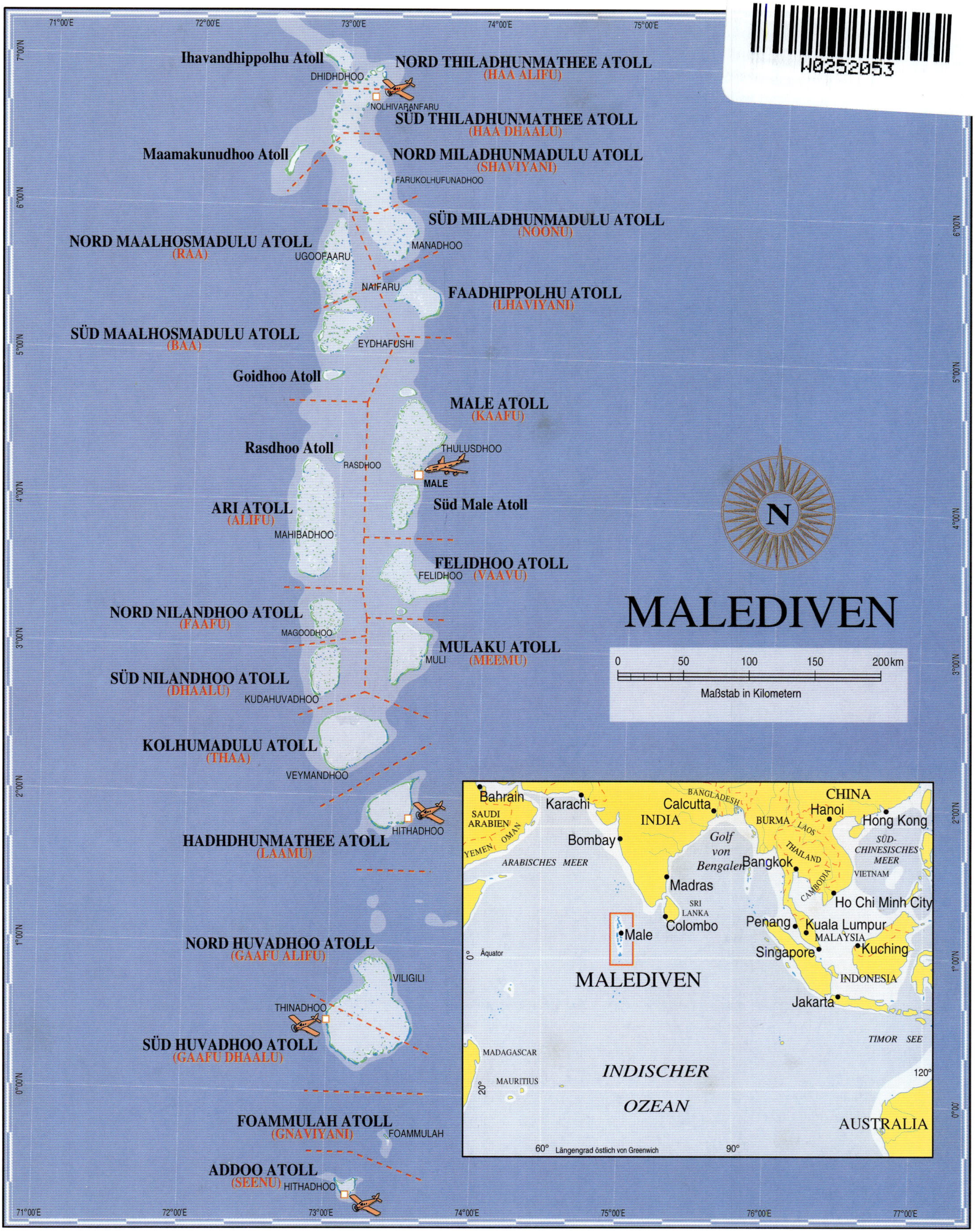

MALEDIVEN
Ihavandhippolhu Atoll
DHIDHDHOO
NORD THILADHUNMATHEE ATOLL
(HAA ALIFU)
NOLHIVARANFARU
SÜD THILADHUNMATHEE ATOLL
(HAA DHAALU)
Maamakunudhoo Atoll
NORD MILADHUNMADULU ATOLL
(SHAVIYANI)
FARUKOLHUFUNADHOO
SÜD MILADHUNMADULU ATOLL
(NOONU)
NORD MAALHOSMADULU ATOLL
(RAA)
UGOOFAARU
MANADHOO
NAIFARU
FAADHIPPOLHU ATOLL
(LHAVIYANI)
SÜD MAALHOSMADULU ATOLL
(BAA)
EYDHAFUSHI
Goidhoo Atoll
MALE ATOLL
(KAAFU)
Rasdhoo Atoll
RASDHOO
THULUSDHOO
MALE
Süd Male Atoll
ARI ATOLL
(ALIFU)
MAHIBADHOO
FELIDHOO ATOLL
FELIDHOO
(VAAVU)
NORD NILANDHOO ATOLL
(FAAFU)
MAGOODHOO
MULAKU ATOLL
MULI
(MEEMU)
SÜD NILANDHOO ATOLL
(DHAALU)
KUDAHUVADHOO
KOLHUMADULU ATOLL
(THAA)
VEYMANDHOO
HITHADHOO
HADHDHUNMATHEE ATOLL
(LAAMU)
NORD HUVADHOO ATOLL
(GAAFU ALIFU)
VILIGILI
THINADHOO
SÜD HUVADHOO ATOLL
(GAAFU DHAALU)
FOAMMULAH ATOLL
(GNAVIYANI)
FOAMMULAH
ADDOO ATOLL
(SEENU)
HITHADHOO
71°00'E
72°00'E
73°00'E
74°00'E
75°00'E
76°00'E
77°00'E
7°00'N
6°00'N
5°00'N
4°00'N
3°00'N
2°00'N
1°00'N
0°00'N
N
0
50
100
150
200km
Maßstab in Kilometern
Bahrain
Karachi
SAUDI ARABIEN
OMAN
YEMEN
ARABISCHES MEER
Bombay
INDIA
Calcutta
BANGLADESH
CHINA
Hanoi
Hong Kong
BURMA
LAOS
Golf von Bengalen
Bangkok
THAILAND
SÜD-CHINESISCHES MEER
VIETNAM
CAMBODIA
Madras
SRI LANKA
Colombo
Ho Chi Minh City
Penang
Kuala Lumpur
MALAYSIA
Male
Singapore
Kuching
0° Äquator
MALEDIVEN
INDONESIA
Jakarta
TIMOR SEE
MADAGASCAR
MAURITIUS
20°
INDISCHER
OZEAN
120°
AUSTRALIA
60°
Längengrad östlich von Greenwich
90°

Tilla dou Matis
Milloüe Madou
Padipola
Malos Madou
Paidou
Poulados
Isles Maldives
Candou
Polisdou
Addou
Moluque
Ocean
Nillandoua
Collomadoua
Itadou
Candou
Souadou
Addou
Oriental

TAUCHEN AUF DEN MALEDIVEN

MALEDIVEN

DER TAUCHFÜHRER DURCH DIE INSELWELT DER MALEDIVEN

ZWEITE AUFLAGE

TIM GODFREY

ÜBERSETZUNG INS DEUTSCHE BEI CLAUS-PETER STOLL

ATOLL
EDITIONS

Atoll Editions
PO Box 113
Apollo Bay, Vic. 3233
Australia
Fax: (++61) 3 52376332 http://www.atolleditions.com.au

Erstauflage 1996 (Atoll Editions)
Zweitauflage 1998 (Atoll Editions)

Titelaufnahme in die Australische National Bibliothek:

Godfrey, Tim
"Tauchen auf den Malediven"
Der Tauchführer durch die Inselwelt der Malediven
ISBN 1 876410 06 X

Umschlaggestaltung: David Constable Design.
Hergestellt von Publishing Solutions.

DANKSAGUNGEN

Die Malediven sind ein Schmelztiegel verschiedener Nationalitäten. Doch unter Wasser gibt es keine Sprachbarrieren und viele meiner beeindruckendsten Tauchgänge habe ich mit Menschen unternommen, deren Sprache ich nicht einmal sprechen konnte und deren Namen mir schon lange wieder entfallen sind. Ihnen allen möchte ich herzlich danken.
Unter anderem gilt mein Dank auch an Ruud Paesie für seine Karten und Anmerkungen über Plätze und Attraktionen wie Fotteyo, Vattaru Kandu, Medhu Kandu, Rakeedhoo und Mulaku Kandu. An Petra Hellmann für ihre Karten von Fushivaru Thila, Kuredhdhoo Express und dem Shipyard. Saskia Nieuwkoop für ihre Zeichnungen vom Broken Rock und Thinfushi Ethere Thila, sowie an Anders Fagh für seine Karte vom Miyaru Thila und Doris Wolf für ihre Karte des Boduhiti Thilas.
Für ihre Beiträge möchte ich mich ebenfalls bedanken bei: Staffan Hansson, Tammie Lattmann, Silvia Ross, Thomas Wälchli, Rainer Schätz, Silvia Glodzik, Karel Ververgaart, Yusuf, M. Zuhair, Charles Anderson, Ahammad Shafeeq, Ahmed Shameem, Martien Alkema und Mohamed Mustafa.
Dank schulde ich auch allen Mitarbeitern von Eurodivers, Sea Explorers und Voyages Maldives, den Besitzern und

Walhai, Rhincodon typus.

Managern der Inseln, auf denen ich einige Zeit verbrachte und besonders den Basisleitern und Tauchlehrern, die mich auf jegliche Art und Weise unterstützten.

Besonders möchte ich auch Rudie Kuiter erwähnen, der den Lesern mit seinen Ratschlägen als Fachmann für Fisch- und andere Artenbestimmungen und als Unterwasserfotograf einen näheren Einblick in die marine Flora und Fauna der Malediven ermöglichte.

Mein spezieller Dank richtet sich auch an Mohammed Ibraheem Loutfi, der viel Zeit und sein ganzes Wissen bereitstellte, um alle geographischen wie historischen Aspekte in diesem Buch so genau und informativ wie möglich zu darzustellen.

Besonders danke ich Cinzia Mariolini für die italienische und Claus-Peter Stoll für die deutsche Übersetzung.

Mein Dank richtet sich auch an alle, die an der Produktion und Gestaltung des Buches mitwirkten. Chris Crook für die Insel- und Atollkarten, Jim Darby und Ken Lambert für das Lektorat und für die verlegerischen Ratschläge, Kenneth Yendell für den Entwurf und das Layout, David Constable für die Gestaltung des Einbandes, Glen Hamer, Anton O'Callaghan und Dorte Kayser für die grafischen Entwürfe, und schießlich besonderen Dank an meine Mutter für ihre stete Hilfe und Unterstützung.

Alle Fotos wurden von **Rudie Kuiter** gemacht; eine Ausnahme bilden die nachfolgend genannten Bilder:

Oliver Clarke. Seite 122.

Adrian Neville. Seiten 7, 22, 25, 42 Mitte, 58, 61 links, 84 oben, 91, 93, 141 unten.

Musthag Hussain. Einband Mitte, Seiten 17 oben, 39 oben, 47 links, 53, 85 unten, 87, 100 oben rechts, 131 unten.

Antonio Frisca. Seiten 67 alle Bilder, 115 alle Bilder, 116.

Federico Fiorillo. Seiten 1 unten, 76 unten, 81 unten.

Tim Godfrey. Seiten 5, 11, 13 links und rechts, 17 Mitte und unten, 19, 23 alle Bilder, 24, 30 oben, 31 oben, 34 oben, 45 oben, 48, 57 alle Bilder, 59, 63 unten rechts, 74 alle Bilder, 108, 109, 119, 120 oben, 127, 128 alle Bilder, 131 oben, 133, 134 alle Bilder, 135 alle Bilder, 136.

Kimmo Hagman. Seite 120 unten.

Neville Coleman. Seite 137 oben.

Paolo Manganaro. Seiten 1 oben, 107.

Udo Kefrig. Einband oben und unten, Titelseite, Danksgungsseite, Bild gegenüber Einleitungsseite, Seiten 27 alle Bilder, 44 unten, 47 oben, 65, 82 alle Bilder, 89, 139 oben links.

Titelseite: *Der Anker der* SS Sea Gull *liegt auf dem Riffdach von Gaafaru Falhu.*

Bild gegenüber Einleitungsseite: *Die Schiffsschraube des Halaveli-Wracks im Nord Ari Atoll.*

Zum Gebrauch des Buches

Die Karten in diesem Buch sind dreigeteilt: in Atoll-, Region- und Tauchplatzkarten. Die Atollkarten zeigen die Ressorts in blauen Buchstaben mit dem traditionellen Namen in Klammern dahinter. Ebenso sind unbewohnte Inseln, Riffe, Unterwassernaturschutzgebiete, Hubschrauberlandeplätze, Namen der Kanäle (Kandus) und einige sehr bekannte Tauchplätze aufgeführt. Die Regionalkarten zeigen das Gleiche, aber detaillierter und unter Berücksichtigung aller im Buch aufgeführten Tauchplätze. Die Tauchplatzskizzen schließlich beziehen die Topographie des Platzes, bzw. der Riffe und deren wesentliche Merkmale mit ein und sind als sinnvolle Orientierung für Taucher gedacht.

Tauchplatzbeschreibungen, die durch eine Karte hinterlegt sind, enthalten eine generelle wie hilfreiche Einführung über den Ort, die Tiefe, die Flora und Fauna, den Korallenbewuchs und andere Merkmale. Die Bewertung des Fischaufkommens ist allgemein gehalten und in „Durchschnitt“, in „Über Durchschnitt“ und in „Im Überfluß“ aufgeteilt. Gleiches gilt für den Korallenbewuchs. Hier wird zwischen: „Mager“- „Gut“ - „Sehr gut“ und „Ausgezeichnet“ gewertet. Die Tauchplatzkarten sind, was den Platz, die Tiefen und die Zuordnung anbetrifft, annähernd maßstabsgetreu. Dieses gilt auch für die Anordnung von Merkmalen wie Höhlen, Überhänge, Sattel, Canyons sowie auch für eine ungefähre Angabe über die Bereiche des Platzes, wo bestimmte Fischarten und andere, marine Lebensformen am häufigsten anzutreffen sind.

Am Ende des Buches findet sich ein Fischbestimmungsverzeichnis, sowie ein Index aller Tauchplätze und Ressorts, die in diesem Buch erwähnt werden. Sie können dazu verwendet werden, sich einen schnellen Überblick über diese Bereiche und über deren wichtigste Informationen zu verschaffen. Die Fischnamen und deren Bestimmung basiert auf dem ausführlichen Fischführer von Rudie Kuiter. „Photo Guide to Fishes of the Maldives“ (Atoll Editions 1998).

Weiterhin werden alle Tauchplätze mit Sternchen * bewertet. Diese Sterne beziehen sich nicht auf die Qualität des Tauchplatzes, als vielmehr auf die Erfahrungen, die ein Taucher mitbringen sollte, wenn er diesen Platz aufsucht. Die Einteilung stellt sich dabei wie folgt dar:

- * Für Anfänger geeignet leicht zu betauchen, Tiefe unter 20 Meter, keine Strömung, wenig Schwimmaufwand.
- ** Für Anfänger bei passenden Bedingungen geeignet leicht zu betauchen, Tiefe unter 20 Meter, normaler Tauchgang, größere Tiefen, nicht ganz strömungsfrei.
- *** Für fortgeschrittene Taucher. Tauchplatz mit zu erwartenden, starken Strömungen.
- **** Für sehr erfahrene Taucher. Tauchplatz mit zu erwartenden, starken Strömungen, zudem größere Tiefen.

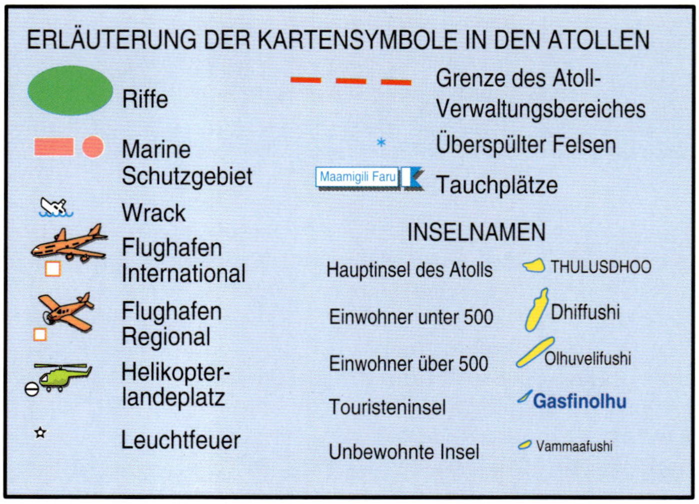

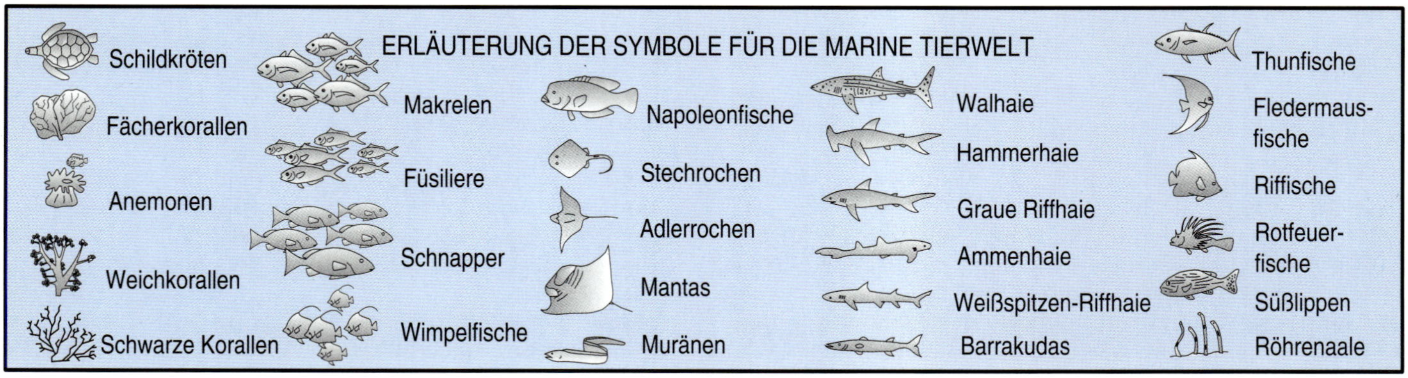

Inhalt

Einleitung 1

Die Korallenriffe der Malediven 2
- Klima und Wetter 4
- Strömungen 5
- Tauchsicherheit 6
- Gezeiten 6
- Naturschutzgebiete unter Wasser 7
- Der Indische Ozean-Maritime Geschichte 9
- Berühmte Wracks auf den Malediven 14

Das Nord Male Atoll (Kaafu)
- Atollkarte 18
- Die Inseln 19
- Karte von Male 20
- Das Tauchen 26
- Gaafaru Region 26
- Helengeli Region 28
- Meerufenfushi Region 30
- Himmafushi Region 35
- Male Region 40
- Rasfari Region 48
- Makunudhoo Region 51

Das Süd Male Atoll (Kaafu)
- Atollkarte 56
- Die Inseln 57
- Das Tauchen 60
- Vaadhoo Region 60
- Guraidhoo Region 64
- Vaagali Region 68

Das Nord Ari Atoll (Alifu)
- Atollkarte 72
- Die Inseln 73
- Das Tauchen 75
- Rasdhoo Region 75
- Gangehi Region 77
- Halaveli Region 79
- Feridhoo Region 88

Das Süd Ari Atoll (Alifu)
- Atollkarte 90
- Die Inseln 91
- Das Tauchen 94
- Dhangethi Region 94
- Rangali Region 99
- Thundufushi Region 102

Das Felidhoo Atoll (Vaavu)
- Atollkarte 106
- Die Inseln 107
- Das Tauchen 110
- Alimathaa Region 110
- Felidhoo Region 113

Das Faadhippolhu Atoll (Lhaviyani)
- Atollkarte 118
- Die Inseln 119
- Das Tauchen 121
- Hinnavaru Region 121
- Fushifaru Region 123

Das Addoo Atoll (Seenu)
- Atollkarte 126
- Die Inseln 126
- Britischer Einfluß 127
- Das Tauchen 129
- Bushy Region 130

Das Süd Maalhosmadulu und Goidhoo Atoll (Baa)
- Atollkarte 132
- Die Inseln 133
- Das Tauchen 136
- Kudarikilu Region 136
- Maalhoss Region 137
- Eydhafushi Region 140
- Innafushi Region 141

Tauchmöglichkeiten 142
Fischindex 144
Tauchplatzverzeichnis 146
Tauchsafariboote auf den Malediven 148
Verzeichnis der Ressorts 150
Begriffe und Redewendungen in Dhivehi 152

Einleitung

Die größte touristische Attraktion der Malediven sind ihre traumhaften und zahllosen Tauchgebiete. Zusammen mit dem Lebensstil ihrer Bewohner und der paradiesischen Atmosphäre verwundert es kaum, daß es Taucher immer wieder zu dieser verlockenden Inselwelt im Indischen Ozean zieht.

Schon die alten Seefahrer erzählten von der unüberschaubar großen Zahl von Inseln im Maledivischen Archipel. Sie berichteten von engen Kanälen, daß die Decks der Segler die Bäume auf den Inseln berührten, wenn sie zwischen ihnen hindurchfuhren. Doch unter Wasser ist die Anzahl der Riffe noch zahlreicher, als die der Inseln selbst. Taucher können sich von einem Riff entfernen, ohne dieses aus den Augen zu verlieren um schon in der Nähe auf ein nächstes zu stoßen.

Trotz der direkten Nähe zueinander besitzt jeder Tauchplatz seine eigene Szenerie, so wie die Strömungen, die an ihnen entstehen, ein sehr ortstypisches Verhalten entwickeln. Die Außenriffe fordern das Meer heraus, gleich den Mauern einer Festung, an denen sich die brodelnde See bricht.

Die *Kandus*, oder Kanäle besitzen eine andere Funktion. Sie gleichen engen Toren, durch die die Strömungen fließen. Seitlich werden sie gegen durchlöcherte Korallenhindernisse geführt, wo sie in Ritzen, Spalten und Höhlen hineinströmen und das Wasser bereits gefiltert wird. Die Strömungen werden aber auch zurückgeworfen. Sie bilden Strudel und mächtige Ströme, die erst allmählich ihre Kraft in den ruhigeren Innenbereichen der Atolle verlieren. In den Kanälen stoßen Taucher oft auf Höhlen und Überhänge voller Weichkorallen. Zahlreiche, wirbellose Arten gibt es hier ebenso, wie Gorgnien und Schwämme.

Im Licht der Taucherlampe erstrahlen die vielfältigen Farben einer Riffwand im Maalhoss Thila im Nord Ari Atoll, die mit Gorgonen und Korallen besetzt ist.

Eine typische Maledivenansicht: eine Gruppe unbewohnter Inseln im Osten des Felidhoo Atolls, umgeben von einem Korallenriff und einem engen Kanal, der das Außenriff des Atolls durchschneidet.

Die Riffaußenkanten, die Canyons und Steilwände sind zudem ein beliebter Standort für viele Fischwärme.

Über die Kanäle hinweg stehen im Innern der Atolle die *Thilas*, die sich wie Türme vom Meeresgrund bis wenige Meter unter die Oberfläche erheben. Hier teilen sich die Strömungen, fast werden Sie an diesen Hindernissen gestoppt und entwickeln so eine unberechenbare Dynamik. Wie ein Magnet ziehen die Thilas marines Leben an und sorgen für eine spektakuläre Unterwasserszenerie.

In der Nähe von Thilas und Riffen liegen oft große Korallenblöcke. Sie dienen Tauchern zur Orientierung, die sich vom Riff entfernen. Sie führen sie zu einem anderen Thila, oder bringen sie sicher zum Startpunkt zurück. Innerhalb der Atolle befinden sich zahllose Riffe. Bei Ebbe schauen ihre Spitzen ab und zu aus dem Wasser und zeigen so die Form des Atolls an. Über Wasser erheben sich die Inseln, Riffe und Sandbänke, die den Charme und Charakter der Malediven ausmachen, dem sich keiner entziehen kann.

Die Isolation der Bewohner von der übrigen Welt hat eine faszinierende Geschichte hinterlassen, die bis heute nicht ganz entschlüsselt werden konnte. Wer als Gast vor 10 Jahren die Hauptstadt Male betrat, hatte das Gefühl, sich in einer anderen Zeit zu befinden. Fischerboote lagen am Strand, an alten Kanonen festgebunden, die noch aus dem Sand herausragten und fremde Gesichter in den Teehäusern am Marina Drive weckten Neugier. Heute hat sich der Tourismus zum Eckpfeiler der Wirtschaft entwickelt. Jede Insel besitzt ihr eigenes Tauchzentrum. Umweltveränderungen unter Wasser, ein großes Bevölkerungswachstum und die Ausdehnung der Hotels auf weitere Inseln und Atolle sind unvermeidbar. Diese Entwicklungen im Griff zu behalten sind gewiß die große Herausforderungen der nächsten Jahrzehnte.

Die Korallenriffe der Malediven

Die Atolle der Malediven sind zentraler und sichtbarer Teil eines gewaltigen, unterseeischen Gebirges, das sich über 2.000 Kilometer weit von den Lakadiven im Norden bis zum Chagos Archipel im Süden erstreckt.

Geographie

Die Malediven dehnen sich auf einer Fläche von 90,000 Quadratkilometern aus. Ihre Lage wird mit 7° 6' 30" nördlicher Breite bis 0° 42' 30" südlicher Breite und 72° 32' 30" bis 73° 46' 15" östlicher Länge angegeben. Wieviele Inseln es gibt, ist eine Definitionsfrage. Offiziell werden 1.190 Inseln angeführt, die Vegetation in irgendeiner Form aufweisen. Dieser Zahl setzt sich aus 991 unbewohnten und 199 bewohnten Inseln zusammen *(Maledivisches Statistisches Jahrbuch 94).* Inoffiziell nennt man nur 1.120 Inseln, da einige, sogenannte "Sandflecken" immer wieder auftauchen oder weggespült werden. Doch die tatsächliche Zahl schwankt ständig.

Das maledivische Archipel wird in 26 Atolle aufgeteilt. Minicoy wäre das 27te Atoll; allerdings wurde es während der Zeit des Sultans Al Mukarram Mohamed Imadudeen III (1750-1757) Indien angeschlossen. Aus praktischen Verwaltungsgründen sind dieses Atolle in 19 Gruppen eingeteilt und werden nach dem maledivischen Alphabet benannt. Touristenatolle wie das Felidhoo Atoll werden nun Vaavu Atoll, das Ari Atoll als Alifu, das Male Atoll als Kaafu, das Faadhippolhu Atoll als Lhaviyani, das Süd Maalhosmadulu Atoll als Baa und das Addoo Atoll als Seenu Atoll bezeichnet.

Geologische Formationen

Charles Darwin nahm an, daß sich die Atolle der Malediven aus einem Gebirge entwickelten, das wieder im Meer versank, während die Saumriffe, die es umgaben, sich weiter ausdehnten und von den zentralen Bergen entfernten. So blieb letztlich nur eine Ansammlung von Riffen übrig, die kreisförmig eine Lagune umgeben, ein Atoll. Während einer seismischen Vermessung 1980 durch ESSO ergab eine Bohrung nahe Bandos, daß sich vulkanisches Material unter einer 2.100 Meter dicken Schicht von Kalkgestein befindet und somit Darwins Senkungstheorie erhärtet.

Korallenriffe werden von kleinsten Polypen gebildet, die Kalk ausscheiden und so langsam ein Riff entstehen lassen. Einige wenige Korallenarten können bis zu 20 oder 30 Zentimeter pro Jahr wachsen; viele Arten aber bringen es jährlich nur auf wenige Millimeter. Koralline Algen, die sich in Brandungszonen und in größeren, für Korallen zu dunklen Tiefen aufhalten, zementieren die Korallentrümmer zu einer soliden Basis. Typ und Form eines Riffes ergeben sich primär aus der Tiefe und Form des Meeresbodens, sie hängen aber auch von Strömungen, der jüngeren geologischen Geschichte und der Macht der Wellen ab. Während der Eiszeit sank der Meeresspiegel. Folglich mußten die riffbildenden Korallen in entfernter Gebiete abwandern, um neue Kolonien zu bilden. Zur gleichen Zeit lagen die alten Riffe hoch im Trockenen und waren so starker Erosion ausgesetzt. Regen wusch das Gestein aus, es bildeten sich Höhlen, Spalten und Canyons in allen Formen und Variationen. Mit dem Anstieg des Meeresspiegels lagerten sich erneut Korallen und anderes, marines Leben an diesen alten Fundamenten an, so daß die heutigen Rifformen auf diese prähistorische Basis zurückzuführen sind. Heute machen viele dieser alten Riffstrukturen die Attraktionen von Tauchplätzen aus.

Herkunft von Namen und Bezeichnungen

Die Namen der Atolle, Inseln und Riffe sind eine kuriose Mischung aus unterschiedlichen Schreibweisen; meist handelt es sich um Vereinfachungen, um die Namen leichter lesbar zu machen. In einigen Fällen wurden die Wortbedeutungen sogar völlig geändert. So wurde zum Beispiel das Wort Atoll, das einzige Dhiveli-Wort in der deutschen Sprache, aus dem Wort *atholhu* entliehen, was nach Definition soviel wie ein ringförmiges Korallenriff meint, das in seiner Mitte eine Lagune besitzt. Jedoch ist heute mit dem Begriff *atholhu* ein Verwaltungsbezirk gemeint, der durchaus ein oder auch mehrere Atolle umfassen kann.

Auch auf den Landkarten gibt es unterschiedliche Schreibweisen. So wird das Ihavandhippolhu Atoll im äußersten Norden als Ihavandiffulhu Atoll bezeichnet. Die ursprüngliche Bedeutung von *polhu* ist Anteil und bezieht sich auf die oberen (nördlichen) Teile der Malediven, wo hingegen *fulhu* ein Eigenname ist. Gleiches gilt auch für das Felidhe Atoll, heute unter der Bezeichnung Felidhoo Atoll bekannt oder für das Huvadhoo Atoll im Süden, das auch als Suvadiva Atoll bezeichnet wird.

Inseln werden auch oft nach typischen Eigenschaften benannt. So wie Thundufushi im Ari Atoll. *Thundu* bedeutet soviel wie Rand, Kante oder Punkt. Und diese Insel liegt in der Tat am östlichen Rand des Riffs. Andere Namen beziehen sich auf Ereignisse, die sich dort zugetragen haben. Dhehasanu Lonu Bui Huraa (Insel im Ari Atoll) bedeutet soviel wie "Zwei Männer mit dem Namen Hasan trinken auf der Salzwasserinsel". Andere Inseln und Riffe wiederum wie Lankanfinolhu, Vihamanaafushi oder Furanafushi tragen Namen sighalesischen Ursprungs. Riffnamen können auch einen interessanten Ursprung haben. So kann eine Stelle wie Himmiyafaru den Fischern etwas über die Beschaffenheit eines Platzes sagen. *Himmi* bedeutet "Öffnung zwischen zwei Objekten" und besagt, daß hier das Riff durch das Wasser in zwei Teile gespalten wird. Gleiches gilt auch für *Koonimasfuru* im Nord Male Atoll. Der Name bedeutet "Riff des verdorbenen Fisches", denn die Geschichte berichtet, daß hier einst ein Wal strandete und verendete. Der Verwesungsgeruch breitete sich über das ganze Riff bis nach Gaafaru aus und gab dem Platz seinen Namen.

Viele Inseln wie Vihamanaafushi, Velassaru und Medhu Finolhu haben aus touristischen Gründen neue Namen bekommen. Sie heißen nun Kurumba Village, Laguna Beach Resort und Reethi Rah Resort. Doch die Einheimischen bleiben lieber bei den alten Bezeichnungen.

Viele Worte in Dhiveli beschreiben auch eine Insel. *Fushi* ist eine große Insel, meist am Außenriff eines Atolls gelegen. Beispiele sind Meerufenfushi oder Kandoomafushi. Ein *finolhu* ist eine Insel mit nur wenigen oder gar keinen Kokospalmen, obwohl dieser Name oft nur noch historischen Ursprung besitzt. *Dhoo* oder *Hura* stehen für den Begriff Insel und das *le* in Male oder Hulhule ist eine Verkürzung des Sanskrit-Wortes *liu*, was ebenfalls Insel bedeutet.

Riffe werden gewöhnlich *farus* oder *falhus* genannt. Ein faru ist ein Riff, das bisweilen bei Ebbe aus dem Wasser schaut; ein falhu umgibt eine Lagune, oft mit einer oder mehreren Inseln darin. *Gaa* und *haa* beschreiben Korallenriffe. Ein *giri* ist ein Korallenblock bis dicht unter die Oberfläche; viele Inseln besitzen ihren bodu giri (großes Riff) oder kuda giri (kleines Riff).

Ein *thila* ist ein punktuelles Korallenriff, das wenige Meter unter die Oberfläche reicht, wie zum Beispiel das Miyaru Thila. Kanäle zwischen zwei Riffen tragen die Bezeichnung *kandu olhi* oder *kandu*. Es gibt viele Namen, über die der neugierige Reisende stolpert und die natürliche Gegebenheiten auf der Insel kennzeichnen. So ist *maa kandu* die hohe See außerhalb eines Atolls. Eben der Platz, wo Taucher die wahren Schönheiten der maledivischen Unterwasserwelt kennenlernen.

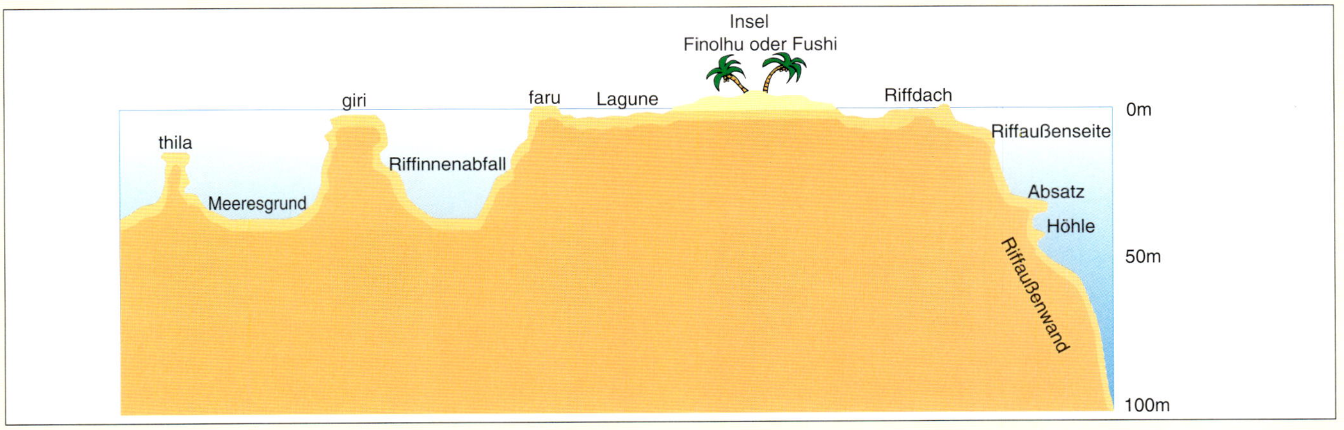

Die Riffabfälle am Außenrand eines Atoll sind in der Regel steiler und durch große Tiefen mit recht klarem Wasser gekennzeichnet. Die Sichtweite kann hier über 50 Meter betragen. Entlang der steilen Schrägen wechselt der Korallenbewuchs sehr schnell, je tiefer man taucht. Unter 20 Metern sind Dünung und Brandung nicht mehr spürbar, so daß sich ab hier die empfindlicheren Korallen ansiedeln und ihr Bewuchs mit größerer Tiefe sogar zunimmt und oft die 50 Metermarke überschreitet. Begrenzender Wachstumsfaktor ist das Licht.

Die oberen Riffbereiche werden von den Wellen und der Brandung beeinflußt. So kann der Korallenbestand in diesen Zonen allein durch einen tropischen Sturm völlig ausgelöscht werden. In Bereichen, wo die Brandung weniger Macht hat, breiten sich gern die empfindlicheren Hirschhornkorallen aus. Die flachere Zone der Hartkorallen ist besonders durch einen üppigen Fischbesatz gekennzeichnet. Korallen im direkten Brandungsbereich, dort wo die Wellen stetig auf das Riff rollen, zeigen sich meist knorrig und verkrüppelt. Das Riffdach kann sich von einigen Meter bis über Kilometer hinweg ausdehnen und bei extremen Niedrigwasser können schwere tropische Regenfälle das Leben in diesem Riffbereich massiv schädigen oder gar ganz zerstören.

Lagunen mit einem guten Wasseraustausch besitzen üppig gedeihende Korallenformationen auf ihren Sandgrund. Bei Ebbe werden hier oft die verschiedensten Fischarten in kleineren Pfützen und Becken zurückgehalten.

Der Riffabfall auf der Innenseite eines Atolls kann ein reichhaltiges Korallenwachstum aufweisen, soweit die Schrägen hier nicht zu steil sind. Besonders steile Riffwände oder senkrechte Wände zeigen in diesem Bereich des Atolls kaum Bewuchs; oft sind sie kahl. Allerdings befinden sich an der Atollinnenseite interessante Höhlen, Kavernen, Spalten und Überhänge. Der Grund im Atoll ist meist sandig oder geröllartig und seine mittlere Tiefe schwankt zwischen 30 und 50 Metern. Hier erheben sich vom Meeresgrund die Giris und Thilas. Giris reichen bis unter die Oberfläche, die Spitzen der Thilas liegen in Tiefen zwischen fünf und 15 Metern.

Klima und Wetter

DAS WETTER

Die Malediven sind durch ein ganzjähriges tropisches Klima mit warmen Temperaturen und vielen Sonnentagen gekennzeichnet. Als Ergebnis einer 24-jährigen Meßperiode (1967-1990) erwieß sich der April als der wärmste Monat mit einer durchschnittlichen Maximaltemperatur von 31,5° C und einer Minimaltemperatur von 26,5° C. Der kälteste Monat des Jahres ist der Dezember mit einer mittleren monatlichen Maximaltemperatur von 29,8° C, bzw. Minimaltemperatur von 25,3° C.

Zwischen Nord und Süd gibt es einige klimatische Unterschiede. Im Süden dominieren stärkere Niederschläge und mehr Regentage. Dafür ist der Regen nicht so heftig, wie im Norden. Ebenso ist das Temperaturgefälle in den nördlichen Atollen größer, als im Süden, wie auch die Unterschiede zwischen den Jahreszeiten stärker ausgeprägt sind, je weiter man sich vom Äquator nordwärts bewegt.

MONSUNZEITEN

Dezember - April	NO-Monsun
April	Übergangsperiode
Mai - November	SW-Monsun
November	Übergangsperiode

Das Wetter auf den Malediven wird zum größten Teil vom Monsun beeinflußt, wobei jährlich zwei Monsunperioden zu unterscheiden sind. Die erste ist der Nordostmonsun *iruvai* und die zweite, der Südwestmonsun *hulhangu*. Die vorherrschenden Winde, die sehr heftig werden können, wehen von SW-W-NW während des Südwestmonsuns, sowie N-NO-O während des Nordostmonsuns.

Der Nordostmonsun bringt die trockenste Periode mit sich, da die Luftmassen vom asiatischen Kontinent nur einen relativ kurzen Kontakt mit dem Meer haben. Mit Ausnahme des Südens ist der Himmel meist wolkenfrei und die relative Luftfeuchte liegt fünf Prozent unter dem Durchschnitt des Südwest-Monsuns. Dieses reicht aber aus, daß man sich in dieser Zeit wohler fühlt..

Die heiße Saison ist im März und im April. Nur leichte Winde wehen dann aus Nordost. Im April sind windstille Tage durchaus möglich. Die Übergangsperiode beginnt in der Zeit von April bis Ende Mai, wobei die Winde dann auf West bis Südwest drehen. Eine Phase von 14 Tagen mit Starkwind und Regen kündigt meist den Wechsel der Jahreszeiten an. Gelegentlich sind auch Ausläufer von Taifunen aus dem Golf von Bengalen in der Region zu spüren. Die Regenzeit bestimmt das Wetter von Juni bis September, wenn der Südwestmonsun dominiert. Stürme, mäßig bis stark aufgewühlte See und viele Wolken sind dann zu erwarten.

Der November ist wieder durch die Übergangsperiode gekennzeichnet. Schon im Oktober treten leicht Winde auf, die allmählich bis November von W-NW auf N-NO drehen. Die Auswirkungen massiver Tiefausläufer aus dem Arabischen Meer können in dieser Zeit verspürt werden und der erste Monat des Nordostmonsuns, der Dezember, kann sehr rauh sein und viel böigem Wind aus Nordost und heftigen Regen mit sich bringen. Der Monsun bewegt sich dabei von Norden über die Malediven hinweg.

Da die Malediven im äquatorialen Gürtel liegen, sind taifunähnliche Stürme eine sehr seltene Ausnahme. Von den Ausläufern solcher Zyklone wird, wenn überhaupt, auch nur die nördliche Region berührt, da sich südlich des 5ten Breitengrades kaum Tiefs in diesem Ausmaß bilden können.

Einige Hinweise zur Wetterprognose. Ändert sich die Luftfeuchtigkeit kaum und sie liegt über 85%, ist die Regen- und Schauerwahrscheinlichkeit groß. Liegt sie im Bereich von 80 bis 85%, kann eine Wetterverschlechterung mit Regen erwartet werden. Bei Werten von und über 90% ist die Gefahr von Regen und Stürmen gegeben. Unter 80% Luftfeuchte ist in der Regel gutes Wetter zu erwarten.

Fällt das Barometer auf 1005 oder 1004 Millibar (der Durchschnitt liegt bei 1009 Millibar), ist mit Schlechtwetter zu rechnen. Bei Werten um 1003 Millibar, was auch die unterste Grenze darstellt, sind starke Stürme, Gewitter, kräftiger Regen und schwere See zu erwarten. In einigen Situationen schwankt der Luftdruck kaum, obwohl ein Wetterwechsel bevorsteht. Dieses ist meist der Fall, wenn sich ein Wolkenband als Folge von tropischen Zyklonen im Golf von Bengalen, dem Arabischen Meer oder im südlichen Indischen Ozean am Himmel zeigt, oder als Folge von Aufheizungen über dem Äquator. In diesem Fall können gewaltige Quellwolken Schauer und Sturmböen mit sich bringen, ohne daß der Luftdruck unter 1012 Millibar fällt.

WASSERTEMPERATUREN

Die Wassertemperaturen schwanken zwischen 27 - 30° C, obwohl in Tiefen ab 20 Metern bisweilen Sprungschichten zu erwarten sind. In den heißen Monaten können die Wassertemperaturen in den Lagunen spürbar nach oben schnellen und auch das gesamte Temperaturgefüge im Atoll beeinflussen. Dieses ist die Zeit, wo Taucher beruhigt ihr Neopren weglassen können, wenn sie nicht zu hager von Statur sind oder schnell zum Frieren neigen. Während der Übergangsperioden mit Wind und Regenböen empfiehlt sich wasserabweisende Kleidung an Bord der Tauch-Dhonis. Lycra und 3 mm Tropenanzüge sind in tropischen Gewässern ideal; wer mehrfach am Tage taucht, sollte einem 5 mm Anzug den Vorzug geben.

Strömungen

"Die Strömungen sind ganze sechs Monate zu spüren, egal aus welcher Richtung. Sollte sich ein Schiff im Norden des Archipels befinden, ist es ohne große Bedeutung, denn es kann nur nach Cochin an der Indischen Küste getragen werden oder irgendwohin in diese Region, etwa 150 Leagues* entfernt oder zu einigen der Inseln längs der Küste. Aber wenn diese Schiffe Ceylon nicht erreichen sollten, werden sie nach Sumatra treiben, etwa 500 Leagues entfernt. Wenn sie mit viel Pech von den Strömungen in den Monsun getrieben werden, ohne vorher Land zu erreichen, werden sie von anderen Strömungen festgehalten; und wie es schon oft geschehen ist, sind diese Schiffe untrüglich verloren, wie ich es schon in einigen Fällen erlebt habe, als man an Bord zu jeder Nacht hoffte, Land auszumachen, ohne Wasser und Proviant. Sollten die Schiffe aber von den Strömungen nach Westen getragen werden, treiben sie direkt auf die arabische Küste zu und das ist noch weiter, als Sumatra; aber häufigst sind alle an Bord schon tot, bevor sie ankommen".

Francois Pyrard, Malediven, 1602 – 1607.

*League = alte poetische Bezeichnung für 1 engl. Landmeile

Die Strömungen auf den Malediven sind berüchtigt für ihre Stärke. Grund für die frühen Händler im Indischen Ozean, sich in der Region vorsichtig zu verhalten. Viele Schiffe fuhren auf ihren Routen durch maledivische Gewässer. Auch wenn sie keinen Anlaß hatten die Inseln anzulaufen, nahm man einheimische Lotsen mit an Bord, die sie durch die Riffe und heimtückischen Strömungen führten. Ihre Lage im Indischen Ozean bedingt, daß gewaltige Wassermassen ständig gegen das gebirgige Plateau anströmen, auf dem die Atolle gebaut sind. Meeresströmungen können große Kräfte entfalten und sie werden oft von den Passatwinden beeinflußt. So wurden in den Kanälen um Male Geschwindigkeiten von vier und mehr Knoten gemessen. Innerhalb der Atolle verlieren die Strömungen an Kraft und es lassen sich hier die leichten Tauchgänge durchführen. Gezeitenströmungen, die auch der vorherrschenden Windrichtung folgen, sind schwächer als ihre ozeanischen Gegenstücke, obwohl auch sie Unterschiede in der Strömungsgeschwindigkeit verursachen.

Mit Hilfe der verschiedenen Strömungen und den Wellenkräuselungen auf der Wasseroberfläche versuchten die frühen arabischen Seefahrer, ihre Position zu bestimmen. Dieses konnten sie gut bei den Malediven feststellen, wo sich die Meeresströmungen veränderten und Muster an der Oberfläche auf das Zusammenstoßen ozeanischer Ströme mit dem Landsockel des Archipels deuteten. Diese Strömungen fließen bei Nordost-Monsun an der Ostseite in das Male Atoll, bei Südwestmonsun kehren sich die Verhältnisse um. Dieses ist aber nicht immer der Fall; unterschiedliche Windrichtungen und Gezeiten können diese ozeanischen Ströme beeinflussen. So fließen die Ströme bei abflauendem Wind häufig in beiden Richtungen aus den Kanälen.

Während der Übergangsperioden, wenn Wind und Meeresströmungen besonders schwer vorherzusagen sind, werden die Strömungen vornehmlich von den Gezeiten beeinflußt und fließen ebenfalls in beiden Richtungen in die Kanäle und auch wieder heraus.

Beim Durchfließen in Atollen können sich Strömungen wegen der Nähe von Inseln, Riffen und Sandbänken völlig unregelmäßig verhalten. Die meisten Bootsführer der Dhonis haben im Umgang mit diesen Strömungen und ihrer Einschätzung, wie auch mit der See selbst, große Erfahrungen. Nur anhand von leichten Kräuselungen an der Oberfläche können sie die Strömungsrichtung bestimmen. Bei Windstille formen Strömungen Riffelungen, die sich um fixe Objekte in Stromrichtung herumbiegen. Die Kapitäne können an diesen Riffelungen und an der Bewegung des Bootes die Richtung bestimmen. Steht der Wind gegen den Strom, ist das Wasser unruhiger als umgekehrt. Bei wenig oder keinem Wind ist es auch für die Bootsbesatzungen schwer, die Strömungsrichtung zu bestimmen. Zwar wird man immer sagen, "wahrscheinlich kommt sie von dort oder dort", nur um sein Gesicht zu wahren, aber in diesem Fall empfiehlt es sich für einen Tauchguide, selbst unter Wasser nachzusehen. Denn es ist sinnvoller sich zu vergewissern und am besten Punkt zu tauchen, als diesen zu verfehlen.

Strömungstauchgänge zählen zu den Höhepunkten einer jeden Maledivenreise. Die Stärke der Strömung kann auf diesem Bild von Helengeli im Nord Male Atoll an den Wellen erahnt werden.

Tauchsicherheit

Strömungstauchen ist eine sehr populäre Art des Tauchen auf den Malediven. Wenn solche "Drift Dives" ordentlich geplant und durchgeführt werden, ist es leicht und ungefährlich. Bei diesen Tauchgängen lassen sich mehr Fische, Korallen und Felsformationen beobachten, als bei anderen Gelegenheiten. Die Außenriffe und Kanäle sind die herausragenden Plätze für solche spannenden Abstiege. Bei Strömungen sollte besondere Umsicht walten, denn sie können ihre Geschwindigkeit und Stärke während eines Tauchganges ändern. An einigen Plätzen, besonders bei Springfluten, mußten schon Tauchgänge im Interesse der Sicherheit abgebrochen werden.

Tauchen mit einlaufendem Wasser ist sicherer, als wenn die Strömung aus dem Atoll zieht. Bei einem Auswärtsstrom ist höchste Vorsicht geboten. In der Vergangenheit waren Unfälle mit abgetriebenen Tauchern meist auf diese Umstände zurückzuführen. Durch verstärkte Vorsichtsmaßnahmen konnten diese Unglücke jedoch stark reduziert werden.

Bei Tauchgängen mit stark ausströmendem Wasser sollten Taucher immer dicht am Riff und im Flachwasser an den Außenspitzen bleiben. So kann man schnell über die Riffkante aus dem Strömungsbereich in die Leeseite entkommen. Bei Tauchgängen an Thilas ist dieses allerdings nicht möglich und hier sind die Erfahrungen des Divemasters und der Bootsbesatzung gefragt.

RICHTLINIEN

* Checken Sie Ihre Ausrüstung und die des Partners und tauchen Sie sofort ab.
* Bleiben Sie zu Beginn des Tauchganges auf keinen Fall lange an der Oberfläche.
* Tauchen Sie sofort zum Riff hin.
* Niemals gegen die Strömung schwimmen. Bleiben Sie dicht am Riff und ziehen sich notfalls mit den Händen vorwärts. Achten Sie darauf, wo hingefaßt wird und halten sich nur an toten Korallen fest.
* Tauche immer mit einem Partner in der Nähe.
* Unterschätzen Sie gerade bei guter Sicht nicht die Entfernungen.
* Die Maximaltiefe sollte bei 30 Metern liegen und vermeiden Sie Dekotauchgänge.
* Ist das Boot nicht zu sehen, Jacket aufblasen und die Oberflächenboje benutzen, die immer mitgeführt werden muß. Sie sollte auch bei Sicherheitstops und beim Bewältigen langer Schwimmstrecken benutzt werden.
* Pyrotechnische Seenotsignale sind empfehlenswert.

Gezeiten

Die Gezeiten und ihr Wechsel sind für Taucher von großer Bedeutung. Denn sie beeinflussen die Stärke und die Richtungen von Strömungen und machen Flachwasserzonen mit dem Boot erst befahrbar.

Die bequemste Zeit zu tauchen, ist der Gezeitenstillstand, egal ob bei Flut oder Ebbe. Es ist aber nicht der attraktivste Zeitpunkt. Je nach Jahreszeit können Taucher den Vorteil des klaren Wasser nutzen, das bei Flut in die Atolle strömt. "Drift Dives" in den Kanälen sind dann angesagt.

Springfluten* treten ein bis drei Tage nach Voll- und Neumond auf, Nippfluten** wenn sich der Mond im ersten und dritten Viertel zeigt. Dann besteht der geringste Tidenhub, weil die Anziehungskraft des Mondes am schwächsten ist und der Einfluß von Sonne und Mond gegeneinander gerichtet sind. Die ungefähre Zeitspanne zwischen aufeinanderfolgenden Fluthöhepunkten beträgt etwa 12 Stunden und 25 Minuten. Die Zeitintervalle zwischen Spring- und Nippfluten betragen zirka 7 1/4 Tage. Während der Springfluten schwankt die Pegelhöhe zwischen 88 und 110 Zentimetern und während der Nippfluten kann dieser Unterschied nur wenige Zentimeter betragen. Schwankungen von nur wenigen Zentimetern können aber auch schon immense Unterschiede in der Stärke von Gezeitenströmungen bewirken. Die Höhe der Gezeiten wird zudem vom Wetter beeinflußt. Winde aus unterschiedlichen Richtungen nehmen auf den Meeresspiegel Einfluß und Situationen mit hohem Wasserstand außerhalb der Atolle können auf Sturzseen und plötzlichen Wellenaufbau zurückzuführen sein. Der Wasserstand ist weiterhin höher, wenn die Barometeranzeige niedrig ist; die Gründe dafür sind noch unklar.

Die Zeiten vom höchsten und niedrigstem Wasserstand müssen nicht unbedingt mit den Phasen des Gezeitenstillstandes und Richtungswechsel der Strömungen zusammenfallen. Innerhalb der Atolle läuft das Wasser noch lange nach außen, bzw. einwärts nach, obwohl sich die Gezeiten schon geändert haben. Genaue, auf langen Beobachtungen basierende Gezeitentabellen wie Beschreibungen von Verhaltensmustern von Flut und Ebbe, gibt es auf den Malediven nicht. Gezeitenmesser sind erst seit 1988 in Male in Betrieb; diese noch wenigen Daten werden aber schon für gewisse Vorhersagen verwendet.

* Springflut:	Fluten, die bei Neu- oder Vollmond am höchsten steigen
** Nippflut:	Das geringste Steigen und Fallen zur Zeit des ersten und dritten Mondviertels

Naturschutzgebiete unter Wasser

Während des Weltumwelttages am 5. Juni 1995, kündigte die maledivische Regierung die Errichtung von 15 Naturschutzgebieten unter Wasser innerhalb der meisten Touristenatolle an. Dieses ist der erste Schritt, um diese beliebten Tauchgebiete vor den nachteiligen Einflüssen von Überfischung, Korallenbruch, Ankerschäden und Müll zu schützen. Sollten sich diese Maßnahmen als Erfolg erweisen, so stehen weitere Gebiete zum Naturschutz an.

Die Dringlichkeit solcher Schutzgebiete wurde besonders durch das ungehinderte Fangen von Haien, gerade an solchen bekannten Plätzen wie dem Fishhead oder dem Lions Head erkennbar. Denn allein im Jahre 1995/96 erreichte das Kilo Haiflossen einen Preis von US$ 70/kg; für die Fischer Anreiz genug, noch verstärkter auf Fang zu gehen. Das Vorkommen von Haien an gewissen Tauchplätzen hat dramatisch abgenommen und das Abfischen wird in Zukunft ernste Probleme für die Tauchindustrie bedeuten, wenn es uneingeschränkt weitergeht. Genauso problematisch und für den Tauchtourismus nicht weniger zuträglich ist der Fang von Zierfischen, besonders in der Region um Male. Es wurden bereits Schritte eingeleitet, die eine Quotierung seltener Fischarten beinhalten und es ist zu hoffen, daß diese zu einem nachträglichen Schutz von Aquarienfischen führen.

Im Jahre 1993 nahm auf den Malediven die barschverarbeitende Industrie ihre Produktion auf, die bereits 1995 alarmierende Ausmaße angenommen hatte. Die große Nachfrage auf dem asiatischen Markt, das delikate Fleisch und die hohen Marktpreise haben private Exporteure animiert, schnell die Gelegenheit auszunutzen. Gegenwärtig können einheimische Fischer alles fangen, ohne Begrenzung an Zahl, Gewicht und Größe, um die Nachfrage in Asien zu befriedigen. Lebende Zackenbarsche werden jeden Monat nach Asien verschifft und tiefgekühlte Grouper machen sich per Luftfracht auf den Weg nach Singapur. Kenner der Szene vermuten, daß die Zackenbarsche und andere Fischbestände an vielen Riffen durch die Überfischung schon jetzt nachteilig beeinträchtigt worden sind. Etliche Touristeninseln gestatten zudem das Angeln an Tauchplätzen. Daher müssen sich die Verantwortlichen diese Entwicklungen selbst ans Revers heften. Man versucht nun, den Grouperfang zu überwachen, um ein geeignetes Kontrollmittel für die Zukunft in der Hand zu haben.

Zu Beginn des Jahres 1995 erfuhren die Napoleonfische in eisgekühlten Transportbehältern nach Singapur ein ähnliches Schicksal. Mit Marktpreisen von US$ 50/kg wurden diese Fische gnadenlos gejagt. Glücklicherweise führten Proteste von allen Gruppierungen und Interessierten zum Einlenken der Regierung und zu einem totalen Exportverbot für die bei Tauchern so beliebten "Nappies".

Selbst die Seegurken sind in der Vergangenheit überfischt worden. Ein Verbot nach ihnen mit dem Tauchgerät zu suchen ist nun in Kraft und läßt hoffen, daß sich die Populationen in tieferem Wasser wieder regenerieren. Denn als "Staubsauger der Meere" sind sie für das Ökosystem von großer Bedeutung, wobei die Folgen ihres Entfernens vom Meeresgrund für das Ökosystem noch nicht gänzlich geklärt sind.

Die Riffe von Guraidhoo und Kandooma zählen zu den Höhepunkten im Süd Male Atoll. Zwei Kanäle im Süden von Guraidhoo (links im Bild) sind zu Unterwasser-Naturschutzgebieten erklärt worden.

Auch das Sammeln nach Korallen für die Schmuckindustrie ist seit dem 1. Januar 1995 verboten. Gleiches gilt auch, von wenigen Gebieten und Ausnahmen abgesehen, für Korallenbruch zum Bau von Häusern. So hoffen die Verantwortlichen, daß die Riffe geschützt werden und sich erholen, um langsam mit dem vermutlich steigenden Meeresspiegel wieder mitzuwachsen.

Weiterhin sind Schildkrötenprodukte gebannt und ein totales Jagdverbot ist zu erwarten. Jeder Gast sollte sich bewußt sein, daß er mit dem Kauf von Schildkrötenprodukten der Ausrottung der Populationen Vorschub leistet. (Für weitere Informationen siehe auch: (Mohamed Zahir *"Protection Of The Marine Turtle"*, ISBN: 99915-804-0-9).

Mördermuscheln wurden bis 1991 bedenkenlos gesammelt und ihr Fehlen im Ökosystem Riff wird oft übersehen. Der Export von ihrem Fleisch ist nun verboten, aber Mengen der Muschelgehäuse sind noch überall zu finden.

Ankerschäden an Tauchplätzen, vorzugsweise an den

Thilas, waren in der Vergangenheit nicht unbedeutend. Allerdings hat man heute die Schäden, die solches Ankern versucht, erkannt und die Bootsbesatzungen bemühen sich, mit anderen Ankertechniken diesen Schäden vorzubeugen. Soll ein Boot festgemacht werden, so ist es Aufgabe des Divemasters abzutauchen und das Seil unten irgendwo festzubinden, statt einen Anker ins Riff zu werfen. Problematisch und für viele Schäden verantwortlich, sind auch die Taucher selbst. Dieses gilt besonders für Anfänger und weniger erfahrene Taucher in Strömungen, wenn sie nicht ordentlich tarieren können. Hier ist es die Aufgabe des Divemasters die Tauchplätze, die aufgesucht werden sollen, an deren Empfindlichkeit gegenüber den schwächsten und unerfahrensten Teilnehmern in der Gruppe auszuwählen.

Abfälle und Müll sind sichtbare Probleme, die sich nicht nur auf Tauchplätze beschränken und auch nur schwer unter Kontrolle zu bringen sind. Müll treibt oft auf offener See, er wird auf die Riffe oder an die Strände der Inseln gespült. Touristen hinterlassen Tonnen von Abfällen, die entsorgt werden müssen. Alle Touristeninseln müssen heute eine Müllverdichtungs- und Verbrennungsanlagen besitzen; allerdings werden sie nicht immer benutzt. Traditionell haben die Malediver immer ihre Abfälle ins Meer geworfen; allerdings handelte es sich dabei meist um Kokosnuß- und andere organische Produkte. Mit dem Wohlstand und der Verfügbarkeit moderner Verpackungen werden leider viele dieser Dinge noch immer auf die alte Art entsorgt. Auf einigen Einheimischeninseln wird der Müll einfach an einer Inselecke deponiert, damit ihn die nächste Flut mitnimmt.

Die Einwohner Males warfen in der Vergangenheit ihren Müll ebenfalls ins Meer. An der Westseite des Riffs kann man heute noch alles bewundern; vom Fahrrad über Bootsreste und Angelschnüren. Heute entsorgt die Stadt ihre Abfälle der nun 60.000 Einwohner auf zwei künstlichen Deponieeinseln: Thilafushi und eine zweite nahe Vilingili. Trotzdem hat sich das öffentliche Bewußtsein noch nicht so gewandelt, trotz offizieller "Clean Up-Tage" und das Müllproblem ist auf vielen Inseln unübersehbar.

Auch die zunehmende Zahl der Safariboote in den vergangenen fünf Jahren stellt ein Problem dar. Denn oft denken die Gäste nicht über den Müll nach, den sie hinterlassen und bisweilen entsorgen die Besatzungen die Abfälle diskret ins Wasser, wenn die Gäste tauchen oder schlafen, anstatt sie mit nach Male zu nehmen. Müll wie zusammengedrückte Blechdosen lassen sich außerhalb der Atolle versenken. Anderer Abfall aber wie Plastik, Behälter oder Batterien sollten nach Male gebracht und ordentlich am Hafen deponiert werden. Oder man nimmt den Müll in speziellen Säcken mit zum Flughafen, wo er von einigen Gesellschaften kostenlos nach Hause transportiert wird. Der effektivste Weg das Müllproblem in den Griff zubekommen besteht gewiß darin, Beschwerdebriefe an die Reiseveranstalter und das Touristikministerium zu schreiben, wenn Fehlverhalten offenkundig ist. Vielleicht führt dieses in Zukunft doch noch zu müllfreiem Wasser.

NATURSCHUTZGEBIETE UNTER WASSER

Faadhippolhu Atoll (Lhaviyani)
Fushifaru Thila .... S. 124
Nord Male Atoll
Makunudhoo Kandu .... S. 53, 54
Rasfari .... S. 49
H.P Reef .... S. 36
Banana Reef .... S. 42
Kuda Haa .... S. 47
Lions Head .... S. 46
Hans Hass Place .... S. 45
Süd Male Atoll
Embudhoo Kandu .... S. 63
Guraidhoo Kandu .... S. 66, 67
Ari Atoll
Maaya Thila .... S. 81
Orimas Thila .... S. 85
Fish Head .... S. 86
Kudarah Thila .... S. 97
Felidhoo Atoll
Devana Kandu .... S. 112

UMWELTGERECHTES VERHALTEN UNTER WASSER

Taucher, die zum ersten Mal die Tropen aufsuchen, sollten sich zum Schutz der Unterwasserwelt als wichtigsten Punkt ein korrektes Tarieren vormerken. Dieses gilt besonders für Fotografen und Filmer, die über Riffen schweben, um zu ihren Aufnahmen zu gelangen. Hier ist Können gefordert.

Außerdem sollten sich Taucher nie an lebenden Korallen abstützen, oder diese mit den Flossen abbrechen. Nur tote Korallen sind zum Festhalten geeignet.

Anfüttern von Fischen ist eine Unsitte, die unterbleiben sollte. Sie führt zu einem atypischen Freßverhalten.

Oft versuchen Taucher Fische, Mantas oder Schildkröten zu jagen oder anzufassen. Dieses beunruhigt die Tiere und veranlaßt sie, nur noch selten diese Stellen aufzusuchen. Berühren von Fischen wie Zackenbarsche oder Muränen verletzt die schützende Schleimschicht auf ihren Schuppen und macht sie so anfällig gegen Infektionen.

Taucher dürfen auf keinen Fall harpunieren, Langusten sammeln, Korallen, Muscheln und leere Gehäuse mitnehmen. Langusten werden zwar in Restaurants angeboten, jedes Tier auf dem Tisch ist aber auch eines weniger unter Wasser.

Überall werden Souvenirs aus Schildpatt, Muscheln und Korallen angeboten. Nur wenige Käufer aber haben eine Vorstellung davon, was der Natur damit angetan wird.

Angeln an den Tauchplätzen muß unterbleiben, ebenso wie Ankertauchgänge.

Der Indische Ozean
Maritime Geschichte

Die Arabischen Händler

Das Archipel der Malediven liegt als natürliches und ausgedehntes Hindernis auf der Seeroute zwischen dem südlichen Arabien, Sri Lanka (Ceylon) und dem fernen Osten. Arabische Seeleute gehörten mit zu den ersten Händlern, die auf den Malediven landeten und Male als Zwischenstation auf ihrer Rückreise von Südostasien nutzten.

Während ihrer Hinreise im starken und nicht einschätzbaren Südwestmonsun von der Arabischen Halbinsel nach Asien, segelten sie nach Nordosten über das Arabische Meer bis nach Diu im Nordwesten Indiens, dann weiter längst der Küste von Malabar und passierten schließlich die Südspitze von Sri Lanka. Danach setzen sie direkten Kurs auf Aceh (Banda Aceh) im Nordwesten Sumatras und vermieden dabei den Kontakt mit dem maledivischen Archipel.

Auf der Heimreise mit dem weniger heftigen Nordostmonsun im Rücken, benutzten sie die direktere, schnellere Route über die Malediven. Zeit war damals auch schon ein Profitfaktor. Zudem hatten die Händler in Male die Möglichkeit, mit getrockneten Fisch und Kaurischnecken - für beide Produkte waren die Malediven in jener Zeit berühmt - zu handeln. Von der Kaurischnecke hatten die Inseln auch ihren Namen: *Diva Kudha* (Kauri-Inseln).

Die Reisen waren damals sehr risikoreich. Obwohl die Araber als exzellente Seeleute galten, mußten sie die zahllosen Riffe der Malediven überwinden. Schon zur Zeit des Arabers Suleiman (9. Jahrh.) kannten sie die meisten Atolle im Norden und trieben Handel in den Süden bis nach *Dihibat al-Mahal*, das heutige Male.

So zeigen frühe arabische Karten das Archipel in einer Südostrichtung, ein Zeichen, daß die südlichen Inseln weiter von Arabien entfernt waren und auch weniger besucht wurden. Kanäle durch das Archipel werden mit einer Ausnahme, der "Weiten Straße" zwischen Suvadiva und dem Hadhdhunmathee Atoll - heute als "one-and-a-half-degree channel" bezeichnet - nicht erwähnt. Die Araber beherrschten, nicht zuletzt Dank ihrer navigatorischen Fähigkeiten durch die Inselwelt der Malediven zu segeln, den Handel im Indischen Ozean vom 9. Jahrhundert bis zur Ankunft der Portugiesen im 16. Jahrhundert.

Der portugiesische Soldat Duarte Barbosa, der im Osten von 1501 bis 1517 diente, berichtet über die Araber:

> "Viele Schiffe der Mooren (Araber), die von China, Maluco, Peegu, Malaca, Camatra, Benguala und Ceilam zum Roten Meer segeln, berühren diese Inseln, um Wasser, Vorräte und andere nützliche Dinge für ihre Reisen an Bord zu nehmen. Bisweilen kommen sie hier so beschädigt an, daß sie ihre Ladung über Bord werfen müssen. Und zwischen den Inseln sind schon viele, reich beladene Schiffe der "Mooren" gestrandet, die den Ozean überqueren wollten. Nicht zu sprechen von der Furcht für unsere Schiffe, die hier auf der Fahrt nach Malabar scheiterten".

Der Handel der Chinesen mit den Malediven

Schon seit frühen Zeiten trieben die Chinesen Handel mit den Völkern des Indischen Ozeans. Aber erst 1405 starteten sie die erste große Expedition mit zahllosen Schiffen und begannen so, ihren Einfluß auszudehnen.

Unter der Führung des Großen Eunuchen Cheng Ho wurden in 20 Jahren sieben spektakuläre Reisen in den "Westlichen Ozean" unternommen, die China zur wichtigsten Macht im Orient austeigen ließen. Bei jeder Fahrt kommandierte Cheng Ho Zehntausend Soldaten und mehr als 100 hochseetüchtige Schiffe. Der erste und größte Expedition umfaßte über 300 Schiffe und 28.000 Soldaten. Seine größten Schiffe maßen etwa 100 Meter in der Länge und 50 Meter in der Breite. Die größten, die Schatzschiffe, besaßen neun Masten, die Begleitschiffe waren Dreimaster.

Die Schatzschiffe brachten unbeschreibbare Werte mit zurück, einschließlich Elefantenzähne, Rhinozeroshörner, Perlenketten, Gewürze und Weihrauch. Um diese Waren zu bezahlen, exportierten die Chinesen Gold, Silber, Kupfer, Reis und Korn, Seide und Porzellan. Porzellan wurde ursprünglich als Ballast für die kostbaren, aber leichten Seideballen verwendet, fand aber bald seinen eigenen Markt.

Insgesamt besuchten die Chinesen 30 Länder in der Region, von den Häfen des Persischen Golfs, den Märkten von Aden und Mekka, bis zu Handelszentren wie Mogadischu an der Ostküste Afrikas. Auch die Malediven wurden von ihnen aufgesucht. Bei welcher Gelegenheit, ist unklar; vermutlich aber während der 5ten, 6ten und 7ten Expedition, sicher aber während der vierten Reise (1413-15). Gesandte aus allen aufgesuchten Ländern wurden nach China geschickt; darunter auch ein maledivischer Botschafter, der aber mit einer späteren Expedition zurückkehrte.

Eine chinesische Landkarte, die *Mao K'un* Karte, weist die Malediven als wichtige Zwischenstation für die Schiffe aus China aus. Die Routen von Male nach Mogadischu lassen vermuten, daß man von hier die weiten Reisen nach Ostafrika antrat. So werden in der Karte einige Plätze erwähnt, einschließlich des Hadhdhunmathee Atolls, des Mulaku Atolls, Male als Insel des Sultans und das Faadhippolhu Atoll.

Die Malediven waren den Chinesen als "Liu Berge" bekannt (Die Chinesen bezeichneten alles über dem

Wasser als Berg) und die Inseln wurden mit ehrfurchtsvollem Aberglauben bedacht. In seiner *Übersicht über die Küsten der Ozeane* schrieb Ma Huan:

> "Die Überlieferung berichtet von 3.000 Liu (Berge). Dieser Platz wird in Wahrheit auch die 3.000 flachen Wasser genannt. Die Bewohner leben in Höhlen und kennen weder Reis noch Korn (und) sie fangen nur Fische und Krebse, die sie verspeisen; sie tragen auch keine Kleider (und) sie benutzen die Blätter der Bäume, um sich vorn und hinten damit zu bedecken. Selbst bei günstigen Winden und Wasser, wenn die Kapitäne den Kurs verlieren und die Ruder zerstört sind, treiben die Schiffe, die an diesen Liu vorbeifahren, in ablaufendes Wasser, werden immer unkontrollierbarer und gehen unter; (und) als genereller Ratschlag: wer mit dem Schiff reist ist gut beraten, diese (Inseln) zu meiden".

MALEDIVISCHE HÄNDLER

Die Malediver trieben in der Vergangenheit Handel mit allen großen Häfen. Von den Häfen auf der Arabischen Halbinsel im Westen, in Indien im Norden, bis hin nach Sunda (Java) im Osten. Tome' Pires schreibt in seinem *"Suma Oriental"* von 1515, daß sich unter den Händlern in Malakka auch Malediver befanden. Weiter berichtet er, das der Hafen von Bantam im Königreich Sunda mit den Malediven Handel trieb *"denn man kann von Sunda zu den Malediven in sechs oder sieben Tagen gelangen".*

Die maledivischen Seefahrer waren weit gereist und ihre Kenntnisse von anderen Ländern in der Region, sowie das ausgeprägte Wissen um ihre eigene Inselwelt, beeindruckten westliche Seeleute. Im Jahre 1529 landeten die beiden französischen Brüder Jean und Raoul Parmentier auf den Malediven bei Foammulah und befragten den Hohen Priester nach ihrer wahren Position. Er konnte ihnen auf diese Frage nicht nur antworten sondern wußte noch mehr: *"der Hohe Priester zeigte dem Kapitän in welchen Quadranten die Länder von Aden, Persien, Ormus, Calicut, Zeilan, Moluque und Sumatra lagen und er zeigte sich zudem belesen und weit gereist".*

Die Malediver scheuten sich nicht, über große Distanzen zu segeln. Sie benutzten dabei ein primitives Navigationsgerät. 1835 wurde im *Asiatic Journal* berichtet, daß ein maledivisches Boot mit zerstörtem Mast, Ruder und Rigg auf seiner Fahrt nach Malakka im südlichen Burma gefunden wurde, nachdem es sechs Wochen lang im Meer getrieben war.

> "Es war aus dem Holz der Kokospalme gebaut, ohne einen eisernen Nagel. Das Achterdeck bestand aus einer überdachten Hütte, am Bug befand sich eine Art Deck aus einer Strohmatte, die das Eindringen von Wasser verhindern sollte. Es gleicht in der Tat einem Wunder, daß ein solches Schiff ohne massive Bauweise, nur mit einer Strohmatte als Segel bestückt, den Ozean befahren kann. Diese maledivischen Seefahrer können mit einem Kompaß, den ein Hufschmied gebaut hat, und mit einer Seekarte, die sie nur über ihre heimischen Gewässer und die Lage ihres Handelsziels im Golf von Bengalen informiert, sowie schließlich mit einem T-förmigen, hölzernem Instrument zur Bestimmung der geographischen Breite tatsächlich ihren Weg machen und ihr Ziel erreichen".

Auf einigen Inseln gab es regelrechte Navigationsschulen, in denen nautische Instrumente wie das Astrolobe und der Quadrant gefertigt oder auch repariert wurden. 1834 schrieb Commander Moresby, ein Engländer in seinem *"Indian Ocean Directory"*:

> "Bei einer Gelegenheit war ich überrascht, einen hölzernen Sextanten zu sehen, den die Einheimischen recht ordentlich gefertigt hatten. Gläser und Fernrohraufsätze dafür hatten sie alten Instrumenten entnommen; sie kopieren unsere nautischen Tabellen und benutzen dabei unsere Ziffern und Zeichnungen, übersetzen die Regeln aus unseren Navigationsbüchern in ihre eigene Sprache".

Die Kenntnisse der Malediver über ihr eigenes Gebiet war unübertroffen; um so kritischer aber war es für fremde Schiffe, sich durch das Archipel zu manövrieren. Die Einheimischen besaßen Karten, auf denen jeder Felsen und alle Gefahren eingezeichnet waren. Die Kapitäne des frühen 16. Jahrhunderts, die unbeabsichtigt durch mangelnden Wind oder Fehlnavigation in maledivische Gewässer gerieten waren angewiesen, ein Boot an Land zu schicken, um einen einheimischen Lotsen aufzunehmen. Er sollte das Schiff in befahrbare Kanäle zwischen den Inseln dirigieren. Solange sich dieser Lotse nicht an Bord befand war man gehalten, in sicherer Entfernung vom Land zu warten. Der Franzose Laharpe schrieb 1780:

> "Innerhalb eines jeden Atolls, voller Riffe und Untiefen, sind die befahrbaren Passagen so gefährlich, daß die Einheimischen nicht bei Nacht segeln, selbst wenn die See ruhig ist. Tagsüber ist die Anzahl der Boote unübersehbar, aber am Abend, auch bei gutem Wetter, raten die alten Überlieferungen dazu, an Land oder vor Anker zu gehen. Die Malediver mögen vielleicht die besten Seefahrer der Welt sein, aber selbst die besten Erfahrungen schützen nicht vor Havarien und Schiffbruch".

DIE ANKUNFT DER PORTUGIESEN

Die Portugiesen erschienen im Indischen Ozean Ende des 15. Jahrhunderts und begannen zügig damit, alle Handelsverbindungen für sich zu erobern. Dieses geschah lang bevor die Malediven in den Blickpunkt rückten, hauptsächlich wegen ihrer Kokosfasern, die für Seile und die Takelage der Schiffe verwendet wurden und ein wichtiges Exportgut waren. Ein anonymer Geograph schrieb 1505:

> "Die Seile werden in ganz Indien verwendet; es gibt nichts besseres außerhalb der Inseln zu finden. Sie vermodern nicht im Salzwasser und haben eine große wirtschaftliche Bedeutung für die Inseln. Denn jährlich segeln zwölf bis 15 Schiffe nach Calecud und Cambaya und sie haben nichts anderes als nur diese Seile geladen".

Tome' Pires beschrieb alle wichtigen Häfen und ihre Handelspartner. Von Aden, dem Schlüsselhafen Arabiens über das schwer befestigte Zentrum von Goa an der Westküste Indiens bis nach Malakka, eine Stadt, die sich für den Warenhandel kaum besser eignete, als irgendeine andere in der Welt. Seitdem Male zu einem der strategischen Häfen in den Handelsverbindungen aufgestiegen war, die sich im Indischen Ozean ausbreiteten, waren die Portugiesen mit aller Gewalt daran interessiert, den Handel über Male zu kontrollieren.

BEGEGNUNGEN MIT DEN MALEDIVERN

Eine der ersten Begegnungen zwischen den Maledivern und den portugiesischen Eindringlingen fand 1503 in der Nähe von Calicut zwischen dem Kapitän Sodre mit seinen Karavellen und vier Schiffen von den Malediven statt.

In seinem Bericht über Vincente Sodres Expedition informiert uns Gaspar Correa, daß die vier Boote mit Kokosnußseilen, Trockenfisch, Seidenstoffen und Kaurieschnecken beladen waren, die man in Bengalen als Zahlungsmittel verwandte. An Bord befanden sich auch viele "Moorenhändler" (Araber) aus Calicut, die auf die Malediven gereist waren, um mit Salz, Kochgeschirr, Reis und Silber zu tauschen. Denn diese Annehmlichkeiten waren auf den Inseln nicht vorhanden. Gerade zu dieser Zeit aber gab es Streit zwischen den Portugiesen und dem Raja von Calicut, der sich mit ihnen im Kriegszustand befand. Correa schreibt:

> "Kapitän Sodre beschlagnahmte die Gundra Schiffe (Boote der Malediver) und ihre Ladung und befahl den maledivischen Kapitänen die Mooren aus Calicut zu benennen. Andernfalls würde er sie alle verbrennen. Diese beunruhigte sie und man gab die Calicut Mooren preis. Diese wurden an den Händen und Füßen zusammengebunden und in eines der bereits leergeräumten Gundra Boote geworfen. Man goß Öl über die gefesselten Männer und das Schiff wurde mit ihnen in Brand gesteckt".

DIE EINNAHME MALES DURCH DIE PORTUGIESEN

Das erste Eindringen der Portugiesen auf den Malediven ereignete sich 1518, als eine Flottille mit 120 Mann unter dem Kommando von Joao Gomes, dem "Geldschnüffler", nach Male entsandt wurde. Er nahm Male ein und befestigte Teile der Insel mit Kanonen, während seine Männer damit begannen, die Bewohner auszurauben und zu unterdrücken. Die Malediver erhielten alsbald Hilfe von Pata Marakkar, einem mächtigen Kaufmann aus Cochin, der zum Piraten geworden war und zwölf gut bemannte Malabar Paros nach Male entsandte. Man überraschte die Portugiesen, versenkte eine Karavelle und bemächtigte sich der anderen sechs. Alle Portugiesen wurden niedergemetzelt und die Insulaner von der Besetzung befreit. Weitere Versuche der Portugiesen

Viele historische Relikte liegen im Meer oder an den Stränden begraben. 1992 gab diese zusammengebrochene Kaimauer in Male einige Kanonen frei, Überreste der Bastionen, die sich einst im Hafenbereich von Male befanden.

Male wieder einzunehmen unterblieben zunächst. Erst als Sultan Hasan der IX dem Thron entsagte, kam es zur Palastrevulotion und sein Cousin Ali VI kam an die Macht.

Hasan reist heimlich nach Cochin, fand bei den Jesuiten Unterschlupf und konvertierte zum Christentum. Er ersuchte den Vizekönig Indiens in Goa, Male zurückzuerobern und im Jahre 1557 stach eine portugiesische Streitmacht in See, Male zu erobern. Ihre Mission mißlang, man mußte sich wieder zurückziehen und verlor dabei vier Schiffe und zahlreiche Soldaten. Im folgenden Jahr kehrten die Portugiesen mit einer größeren Armada zurück und nahm Male ein. In den nächsten 15 Jahren (1558-1573) regierte im Namen des christlichen Königs ein Gouverneur, der von den Portugiesen ernannt worden war.

Die Rückeroberung Male durch die Bevölkerung ist in der Folklore lebendig geblieben. 1573 führten zwei Brüder aus einer vornehmen maledivischen Familie eine Gruppe von Aufständischen an, die die Festung in Male einnahmen und die gesamte Garnison umbrachten. Der ältere hieß Muhammad Bodu, der später als Sultan Ghazi Muhammad Thakurufaanu regierte. Dieses war das Ende des portugiesischen Einflusses auf die inneren Angelegenheiten der Malediven, obwohl 1632 und 1649 erneut, aber ergebnislos versucht wurde, Male wieder einzunehmen.

Bodu Thakurufaanu's berühmtes Boot *Kalhuohfummi* war allein nur zum Kampf gegen die Portugiesen gebaut worden; es erlitt an einem Riff im Koluvaariyaafushi Mulaku Atoll Schiffbruch und man glaubt bis heute, daß aus den Trümmern eine Moschee auf der Insel gebaut wurde.

Schiffverluste

Während der Vorherrschaft der Portugiesen in der Region waren ihre Schiffverluste extrem hoch. Die Handelssaison dauerte von September bis April; danach waren die Häfen an der Westküste Indiens wegen des herrschenden Südwestmonsuns geschlossen. Man segelte daher um Ostern von Lissabon los, umrundete das Kap der Guten Hoffnung und nahm mit den Ausläufern des Südwestmonsuns vor der Ostafrikanischen Küste Kurs auf Goa, das im September oder Oktober erreicht wurde. Die Rückreise begann in Goa oder Cochin mit Hilfe des Nordostmonsuns. Man nimmt an, daß während 1500 und 1579 etwa 31 Schiffe untergingen und nicht weniger als 35 zwischen 1580 und 1610. Die Gesamtverluste zwischen 1550 und 1650 lagen bei etwa 112 bis 130 portugiesischen Schiffen.

Einige dieser Schiffe gingen durch kriegerische Handlungen oder andere Gründe unter, die meisten strandeten jedoch vor Afrikas Ostküste oder versanken mit Mann und Maus irgendwo im Indischen Ozean. Das Wrack der *Prazer e Allegria* von 1844 steht symbolisch für den letzten Kontakt zwischen Portugal und den Malediven.

Holländisches Interesse an den Malediven

Bereits kurz nachdem der holländische Ostasienforscher Cornelius de Houtmann 1595 das Kap umrundet hatte und auf den Malediven landete, kündigte sich eine neue Periode des Wohlstandes an. Mit seinem Schiff *Lion* und seinem Bruder Frederick, der die *Lioness* befehligte, landete er am 1. Juni 1599 auf den Malediven. Man kam an einer kleinen Insel vorbei (Nilandhoo im Süd Nilandhoo Atoll), auf der viele Ruinen kunstvoll gebauter Tempel und Altäre standen *"die Steine so eng zusammengefügt, das nicht eine Messerspitze zwischen die Fugen gepaßt hätte, während an jeder Ecke ein Schlußstein das ganze Werk zusammenhielt"*.

John Davis, der sehr viel über Handel und Schiffahrtsrouten schrieb:

> "Man berichtet von 11.000 Inseln. Sie bedienten sich eines Lotsen, der etwas Portugiesisch sprach, um durch den Kanal namens Maldiva auf der Breitenposition 4° 15' geleitet zu werden. Die Passage durch diesen Kanal ist für verschiedene Länder von Bedeutung, die mit den meisten Orten Indiens handeln".

Im Jahre 1602 wurde vermeldet, daß Geschäfte mit den Malediven gemacht werden können und mit der Gründung der Holländischen Ostindien-Kompanie entstand ein profitabler Handel mit Indien und dem Fernen Osten. Die Holländer schicken im frühen 17. Jahrhundert zahlreiche Schiffe in den Osten, aber erst 1640 entsandte man ein mit Reis beladenes Schiff gezielt zu den Malediven, um die Art und Perspektiven eines Handels mit den Inseln auszuloten. 1662 wurde ein erneut ein Schiff in das Archipel geschickt, um mit Kauries zu handeln, die von den Holländern mit großem Gewinn über die ganze Zeit des 17. und 18. Jahrhunderts verkauft wurden. Es wurde den Holländern bald klar, daß sie eine genaue Kartierung der Malediven und der nördlich gelegenen Lakadiven benötigten, um die Schiffe und deren wertvolle Ladungen besser zu schützen. Daher ergingen schon 1671 von der holländischen Regierung in Ceylon Anweisungen, mit der Kartierung und Vermessung zu beginnen. Es dauerte aber noch bis 1834, bis eine solche geographische Erfassung von den Engländern entgültig durchgeführt wurde.

Früher Britischer Einfluss auf den Malediven

Englands Einfluß und Aktivitäten im Indischen Ozean begannen mit den Geschäften seiner Ostindien-Kompanie, deren Schiffe im späten 17. Jahrhunderts emsig zwischen den Häfen in der Region und Europa verkehrten. Das Wrack der *Persia Merchant* im August 1658 war der erste Kontakt zwischen den Briten und den Maledivern, der überliefert worden ist, obwohl schon zuvor Engländer an Bord anderer Schiffe die Inseln besucht hatten. Einer von ihnen war der Lotse der *Corbin*, der nach seinem Schiffbruch am 2. Juli 1602 geköpft wurde, nachdem er versucht hatte, aus der Gefangenschaft zu entkommen.

William Hedges gehörte mit zu den ersten Engländern, der 1685 mit der *Recovery* im Archipel kreuzte. Er hielt jedoch die Region für zu unsicher. Weitere Kontakte mit den Einheimischen entstanden nach dem Schiffbruch der H.M.S. *Cato* 1783, gefolgt 1819 von dem der *Hayston*. Die Crew überlebte das Scheitern der Hayston wohlauf, während die *Cato* vermutlich in der Nähe Males mit der gesamten Besatzung unterging. An Bord dieses, mit 50 Kanonen bestückten Seglers, war auch Vizeadmiral Sir Hyde Parker, der sich auf der Reise zu seinem neuen Kommandoposten der *East Indies Station* befand. Erst Jahre später drangen Meldungen davon nach England. Kapitän A.I. Dickson von der *Fancy* berichtete von dem schrecklichen Geschehen, daß die Besatzung zwar gerettet wurde, um dann aber, jeweils zu zweit gefesselt, in eine Grube geworfen zu werden, die von den Einheimischen mit Steinen und Erde zugeschüttet wurde. Dieses Massaker wurde von den Einwohnern als Vergeltung für die Vergewaltigung eines "Mooren"-Mädchens angesehen.

Die Kartierung der Inseln

Bis zum Jahre 1832 waren schon einige britische Schiffe an den Riffen der Malediven gescheitert und es erschien dem Hydrographen der East India Company, James Horsburg, als unverständlich, daß in der Vergangenheit noch keinerlei Vermessung des Archipels vorgenommen worden war. Denn gerade die frühen Seefahrer waren besonders Irrtümern ausgesetzt. So wurde 1715 eines der Schiffe der Company, die *Darby*, an die Küste Sumatras getrieben, während ihr Kapitän noch glaubte, auf den Malediven zu sein.

Um 1830 war man schon in der Lage, bis auf 20 oder 25 Meilen genau zu navigieren. Kapitän Owen, Navigator der Royal Navy sagte, es sei eine Schande, daß die

Malediven für Seefahrer des 19. Jahrhunderts noch immer ein Schreckensbild sein, obwohl sie schon in den Jahrhunderten zuvor regelmäßig besucht worden waren.

Die eigentlichen Vermessungen fanden zwischen 1834 und 1836 unter der Leitung von Commander Moresby von der Indischen Navy statt. Während dieser Arbeiten strandeten zwei seiner Schiffe, die *Adonis* 1835 am Thaa Atoll und 1836 die *Vicissitude* bei Ihavandhippolhu. Er lobte später die Art des Entgegenkommens und der Gastfreundschaft der Insulaner, wie sie die Schiffbrüchigen behandelten. Die neuen Karten kennzeichneten deutlich die sicher zu befahrenden Kanäle und die genauen Positionen und Formen der Inseln und eröffneten so die "Mittlere Passage" nach Indien. Diese Route verlief östlich von Madagaskar und zwischen den Seychellen und dem Chagos Archipel durch den sogenannten "One-and-half-degree channel" auf den Malediven.

Trotz dieser neuen, vorteilhaften Informationen strandeten denoch zwischen 1850 und 1880 nicht weniger als 16 europäische Schiffe, meist britischer Herkunft, an den Inseln und Riffen des Archipels. Und selbst bis heute stellen die Riffe der Malediven eine gewaltige Barriere für den Schiffsverkehr im Indischen Ozean dar, die immer wieder ihren Tribut an neuen Schiffwracks fordert.

Dhonis alter Bauart werden noch immer von den meisten Tauchschulen eingesetzt.

Moderne Bauformen finden bei vielen Bootsbetreiben zunehmend Gefallen.

Das ursprüngliche maledivische Dhoni wurde von Fischern für ein einfaches, aber wirkungsvolles Segeln entworfen, gebaut und weiterentwickelt. Die einfachste Form des *mas dhoni* zum Fischfang basiert auf zusammengebundenen Planken - eine Methode, die damals in der indischen wie arabischen Region angewandt wurde und noch heute in einigen Gegenden praktiziert wird. Später bediente man sich hölzerner Dübel und Kupfernägel.

Das *mas dhoni* ist ein offenes Boot, robust mit geringem Tiefgang, das unter Segel bis zu sechs bis sieben Knoten schnell sein kann und was sich selbst bei rauher See noch gut manövrieren läßt. Der weit hochragende Vordersteven ist reine Dekoration während das schmaler werdende Heck, das in einen Achtersteven ausläuft, dem Schiff die guten Segeleigenschaften verleiht und zudem das Ruder hält. Das Holz der Kokospalme wird für das Unterwasserschiff verwendet, da es haltbarer ist und ausreichend zur Verfügung steht. Es ist außerdem schwerer und verleiht dem Boot somit mehr Stabilität. Importierte Harthölzer werden an anderen Stellen verwendet und zwei besonders leichte Balken befinden sich am Oberdeck, um das Dhoni wieder aufzurichten, wenn es kentern sollte. Das Wasser kann dann ausgeschöpft werden.

Der Rumpf des Schiffs wird mit Fischöl eingestrichen um das Holz zu konservieren und den Rumpf leichter durch das Wasser gleiten zu lassen. Diese beweglichen Schiffe werden von meisterlichen Bootsbauern zusammengefügt, die dazu nur wenige Werkzeuge und keinerlei Baupläne benötigen. Ihre Erfahrungen werden nur mündlich von Generation zu Generation weitergegeben. Bootsbauer werden *kissaru vadin* genannt, was soviel bedeutet wie: "Tischler, die geformte Dinge bauen können". Sie werden sehr gut bezahlt und genießen hohes, gesellschaftliches Ansehen. Um ein 13-Meter Dhoni zu bauen, vergehen etwa zwei Monate. Als Werkzeuge dienen dabei Holzhämmer, Meißel, Äxte und ein schnurbetriebener Handbohrer.

Das bekannte Tauchdhoni ist vom *mas dhoni* mit einigen Veränderungen übernommen worden. In den späten sechziger Jahren breitete sich der Motorantrieb aus und die bis dahin offenen Boote bekamen als Transportmittel für Taucher ein festes Oberdeck mit einem Sonnenschutz.

Der hochgezogene Teil des Vorderstevens kann abgenommen werden und ist noch immer typisch für viele Tauchdhonis. Seit 1985 aber wurde ein flacher gebautes Schiff eingeführt, anfänglich von den Maledivern belächelt, aber einfacher zu be- und zu entladen. Viele Dhonis werden heute nach diesem Entwurf gefertigt.

Berühmte Wracks auf den Malediven

Hunderte von Schiffen gingen im Laufe der Zeit in den Malediven unter. Sechs von ihnen aber haben unter allen anderen eine besondere Bedeutung.

DIE CORBIN

Die *Corbin* war ein 400 Tonnen großes, französisches Schiff, das zusammen mit der *Croissant* am 18. Mai 1601 von St. Malo lossegelte, um nach Handelsmöglichkeiten im Osten zu suchen. Vom Pech verfolgt und mit einer schlechten Disziplin an Bord, war die *Corbin* zum Scheitern verurteilt. Ihr Schicksal ereilte sie am 2. Juli 1602 mit einer Ladung Silber am Goidhoo Atoll, das auch Horsburgh Atoll genannt wird. Versuche die Ladung in jenen Tagen zu bergen, scheiterten an der Tiefe des Wassers.

Schon zu Beginn der Reise war der Crew ein böses Omen erschienen, als der Mast brach und die Matrosen aus Angst fast über Bord sprangen. Krankheiten und flüchtige Seeleute bedrohten die Expedition, noch bevor man begonnen hatte, den Indischen Ozean zu überqueren. Die erdrückende Hitze hatte die meisten Vorräte verdorben, das Wasser war faulig, Fisch und Fleisch waren schlecht geworden und voller großer Maden, die Butter zu Öl zerflossen und Skorbut grassierte an Bord. Ein 15-tägiger Aufenthalt in Malailli auf den Komoren, verbesserte den Gesundheitszustand der Besatzung erheblich, bevor es über den Indischen Ozean ging.

Am 1. Juli machte man einige Inseln und Riffe aus, die vom englischen Steuermann als ein Teil der Malediven erkannt wurden. Müßig verbrachte man die Nacht, das Schiff wurde dabei sich selbst überlassen. Der Kapitän lag krank in seiner Koje; der Maat und der zweite Maat waren betrunken und die Wache schlief. Am frühen Morgen des 2. Juli lief die *Corbin* auf ein Riff. Von den 40 Überlebenden stahlen zwölf Mann ein Boot und versuchten, damit nach Indien zu segeln. Nur vier der anderen überlebten die fünfjährige, maledivische Gefangenschaft. Unter ihnen war Francois Pyrard, der später seine Abenteuer beschrieb. Erst 1607, als Soldaten aus Chittagong in der Hauptstadt einfielen, wurden die Vier nach Indien gebracht und traten von dort die Heimreise nach Frankreich an. Ironischerweise war diese Einheit auf der Suche nach den starken Kanonen der *Corbin*. Die Malediver behandelten Pyrard und seine Begleiter untypisch grausam, aber ihr Schicksal hing in hohem Maß von ihren Verhalten in den Tagen nach dem Schiffbruch ab. Silber und Wertsachen waren tief im Schiff verstaut und folglich nach dem Stranden nicht mehr zu bergen gewesen. Was man aber rettete, war das versteckte Silber in den Bauchgurten. In der ersten Nacht auf Fulhadhoo verbuddelten sie diese Gurte aus Angst, die Bewohner könnten sie durchsuchen. Im weiteren Verlauf erhielten die Männer nur wenig zu essen und waren fast dem Hungertod nahe. So gruben sie die Münzen wieder aus und tauschten Geld gegen Nahrung. Folglich rückten die Insulaner Nahrung nur noch gegen Geld heraus und bald waren die Münzen verbraucht. Pyrard schrieb damals:

> "Die das Geld hatten und so auch an Nahrung kamen, schlugen sich bedenkenlos die Bäuche voll. In einem Land aber, dessen Luft für alle Fremden nicht gesund ist, auch wenn sie es gewohnt sind, erkrankten sie und einer nach dem anderen starb. Ja sogar an den Orten, wo sie noch Hilfe und Trost von ihren Kammeraden erfuhren, drangen die ein, welche in Not waren und kein Geld hatten. Sie nahmen ihnen die Münzen ab und plünderten jene aus, noch bevor sie gestorben waren. Die Gesunden unter ihnen begannen wiederum, sich um die Beute zu prügeln; sie taten sich zwei gegen zwei zusammen, schließlich Küchenmaat gegen Küchenmaat mit so wenig Nachsicht, daß sie sich um ihre sterbenden Kameraden überhaupt nicht kümmerten. Nie zuvor habe ich einen solchen bedauernswerten und erbärmlichen Anblick gehabt".

Pyrard wurde mit zwei seiner Gefährten nach Fehendhoo gebracht. Im Gegensatz zu den anderen hatten sie keine Geldgurte, da sie meinten besser nichts zu haben. Und obwohl dieses anfänglich Schwierigkeiten verursachte, gaben ihnen die Einheimischen zu essen.

Die Nachricht vom Untergang erreichte Male und Beauftragte des Sultans wurden nach Fulhadhoo geschickt, um das Wrack in seinem Namen sicherzustellen. Alle Waren und das Geld vom Wrack wurde automatisch zum Eigentum des Sultans erklärt und es wurde den Maledivern verboten, irgend etwas an die Opfer zu verkaufen. Als ein Gesandter auf Fulhadhoo ankam, wollte er wissen, wer die Münzen vom Schiff habe. Um an das Geld zu kommen, ließ er alle Einwohner, auch die Frauen, verhaften und ihnen Daumenschrauben anlegen. Diese wurden gequetscht und mit Eisenklammern gebogen um Geständnisse zu erpressen. Die Bewohner der Insel, auf die Pyrard und seine Kameraden gebracht worden waren, brauchten nichts zu fürchten, da sie nachweislich kein Geld angenommen hatten. Ein Umstand, für den sie sehr dankbar waren.

Pyrard bemühte sich ihre Sprache zu erlernen und war somit in der Lage, etwas über sein Schicksal herauszufinden. Er gewann außerdem einen tiefen Einblick in die maledivische Gesellschaft, wie kein Reisender aus dem Westen zuvor. Hierüber schrieb er später sehr ausführlich:

> "Ich habe bemerkt, daß mir nichts dienlicher war um die Zuwendung der Menschen, der Adligen und selbst des Königs zu gewinnen, als ihre Sprache zu sprechen und dieses war auch der Grund, warum ich meinen Gefährten gegenüber stets bevorzugt und mehr geschätzt wurde, als sie".

Das Wrack der *Corbin* wäre gewiß im Laufe der Geschichte unbeachtet geblieben, hätte nicht Francois Pyrard diese historische Beschreibung hinterlassen. Seine Berichte über das Wrack und seine nachfolgende Gefangenschaft machen diese zu einer unwiderstehlichen Lektüre. Die Beschreibungen des Lebens auf den Inseln und die Bräuche der Menschen ließen sein Buch auch zu einem wertvollen Nachschlagewerk für Historiker und Studenten der maledivischen Geschichte und Kultur werden.

DIE HAYSTON

Der englische Dreimaster *Hayston* stand unter dem Kommando von Kapitän Sartorius, als er am 1. Juli 1819 von der Isle-de-France, dem heutigen Mauritius, in See stach, um nach Kalkutta zu segeln. Einige Tage schlechten Wetters hatten verhindert, irgendwelche Beobachtungen oder Positionbestimmungen erfolgreich durchzuführen. Am Abend des 20. Juli, etwa gegen 20 Uhr, machte man einige Riffe in der hoffnungslosen Finsternis aus. Die Zeit den Kurs zu ändern aber war zu kurz und das Schiff rammte ein Riff am Maamakunudhoo Atoll, im Nordwesten der Malediven. Nur nach 15 Minuten stand der Laderaum über zwei Meter unter Wasser und die Crew war den Wellen preisgegeben.

Am nächsten Morgen stellte am fest, daß die *Hayston* ein Riff gerammt hatte. Es war so groß, wie weit das Auge nur blicken konnte und wurde bei Flut vom Meer völlig überspült. Man entdeckte in etwa 25 Kilometer Entfernung durch das Fernrohr eine kleines Eiland, das "Insel der Hoffnung" getauft wurde. Drei Matrosen versuchten am 22. Juli diese Insel mit einem Floß zu erreichen, doch sie wurden nie wieder gesehen. Am 24. waren alle damit beschäftigt, ein großes Floß aus den Schiffstrümmern zu bauen, das alle tragen konnte. Doch die Matrosen aus Laskar kappten die Seile und segelten damit allein davon. Man ließ nun das Großboot zu Wasser, es wurde aber am Riff beschädigt und trieb mit einer Frau und mit ihren beiden Töchtern und drei Männern davon. Auch von ihnen hörte man nie wieder etwas. Nun wurde eine Barke flott gemacht, aber sie kenterte und zerschellte am Riff. Auch ein maledivisches Boot, das auf der anderen Seite des Riffs entlangsegelte, bemerkte die Schiffbrüchigen nicht. Zwei Matrosen, ein gewisser Serang und sein Bruder, gerieten ebenfalls mit ihrem Floß in eine Strömung und wurden abgetrieben. Auch ein Junge kam ums Leben, als er sich an einem zwischen Wrack und Riff gespannten Seil zum Schiff zurückhangeln wollte. Am 26. Juli schließlich, bestiegen einige Seeleute ein kleines Boot und versuchten die "Insel der Hoffnung" zu erreichen. Sie wurden von Fischern aus Makunudhoo entdeckt und die überlebenden Passagiere konnten gerettet werden.

Am 10. August kamen Serang und sein Bruder in Male an. Nach drei Nächten und vier Tagen auf See hatten sie elf Inseln passiert, bevor sie auf einer unbewohnten Insel ankamen und sich hier von Kokosnüssen ernährten, bis sie von Fischern gerettet wurden. Auch die sechs Männer aus Laskar, die das große Floß gestohlen hatten, kamen in Male an. Sie erzählten, das Floß sei zerbrochen und sie so unfreiwillig in eine Strömung geraten und abgetrieben; Lügen, um die Niedertracht ihres Handelns zu decken. Trotz ihrer Falschheit behandelte sie der Sultan gleich zuvorkommend wie die anderen und ließ alle Schiffbrüchigen kostenlos mit den wichtigsten Dingen versorgen. Somit steht die *Hayston* beispielhaft für die Menschlichkeit der Malediver und für die Großzügigkeit ihres Sultans.

DIE RAVESTEIN

Der 800 Tonnen große niederländische Ostindien-Segler befand sich mit einer Gold- und Silberladung auf dem Weg von Holland nach Jakarta, als er am 8. Mai 1726 bei der Insel Mathiveri im Ari Atoll auf Grund lief. Sieben Silbertruhen und eine mit Gold wurden noch geborgen.

Der Kapitän, Antony Klink, schickte seine Männer nach Male, während er noch einen Monat auf der Insel blieb, in deren Nähe das Schiff gesunken war. Sein arrogantes Verhalten stellte die Geduld der Malediver und die ihres Sultans Ibrahim Iskandar II (1720-50) auf eine große Probe. In einem Brief an den holländischen Gouverneur von Ceylon schrieb er, daß Klink nichts anderes zu tun habe, als sich bitter über die Einwohner der Insel zu beklagen.

> "Er (der Kapitän) erwartet von ihnen, daß sie wie europäische Seeleute arbeiten ohne dabei die Tatsache zu berücksichtigen, daß sie arme Kreaturen sind, die auch den kleinsten Dienst, der von ihnen abverlangt wird, als belastende Unterdrückung empfinden. Gentlemen, Sie wissen doch genau um das Naturell der Inselbewohner".

Als der Kapitän am 13. Juni in Male ankam, forderte er vom Sultan 50 Mann und vier große Boote, um das Eigentum seiner Gesellschaft zu bergen. Der Sultan fühlte sich durch diese Forderung beleidigt und gab ihm keine Antwort. Er war auch auf keinen Fall bereit, Boote zur Untergangsstelle zu entsenden. Denn dieses war ein Platz, wo selbst kleine Boote wegen der rauhen See und der gefährlichen Brandung nur mit Schwierigkeiten zu manövrieren sind. Die Holländer wurden gebeten, in ruhigeren Monaten zurückzukehren, um weitere Bergungsversuche zu unternehmen. Die Crew der *Ravestein* aber wurde mit den Silber- und der Goldtruhe nach Ceylon gebracht.

PERSIA MERCHANT

In einer Nacht im August 1658, fünf Monate nach ihrem Ablegen in England, strandete die *Persia Merchant* am Maamakunudhoo Atoll auf ihrem Weg nach Bengalen. An Bord befanden sich acht Truhen mit Silber und vermutlich auch mit Gold aus Westafrika. Sofortige Bergungsversuche der Ladung blieben jedoch erfolglos. Bei dem Unglück ertranken viele; die 50 Überlebenden aber wurden von den Einheimischen sehr freundlich aufgenommen. Nach einem Monat erhielten sie ein stabiles Boot, mit dem man nach Sri Lanka segelte. Unter ihnen befand sich auch der Kapitän Roger Williams und der Marine-Kapitän Roger Middelton, der nach seiner Ankunft in Indien einen Bericht über die Abenteuer an seine Familie sandte.

Er berichtete, daß die *Persia Merchant* so schnell Wasser nahm, daß die Überlebenden nichts retten konnten und binnen vier Stunden war das Wrack in Stücke zerbrochen. Eines der Beiboote versank unter dem Schiff, so daß nur noch ein Rettungsboot für die Opfer übrig blieb. Die Schiffbrüchigen retteten sich mit dem Boot oder auf Wrackteilen auf eine unbewohnte Insel, südlich von Makunudhoo, ohne Lebensmittel, Wasser oder Waffen. Middelton schrieb:

> "Ohne Nahrungsmittel durchstreiften wir die Insel, bis wir auf einen Brunnen mit Wasser stießen, aus dem wir wie Tauben tranken und wir erhoben unsere Köpfe und Herzen, daß uns soviel Gnade zuteil geworden war. Während wir so tranken, stießen wir mit Hilfe der Vorsehung auf Kokospalmen, die für uns Nahrung und Bekleidung bedeuteten. Dann gingen wir zum Strand, wo wir kleine Schalentiere und ähnliches fanden. Um Feuer zu machen rieben wir zwei hölzerne Stäbe aneinander, bis sie sich entzündeten. Wir lebten auf der Insel etwa 10 oder 12 Tage und wußten nicht so recht, ob es für uns besser sei, von den Einheimischen der benachbarten Inseln gesehen zu werden. Denn die alten Seeleute berichteten, daß diese Insulaner uns die Kehlen durchschneiden würden. Schließlich kamen doch drei Boote von ihnen voller Männer an die Insel, vor denen wir große Furcht hatten, denen wir uns aber nicht widersetzen konnten".

Die niedergeschlagenen Schiffbrüchigen wurden zur Insel Kuburudhoo (Süd Thiladhunmathee) gebracht, *"wo wir Fisch und andere gute Dinge wie Honig und Reis bekamen".* Im Tausch für eine Goldkette und 100 Dollar von einem der Händler unter ihnen, erhielten sie ein Boot und segelten damit nach Ceylon.

PRAZER E ALLEGRIA

Die *Prazer e Allegria* verließ Lissabon am 8. November 1843. An Bord befanden sich 84 Gefangene, Austauschoffiziere und andere Passagiere auf dem Weg ins indische Goa. Bis man das Kap der Guten Hoffnung erreicht hatte, waren bereits 29 Gefangene an Skorbut gestorben. Am 16. März 1844 sichtete die Besatzung mehrere Inseln, die der Kapitän als Malediven identifizierte. Bei einer landwärts gerichteten, etwa 3 Meilen starken Strömung, behielt er den Kurs bei. Einer der Gefangenenaufseher berichtete später:

> "Das Schiff befand sich dicht unter Land, man konnte Leute deutlich erkennen. Dann näherte sich ein Boot mit Schwarzen von einer der Inseln, an dessen Heck eine britische Flagge hing. Einer der "Mooren" deutete auf einen Kanal, der zwischen drei oder vier Inseln liegt. Der Kapitän grüßte sie und bat sie an Bord zu kommen. Doch als sie die Gefangenen sahen, kam Furcht auf und sie kehrten um. Folglich waren wir der Strömung überlassen, die uns immer dichter ans Land und auf ein Riff gegenüber der zweiten Insel drückte. Die Nacht war finster, außer einigen Wetterleuchten. Die Wellen schlugen unaufhörlich gegen die Bordwände und drückten das Schiff immer mehr auf das Riff, bis schließlich das Ruder brach und wir festsaßen. Ein großes Leck tat sich auf und jeder stand bei den Pumpen. Es war aber für uns unmöglich, das eindringende Wasser zu stoppen".

Die *Prazer e Allegria* war auf ein Riff vor Muli Island im Mulaku Atoll gelaufen. Opfer hatte es keine gegeben und am Morgen des 18. wurden alle von Bord nach Muli Island gebracht. Am darauffolgenden Tag versuchte man mit drei Booten weiteren Proviant von Bord zu bergen. Diese Boote wurden aber von den Wellen zerschmettert und 11 Personen, die meisten von ihnen Gefangene, ertranken. Die 104 Schiffbrüchigen blieben noch fünf Tage auf der Insel, dann brachte man sie in einer siebentägigen Reise nach Male. Der Kapitän der *Prazer e Allegria* charterte zwei Katamarane, mit denen die Überlebenden des Unglücks, darunter auch zwei Frauen und drei Kinder, nach Ceylon gebracht wurden.

DAS GURAIDHOO WRACK

Im 16. Jahrhundert scheiterte ein chinesisches Handelsschiff mit Porzellan und anderen Handelsgütern nahe der Insel Guraidhoo im Süd Male Atoll. Am informativsten berichtete Francoise Pyrard davon, als er die Insel im Jahre 1605 besuchte.

> "Ich war einmal auf der Insel, als ich Mast und Ruder des Wracks sah. Man sagte mir, es sei das reichste Schiff, das man sich vorstellen könne. Es hatte 500 Passagiere an Bord, Männer, Frauen und Kinder; denn die Inder nehmen fast ihren gesamten Hausstand mit, wenn sie zu See fahren. Diese 500 Menschen ertranken fast alle, nur 100 sollen in jener Nacht den Untergang überlebt haben. Das Schiff kam aus Sunda (Indonesien) und war mit Gewürzen und anderen Waren aus China und Sunda beladen. Nur vom Mast ausgehend war es für mich das größte Schiff, was ich je gesehen habe. Denn er war dicker und länger, als der portugiesischer Karracken; und der maledivische König baute sich davon als Kuriosum in voller Länge ein Schirmdach. Auch ein anderer Mast mit Mastkorb war weit größer, als die aus Portugal. Folglich war ich geneigt zu glauben, daß die Inder größere und bessere Schiffe bauen, als in Portugal oder anderswo in der Welt. Die größten Schiffe kommen von der arabischen Küste, von Persien und Mogor und einige von ihnen haben in etwa 2.000 Personen an Bord".

Alte Leute erzählen noch heute von einem hölzernen Schiff, das nahe Guraidhoo, vermutlich bei Medhu Faru vor hunderten von Jahren sank. Erkennbare Wrackteile sind jedoch nicht mehr zu sehen.

Tauchsafaris: Auf in die Atolle

Einer der besten Wege als Taucher die Inselwelt der Malediven kennenzulernen, ist die Tauchsafari an Bord eines Dhonis. In den letzten fünf Jahren hat die Zahl der Anbieter enorm zugenommen. Ob es der Anreiz ist, weit entfernte Plätze aufzusuchen, unter den Sternen zu schlafen, oder einige Stunden auf einer unbewohnten Insel zu verbringen, nichts gleicht eben dieser sorgenfreien Zeit an Bord eines Safaribootes.

Viele Safaris beginnen gleich nach der Ankunft am Flughafen, aber die meisten nehmen von Males neuem Hafen im Südwesten der Insel ihren Anfang und enden auch dort. Dieser Hafen wurde 1992 mit japanischer Hilfe fertiggestellt und bietet nun einen geschützten Ankerplatz, wie er auch den alten, nördlich gelegenen Hafen mit seinem großen Verkehrsaufkommen entlastet hat. Er beherbergt über 100 Schiffe, fast alles Boote, die zu Safaridhonis umgebaut worden sind. Diese Dhonis besitzen wunderbar verzierte Bugsteven und geschnitzte Heckaufbauten. Sie liegen dicht an dicht am neuen Landungssteg aus Beton. Kompressoren, Flaschen und Gepäck werden von den Pickups entladen, Treibstoff und Wasser wird aus Fässern auf die Schiffe gepumpt.

Unbekannte und ungewöhnliche Ansichten, aber auch nie gehörte Klänge erfüllen die Luft. Jemand bindet das Ruder irgendeines Bootes mit einer Kokosnußschnur fest; anderswo wird ein Motor aus einer Dhoni ausgebaut und zieht gleich eine Menschenmenge an. Große Holzschiffe aus Indien werfen in der Morgensonne ihre Schatten auf kleinere Boote; Arbeiter hämmern, bohren und beizen Holz. Hölzerne Masten ragen in den Himmel und die Ankertaue der Schiffe zeichnen Zickzackmuster auf das Wasser, gleich einem großen Spinnennetz, über das andere Dhonis mühelos gleiten. Und trotzdem, mitten zwischen allen Aktivitäten herrscht eine durchdringende Ruhe, eine friedliche, entspannte Atmosphäre, die so typisch für die Inseln ist. Auf den Fischerdhonis spielen Männer in ihrer Freizeit Karten, während auf dem Vordeck der Safariboote Gäste Tee schlürfen und auf ihre Abreise warten.

Von diesem neuen Hafen legen die Safariboote zu ihren verschiedenen Zielen ab. Das Ari- und das Felidhoo Atoll sind beliebte Anlaufpunkte; in der Regel mit einem Zwischenstop im Süd Male Atoll. Oder man fährt nordwärts über das Nord Male Atoll zu entlegenen Plätzen, wie dem Baa- und Lhaviyani Atoll. Mittlerweile suchen Taucher auch völlig einsame Plätze wie das Haa Alifu Atoll auf, das erst kürzlich für Besucher geöffnet wurde. Alle anderen Atolle, mit Ausnahme des Addoo Atolls, sind für Touristen noch gesperrt.

Ein Gefühl völliger Freiheit überwältigt jeden Taucher, wenn er die letzten Spiegelbilder der Betonbauten Males hinter dem Horizont versinken sieht. Man hält schon Ausschau nach der nächsten Insel, die sich bald aus dem Meer erheben wird. Die Tauchsafari auf den Malediven hat gerade begonnen.

Oben rechts: *Eines der einfachsten Vergnügen einer Safari ist es, die Menschen und ihre Inseln kennenzulernen.*

Mitte links: *Ein ungewöhnlicher Anblick, aber doch alltäglich in Male: ein Trecker wartet darauf, zu einer der weit entlegenen Inseln gebracht zu werden.*

Unten links: *Zwischenstopp - Safariboote ankern vor Guraidhoo im Süd Male Atoll.*

MALE ATOLL
(KAAFU)
Nord
Male
Atoll
GAAFARU
REGION S.26
Gaafaru
Falhu
Gaafaru
Hulhangu Kandu
Lady Christine
Erlangen
Iruwai Kandu
S.S. Sea Gull
KANDU
GAAFARU
Olhahali Kandu
Olhahali
HELENGELI
REGION S.28
Kuoonimas Faru
Kagi Kandu
Kagi
Maavaru Falhu
Vali Kandu
Muli Falhu
Hani Kandu
Helengeli Uthuru Kandu
Helengeli
Helengeli Thila
Helengeli Dhekunu Kandu
Mai Falhu
Maahaa
Thunba Kandu
Thunba Falhu
Dhon La Faru Kandu
Dhon La Faru
Dhiya Adi Kandu
MAKUNUDHOO
REGION S.51
Huss Faru
Olhahali Dhekunu Kandu
Akirifushi Uthuru Kandu
Akirifushi
Akirifushi Dhekunu Kandu
Akirifushi Caves
Maa Dhuni Faru
Himmiya Kandu
Himmiya Faru
Eriyadhu
(Eriyadhoo)
Makunudhoo Kandu
Kuda Thila
Makunudu
(Makunudhoo)
Summer Island
(Ziyaaraiyfushi)
Madigaa
Reethi Rah
(Medhufinolhu)
Madivaru
Madivaru Kandu
Hembadhoo
Hembadhoo Wreck
MEERUFENFUSHI
REGION S.30
Dhiya Adi Faru
Miyaru Thila
Kassan Faru Kandu
Kassan Faru
Asdhoo Kandu
Maabadhi
Dhiffushi Kandu
Meeru Corner
Stairs
Asdu
(Asdhoo)
Asdhoo Rock
Meeru
(Meerufenfushi)
Dhiffushi
Dhiffushi Falhu
THULUSDHOO
Viligilimathidhahuraa
Thulusdhoo Kandu
Colosseum
Gasfinolhu
Lhohifushi
Aquarium
Lhohifushi Kandu
Kani Corner
Kanifinolhu
Huraa
Kuda Huraa
Vabboahuraa
Tari (Kanu Huraa)
Thaburudhoo
Himmafushi Kandu
Girifushi
H.P. Reef
Himmafushi
Kubuladhi
Magaadhimaa Falhu
Aanugandu Falhu
Hudhuveli
(Lankanfushi)
Paradise
(Lankanfinolhu)
HIMMAFUSHI
REGION S.35
Okobe Thila
Nassimo Thila
Manta Point
Maagiri
RASFARI
REGION S.48
Bodu Hithi Thila
Hithi Kandu
Boduhithi
Kudahithi
Rasfari
Rasfari Kandu
Nakatchafushi
(Nakachchaafushi)
Koddhipparu
Banyan Tree
(Vabbinfaru)
Ihuru
Thulhaagiri
Baros
Bandos
(Bodubados)
Kudabados
Bandos Maagaa
Kanduoiygiri
Bodu Kalhi
Kuredhigandiri
Full Moon (Furanafushi)
Kuda Kalhi
Banana Reef
Back Faru
Kuda Vattaru
Aarah
Kurumba Village
(Vihamanaafushi)
Club Med
(Farukolhufushi)
Kuda Haa
Feydhoo Finolhu
Galu Falhu
Hulhule Falhu
Giraavaru Uthuru Kandu
Giraavaru
Dhoonidhoo
Bodugiri
Gulhi Falhu
Funadhoo
Giraavaru Irumathee Kandu
Thila Fushi
Viligili
Hulhule
Lions Head
Maldive Victory
Hans Hass Place
MALE
Gaadhoo Koa
VAADHOO
KANDU
siehe Ausschnitt auf Seite 20
MALE
REGION S.40
0 2 4 6 8 10 km
MABSTAB in Kilometern
WARNUNG: Diese Karte darf nicht zu Navigationszwecken verwendet werden!
73°20'E
73°25'E
73°30'E
73°35'E
73°40'E
73°45'E
4°10'N
4°15'N
4°20'N
4°25'N
4°30'N
4°35'N
4°40'N
4°45'N

Die Inseln des Nord Male Atolls

Das Nord Male Atoll mit der Hauptstadt Male ist das Hauptatoll der Malediven; Thulusdhoo ist die Hauptinsel mit der lokalen Atollverwaltung. Das Nord Male Atoll, einschließlich Gaafaru, ist 69 Kilometer lang und maximal 39 Kilometer breit. Im Atoll gibt es 50 Inseln und verschiedene kleine, inselartige Erhebungen. Von den 42 unbewohnten Inseln sind 27 für Touristen ausgewiesen; an Privatpersonen sind 15 Inseln vermietet, auf denen einige Gebäude stehen. Acht Inseln sind bewohnt, die Flughafeninsel mitgerechnet. Viele der Touristeninseln liegen in Airportnähe, so daß der Transfer zu ihnen mit den traditionellen Dhonis durchgeführt wird. Zu den entfernteren Inseln werden Speedboote oder Flugzeuge und Helikopter eingesetzt, um Zeit zu sparen. Denn die Fahrt zu ihnen mit einem Motorboot kann leicht über vier Stunden ausmachen.

Die Insel **Male** ist 1,85 Kilometer breit und 1,2 Kilometer lang. Im Jahre 1922 notierte der Archäologe HCP Bell eine Bevölkerung von 5.200 Bewohnern; heute liegt sie weit über 60.000 Einwohnern. Das Wort Male (gesprochen Mar-lay) ist die Einkürzung des Sanskrit-Wortes *Maaliu*, was soviel wie "Große oder Hauptinsel" bedeutet. Später wurde Male Mahal (Palast- oder Königsinsel) genannt, da es traditionsgemäß der Sitz der Könige war.

In der *Geschichte des Sigiri* bemerkt der Historiker Senarat Paranavitana, daß der Begründer der ersten königlichen Familie Taya-malla hieß. Als Führer einer Gruppe von Kalabhra Leuten aus Madagaskar, die sich von ihrem Land losgelöst hatten, war er mit seiner Gruppe im 12. Jahrhundert auf die Malediven gelangt und hatte sich hier niedergelassen. Er heiratete eine Prinzessin aus der alteingesessenen königlichen Familie Simhala, die zu jener Zeit die Herrschaft über das Archipel ausübte. Nach dem Tode des Königs übernahm er die Herrschaft und begründete die Kalabhra Dynastie.

Taya-malla hatte einen Sohn, Mahaabarana Keimalei, sowie zwei Töchter, Henevimaavaa Kileg und Maleimaavaa Kileg. Als der Vater starb, erbte sein Sohn den Thron und herrschte 21 Jahre lang. Als auch er starb, wurde das Königreich seiner jüngeren Schwester, Henevimaavaa, übertragen. Sie ernannte ihren Sohn Dhunei Kalaminjaa (Dhovimi) zum Herrscher des Königreiches. Er regierte als buddhistischer König das Land 22 Jahre lang, bevor er 1153 zum Islam konvertierte. Nach diesem Übertritt nahm er den Titel Sultan Muhammad-ul-Adil an setzte seine Regentschaft für weitere 13 Jahre fort, bis er schließlich nach Mekka segelte und von dieser Reise nie zurückkehrte. Während seiner Abwesenheit wurde die Herrschaft über das Königreich seiner Tante Maleimaavaa Kileg übertragen, die wiederum ihren Sohn Dhinei Kalaminjaa mit der Herrschaft betraute.

Eine Karte von 1922 zeigt das alte Male völlig anders als heute. Der Hafen besaß sechs Einfahrten mit der Bodu Buruzu, dem Hauptbollwerk der alten Schanzanlage im Norden der Insel, das die West- und Ostseite der Insel unterteilte. Drei Seiten der Insel waren mit einer fast drei Meter hohen Mauer und 10 Buruzus oder auch Schanzungen genannt, umgeben. Eine dieser Befestigungen lag im Süden und war ohne Mauern, da hier das Wasser für feindliche Segelschiffe zu flach war. Diese Befestigungsanlagen waren unter der Herrschaft von Sultan Shuja'i Muhammad Imad-udin (1620-48) entstanden, nachdem die Portugiesen Male am 15. April 1632 mit 15 Schiffen angegriffen hatten.

Vom neuen Hafen im Südwesten Males starten die meisten Tauchsafaris. Hulhule mit dem Flughafen ist im Hintergrund zu sehen.

Ziel des Angriffs unter dem Kommando von Domingos Ferreyra Belliago war es gewesen, Male einzunehmen und Dom Felipe, einen zum Christentum bekehrten, maledivischen Prinzen aus Goa, als neuen Herrscher einzusetzen. Der Angriff schlug fehl, da der König davon wußte und als die Armada eintraf, war er bestens bewaffnet und die einzige offene Hafenfahrt war von Schiffen blockiert, die man mit Steinen beladenen hatte. Jedes Inselbollwerk besaß seine eigene Kanone, viele davon stammten aus alten Wracks - wie man glaubte "durch Gottes Gnade". 14 weitere Kanonen kamen aus Achin in Sumatra.

Doch zu Beginn des 19. Jahrhunderts aber waren die meisten von ihnen wirkungslos, wie Kapitän Sartorius 1819 schrieb:

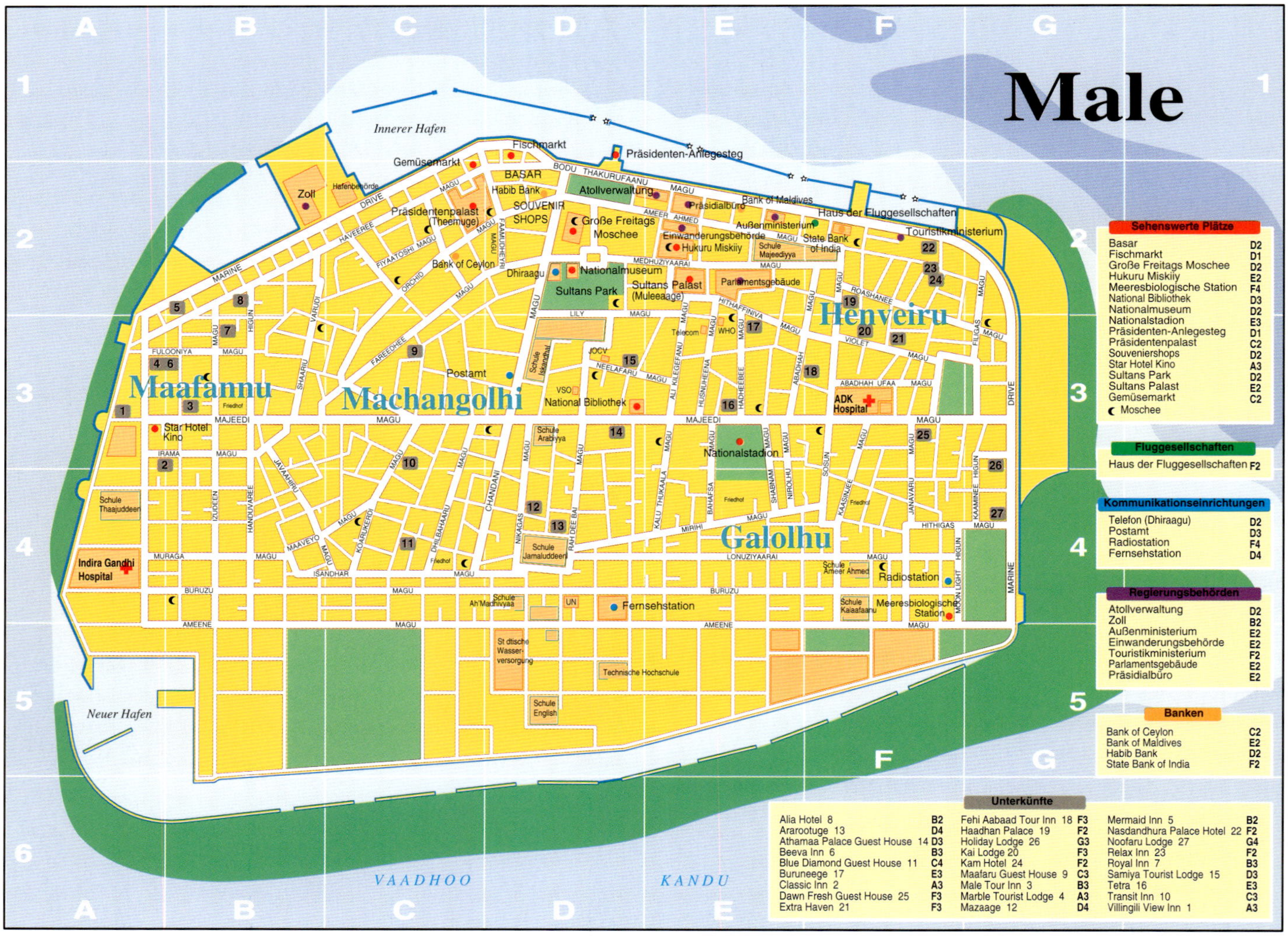

Man sagte mir, es gäbe 100 Kanonen zwischen den Fortmauern und den zehn Bastionen. Einige sind aus Eisen, die Größte ist die Nummer Zwölf. Viele von ihnen, wenn auch nicht alle, stammen aus Holland. Sie befinden sich aber, wie auch die Bastionen selbst, in keinem guten Zustand.

Die Kanonen waren wirkungslos geworden, sie wurden aber gern noch für Zeremonienzwecke eingesetzt, wie aus alten Quellen hervorgeht. Dieses Fort, das frühe Reisende noch begeisterte, würde zweifelsfrei auch heute noch die Attraktion sein, wäre es noch vorhanden. Es wurde aber 1960 unter der Regierung von Präsident Mr. Ibraheem Nassir für die Landgewinnung abgerissen und die Kanonen ins Meer geworfen. Viele davon wurden für immer verschüttet, andere am Ufer und auf dem Riff belassen. An diesen Kanonen ankerten in der Vergangenheit gern die Dhonis; heute hat man einige Kanonen wieder geborgen und an sehenswerten Plätzen in Male aufgestellt. Eine Kanone steht als Schaustück in Bandos; neun weitere wurden 1995 vom Riff im Nordosten Males geborgen.

Die Karte von Bell zeigt auch Details des alten Palastes, der ebenfalls unter Präsident Nassir zum großen Teil abgerissen wurde. Die heutige Straße Meduziyaraiy Magu war einst an beiden Enden mit großen Toren versperrt, dazwischen lag ein Fort (A'Koattey Buruzu), um den Palast zu schützen. Das heutige Museum ist Teil des alten Palastes und ebenso befindet sich der Sultan Park an der Stelle des abgerissenen Palastteile. Male besaß 15 Badestellen, meist in der Nähe von Moscheen. Sie wurden aber entfernt, um die Malariagefahr zu bannen. In einer Straße auf der Ostseite, der Henveru Kebu Ala Magu, heute Sosum Magu genannt, wurden die traditionellen Ankerseile aus Kokosfasern gedreht und auf der Straße von einem zum anderen Ende ausgelegt.

Funadhoo, dicht bei Male gelegen, ist eine strategisch wichtige Insel, die ihren Anteil im Ränkespiel in der maledivischen Geschichte hat. *Funa* ist ein Hartholzbaum (Calophyllum inophyllum) mit weißen Blüten und *dhoo* bedeutet Insel. Schiffe ankerten früher im Außenhafen auf der Westseite von Funadhoo und weiter nordwärts bis nach Dhoonidhoo und Galu Falhu. Viele von ihnen trieben in diesen Gewässern ab und einige Reste können noch heute gefunden werden. Hier gibt es auch diverse Gräber, einschließlich das von Captain J.C. Overend, der 1797 in Male starb, nachdem sein Schiff, die *Tranquebar* an einer der Inseln gestrandet war. Der Kopf von Utheemu Ali Thakurufaanu ist hier ebenfalls begraben. Acht Jahre kämpfte er zusammen mit seinen berühmten Brüdern Muhammad und Hassan im Untergrund, bis die Portugiesen 1573 aus Male vertrieben waren. Utheemu Ali wurde von ihnen erschlagen und sein Haupt dem portugiesischen Gouverneur als Geschenk überreicht. Die Malediver aber stahlen den Kopf und begruben ihn heimlich auf Funadhoo. Sein Körper wurde auf Thakandhoo im Haa Alifu Atoll beigesetzt. Funadhoo wurde immer schon für Regierungszwecke benutzt. Hier gab es eine Raffinerie für Haiöl, eine Mühle für Kokosfasern zur Seilherstellung, eine Geflügelfarm und heutzutage findet sie als Öl-Tankinsel Verwendung.

Hulhule, die Flughafeninsel, bestand einst aus zwei Inseln, Hulhule und Gaadhoo, die 1968 zur Erweiterung der Start- und Landebahn zusammengefügt wurden. Früher diente sie dem Königshaus als Erholungsort. Im Jahre 1960 wurde Hulhule von den Briten für einen Flughafen vermessen und noch im selben Jahr landete die erste Maschine auf der provisorischen Landebahn. Im Südwesten der Insel liegen die Überreste eines alten Wracks. Es liegt 200 Meter nördlich der *Maldive Victory* und wird bisweilen als *Portugiesisches Wrack* bezeichnet. Es ist aber wahrscheinlicher, daß es sich dabei um eine indische Baggala handelt, die 1820 in einem Sturm abtrieb und zusammen mit 30 Schiffen unterging. Die Reste der Kupferbeschlages vom Bug und einige korallenverkrustete Balken, die aus dem Grund ragen, liegen nahe der Riffkante in 37 Metern Tiefe; weitere Wrackteile wie Kupferstangen sind über 30 Meter vom Riff entfernt überall verstreut.

Dhoonidhoo heißt Vogelinsel und beherbergt heute politische Gefangene. Das alte Haus diente bis 1964 dem britischen Gouverneur als Residenz.

Feydhoo Finolhu ist die "Erziehungsinsel", auf der Kinder ihre Ferien verbringen, Seminare und Pfadfindertreffen abgehalten werden. Die Insel war 1960 völlig weggespült, zum Teil wegen der Sandentnahme zu Bauzwecken. Der Sand erneuerte sich teilweise von selbst und mit weiteren Aufspülungen wurde die Insel wiederhergestellt.

Aarah ist die Ferieninsel des Präsidenten.

Vihamanaafushi hieß früher Viharanapura. *Viha* bedeutet Gift, *maana* verboten. Am nimmt an, daß sich hier einst ein buddhistisches Kloster befand. Der erste maledivische Präsident, Mohammed Amin Didi, wurde 1954 nach seiner Ermordung hier begraben. Vihamanaafushi wurde unter dem Namen Kurumba Village im Jahre 1972 als erste Touristeninsel eröffnet.

Farukolhufushi bedeutet Insel an der Riffkante. Früher unbewohnt, wurde die Insel später an eine maledivische Familie vermietet, die hier Urlaub machte. Farakolhufushi eröffnet als Touristeninsel 1973 und wurde später vom Club Mediterraneè übernommen. Der Unterhaltungs- und Speiseraum brannte 1994 ab, so daß in Folge die ganze Anlage renoviert wurde. Vor dem Club liegt eine große Lagune, wegen der Flugplatznähe ein beliebter nächtlicher Ankerplatz für Safariboote. Zwischen Farukolhufushi und Furanafushi erstreckt sich Kuda Kalhi, ein schmaler Kanal mit viel Bootsverkehr. Kalhi ist wie die Pupille eines Auges, die die Einheimschen darauf hinweist, beim Duchqueren des Kanals besonders gut Obacht zugeben. Denn die Strömungen zur Zeit des Nordostmonsuns können tückisch sein; zudem gibt es im Atoll noch weitere, versteckte Riffe. Eines davon, das Banana Reef, ist ein populärer und spektakulärer Tauchplatz. Hier können auch große Delphinherden auf ihrer Wanderung durch das Atoll beobachtet werden.

Furanafushi, eine Touristeninsel von 1973 hatte in der Frühzeit ebenfalls ein buddhistisches Kloster, Puranna Pura genannt. Heute ist es eine luxuriöse Insel mit dem Namen Full Moon mit Swimming Pool, Sport- und Einkaufscenter. Die Insel besitzt eine schöne Lagune und einen Hafen und bietet mit ihrem exzellenten Korallenbewuchs im Süden gute Schnorchelmöglichkeiten. Einige Privatgebäude auf einem kleinen Riff im Einfahrtsbereich der Lagune stehen auf Stelzen am Strand und werden für den Export von tropischen Zierfischen genutzt.

Kuredhigadu ist eine winzige Insel auf der Nordseite des Furanafushi Riffs. Bei Südwestmonsun werden manchmal Walhaie beobachtet, die entlang der Riffaußenkante über Kuda Kahli und Bodu Kahli ziehen. Am 25. Dezember 1923 sank hier am Riff im Sturm eine beladene Baggala. Vom Wrack ist nichts mehr zu sehen; nur ein Anker liegt noch in beträchtlicher Entfernung nördlich von Furanafushi in 32 Metern Tiefe auf dem Riff.

Kanduoiygiri wird wegen seiner Geflügelfarm auch "Chicken Island" genannt. Seekühe oder Dugongs in Dihiveli Kandu-geri genannt, kommen nachts an der Insel vorbei. Traditionell gelten sie als ein *dhevi*, als Geist, mal sichtbar und mal unsichtbar. Sie können Unheil mitsichbringen, aber auch Gutes. Ihnen opfert man mit Blumen oder dem Blut von Vögeln oder anderen Tieren. Seekühe werden als unheilvolle Geister meist in mondhellen Nächten beobachtet und Malediver, die sie sehen, fürchten um ihr Leben oder anderen Mißgeschicken für sich oder ihre Familien. Seekühe wurden früher bei Vihamanafushi im Nord- und bei Fihalohi und Gulhi im Süd Male Atoll beobachtet. Ein Tier wurde noch 1986 bei Vattaru im Felidhoo Atoll gesichtet. Seekühe sind im Indischen Ozean sehr selten und mittlerweile vom Aussterben bedroht.

Bandos wurde bereits in sehr frühen Zeiten besiedelt und Historiker nehmen an, daß die Ureinwohner wahrscheinlich von einer Gruppe indischer Tamilen abstammten. Der Franzose Francois Pyrard schrieb während seiner Jahre auf den Malediven 1602, daß auf der Insel Menschen lebten und daß das Wasser auf Bandos beliebter war, als das aus Male. Auf der Insel befand sich von 1962 bis 1968 ein Waisenhaus, das dann nach Viligili verlegt wurde. Bandos war die zweite Touristeninsel auf den Malediven die Anfang der siebziger Jahre eingerichtet wurde und das Hotel eröffnete 1972 seinen Betrieb. Sie wurde schnell wegen ihrer Tauchplätze und besonders wegen der Haifütterungen und dem Banana Reef weit bekannt. Heute befindet sich auf der Insel eine rund um die Uhr einsatzbereite Dekokammer und eine Klinik mit Fachpersonal.

Kuda Bandos ist eine Einheimischeninsel und wird von den Bewohnern aus Male gern für einen Tagesausflug aufgesucht, besonders aber am Freitag oder an anderen Feiertagen. In der Vergangenheit war der schmale Wasserweg zwischen Bandos und Kuda Bandos für Schiffe des Sultans reserviert, die wichtige Nachrichten nach Male zu übermitteln hatten. So konnte er rechtzeitig informiert oder auch gewarnt werden, wenn sich etwas in den nördlichen Atollen ereignet hatte, oder Gefahren durch Plünderer und von Malabar-Priaten drohten.

Thulhagiri war lange unbewohnt, bis auf der Insel 1980 eine Hotelanlage eröffnet wurde. Ein *thulhaa* ist eine

An Freitagen und Feiertagen ist Kuda Bandos (im Vordergrund, Bandos hinten) für die Bewohner Males ein beliebtes Ausflugsziel.

Schöpfkelle für Wasser aus Krügen, die aus einer Kokosnußhälfte mit einem Stock gefertigt ist. Die kleine runde Insel erinnert in der Tat an ein *thulhaa*.

Lankanfinolhu liegt acht Kilometer nördlich des Flughafens und wurde als Resort 1979 eröffnet. Im Jahre 1994 wurde die Anlage renoviert und die Lagune zur Inselvergrößerung ausgebaggert und in Paradise Island umbenannt.

Lankanfushi liegt am selben Riff und eröffnete 1980 als Hudhuveli Beach Resort. Man nimmt an, daß Lankanfinolhu und Lankanfushi einst zu einer Insel gehörten. Durch Erosion wurden sie in ihrer Mitte geteilt; lediglich einige Sandbänke blieben dazwischen übrig.

Himmafushi (Einwohner 521) war ehemals eine wichtige Fischerinsel. Heute leben die Bewohner vom Handwerk und dem Souvenirverkauf. Auch Himmafushi bildete einst mit Gaamaadhoo eine Insel. Auf Himmafushi gab es bis 1984 ein Gästehaus für Touristen mit weniger Geld. Dieses aber wurde wegen des negativen Einflusses der Besucher auf die Einwohner geschlossen. Auf Gaamaadhoo befindet sich heute ein Gefängnis. Das Außenriff hat mit die beste Brandung für Surfer; es ist aber aus Sicherheitsgründen gesperrt.

Girifushi ist Ausbildungslager für das Militär.

Thaburudhoo ist nach einer Pflanze (Biloba pescaprae) benannt, die herzförmige Blätter und violette Blüten besitzt und sich wie Weinranken über den Sandboden ausbreitet. Die ebenfalls herzförmigen Früchte werden für Heilzwecke verwendet. Während des Südwestmonsun gibt es hier vor dem Außenriff gute Wellenbedingungen zum Surfen.

Kanu Huraa war bis 1981 unbewohnt; dann eröffnete es als Leisure Island Resort. Später wurde der Name in Tari Village umgeändert. *Kanu* bedeutet so viel wie Ecke oder Kante, *Huraa* ist eine Insel, deren Erscheinungsbild mehr von Korallen, als von Sand bestimmt wird. Tari Village ist zwischen April und November das Mekka der Surfer mit vorherrschenden Monsunwinden aus Südwest. Surfer paddeln aufs offene Meer bis zu dem Punkt, wo die Dünung auf das Riff trifft. Dieser Punkt wird in Anlehnung an ein Gericht, das viele der italienischen Gäste bevorzugen, "Pasta Point" genannt. Diese Wellen haben "speed" und sind voller "power", so daß sich hier weltbekannte Namen aus der Surferszene treffen.

Vabboahuraa ist privat vermietet und besitzt einen langen Steg, der bis zur Sandbankinsel Rahgandu führt.

Kuda Huraa eröffnete 1977; die Anlage wurde 1996 renoviert und wird Kuda Huraa Reef Resort genannt.

Huraa (Einwohner 546) ist eine Einheimischeninsel, die einst mit Kuda Huraa verbunden war. Auch hier sind die Erosion und Strömungen für die Teilung der Insel verantwortlich. Auf Huraa gibt es Mangrovensümpfe, die bei Hochwasser überflutet werden.

Kanifinolhu liegt 16 Kilometer vom Flughafen entfernt. Die Insel öffnete sich 1978 dem Tourismus und wurde 1992 renoviert. Typisch für Kanifinolhu ist die flache Lagune mit guten Ankermöglichkeiten.

Lhohifushi begann seinen Betrieb 1979. *Lhoss* ist ein Baum (Morindaefolia), der auf der Insel sehr verbreitet ist.

Gasfinolhu begann seinen Betrieb 1980 als Campinginsel. Neben Gasfinolhu gibt es ein winziges Inselchen mit einer einzigen Palme darauf.

Thulusdhoo (Einwohner 676) ist eine weitere Einheimischeninsel, die lange Sandstrände umgeben. Die Insel ist das offizielle Verwaltungszentrum für das Nord Male Atoll. Hierher kommen Händler von den anderen Inseln, um gepökelten Fisch, *lonu mas*, an die staatlichen Warenhäuser zu verkaufen. In der tiefen Lagune ankern oft Handelsschiffe und Safariboote. Es gibt eine Werft, auf der die neuen Dhonis mit Kunststoffrümpfen gebaut werden.

Die Einheimischen sind für ihre Tänze, die Boduberus bekannt, die zum Schlag *(baburu)* einer großen Trommel nur von Männern getanzt werden. Der sich rhythmisch steigernde, schließlich ekstatisch anmutende Tanz stammt ursprünglich aus Afrika. Er mündet am Ende in einen rasenden Erschöpfungszustand. Die Trommel ist aus dem hohlen Stamm der Kokospalme gefertigt und mit Rochenhaut bespannt.

Viligili-mathidhahuraa ist unbewohnt und bestand einst aus zwei Inseln, die durch Sandablagerungen zusammengewachsen sind. Die Insel hat eine flache Lagune für Boote mit geringem Tiefgang und wird wegen ihrer

Abgeschiedenheit gern zum Picknick aufgesucht.

Dhiffushi ist ebenfalls eine Einheimischeninsel, liegt am Nordende von Diffushi Falhu. Die Fischindustrie ist die Haupteinnahmequelle der Bewohner und Dhonis mit fangfrischem Thunfisch segeln fast täglich nach Male zum Fischmarkt. Drei Baggalas gingen am Riff der Insel unter: die *Dheen Ganja* 1898, die *Deylaa* 1902 und die *Jandar*, die hier 1911 versank.

Meerufenfushi bedeutet Süßwasserinsel. Das Eiland war bis zu seiner Öffnung 1978 für Touristen unbewohnt. Die Insel besitzt einen dichten Baumbestand und eine üppige Vegetation. In der Vergangenheit kamen oft Fischer vorbei, um ihre Wasserbehältnisse von den reich-

Meerufenfushi ist die östlichste Insel im Nord Male Atoll. Die Lagune ist mit Korallenblöcken besetzt.

lich vorhandenen Regenwasservorräten aufzufüllen. Meerufenfushi ist die östlichste Insel im Atoll und liegt direkt am Außenriff.

Asdhoo ist eine Touristeninsel innerhalb des Atolls und 37 Kilometer vom Flughafen entfernt.

Helengeli gilt als die abgelegenste Insel im Nord Male Atoll. Eröffnet wurde sie 1979 und Dhonis benötigen vom Airport etwa 3,5 Stunden. *Helengeli* bedeutet soviel wie "Erschütterte Insel". Der Name bezieht sich auf die Lage im Atoll und die schwere See, die bei Nordostmonun gegen das flache Riff, das Helengeli umgibt, anläuft. 1996 wurden diverse Umbauarbeiten beendet und der Kanal durch das Hausriff vertieft. Die einsame Lage aber bietet Tauchern einen großen Vorteil: jungfräuliche Plätze, die nicht häufig mit anderen zu teilen sind. Unbegleitete Tauchgänge können zu jeder Zeit am Hausriff unternommen werden. Am Dhon La Faru Reef im Süden der Insel sank im Februar 1991 ein Holzschiff von den Lakkadiven und am Helengeli Reef strandete am 20. Mai 1890 die 1.397 BRT große *Swiss* auf ihrem Weg von Pondicherry nach Marseilles. Bisher aber konnte sie nicht gefunden werden. Die *Dharuma*, ein Segelschiff der Regierung, rammte am 24. Januar 1962 ebenfalls das Riff - es war ein Totalverlust. Fünf Kilometer innerhalb des Atolls liegt ein langes Riff, Maahaa genannt. Ein *haa* ist ein Riff mit einem Durchlaß und nordwärts fahrende Schiffe können an dieser, durch ein Leuchtfeuer im Süden markierten Stelle, durch das Riff fahren. Nördlich von Helengeli liegt Dhigu Dhuni Falhu, ein schmales, pfeilförmiges Riff, das sich in das Atoll erstreckt.

Helengeli gilt als die entlegenste Insel im Nord Male Atoll mit jungfräulichen, unberührten Riffen und klarem Wasser.

Kagi ist sehr pittoresk und wird von einem Hausriff umgeben, in dessen Mitte eine flache Lagune liegt. An der Südostseite befindet sich ein Steg, der ein guter Ausgangspunkt für einen Hausrifftauchgang ist. Das Fischaufkommen ist reichhaltig, besonders morgens und abends. Häufig sind hier Grundeln und Kaiserfische anzutreffen und an der Riffkante kann man Kaninchenfische beobachten. Der flache Lagunengrund wird von Schwärmen junger Heeringe bewohnt, die oft von kleinen Makrelen gejagt werden.

Gaafaru (Einwohner 698) ist eine Einheimischeninsel und liegt am größten Einzelriff der Malediven. Das Riff von

Heeringsschwärme - auf dem Bild gut erkennbar - halten sich gern in der Lagune von Kagi auf.

Gaafaru Falhu ist acht Kilometer lang, mißt 15 Kilometer im Durchmesser und besitzt zwei tiefe, natürliche Durchlässe im Norden, sowie einen flacheren nahe der Insel Gaafaru. Hier sind die Fischer gegen ein kleines Trinkgeld gern bereit, Besucher in einer sehr herzlichen Atmosphäre mit einem Boduberu-Tanz zu erfreuen. Gaafaru Falhu liegt an der Südseite des Kaashidho Kuda Kandu, der schon seit frühen Zeiten einer der wichtigsten Wasserwege durch die Malediven gewesen ist. Bei Sturm ist das Riff praktisch unsichtbar und viele Schiffe sind daher hier schon gescheitert. Die *Aracan* aus Glasgow, ein 1.174 Tonnen Schiff, strandete hier voll beladen mit neun Passagieren und 34 Mann Besatzung am 12. August 1873 auf ihrer Route von Rangun nach London. Ebenfalls die *Clan Alpine*, eine hölzerne 363 Tonnen-Bark, die mit einer Zuckerladung auf dem Weg von Mauritius nach Bombay im Jahre 1879 am Riff auflief. Gleiches Schicksal ereilte im selben Jahr die *SS Sea Gull,* etwa einen Kilometer westlich des Iruwai Kandu. Sie war ein 1.012 Tonnen Schiff mit 32 Mann Besatzung und drei Passagieren und befand sich auf dem Weg von Kalkutta nach London. Die *Erlangen*, ein deutsches 3.500 Tonnen Schiff von 97 Meter Länge, sank hier am 20. August 1895, die *Crusader* mit einer Zuckerladung 1905 in der Nähe der flachen Einfahrt nach Gaafaru. Die 863 BRT große *Lady Christine* strandete am 16. April 1974, etwa 200 Meter westlich des Hulhangu Kandu.

Olhahali ist eine kleine, unbewohnte Insel mit einem flachen Kanal an ihrer Nordseite und einer spärlichen Vegetation. Beliebt ist sie aber bei Tagesbesuchern zum Tauchen oder Schnorcheln. Über Nacht kann sicher im Huss Faru geankert werden.

Akirifushi bedeutet Koralleninsel. Diese Insel ist ebenfalls unbewohnt und wird gern von Fischerbooten aufgesucht. Das Riff bietet gute Tauch- und Schnorchelmöglichkeiten. Gleich nebenan gibt es ein weiteres Riff, Himmiya Faru genannt. Ein *Himmiya* ist ein Gebiet zwischen zwei Riffen und diese Lagune mit jeweils zwei Eingängen an jedem Ende, ist für Boote zum Ankern sehr sicher - auch bei Nordost- oder Südwestmonsun.

Eriyadhoo, 1982 eröffnet, liegt 38 Kilometer oder drei Dhonistunden vom Flughafen entfernt. Die Insel besitzt einen schönen Strand, eine Lagune und ausgezeichnete Schnorchel- und Tauchmöglichkeiten am Hausriff, das die ganze Insel eng umgibt. Es gibt hier viele kleine Riffische zu beobachten; regelmäßige Begegnungen mit Mantas, Adlerrochen und Thunfischen sind um Eriyadhoo gegeben. Die Lage der Insel im nördlichsten Bereich auf der Atollwestseite garantiert zahlreiche Plätze ohne Kontakt mit fremden Tauchern von anderen Inseln.

Makunudhoo öffnete 1983 als Makunudhoo Island Resort seine Pforten. Nach der Renovierung hat die Anlage eine typische, maledivische Atmosphäre mit zusätzlichen Annehmlichkeiten wie Klimaanlagen und heißes Wasser. Maku ist eine Art Blutegel. In der Vergangenheit war die Insel ein günstiger Übernachtungsplatz für Dhonibesatzungen, die zwischen den nördlichen Atollen und Male verkehrten. Francois Pyrad machte hier ebenfalls auf seiner Fahrt nach Male Zwischenstation, nachdem sein Schiff, die Corbin 1602 am Fulhadhoo Reef gescheitert war.

Ziyaaraiyfushi eröffnete 1983. *Ziyaaraiy* bedeutet Rastplatz oder auch Grabstelle eines heiligen Mannes. Die Überlieferung besagt, daß ein Mann namens Mathukkalaa', von dem man glaubt, er sei der Enkel des christlichen, maledivischen Königs Hassan IX (getauft in Cochin 1552), hier begraben wurde. Mathukkalaa' und sein Bruder segelten während der Regentschaft von Ibrahim Iskandar I (1648-87) von Indien nach Male, um die Krone an sich zu nehmen. Sein Bruder wurde in Male ermordet, Mathukkalaa' ertrank und seine Leiche wurde an den Strand gespült. Die Insel wird heute Summer Island - genannt.

Medhu Finolhu wird heute Reethi Rah genannt, was "Hübsche Insel" bedeutet. Die Anlage eröffnete zunächst 1979 unter dem Namen Medhufinolhu Tourist Resort und ist wegen seiner großen Lagune unter Windsurfern sehr populär. Die Tauchschule besteht aus einem einfachen Gebäude und liegt in dicht belaubter Umgebung in einer ausgeprägten Inselatmosphäre.

Madivaru liegt am Südende des Riffs und ist an einen Privatmann vermietet.

Hembadhoo ist eine kleine, aber feine Insel mit schönem Strand und einem eng umschließendem Hausriff. Ideal zum Schnorcheln, besonders an den Anlegestegen. 1982 als Hembadhoo Island Resort eröffnet, befand sich die Anlage 1997 im Umbau, um in Kürze wieder zu eröffnen. Bekannt ist auch das vor dem Hausriff versenkte Wrack eines alten Hafenschleppers.

Boduhithi war lange unbewohnt, bis 1979 eine Hotelanlage als Boduhithi Coral Island Ressort den Betrieb aufnahm. Der Begriff *hithi* bedeutet in Dhivehi bitter.

Kudahithi gilt als exklusive Insel mit nur sechs Hütten. Tauchen ist nur über Bodhuhiti zu buchen. Die Insel war einst eine Sandbank, bis man Palmen und Büsche pflanzte.

Baros mit Vabbinfaru im Hintergrund.

Rasfari ist unbewohnt und besitzt wenig Vegetation. Die Insel ist von einem weiten, flachen Riff umgeben. Es ist geplant, Insel und Riff unter Naturschutz zu stellen.

Nakatchchaafushi, etwa 20 Kilometer von Huluhle entfernt, startete den Betrieb 1979. Ein schöner Strand im Norden und Sandstreifen an jeder Seite kennzeichnen die Insel. Des Hausriff mit guten Schnorchelmöglichkeiten liegt im Süden. Ein *Nakatchcha* war ein Astrologe im Sultanspalast, der großen Einfluß auf die Inselpolitik besaß.

Baros, eine halbkreisförmige Insel war in früher Zeit bewohnt, dann aber ab 1700 ohne Bewohner. Der Name könnte von einem Königreich Baros in Sumatra abgeleitet sein, mit dem man viel Handel trieb. Wahrscheinlicher aber ist, daß die Bezeichnung von einer Hautkrankheit, der *baros-bali* stammt, die oft mit der Lepra verbunden ist. Personen mit dieser Seuche wurden früher auf dieser Insel untergebracht. Der Tourismus begann auf Baros 1973.

Ihuru sah die ersten Gäste 1979. Ein *ihuru* ist ein "Fanditha Mann", ein Zauberer und Hexer, ein Praktiker religiösen Wissens. Er ist auch ein Pflanzenkenner und ein Heilkundiger und muß als Erster neue Saat ausbringen. Wenn das Getreide wächst, muß er die "Zeichen" erkennen und wieder als Erster mähen. Aus diesem Samen kocht er eine Art Mehlspeise und verzehrt diese als Opfergabe. Ihuru ist fast oval, stark bewaldet und besitzt eine türkisfarbene Lagune, die ein Saumriff umgibt.

Vabbinfaru bedeutet runde Ackerinsel. 1977 wurde das Ressort eröffnet und heißt heute Banyan Tree. Hervorzuheben ist der weite Strand und die große, die Insel umgebende Lagune.

Giraavaru ist ein alter Name, unter dem die Ureinwohner der Inseln bekannt sind. *Gira* bedeutet Insel, die fortgespült wird und *varu* steht für eine Gruppe von Personen oder Inseln. Die Einwohner Giraavarus, die heute in Male leben, sind in den letzten Jahren von einer Insel auf die andere verschlagen worden. Sie zogen 1968 von Giraavaru nach Hulhule. Dann, als die Flughafenverwaltung für die Insel zuständig war, mußten sie nach Male ziehen. Die Bewohner der Insel, die von sich behaupten, die Nachfahren des südindischen Tamilenstamms zu sein, waren einst die mächtigste Volksgruppe auf den Malediven. Heute stellen sie nur noch eine Minderheit dar. Zu erkennen ist sie an den älteren Frauen, die noch lange Kleider mit bestimmten Halsstickereien tragen. Die Hotelanlage auf Giraavaru nahm 1980 den Betrieb auf und ist über die Jahre hinweg auf 50 Bungalows mit einer Warmwasserversorgung und um einen Süßwasserpool erweitert worden.

Thilafushi entstand erst 1992 als künstliche Insel zwischen Giraavaru und Viligili. Es ist die am schnellsten wachsende Insel der Malediven und nimmt den gesamten Müll der Hauptstadt auf. Eine Transportschute verkehrt regelmäßig zwischen Males neuem Hafen und der Müllinsel.

Viligili war schon in alten Zeiten bewohnt, wurde aber von enttäuschten Malabar-Piraten mehrfach geplündert und niedergebrannt, denen es nicht gelungen war, Males Befestigungen zu überwinden. 1961 mußten die Bewohner nach Hulhule umziehen; ein Jahr später entstand hier ein Gefängnis. 1973 eröffnete man eine Hotelanlage, die 1990 wieder schloß. Heute wird Viligili wieder für Einheimische bewohnbar gemacht.

Inseln im Süden des Nord Male Atolls. Hulhule bestand einst aus zwei Inseln, die zum Bau der Startbahn miteinander verbunden wurden.

Tauchplätze im Nord Male Atoll

Östlich des Male Atolls fällt der Meeresboden bis 2.000 Meter ab, zum Westen nur auf etwa 300 Meter. Die großen Tiefen und das klare Wasser bedeuten besonders gute Sichtverhältnisse, vorallem wenn die Gezeiten das Wasser in das Atoll einströmen lassen. Fische wie Barrakudas, Thunas und Makrelen, aber auch Schwärme von Füsilieren, Schnappern und zahlreiche Haiarten sammeln sich an den Eingängen der Kanäle, wo die Strömungen besonders reichlich Plankton herantragen und so viel Futter versprechen. Innerhalb des Atolls mit seinem sandigem Untergrund liegen die Tiefen bei 40 bis 50 Metern. Hier im Innern erheben sich auch zahllose kleinere Riffe, die in Nähe der Oberfläche durch klare Farbunterschiede im Wasser zu erkennen sind. Die meisten Tauchgänge im Nord Male Atoll werden in den Kanälen unternommen, die durch das Außenriff führen. Allein 16 solcher Kandus locken auf der Westseite, 20 Kanäle im Osten.
Besonders beliebt sind Strömungstauchgänge. Die Kanäle im Westen sind breiter und haben einige Thilas in ihren Mündungen. Die meisten Tauchaktivitäten finden jedoch im Süden des Atolls statt, wo die meisten Touristeninseln liegen und von wo das Tauchen 1972 auch seinen Anfang nahm. Einige der besten Plätze befinden sich hier; sie haben trotz aller Tauchaktivitäten kaum gelitten und sind noch immer einen Besuch wert. Viele Taucher zieht es auch in den ruhigeren Norden des Atolls, wo weniger Bootsverkehr, weniger Müll und Hektik beschauliche Urlaubstage garantieren und die Tauchgänge zu einem Genuß werden lassen. Vorallem aber gibt es hier wie auf der 20-Kilometer langen Strecke zwischen Helengeli und Meerufenfushi keine Insel, dafür zahllose, wenig betauchte Plätze mit einer ursprünglichen üppigen Flora und Fauna.

GAAFARU WRACKS

Eine wichtige Schiffahrtsroute der Malediven, Kaashidhoo Kuda Kandu genannt, führt zwischen Gaafaru Falhu und dem winzigen Atoll Kaashidhoo hindurch. In dieser etwa zehn Kilometer breiten Fahrrinne sind immer wieder Schiffe weit nach Süden abgetrieben und strandeten am Gaafaru Falhu. Hier liegen wenigstens sechs Wracks (s. Gaafaru S.24). Einige wurden bereits geortet, ihre Identität konnte bisher aber nicht eindeutig herausgefunden werden. Entsprechend neuer Nachforschungen durch den deutschen Tauchsportjournalisten und Wrackspezialisten, Claus-Peter Stoll, dürften drei von ihnen nun mit größter Wahrscheinlichkeit identifiziert sein.

SS Sea Gull ***

Die *SS Sea Gull* war ein Schiff von 1.012 BRT und befand sich auf dem Weg von Kalkutta nach London, als sie mit drei Passagieren, 32 Mann Besatzung 1879 etwa 200 Meter nördlich der flachen Einfahrt zur Insel Gaafaru unterging. Der Anker der *Sea Gull* liegt in etwa ein Meter Wassertiefe auf dem Riff und ist bei Ebbe sichtbar. Die Wracktrümmer auf dem Riffdach sind stark verkrustet, doch können einige Teile wie die markante Maschine noch immer erkannt werden. Einige schöne Spanten und Rumpfteile bieten hervorragende Fotomotive. H.C.P. Bell, Archäologe aus Sri Lanka, bereiste bereits 1879 die Malediven und untersuchte das Wrack. Ab neun Meter fällt das Riff steil und weit über die 50 Metermarke ab. Am Wrack stehen viele Zackenbarsche und in 30 Meter befindet sich eine Höhle. Doch das die *Sea Gull* ist die Hauptattraktion dieses Tauchplatzes.

Erlangen ***

Das Wrack des 3.500 BRT großen deutschen Schiff, das nach der gleichnamigen Stadt benannt war, liegt 1,5 Kilometer westlich des Iruvai Kandu. Der Dampfer befand sich mit einer Stückgutladung auf der Fahrt von Colombo nach Hamburg, als er 1894 am Riff strandete. Verluste an Menschenleben gab es nicht. Viele der Wrackteile liegen heute oberhalb von 15 Metern, der Rest im 40 bis 50-Meterbereich.

Tauchen: Die Trümmer der Bugsektion mit Ankern, Ketten, Ankerwinde, Davits und Stahlplatten vom Rumpf liegen auf dem Riffdach und sind von Korallen mittlerweile stark verkrustet. Eine Rumpfsektion mit Spanten befindet sich an der Riffschrägen zwischen 15 und 20 Metern und gibt eine interessante Kulisse für Fotos ab. Die Wrackstelle ist etwa 30 Meter breit. Über die Jahre hin ist das Schiff im 30 bis 35-Meterbereich in zwei Teile zerbrochen und das Heck liegt auf seiner Steuerbordseite. Die Schraube befindet sich auf 45 Meter Tiefe und nahe dem Heck in 35 Metern Tiefe liegen noch die zwei Kessel der Dampfmaschine.

Der Fischbestand an diesem Platz ist recht interessant und schließt zahlreiche jugendliche Lippfische im Flachwasser, sowie verschiedenste Nacktschnecken mit ein, die Algen von den Hartkorallen abweiden. Hier stehen zudem Zackenbarsche, Harlekin- und Orient-Süßlippen, während Schnapper permanent das Wrack umkreisen.

Tauchhinweise: Die *Erlangen* stellt einen schönen Wracktauchgang dar, doch hier locken große Tiefen. Ein sicherer Tauchplan ist es, zuerst nur den Bereich zu erkunden, wo das Schiff in zwei Teile zerbrochen ist und sich die Wrackteile hier ansehen. Dann empfiehlt sich eine langsame Rückkehr zum Riffdach, wo ein bequemer Sicherheitsstop eingelegt werden kann und bei dem sich die weiteren Trümmer im Flachen erkunden lassen.

Das wrack der Erlangen *ist in zwei Teile zerbrochen. Während das Heck in der Tiefe am Fuß des Gaafaru Falhu Riffs liegt, befindet sich der stark mit Korallen überwachsene Bug auf dem Riffdach.*

Lady Christine ***

Ort:	Außenriff, Nordseite
Tiefe:	5 - 30 m
Fische:	zahlreich vorhanden
Korallen:	mittelmäßig
Merkmale:	Wrack, Riffische, diverse Höhlen und Überhänge

Geschichte

Die *Lady Christine*, ein ehemals deutsches Schiff mit dem Namen "Hamme" (Stapellauf 1965), war bei Vermessungsarbeiten für eine mögliche Erdölexploration unterwegs, als sie am 16. April 1974 gegen 11.00 Uhr an der Nordwestecke des Gaafaru Riffs auflief. Bergungsversuche mit einem Schlepper scheiterten wegen der rauhen See. Ein zweiter Schlepper wurde aus Singapur angefordert. Zwei Tage nach dem Auflaufen, hatte der Rumpf schon diverse Löcher und nach einer Woche stand der Maschinenraum komplett unter Wasser, während das Bergungsschiff aus Singapur noch immer unterwegs war.

In der Zwischenzeit hatten Arbeiter gegen gutes Geld die wertvollen Ausrüstungsgegenstände von Bord geborgen. Auch die Versuche, das Schiff durch Heraussprengen eines künstlichen Kanals im Riff wieder in tieferes Wasser zu ziehen, scheiterten. Die *Lady Christine* mußte von ihren Eignern abgeschrieben werden und

Das Wrack der Lady Christine.

wurde alsbald von Wind und Wellen zerschlagen. Taucher können aber noch heute die Sprenglöcher im Flachwasser zwischen den Korallen sehen.

Tauchen: Die *Lady Christine* war beim Auflaufen, etwa 300 Meter westlich vom ersten Durchlaß Hulhangu Kandu, weit auf das Riff geraten. Trümmer des Bugs sind selbst bei Hochwasser noch auf dem Riffdach auszumachen. Die meisten Wrackteile liegen in Tiefen bis zu zehn Meter verstreut, dazu zählen der Anker nebst Kette, die Maschine, Bug- und Getriebeteile und andere Trümmer. Hier läßt sich an den Wrackteilen eine üppige, malediventypische Flora und Fauna beobachten. Doktorfische, Füsiliere, Muränen, Papageien- Kaiser- und Wimpelfische sowie viele andere Arten geben sich hier ein Stelldichein. Es ist nicht ungewöhnlich allein bei einem Tauchgang an diesem Riff auf verschiedene Schildkrötenarten, wie auch auf Napoleons, Adler- und Gemeine Stechrochen, aber auch auf Barrakudas und Haie zu stoßen. Einige größere Wrackteile liegen in etwa 50 Metern Tiefe auf dem Sandgrund an der Basis der sich anschließenden Steilwand.

Tauchhinweise: Wenn erst die Untergangsstelle gefunden worden ist, sollte man zunächst an der Steilwand die zahlreichen Höhlen in 25 bis 30 Metern Tiefe mit ihrem wunderbaren Bewuchs aufsuchen und im Freiwasser nach Großfisch Ausschau halten, bevor man ins Flache zurückkehrt und das Wrack betaucht.

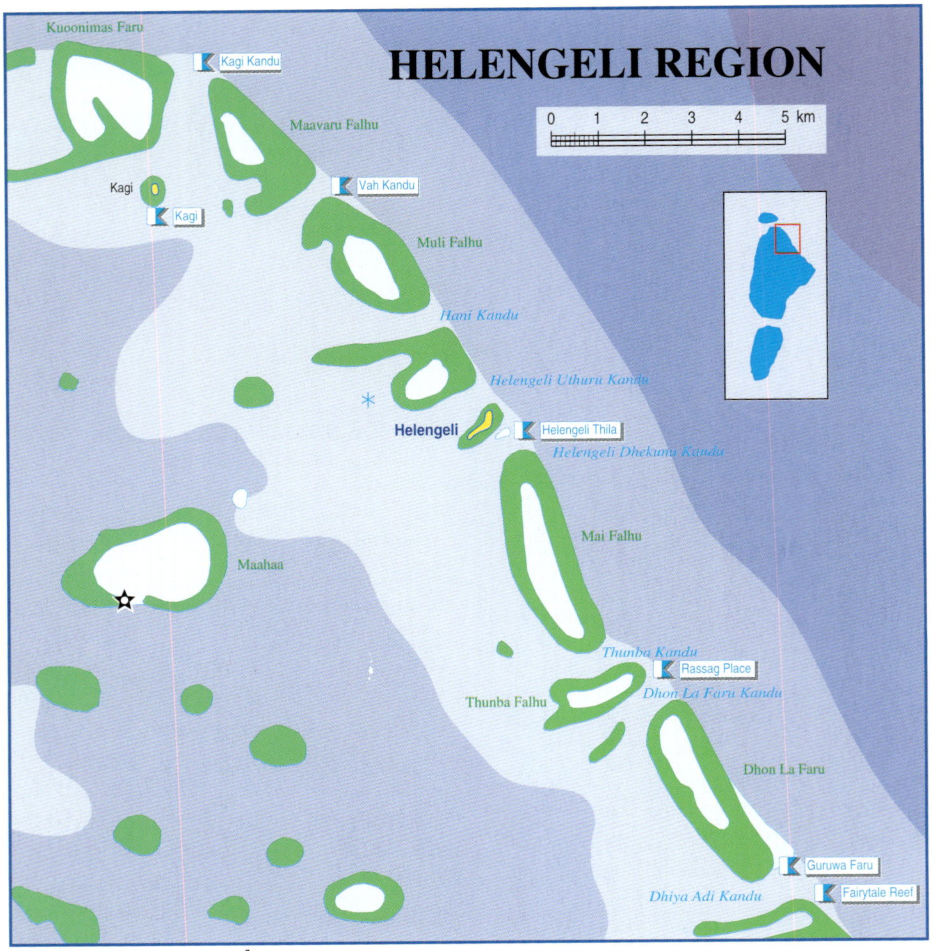

Kagi *

Kagi wird von einem Hausriff umsäumt und besitzt im Innern des Riffs eine flache Lagune. An der Ostseite befindest sich ein Steg, ein guter Startpunkt für Hausrifftauchgänge. Morgens und abends ist das Fischaufkommen hier besonders reichhaltig. Häufig anzutreffen sind kleinere Blumenzackis, Straßenkehrer und Grundeln, während sich an der Riffkante Schwärme von Kaninchenfischen aufhalten. Über dem Grund stehen weißgestreifte Grundeln und kleine Heringsschwärme, die oft von jungen Makrelen gejagt werden.

Quergestreifte Grundel, Amblygobius semicinctus. *Sie ist weißgestreift und steht in Lagunen und an geschützen Schrägen. Diese Grundel lebt in einem Sandloch, das sie mit dem Maul gräbt.*

Vah Kandu ***

Vah Kandu ist ein schmaler Kanal, der in der Mitte seines Eingangs einige interessante Höhlen aufweist. An Fischen sind Haie, Adlerrochen und Gemeine Stechrochen zu sehen. Der Sandgrund liegt in etwa 25 bis 30 Metern Tiefe.

Rassag Place ***

Hier kan ein typischer Kanaltauchgang am Südostende von Thunba Falhu unternommen werden. Eine Steilwand fällt bis auf 25 Meter ab, um dann in eine Schräge überzugehen. Hier gibt es drei Höhlen, etwa 100 Meter vom Außenriff entfernt, die untereinander verbunden sind. Sie beginnen in 28 Metern und steigen bis auf 15 Meter an. Zirka 100 Meter weiter im Innern des Kanals liegen zwei andere Höhlen dicht beieinander, eine auf 28 Meter, die andere auf 25 Meter Tiefe. Die letztgenannte Höhle beherbergt im Innern eine riesige Gorgonie. In Höhlennähe, in Tiefen um 15 Meter sind häufig Koffer-, Engels- und Feilenfische anzutreffen; bisweilen auch Fetzenfische.

Guruwa Faru **

Guruwa bedeutet in Dhivehi Süßlippe und hier halten sich zahlreiche Fische dieser Art auf. Der Tauchplatz an der Nordseite des Dhiya Adi Kandu und wird gern von Schildkröten aufgesucht, während sich in den kleinen Höhlen zahlreiche Langusten verbergen.

Fairytale Reef **

Im Süden des Dhiya Adi Kandu gibt es viele Überhänge in zehn bis 15 Metern, voll von blauen und gelben Weichkorallen. Bei Südwestmonsun ist dieses der ideale Mantaplatz. In etwa fünf Metern Tiefe an den Korallenblöcken in Kanalnähe sammeln sie sich, oft Tiere mit vier bis fünf Metern Spannweite. Denn die Strömungen am Riff, die hier stark sein können, bringen ein üppiges Nahrungsangebot mit sich. Taucher, die mit dem einlaufendem Wasser ihren Abstieg beginnen, sollten zügig unterhalb der Kante abtauchen, um nicht über das Riffdach getrieben zu werden.

Riesenzackenbarsch, Epinephelus lanceolatus. *Jungfische sind gelb, bzw. weiß gefleckt, erwachsene Tiere hingegen gräulich.*

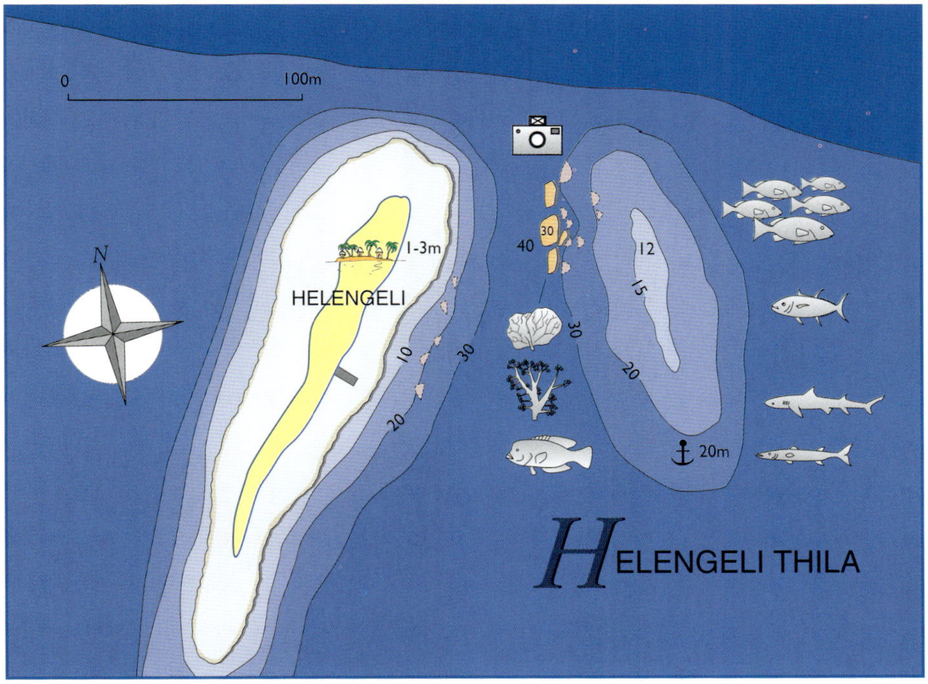

Schwarzweiß-Schnapper, Macolor niger. *Die Jugendformen haben eine schwarzweiße Färbung, während die erwachsenen Tiere eher schwarz sind.*

Sattel-Forellenbarsche, Plectropomus laevis. *Sie sind oft gefleckt und leben gern in Höhlen. Forellenbarsche können ihre Farbe von gefleckt wie auf dem Bild, bis in einen ganz dunkeln Ton ändern.*

Helengeli Thila ****

Ort:	Helengeli Dhekunu Kandu
Tiefe:	12 - 30 m
Fische:	zahlreich vorhanden
Korallen:	hervorragend
Merkmale:	Riffische, Gorgonien, Freiwasserfische, Haie

Helengeli Thila ist einzigartig, was seinen Fischreichtum und die Fülle des marinen Lebens betrifft. Das Riffdach liegt auf zwölf bis 15 Meter und die Strömungen im Kanal können bisweilen recht tückisch sein. Das Thila ist zirka 150 Meter lang und seine Nordwestseite besitzt die interessantesten Strukturen mit steilen Abfällen, Höhlen und Überhängen. Es liegt nur 50 Meter vom Helengeli Hausriff entfernt, allerdings ist es durch einen 40 Meter tiefen Kanal von ihm getrennt. Die Abbrüche und Höhlen befinden sich unter 25 Metern und sind voll von großen und kleinen Gorgonien. Vier Ausläufer des Riffs erstrecken sich bis in den Kanal, die meisten im 30 Meterbereich.

Ausgewachsene Riesenzackenbarsche können bis zu zwei Meter lang werden.

Am Südende der Höhlen in etwa 20 Metern Tiefe liegt ein mit Korallen wunderbar bewachsener Anker. Seine Herkunft ist unbekannt, er könnte jedoch zur 1.397 BRT großen *Swiss* gehören, die auf ihrer Fahrt von Pondicherry nach Marseilles am 29. Mai 1890 gegen das Riff lief und sank. Im Freiwasser um das Thila herum lassen sich größere Ansammlungen von Weisspitzen-Riffhaien sowie Barrakudas, Makrelen, Thunfische und neben dichten Schwärmen von Füsilieren auch zahlreiche Schwarzweiß-Schnapper beobachten. Ein kapitaler Riesenzacki (ca. 1,60 m) macht das Riff zu einem Muß für Taucher, ebenso wie die Napoleons und verschiedenen Haiarten.

Tauchhinweise: Man muß eine starke Lampe haben, um die Schönheiten der großen Gorgonienfächer und der Weichkorallen in den Höhlen zu erleben. Safariboote sollten hier nie ihren Anker werfen und bei starken, ins offene Wasser führenden Strömungen sollte nicht getaucht werden und ein Tauchgang muß gegebenenfalls auch abgebrochen werden. Strömungsbojen sind zudem unverzichtbar.

Kagi Kandu **

Hinter diesem Namen steht eine kleine Bucht nordwestlich von Maavaru Falhu mit Überhängen in zehn bis 15 Meter Tiefe, Aufenthaltsort für zahlreiche Langusten. Der sandige Boden des Kanals befindet sich hier in etwa 25 Metern und erstreckt sich seewärts.

Blick aus der Vogelperspektive auf Thulagiri Kandu. Weiter östlich liegt Miyaru Faru.

Schwarzer Pyramiden-Falterfisch, Hemitaurichthys zoster. *Man unterscheidet bei den Falterfischen langschnauzige Arten, die Korallen abweiden und die kurzschauzigen Arten, die sich von Zooplankton ernähren.*

Kuda Kandu ***

An der Nordwestseite des Kassan Faru Kandu lassen sich wunderbare Kanaltauchgänge längs des steilen Riffs bis auf 30 Meter Tiefe unternehmen. Man hält sich am besten zwischen zehn und 20 Metern nahe der Ecke auf. Hier erhebt sich ein Felsen bis auf drei Meter unter die Oberfläche. An der Ecke sind zudem Höhlen in zehn bis 25 Metern mit üppigem Fischbestand zu betauchen. Es gibt zudem steile Abfälle, Überhänge und eine große, mit Gorgonien besetzte Höhle in 20 Metern mit einer Durchtauchmöglichkeit bis auf zehn Meter Tiefe. Am Kuda Kandu stehen nicht nur Zackenbarsche. Häufig sind Napoleons, Riffhaie und große Schwärme von Barrakudas zu beobachten, während zahlreiche Riffische von den vielen kleinen, wirbellosen Tieren an den steilen Wänden angelockt werden. Andere Fische wie die Schwarzen Pyramiden-Falterfische und Masken-Wimpelfische, ernähren sich von dem vielen Plankton im Wasser.

Far Reef **

Der beste Tauchplatz liegt zwischen zehn und 15 Meter inmitten von Korallenblöcken. Es dominieren Blaustreifenschnapper, verschiedene Süßlippen Zackenbarsche und Trompetenfische. Man gelangt zu den Felsen vom Süden her durch eine Sandrinne, die zwischen dem Riff und einem fingerartigen Ausläufer liegt. Diese Rinne steigt von 30 bis auf 20 Meter Tiefe an und ist für für Rochen und für Riffhaie aller Art ein bevorzugter Rastplatz.

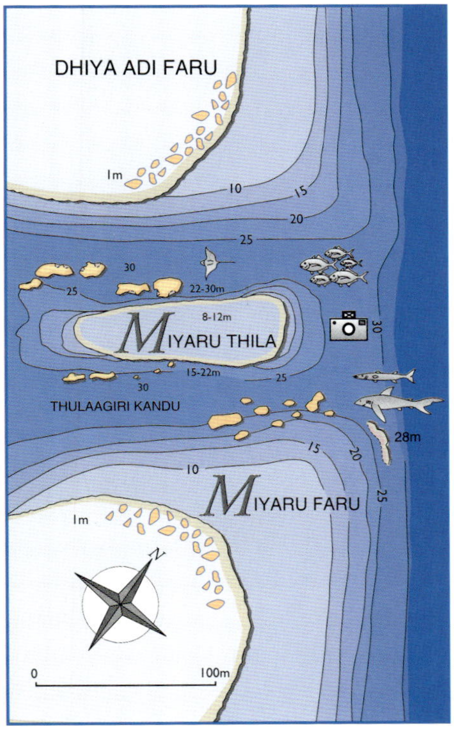

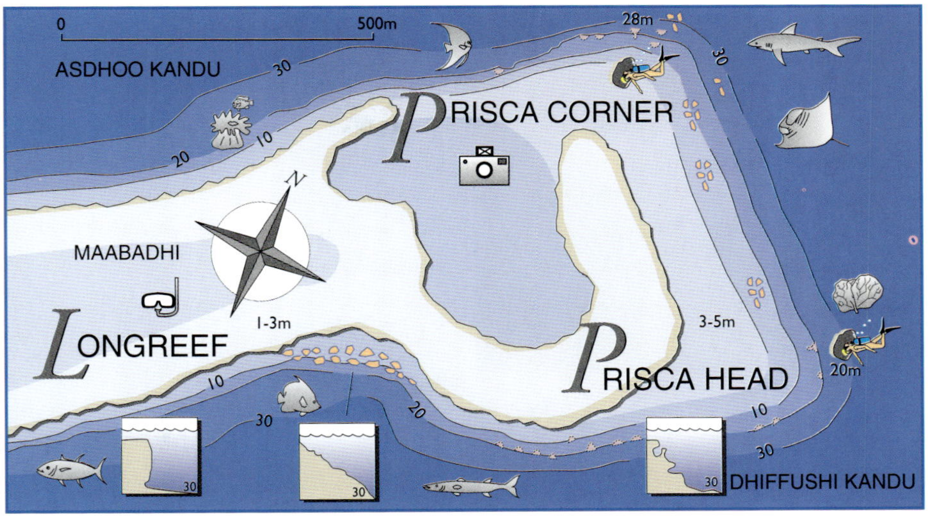

Miyaru Faru ***

Ort: nordöstlich von Thulagiri Kandu
Tiefe: 3- 30 m
Fische: über Durchschnitt
Korallen: sehr gut
Merkmale: Haie

Miyaru bedeutet in der Landessprache Hai und dieses ist ein idealer Platz zum Beobachten von Grauen Riffhaien. Dazu eignet sich ein ausgedehnter Überhang an der Außenseite des Thulagiri Kandu bei einlaufender Strömung in 28 Metern Tiefe. Dann ist die Sicht sehr gut und wer hier einige Zeit verweilt, wird viel Großfisch wie Barrakudas, Thunas oder Makrelen beobachten. Bisweilen streifen auch Adlerrochen vorüber, wie auch das Riff vielen Doktorfischen einen Lebensraum bietet.

Miyaru Thila ***

In der Nähe des selbem Kanals erhebt sich ein schmales, schlank gebautes Thila mit vielen Korallenblöcken vor seiner Nordwestseite. Schwärme von Füsilieren stehen hier, ebenso Makrelen, Napoleons und Adlerrochen. Am besten taucht man auch mit der ins Atoll einlaufenden Strömung.

Prisca Head ***

Ort: Dhiffushi Kandu
Tiefe: 5 - 25 m
Fische: zahllos
Korallen: sehr gut
Merkmale: Haie

Dieses ist ein klassischer Kanaltauchplatz, den man bei den Höhlen auf 25 Metern Tiefe an der äußeren Ecke des Riffs beginnen sollte. In 20 Metern befindet sich eine große Höhle mit Lederkorallen, die man durchtauchen kann und die in zehn Metern Tiefe endet. Hier halten sich Wimpel- und Doktorfische auf; im Kanal hingegen stehen Großfische wie Barrakudas, Thunas oder Makrelen.

Longreef **

Innerhalb des Dhiffushi Kanal (Kandu) liegt das etwa vier Kilometer lange Long Reef. Bei starker Strömung kann man es während eines Tauchganges vom Prisca Head erreichen; ein idealer Platz für Strömungstauchgänge. Der Riffaufbau wechselt von steilen Schrägen mit Höhlen im Osten, bis hin zu steilen Abbrüchen im Kanalinnern.

Der Trompetenfisch hält sich zur Jagd gern im Schatten größerer Fische auf.

Blick nach Osten entlang Maabadhi Faru mit Dhiffushi Kandu auf der rechten und Asdhoo Kandu auf der linken Seite. Long Reef steht für einen vier Kilometer langen Strömungstauchgang längs der Südseite von Maabadhi Faru. Am hinteren Ende des Riffs liegt Prisca Head.

Der Weißkehldoktorfisch (Acanthurus leucosternon) *besitzt skalpellartige, scharfe Flossen am Schwanzende, die giftig sein können und zum Kämpfen eingesetzt werden. Der Fisch streift in großen Schwärmen über das Riff und ernährt sich von Algen.*

Große Schwärme von Buckel-Schnappern, Lutjanus gibbus, *sammeln sich tagsüber am Riff. Nachts schwärmen sie über den Grund aus und ernähren sich von Fischen und wirbellosen Kleintieren.*

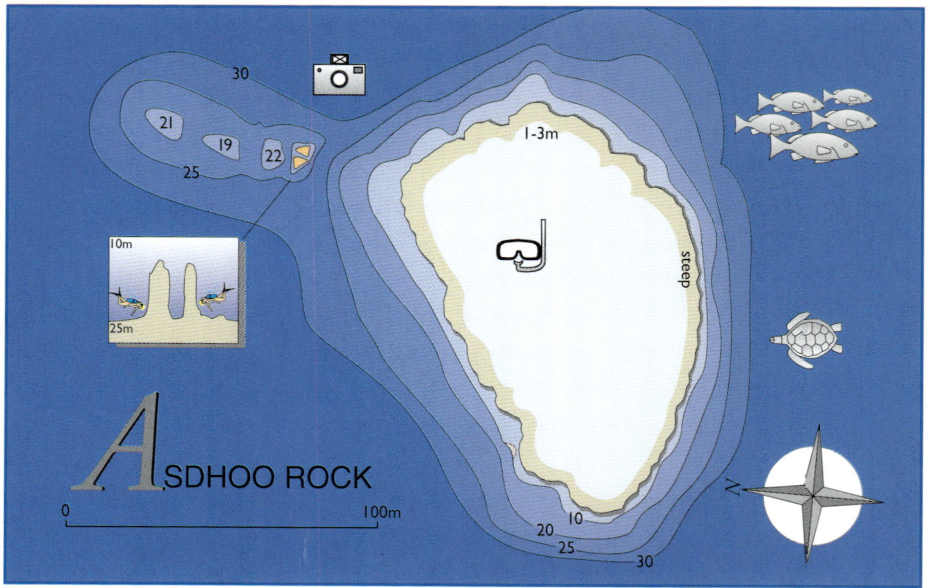

Prisca Corner ***

Ort: Nördlicher Punkt des Maabadhi Reefs
Tiefe: 10 - 25 m
Fische: über Durchschnitt
Korallen: sehr gut
Merkmale: Höhlen, Mantas

Das äußere Riff bietet tiefes, klares Wasser mit der Chance, Haie und große Fischschwärme zu sehen. An der Riffecke gibt es diverse Höhlen - darunter drei sehr große. Eine Höhle beginnt auf 28 Metern und steigt mit einer Durchtauchmöglichkeit bis auf 15 Meter an. Fledermausfische stehen in ihrem Eingangsbereich. An der Außenseite des Riffs befindet sich im Flachwasser in zehn Metern eine Anhäufung von Korallenfelsen. Bei Südwestmonsun kommen Mantas vorbei, während zahlreiche Putzerfische zwischen den Felsen schon auf deren Besuch warten. Schwämme, Lederkorallen und Federsterne haben sich an der Ecke in der Tiefe angesiedelt. In den Höhlen leben Barsche, Großaugenbarsche, und Husarenfische. Zwei Clownsfischarten, der Clarks Anemonenfisch und der Endemische Anemonenfisch sind innerhalb des Kanals in Tiefen um 20 Meter anzutreffen.

Cave Corner **

Hier gibt es drei große Höhlen bis auf 28 Meter Tiefe. In den Höhlen dominieren Leder- und Weichkorallen, während am Riff große Schnapperschwärme stehen.

Asdhoo Rock *

Ort: Südwestende des Maabadhi Reefs
Tiefe: 3 - 25 m
Fische: über Durchschnitt
Korallen: sehr gut
Merkmale: Korallen, Schnapper, spitze Korallenfelsen

Dieser Platz wird Anfänger und erfahrene Taucher gleichermaßen begeistern. Am besten taucht es sich auf der Nordseite, wo das Riff beständig von drei bis auf 25 Meter zu einem Kamm abfällt, der sich 100 Meter weiter nordwärts erstreckt. Auf diesem Riffkamm gibt es einzelne Korallenareale, die von vielen Buckel- und Blaustreifenschnappern umstanden werden. Ein Paar ungewöhnlicher, nadelartiger Korallenfelsen von etwa fünf Metern Höhe sind auf diesem Kamm zu bestaunen. Um das Riff schwimmen Schildkröten und Schiffshalter, während das Riffdach von Korallen bewachsen ist.

Blaustreifenschnapper, Lutjanus kasmira *sind blaugestreift; ein ähnlicher Fisch, der* Lutianus quinquelineatus, *besitzt einen fünften Extrastreifen. Blaustreifenschnapper stehen tagsüber in dichten Schwärmen zusammen und gehen nachts auf Beutefang.*

Gewöhnlicher Großaugenbarsch, Priacanthus hamrur. *Er ist Vertreter einer kleinen Familie mit großen Augen, der sich bevorzugt in Höhlen verbirgt. Aus Tarnungsgründen kann er seine Farbe von rot über rotgestreift bis hin zum Silber schnell ändern.*

Westrock *

Westrock ist ein kleines Riff im Atoll. Es eignet sich gut für Anfänger und ist am besten an der Südostseite zwischen fünf und 15 Metern zu betauchen. Das Riff fällt langsam zu einem Sandgrund in 15 Metern ab; hier sind Röhrenaale und Rochen sehr häufig anzutreffen. Am Riffdach stehen hübsche Korallen.

Bodu Giri *

Bodu Giri ist ein größeres, bis auf 20 Meter Tiefe abfallendes Riff, das für Beginner ideal ist. Am besten eignet sich die Nordwestseite mit einer steilen Wand, Aufenthalt für zahllose Blaue Drückerfische und Masken-Wimpelfische. In flacheren Bereichen sind an der Wand Langusten, Anemonen und gelegentlich Schildkröten anzutreffen.

Meeru Corner ***

Einer der besten und bekanntesten Plätze im Gebiet. An der Außenkante fällt das Riff senkrecht von fünf auf 30 Meter als "The Wall" - die Wand - ab. Dieser Bereich bietet einmalige Taucherlebnisse; innerhalb des Kanals gibt es zudem noch etliche Überhänge.

Glasfische, Parapriacanthus ransonneti *finden sich in Riesenschwärmen in Höhlen, in Trichtern und in Wracks.*

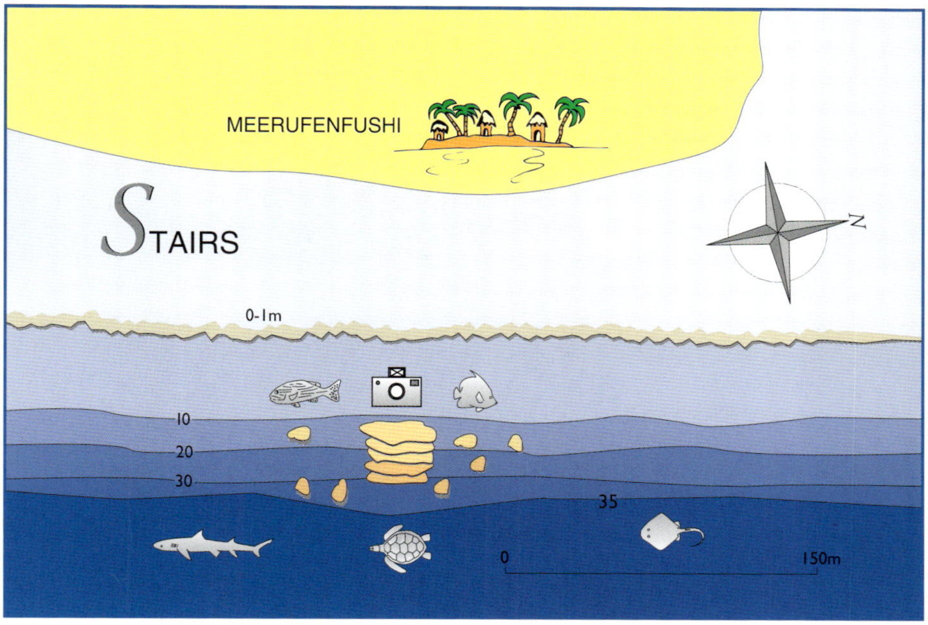

Stairs **

Ort:	Außenriff, nahe Meerufenfushi
Tiefe:	10 - 30 m
Fische:	über Durchschnitt
Korallen:	gut
Merkmale:	Riffische, große Korallenblöcke

Diese ungewöhnliche Korallenformation gleicht einem Appartmentgebäude mit Stockwerken von 30 bis in zehn Meter Tiefe. Es besitzt viele Bewohner und seine Verstecke und Spalten scheinen von Fischen überfüllt zu sein. An der Riffbasis, sozusagen an der Treppe, "wohnen" Weißspitzen-Riffhaie und Schildkröten, während weiter draußen im Sand die Rochen liegen. Verschiedene Barscharten und Muränen bevorzugen das Erdgeschoß, Süßlippen, Doktor- und Kugelfische haben weiter oben ihren Wohnbereich abgesteckt. Große Schwärme von Glasfischen bevorzugen wohl kein besonderes Stockwerk: sie sind überall an diesem Platz anzutreffen.

Tauchhinweise: Strömungen sind hier normalerweise nicht stark, so daß der Platz für alle geeignet ist. Wurde tiefer getaucht, so kann man auf dem Rückweg die Restzeit am Riffdach verbringen. Wenn bisweilen heftige Brandung gegen das Riffdach rollt, so sollte man sich davon fernhalten und den Sicherheitsstop im Freiwassser durchführen.

Mappa-Kugelfisch, Arothron mappa. *Jungfische tragen ein bunteres Muster. Erwachsene Tiere werden bis zu 60 cm groß und verlieren viel von ihrer Zeichnung. Dank ihrer elastischen Haut können sie sich mit Wasser wie ein Ballon aufpumpen. Ein Schutzmechanismus um nicht gefressen zu werden, der für alle Kugelfische typisch ist.*

Der Regenbogen-Renner, Elagatis bipinnulata *ist ein Freiwasserfisch, der sich zwischen den Atollen aufhält.*

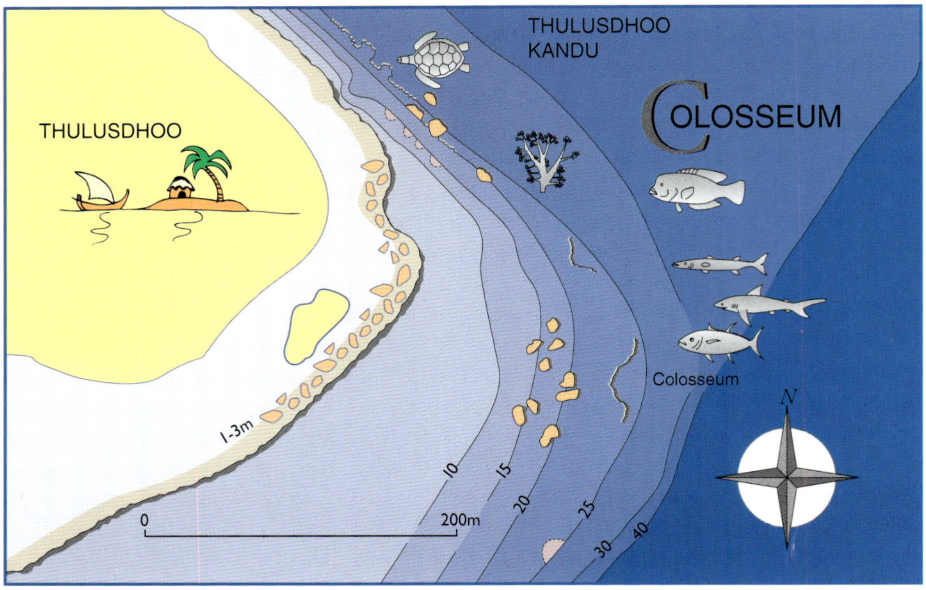

Die Insel Thulusdhoo liegt an der Ostseite des Atolls. Das Colosseum befindet sich an der Ecke des Riffs.

Colosseum ***

Ort:	Südseite von Thulusdhoo
Tiefe:	3 - 25 m
Fische:	über Durchschnitt
Korallen:	sehr gut
Merkmale:	Freiwasserfische, Haie

An der Außenkante liegt in 24 Metern Tiefe das Colosseum; ein halbkreisförmiger Abbruch, etwa 40 Meter lang und zwei Meter hoch. Bei einlaufender Strömung ist dieses ein guter Platz für Taucher, sich hier festzuhalten um die Fische im Freiwasser zu beobachten. Barrakudas, Großaugen-Makrelen, Blauflossen-Makrelen, Regenbogen-Renner und Hundezahn-Thunfische sind hier stete Akteure, während Graue Riffhaie, Napoleons und Adlerrochen häufig vorbeischwimmen.

Weichkorallen blühen an der Riffschrägen, die in den Kanal führt, wo Schildkröten den Grund abweiden. Im Kanal wandelt sich die Wand bei 15 Metern in zahlreiche Abbrüche und Höhlen. Zudem erlaubt die Länge des Riffs Strömungstauchgänge innerhalb des Atolls.

Chicken Island *** (Kukulhu)

Ort:	Thulusghoo Kandu
Tiefe:	5 - 30 m
Fische:	über Durchschnitt
Korallen:	gut
Merkmale:	Riffische

Am Außenriff liegen in zehn Metern Tiefe Korallenblöcke, die viele Fische anlocken, darunter auch Schwarzfleck-Kugelfische. Einige Höhlen auf 20 Metern sind einen Abstecher wert; danach sollte man sich mit der Strömung in den Kanal treiben lassen, bis ein ausgedehnter Überhang erreicht wird, der sich spiralig von drei bis 25 Meter hinunterzieht. Hier beginnt ein 100 Meter langer Abschnitt mit Höhlen, eine davon mit wunderbaren Weichkorallen in 15 Metern Tiefe, mit Abbrüchen, Korallenblöcken und Tunnels. Ein Platz, allemal wert, betaucht zu werden.

Tauchhinweise: Die Nordseite des Thulusdhoo Kandu erstreckt sich zwei Kilometer weit in das Atoll. Sollte die Strömung an der Ecke zu stark sein, so kann an einer beliebigen anderen Stelle im Kanal an der Riffwand sicherer getaucht werden.

Der Schwarzfleck-Kugelfisch, Arothron nigropunctuatus, *hat einen kräftigen Schnabel und speichert wie alle Kugelfische, Gift in seiner Leber und den Ovarien. Es ist gefährlich, das Fleisch zu essen, wenn es nicht vom Fachmann zubereitet wird.*

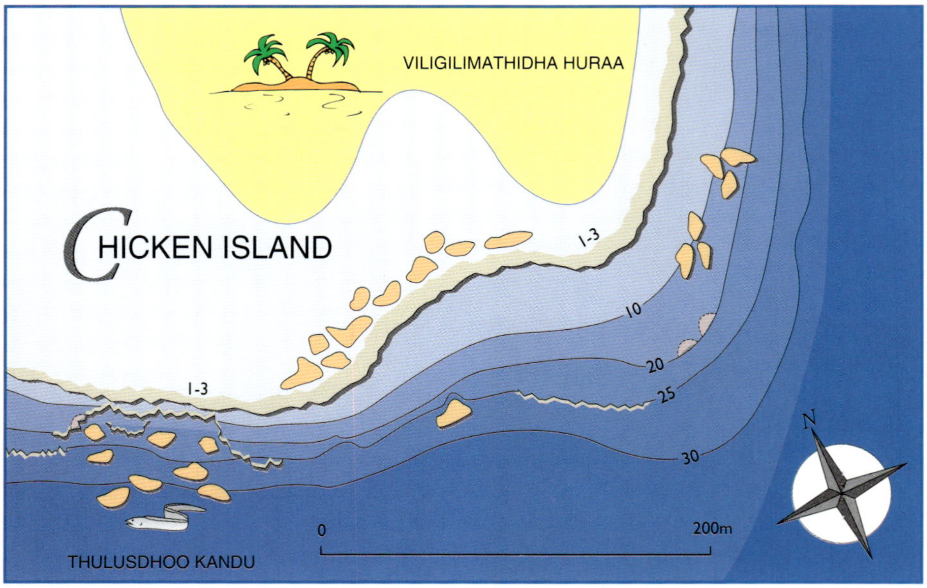

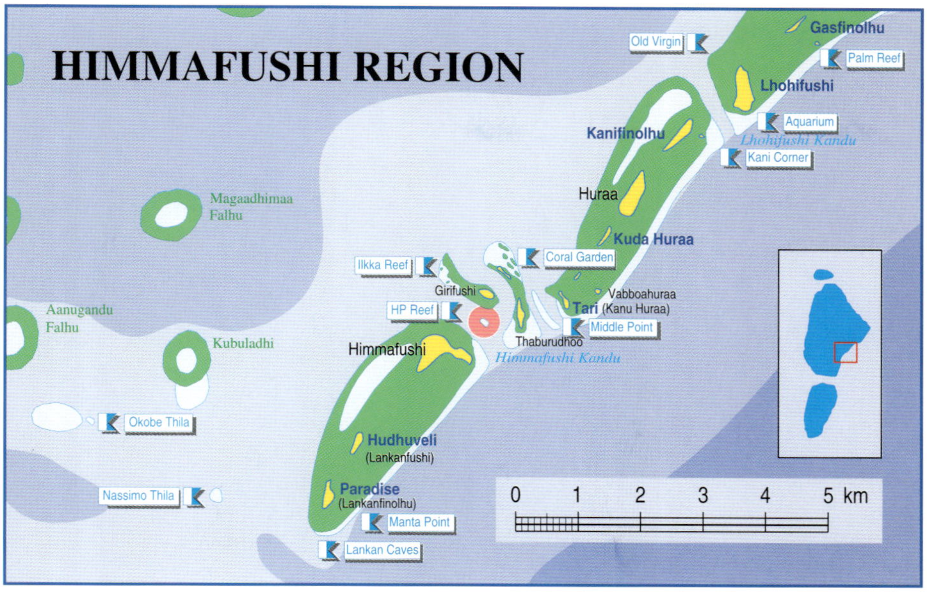

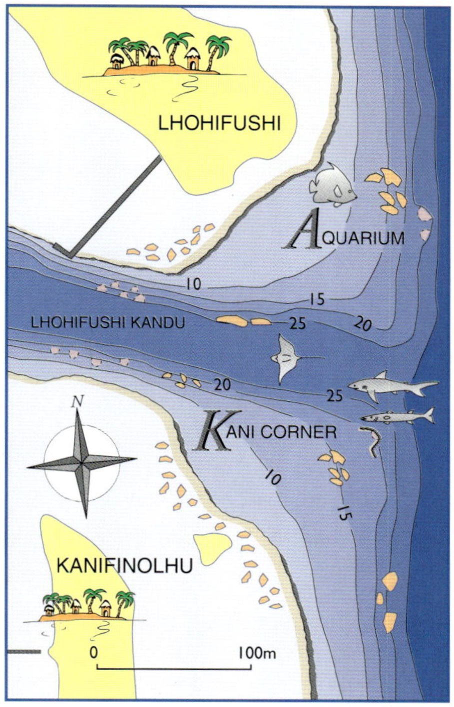

Aquarium **

Ort:	Nordseite von Lhohifushi Kandu
Tiefe:	10 - 25 m
Fische:	im Übermaß
Korallen:	sehr gut
Merkmale:	Riffische, Haie

An der Riffaußenseite, Etwa im Norden der Spitze befindet sich in 15 Metern Tiefe eine Anhäufung von Korallenblöcken mit einer solchen Vielfalt an Riffischen, daß sich daraus der Name des Platzes ableitet. Zudem gibt es hier Muränen zwischen den Felsen, Weißspitzen-Riffhaie und Stachelrochen in 25 Metern Tiefe über dem Sandgrund. Einige Höhlen in gleicher Tiefe sind einen Besuch wert. Die Ecke zieht sich in einem Winkel von mehr als 90° über eine allmählich abfallende Schräge in den Lhohifushi Kandu hinein. Sie ist mit Weichkorallen besetzt und geht in einen steilen Abfall innerhalb des Kanals über. Im Kanal ist das Riff zwischen 15 und 25 Meter voller Höhlen und ein "Drift Dive" lohnt sich.

Tauchhinweise: Vorsicht ist geboten. Denn wie bei Kani Corner, so können die Strömungen auch hier am Kanaleingang, besonders aber an der Spitze von Lhohifushi sehr stark sein und Taucher vom Riff wegziehen.

Hundezahn-Thunfisch, Gymnosarda unicolor.

Kani Corner ***

Ort:	Südseite von Lhohifushi Kandu
Tiefe:	5 - 25 m
Fische:	im Übermaß
Korallen:	sehr gut
Merkmale:	Freiwasserfische, Haie

Kani Corner gilt als einer der spannendsten Strömungstauchplätze im ganzen Atoll. Das Außenriff fällt bis auf 30, bzw. 35 Meter ab und geht in einen Sandgrund über, wo Haie und Adlerrochen beobachtet werden können. Zur Zeit des Südwestmonsuns treten hier bei den Korallenblöcken in 25 Metern Tiefe Mantas auf. Die Ecke zum Kanal hin ist durch eine kleine Kante mit einer Höhle in 25 Metern gekennzeichnet. Hier finden sich Füsiliere, aber auch die großen Vertreter des Freiwassers. Weichkorallen beherrschen die sanften Riffschrägen und über 15 Meter Tiefe, wo sich die Korallenblöcke häufen, stehen Süßlippen. Im Kanal bildet das Riff einen markanten Steilabfall mit Höhlen zwischen fünf und 20 Metern Tiefe und herabfallenden Vorsprüngen. Eine Unterwasserlandschaft, die sich durch den ganzen Lhohifushi Kandu zieht.

Tauchhinweise: Strömungen fließen während des Nordostmonsuns meist in den Kanal und während des Südwestmonsuns umgekehrt hinaus. Sie können in diesen engen Passagen extrem schnell sein und Taucher erwarten hier Turbulenzen, dafür aber auch eine reichhaltige Fauna. Vorsicht ist bei Auswärtsströmungen angeraten. Man sollte dann weit hinten im Kanal abtauchen und sich dicht am Riff halten.

Großer Barrakuda, Sphyraena barrakuda.

Palm Reef **

Das "Riff der einzelnen Kokosnußpalme" liegt an der äußeren Riffkante gegenüber von Gasfinolhu und ist eine kleine Sandbank, auf der nur eine einzige Palme steht. Längs davon erstreckt sich das Palm Reef. Man taucht am besten zwischen einer Reihe von Korallenblöcken in zehn bis 20 Meter Tiefe. Hier halten sich alle Arten von Riffischen auf, während Ammenhaie oft unter den Vorsprüngen ruhen. Um die Felssockel herum über dem Sand- und Geröllgrund kann man auf Meerbarben stoßen, die den Boden nach Nahrung durchwühlen. Weiter südwestlich in 20 Meter Tiefe stehen auf einem Sandplateau einige Weißspitzen-Riffhaie.

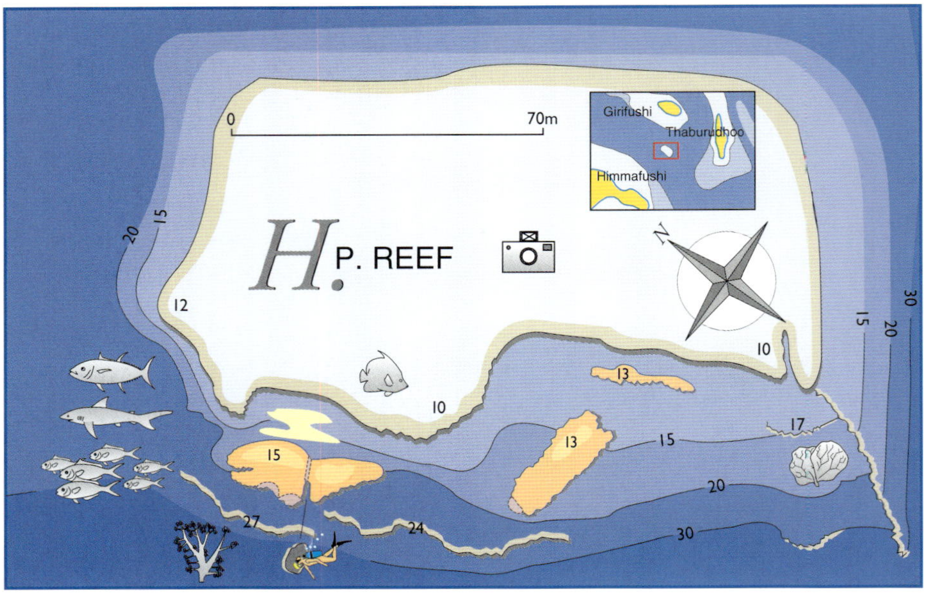

Old Virgin *

Dieser Platz etwas nördlich von Lhohifushi liegt innerhalb des Riffs und ist mit seinem Sandgrund in 20 Meter Tiefe ideal für Anfänger. An der Riffkante befindet sich auf zehn Meter Tiefe eine Art Torbogen, durch dem man tauchen kann. Zudem weist das Riff im flachen Bereich viele Einschnitte und Spalten auf. Hier wachsen schöne Hartkorallen, die zahlreichen Riffischen Schutz bieten.

Coral Garden * (Blue Lagoon)

Der Thaburudhoo Kanal bietet Tauchern eine Menge Möglichkeiten und Attraktionen. Das lange Riff an der Südseite des Thaburudhoo Kandu lockt an seiner Außenseite Haie an, während sich innerhalb des Riffs ein schöner Korallengarten bis in eine Maximaltiefe von 18 Meter gebildet hat - ideal für Beginner. Die Korallenlandschaft des Riffs, in der sich unzählige kleine Fische aufhalten, ist phantastisch.

Middle Point ***

Middle Point ist ein Riff mitten im Thaburudhoo Kandu, das bis auf 17 Meter aufsteigt. Der Grund des Kanals liegt zwischen 25 und 30 Metern. Das Riffdach zeigt einen ordentlichen Bestand an Weichkorallen, Anemonen und Gorgonien in den Höhlen, in denen oft Ammenhaie liegen. Man taucht etwa 75 Meter quer durch den Kanal, um diesen Platz zu erreichen, aber es ist die Mühe wert. Auf atollauswärts verlaufende Strömungen ist zu achten.

HP Reef *** (Rainbow Reef)

NATURSCHUTZGEBIET

Ort:	Thila Südseite von Girifushi
Tiefe:	9 - 27 m
Fische:	im Überfluß
Korallen:	sehr gut
Merkmale:	Freiwasserfische, Riffische, Weichkorallen

Das HP Reef ist ein weiterer, herausragender Tauchplatz mit einer spektakulären Rifformation. Südwestlich des Riffs treten auf dessen Gesamtlänge zahlreiche Einschnitte, Spalten und Höhlen zutage; im Nordwesten befindet sich ein großer Fels, der vom Riff durch einen schmalen Sandkanal getrennt ist. Die Außenseite des Felsens fällt von 15 Meter Tiefe steil ab; auf 24 Meter liegt eine große Höhle. Blaue Weichkorallen schmücken die Höhlendecke und an einem Ende gibt es einen schmalen Schlot, der durchtaucht werden kann und der zur Oberfläche des Felsens führt. Die starke Strömung des Himmafushi Kandu sorgt für reichlich Nahrung, so daß die Seiten der Felswände und auch die Überhänge voller Weich- und Fächerkorallen sind. Schwärme von Makrelen, von Regenbogen-Rennern, von Barrakudas und Thunfischen lassen das Riff als Tummelplatz für Freiwasserfische erscheinen. Graue Riffhaie, Adlerrochen schließen sich an, während sich blaue und gelbe Füsiliere in großen Schwärmen zusammentun. Das Riffdach ist Domäne der Kaiser- und Wimpelfische, aber auch der vielen anderen, typischen Riffbewohner.

Tauchhinweise: Die Strömungen können hier sehr stark sein. Eine Signalboje sollte daher stets mitgeführt und bei Stops im offenen Wasser bei Strömung gesetzt werden. Girifushi wird vom Nationalen Sicherheitsdienst genutzt und Tauchen ist dann verboten, wenn die rote Flagge gehißt ist.

Ganz oben: Dieser Pfauen-Kaiserfisch, Pygoplites diacanthus. *wurde am HP-Reef aufgenommen und zeigt eine sehr ungewöhnliche, seltene Färbung mit Variationen, wie sie nirgendwo anders zu sehen sind. Oben: Pfauen-Kaiserfisch, Es gibt rund 80 Arten von Kaiserfischen mit verschiedenen, gängigen Namen. Der Pfauen-Kaiserfisch gilt mit als einer der schönsten unter den Kaiserfischen.*

Unten: Der Dreipunkt-Kaiserfisch, Apolemichthys trimaculatus, *hier am HP-Reef fotografiert. Kaiserfische können von Falterfischen durch derbe, stachelartige Fortsätze an den Wangen unterschieden werden, wie auf dem Bild deutlich zu erkennen ist.*

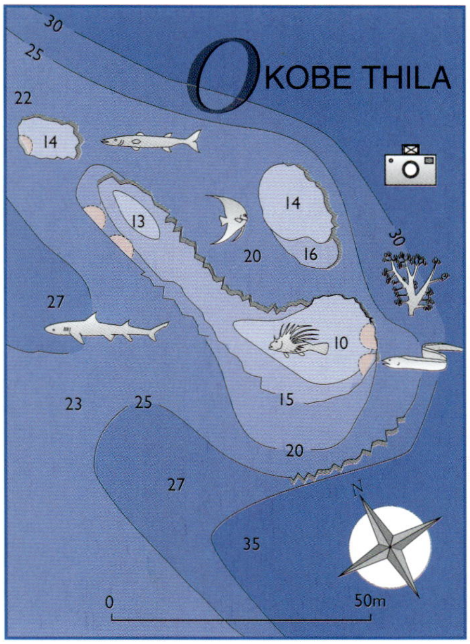

Okobe Thila ***
(Barrakuda Thila)

Ort:	Mitten zwischen Bandos, Thulhaagiri & Lankanfinolhu
Tiefe:	10 - 25 m
Fische:	im Überfluß
Korallen:	sehr gut
Merkmale:	Freiwasserfische,

Dieser spektakuläre Platz besitzt verschiedene Merkmale und kann auf die unterschiedlichste Art betaucht werden. Er zählt zu den Stellen, die mit jedem Abstieg besser zu werden scheinen. An diesem Thila gibt es drei Riffabschnitte; das Kleinste hat nicht mehr als zehn Meter Durchmesser, das Größte ist etwa 50 Meter lang. Ein Loch im mittelgroßen Riff auf 13 Meter Tiefe ist ein idealer Startpunkt, aber auch Ankerplatz für die Dhonis, die hier ihr Ankerseil befestigen können. Die Riffe besitzen an allen Ecken steile Vorsprünge, Überhänge und Höhlen und bieten dem Taucher einen wahren Rausch an marinen Lebensformen. Skorpionfische liegen gut getarnt am Riffdach, Rotfeuerfische stehen an den Kanten und Vorsprüngen, Muränen bevölkern die Höhlen und ein dichter Besatz von Weichkorallen steht an den Steilwänden des mittleren Riffs. Napoleons sind schon mit den Tauchern vertraut und ein Schwarm von Fledermausfischen steht gewöhnlich zwischen den Riffen, obwohl bekannt ist, daß sie sich bisweilen für längere Zeit zurückziehen. Schwärme von Barrakudas und Makrelen treten häufig um das Riff herum auf, während die Nischen im kleinen Riff den Federsternen, den Süßlippen, den Picasso-Drückern, den Wimpel- und Husarenfischen gehören. Ein Kamm erstreckt sich vom Thila in 22 Meter Tiefe nordwärts und führt zu einem großen Riff, das bis auf acht Meter ansteigt. Hier gibt es einige Höhlen und Abbrüche an der Riffkante; Weißspitzen-Riffhaie halten sich zu beiden Seiten des Kamms auf.

Tauchhinweise: Taucher sollten vorsichtig sein, wenn sie sich vom Riff entfernen. Denn bei schlechter Sicht kann man leicht die Orientierung verlieren und dann nicht mehr über genügend Luft verfügen. Man sollte daher immer mit ausreichend Luft zum Anker zurückkehren und diese zum Schluß auf dem Riffdach verbrauchen.

Ilkka Reef **
Dieses Riff liegt am Westende von Girifushi Faru. Es ist ein 100 Meter langes und 30 Meter breites Thila, das bis auf drei Meter unter die Oberfläche reicht. Über den Sandgrund hinweg befindet sich zirka 20 Meter südlich davon noch ein weiteres, kleines Thila, das bis in acht Meter Tiefe aufsteigt. Der Meeresgrund um die Thilas ist nicht tiefer als 20 Meter und die Flora wie Fauna unter Wasser ist üppig vertreten. In der Nähe des Nordendes von Girifushi Faru liegt das **Potato Reef** * in der Mitte eines schmalen Sandsattels. Es ist ein großer Felsen in 15 Meter Tiefe und Heimat von Zackenbarschen und Muränen. Die nahen Sandflächen werden von Rochen bewohnt.

Der Normale Drachenkopf, Scorpaenopsis oxycephala *besitzt Giftstacheln und wird oft mit dem Steinfisch verwechselt.*

Pfauen-Zackenbarsch, Cephalopholus argus, *gehört zur Familie der Zackenbarsche. Die meisten Arten besitzen abgerundete Schwanzflossen und eine hübsche, gepunktete Zeichnung.*

Der Stierkopf-Zackenbarsch, Epinephelus fuscoguttatus, *ist scheu und versteckt sich meist in den hintersten Höhlenwinkeln.*

Stupsnasen Pompano, Trachinotus blochii.

Spitzkopf-Zackenbarsch, Anyperodon leucogrammicus. *In der Jugend ahmt dieser listige Fisch den Vroliks Junker, Halichoeres vroliki, nach. Er macht Jagd auf Riffbarsche, die ihn daher für einen harmlosen Lippfisch halten.*

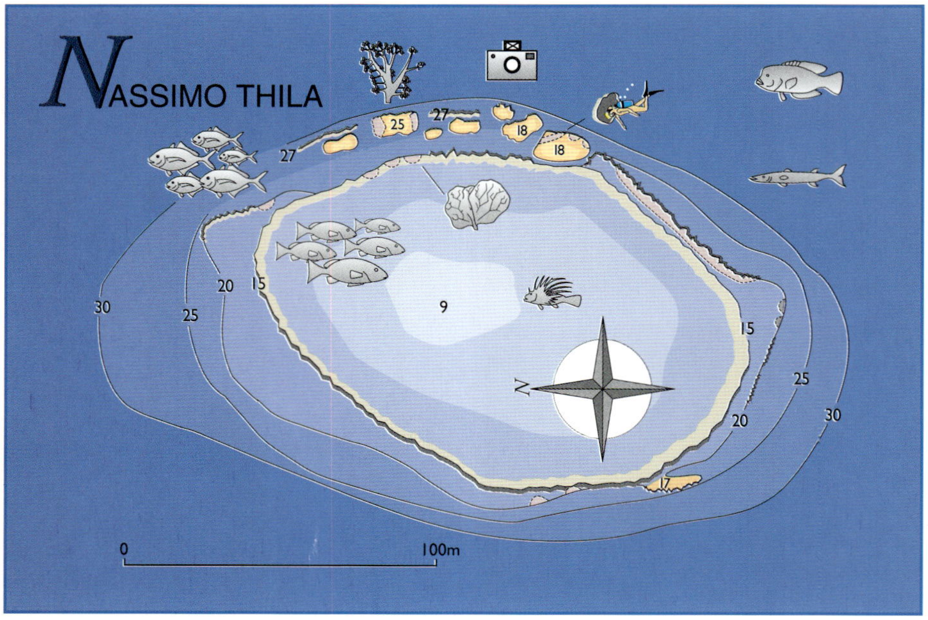

Nassimo Thila ***
(Paradise Rock, Virgin Reef)

Ort: 1,5 km westlich von Lankanfinolhu
Tiefe: 10 - 30 m
Fische: im Überfluß
Korallen: hervorragend
Merkmale: Freiwasserfische, Fächer- und Weichkorallen, Felsnadeln

Dieses Riff gilt unter vielen Tauchern als das beste Thila im Nord Male Atoll. Seine Spitze in zehn bis 15 Meter Tiefe ist oval. Die Hauptattraktion aber sind mehrere große Felsnadeln, die sich wie zufällig verteilt, an der Nordostseite des Thilas befinden. Sie stehen genau in der Strömung und zeigen einen äußerst spektakulären Weichkorallenbewuchs an allen Stellen. Die Spitzen dieser Nadeln erreichen Tiefen von 18 bis 25 Meter und fallen an der Außenseite steil ab. Um sie herum halten sich Napoleons, Großaugen-Makrelen, Rote Schnapper, sowie einige Barrakudas auf. An der Ostseite des Hauptriffs erstrecken sich fast auf der gesamten Länge in Tiefen zwischen 15 und 20 Metern lange Überhänge und Höhlen. Am Nordende befindet sich eine Höhle in 20 Meter Tiefe, deren Decke voller blauer Weichkorallen ist und in der sich oft ein Ammenhai aufhält. Am südlichen Ende sind die Überhänge voll mit großen und kleinen Fächerkorallen bedeckt. An der Ostseite gibt es zudem eine flache Höhle mit einem Durchlaß, der in eine schmale Rinne führt, die sich durch das Riffdach schneidet. Hier lassen sich Drachenköpfe beobachten und Tiger Kauries finden. Auf dem Riffdach stehen weiterhin verschiedene Zackenbarscharten, einschließlich großer Stierkopf-, Spitzkopf- und Pfauen-Zackenbarsche. Nahe der Riffkante im Nordosten erheben sich mächtige Steinkorallen mit fünf Meter Durchmesser, die auch den höchsten Punkt des Riffes mit neun Meter darstellen. Kleine Schwärme von Schnappern scheinen sich an diesem Ort zusammen zu ziehen.

Tauchhinweise: Bei günstigen Strömungsverhältnissen und geringem Luftverbrauch kann ein vergnüglicher Tauchgang über die ganze Rifflänge durchgeführt werden, wobei man zwischen den einzelnen Korallenpunkten und den Überhängen hin und her schwimmen kann, bevor man zum Riffdach aufsteigt. Will man jedoch den Tauchgang ohne Dekozeit absolvieren, sollte nicht tiefer als 25 Meter getaucht werden, um so eine maximale Nullzeit zu erhalten. Das Riffdach empfiehlt sich am Nordostende besonders mit seinen Steinkorallen für eine längere Zeit des Verweilens, wenn es die Strömung zuläßt. Eine Markierungsboje sollte aber stets mitgeführt werden.

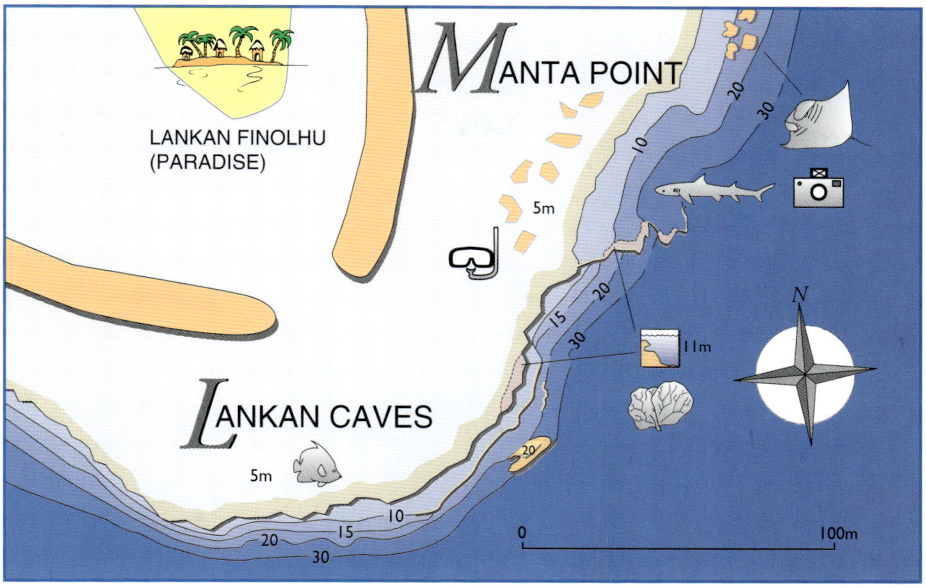

Mantarochen, Manta birostris.

Manta Point **
Lankan Caves ***

Ort: Außenriff von Lankanfinolhu
Tiefe: 5 - 30 m
Fische: über Durchschnitt
Korallen: sehr gut
Merkmale: Mantas, Höhlen

Der Manta Point ist als der Mantaplatz weltweit bekannt. Hier treten mit Beständigkeit und in beachtlicher Zahl große Teufelsrochen auf. Allerdings ist ihr Erscheinen nach einem Landgewinnungsprojekt auf Lankanfinolhu 1996 weniger vorhersagbar. An der Südostecke des Lankanfinolhu Reefs liegen in acht Meter Tiefe verschiedene Korallenblöcke, an denen sich zur Zeit des Südwestmonsuns die Tiere sammeln. Mantas lassen sich hier frühestens im April und bis spätestens in den Dezember hinein fotografieren. Diese Felsen sind für sie eine große Putzerstation und die Putzerfische *(Labroides dimidatus)*, meist paarweise, können bei ihrer Reinigungsarbeit an den auf der Stelle schwebenden Mantas beobachtet werden, wenn sie diese von Parasiten befreien. Geduldig warten die Rochen, bis sie nacheinander an die Reihe kommen. Danach gleiten sie graziös im Flachwasser um das Riff auf der Suche nach weiterem Plankton. An einem Sandfleck in 20 Meter Tiefe liegen etliche Weißspitzen-Riffhaie und nahe der Südspitze des Lankanfinolhu Reef befindet sich der Tauchplatz Lankan Caves. Eine steile Felswand und eine lange Höhle zwischen zehn und 30 Metern markieren den Startpunkt des Tauchganges. In der Höhle steht in elf Meter eine gewaltige Fächerkoralle. Ein langer Abschnitt von Überhängen und Höhlen zwischen fünf und 15 Metern kennzeichnet den südlichen Punkt des Riffs. Hier gibt es zahlreiche Makrelen, Papagien-, Doktor- und Kaiserfische. Auf dem Riffdach stehen schön geformte Tischkorallen, zwischen denen sich Napoleons, Süßlippen, und bisweilen Schwarztupfen-Pompanos aufhalten.

Tauchhinweise: Tauchen Sie erst an der Riffaußenseite im Flachen, um die Mantas an den Korallenblöcken zu beobachten. Danach sollte man zu den Haien auf dem Sandgrund schwimmen, dann zur Höhle in 30 Metern tauchen, um ihrem Verlauf folgend wieder in den Flachbereich in zehn Metern aufzusteigen und den Tauchgang am Südende abzuschließen.

Manchmal kommen die Mantas so dicht heran, daß man sie berühren könnte. Taucher sollten es unterlassen, die Tieren zu beunruhigen. (Gleiches gilt auch für Schildkröten). Denn sie suchen dann diese Plätze immer seltener auf. Ebenso sollte man zusammenbleiben, Distanz zu ihnen wahren, nicht umherschwimmen und sich nicht oben an den Felsen aufhalten, da die Mantas glauben, die Putzerstation sei besetzt.

Es gibt zwei Arten von Mantas, die allgemein auf den Malediven angetroffen werden: der große Mantarochen und die kleineren Schulmantas. Mantas lassen sich gut beobachten, wenn sie über den Putzerstationen schweben, besonders aber bei Strömung. Ohne Strömung müssen sie mit ihren Flügeln schlagen und können so nicht an einer Stelle verweilen. Mantas besitzen keinen giftigen Stachel an ihrem Schwanz. Männchen besitzen zwei schmale, röhrenartige Verlängerungen an der Basis ihres Schwanzes, Haken genannt. Bisweilen lassen sich Schwellungen auf der Bauchunterseite des Weibchens erkennen; ein Zeichen, daß es trächtig ist. Die Jungen werden mit angelegten Flügeln geboren. Mantas besitzen ihre einmalige, weit nach vorn gezogene Flossenform, um das Plankton regelrecht ins Maul zu schaufeln.

Indopazifischer Sergant, Abudefduf vaigiensis.

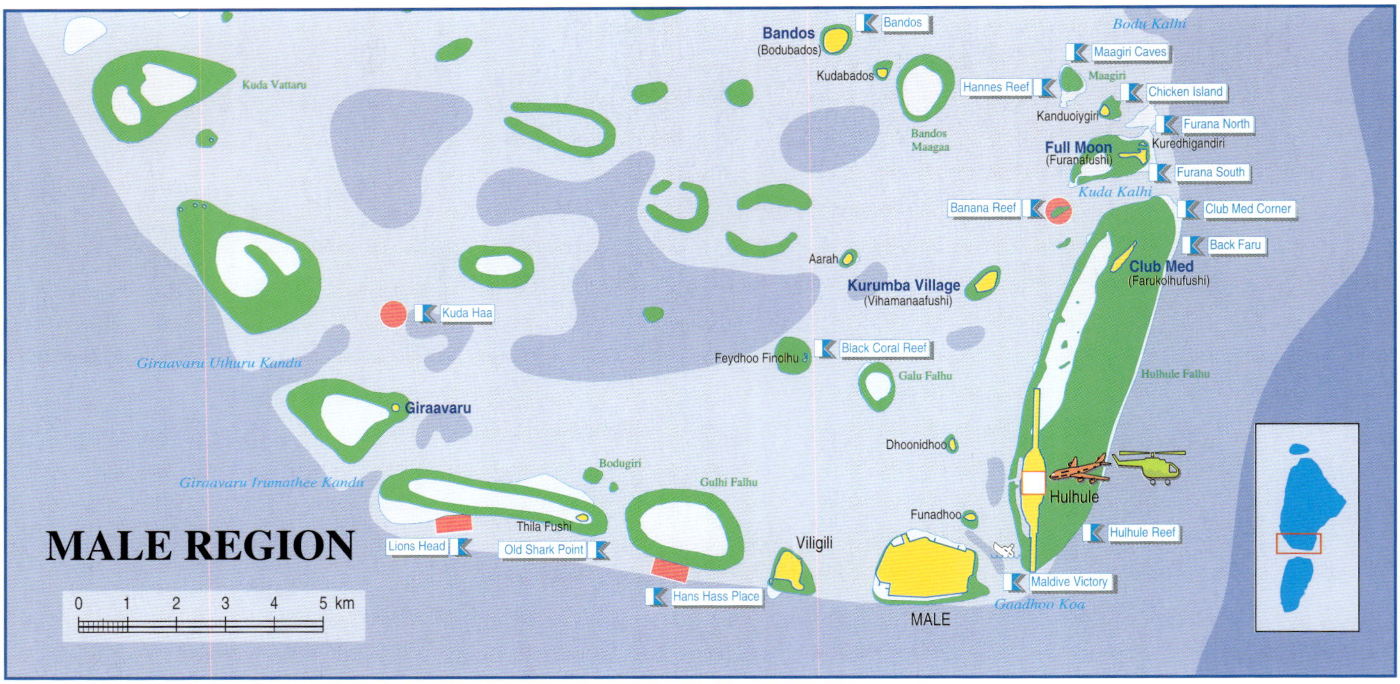

Putzergarnelen kann man oft an den Mäulern von Fischen wie bei Muränen oder Zackenbarschen sehen. Sie befreien ihre "Kundschaft" von Parasiten und Speiseresten. Mit ihren Antennen suchen sie nach Fischen, die sie bedienen können.

Röhrenaale, Heteroconger hassi *treten gewöhnlich auf Sandflächen, in Lagunen und zwischen Riffen auf. Sie ernähren sich von tierischem Plankton, das über sie hinwegtreibt. Sie werden etwa 40 cm lang.*

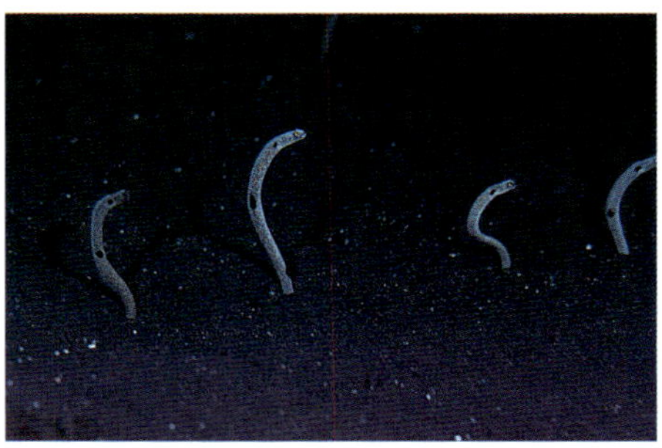

Hannes Reef ***

Ort:	Südseite des Maagiri Reefs
Tiefe:	20 - 30 m
Fische:	im Überfluß
Korallen:	sehr gut
Merkmale:	üppiger Fischreichtum

Das Maagiri Reef ist ein beliebtes Ziel mit verschiedenen Tauchplätzen. Hannes Reef ist ein kleiner, hervortretender Felsen liegt in der Nähe des Maagiri Reef, 20 Meter tief. Bei guter Sicht kann er schon vom Hauptriff über einen Sandrücken, der sich in 23 Meter Tiefe befindet, ausgemacht werden. Das Riff mißt nicht mehr als 30 Meter im Durchmesser und in seiner Spitze befindet sich ein Loch, an dem Taucherdhonis bisweilen ihre Ankerleinen befestigen. Dichte Schwärme von Blaustreifen-Schnappern versammeln sich hier. Auf der anderen Riffseite in etwa 32 Meter Tiefe gibt es einige Höhlen, in denen sich scheue Zackenbarsche, wie auch zahlreiche Rotfeuerfische aufhalten. Zudem sind hier viele Putzergarnelen und Krebse zu beobachten, die mit den Anemonen zusammenleben. An diesem Platz treten häufig Pfeifenfische auf; die Sandflächen zwischen dem Thila und dem Riff ist außerdem die Heimat einer Röhrenaalkolonie.

Maagiri Caves ***

An der Nordseite des Maagiri Reefs liegt in 20 Meter Tiefe ein Felsen, der vom Riff abgebrochen zu sein scheint und eine halbkreisförmige Kante mit einem Canyon bildet. Außerdem gibt es einen großen Überhang, sowie kleine Höhlen zwischen fünf und 30 Metern. Schnapper, Drücker, Vlamings Nasendoktorfische, Kaiserfische und Adlerrochen können hier beobachtet werden; zudem zeigt das Riff schöne Korallenformationen auf seinem Dach.

Maagiri Thila *

Hier handelt es sich um einige Felsen im Osten des Maagiri Reefs auf 20 Meter mit ordentlichem Korallenbestand oberhalb von 15 Metern. Dieses ist ein geeigneter Platz für Anfänger.

Gewöhnlicher Rotfeuerfisch, Pterois volitans.

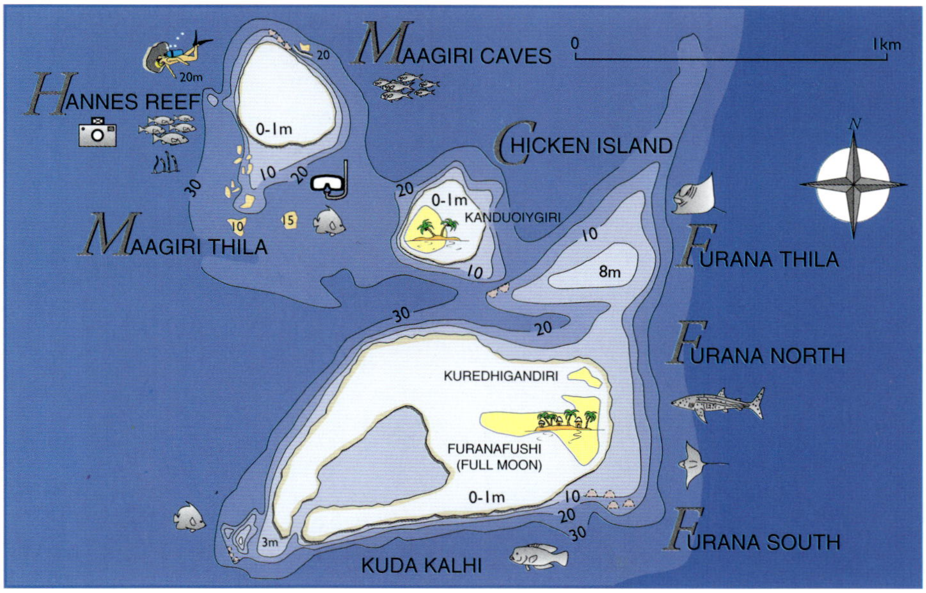

Chicken Island ** (Kukulhu Island)
Der eigentliche Name der Insel ist Kanduoiygiri. Sie besitzt im Norden, Nordosten und im Süden einige gute Riffe, die getrennt betaucht werden sollten.

Back Faru **
Die Außenseite des Farukolufushi Reefs steht für einen langen, aber leichten Strömungstauchgang. Ein Platz, der auch unter den benachbarten Ressorts beliebt ist. Denn er bietet während des Südwestmonsuns Schutz vor kräftigen Winden und wird nicht sonderlich stark von den Strömungen erfaßt. Die Sicht ist gewöhnlich gut und Begegnungen mit Großfischen wie Hammerhaie, Adlerrochen, Barrakudas und auch Schildkröten sind hier möglich.

Furana North ** **Furana Thila** ***

Ort:	Nordseite von Furanafushi
Tiefe:	5 - 25 m
Fische:	Durchschnitt
Korallen:	gut
Merkmale:	Haie, Riffische,

Man beginnt den Abstieg meist an der Ostseite der Insel, die bei Südwestmonsun gut geschützt ist. Das Riffdach wirkt auf Grund der anbrandenden Wellen bis zu zehn Metern Tiefe runzelig und zerfurcht. Es ist aber dafür sehr fischreich. An seiner Außenseite fällt das Riff steil ab. Bei einwärts gerichteter Strömung lassen sich Taucher gewöhnlich an der Nordseite der Insel ins Atoll treiben. Hier sind zahllose Drücker zu beobachten. Tauchmöglichkeiten gibt es viele und bei einer gemäßigten Einwärtsströmung kann man versuchen, zu einem großen Riff im Norden von Furanafushi zu gelangen, das sich bis auf acht Meter Tiefe erhebt. Dieser Platz ist für Überraschungen immer gut, einschließlich Ammenhaie, Mantas, Adlerrochen und gelegentlich Walhaie bei Südwestmonsun. Wer mag, taucht zu einigen Höhlen in 20 bis 26 Metern Tiefe im Süden, bzw. im Südwesten des Thilas ab und läßt sich dann weiter über das Riff und die Südseite des Kanduoiygiri treiben. An der Einfahrt zur Furanafushi Lagune liegt ein Thila mit hübschen Höhlen. Starker Bootsverkehr zwingt zum Setzten der Taucherflagge.

Furana South ** (Kuda Kahli)

Ort:	Südseite von Furanafushi
Tiefe:	3 - 30 m
Fische:	über Durchschnitt
Korallen:	sehr gut
Merkmale:	Freiwasserfische, Riffische, Korallen

Bei einlaufender Strömung kann man an der Ostseite von Furanafushi am Riffplataeu in zehn Metern Tiefe den Tauchgang beginnen, das anschließend steil auf über 70 Meter Tiefe abfällt. Das Riffdach ist durch die Brandung stark zerschlagen. Hartkorallen beherrschen das Bild; es ist aber eine ideale Umgebung für kleine Fische wie Riffbarsche und Falterfische. Beste Tauchmöglichkeiten ergeben sich an der südlichen Ecke oberhalb von 20 Metern, wo sich zwischen zehn und 15 Metern Tiefe einige kleine Höhlen befinden. Im Freiwasser lassen sich Haie, Adlerrochen, Hundezahn-Thunas, Schnapper und Napoleons beobachten. Dieses kann unter Umständen ein langer Strömungstauchgang werden, zumal innerhalb des Kuda Kahli Kanals in fünf Meter Tiefe wunderbare Tischkorallen stehen.
Tauchhinweise: Achten Sie bei guter Sicht auf Großfische im Kanal. Walhaie werden hier während der Zeit des Südwestmonsuns gesichtet und an der Oberfläche sind Delphinherden zu beobachten, die durch das Atoll ziehen.

Club Med Corner ***
Dieser Platz liegt am gleichen Riff wie Back Faru. Am Eingang zum Kuda Kahli Kanal befindet sich in 24 Meter Tiefe eine Höhle mit großen Korallenblöcken. Bei einlaufender Strömung lassen sich neben Weichkorallen Schwärme von Doktorfischen, Schnappern und Süßlippen beobachten. Um die Ecke im Kanal liegen in zehn Meter Tiefe einige Korallenblöcke voll von Fischen, während Schildkröten nachts schlafend in den Höhlen gesichtet wurden.
Tauchhinweise: Starke Strömungen können Taucher an der Ecke des Riffs nach unten und vom Riff wegziehen.

Gelbbrauner Kofferfisch, Ostracion cubicus. *Kofferfische besitzen eine robuste Hülle aus Knochenplatten und die nur Platz für Flossen, Augen, Mund und Kiemen läßt. Sie verfügen über starke Kiefer um Weichtiere zu fressen oder um Röhrenwürmer zu knacken. Zudem setzen sie ein Gift von ihrer Haut frei, das andere Fische töten kann und auch sie selbst, wenn es in eng begrenzten Räumen abgegeben wird.*

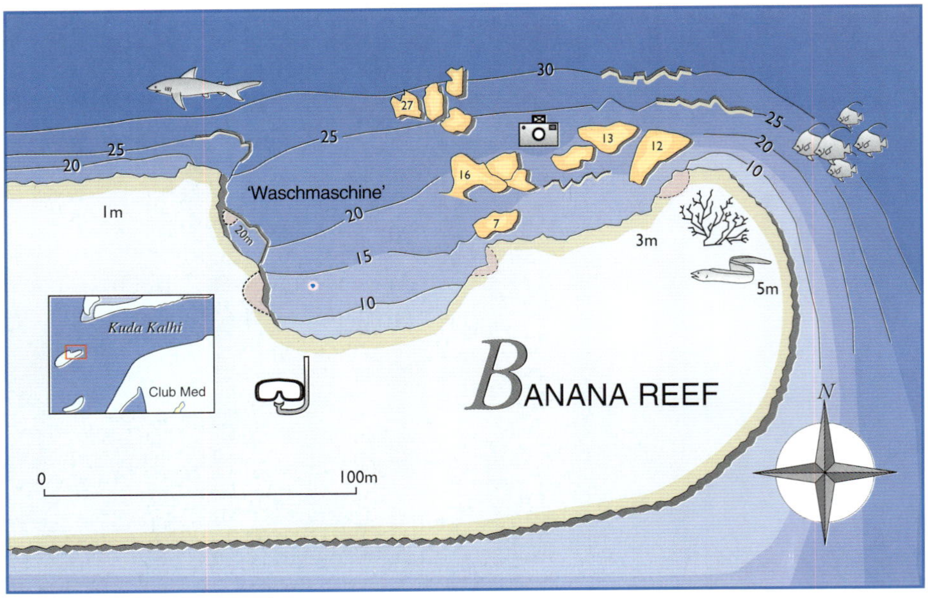

Schwarzflossen Soldatenfisch, Myripristis adusta. *Soldatenfische gehören zur selben Familie wie die Husarenfische. Zum Fressen verlassen sie während der Nacht ihre Höhlen und Überhänge.*

Unten: Farukolhufushi im Vorder- und Furanafushi im Hintergrund. Das Banana Reef ist das obere Riff im Kanal.

Banana Reef **

NATURSCHUTZGEBIET

Ort:	Innenseite von Kuda Kahli
Tiefe:	3 - 30 m
Fische:	zahlreich
Korallen:	hervorragend
Merkmale:	Korallenfische, Riffische

Das Riff trägt den Namen wegen seiner Bananenform, die gut aus der Luft erkennbar ist. Es war auch einer der ersten Tauchplätze auf den Malediven, die entdeckt wurden. Banana Reef ist das nördlichste von zwei Riffen westlich vom Club Med. Die beste Tauchstelle liegt am Nordostende. Hier gibt es spektakuläre Felsen, Höhlen, tiefe Einschnitte und steile Überhänge. Es ist eine wundervolle Szenerie und um diese Felsen sammeln sich Raubfische wie Haie, Barrakudas, Makrelen und Schnapper. Ein Schwarm von Wimpelfischen bis zu 1.000 Tieren steht in 15 Meter Tiefe am östlichen Riffsaum. Sie besitzen eine lange Rückenflosse und schwarz-weiße Längststreifen. Bisweilen ist der Schwarm so dicht, daß man nicht hindurchschauen kann. In diesem Gebiet halten sich große Muränen auf, die sich an den Ästen Grüner Korallen entlangschlängeln. In den Höhlen stehen verschiedene Arten von Zackenbarschen; einige von ihnen, wie der Getarnte Zackenbarsch, sind durch Anfüttern recht zahm geworden. Zudem gibt es hier einige Kugelfische und viele Arten von Lippfischen. Putzerfische sind sehr häufig vertreten; sie verlassen oft und weit das Riff und schwimmen zu den Schwärmen verschiedner Füsiliere, die hier zahlreich vorkommen. Am Westende fällt eine halbkreisförmige Felswand steil bis auf 25 Tiefe Meter ab. Hier liegt eine große Höhle zwischen zehn und 15 Metern, die voller Soldaten- und Husarenfische ist. Viele von ihnen schwimmen kopfüber und sie benutzen ihre großen Augen, um in der Dunkelheit besser zu sehen. Etwas tiefer in 20 Metern befindet sich eine weitere, kleinere Höhle mit Muränen und Zackenbarschen. Bei starker Strömung erzeugt diese konkavgeformte Wand - auch als "Waschmaschine" bekannt - abwärts oder auch aufwärts wirbelnde Strömungen. Der Maledivische Sandbarsch lebt neben der "Waschmaschine" auf dem kiesligen Grund in etwa 20 Meter Tiefe. Auf dem Riffdach stehen mit die schönsten Tischkorallen des ganzen Nord Male Atolls und die Abbrüche und vorspringenden Kanten zwischen drei und zehn Meter sind mit bunten Schwämmen und Korallen besetzt.

Tauchhinweise: Während des Nordostmonsuns verursachen Springfluten mit Nordostwinden sehr starke Ostströmungen. Besondere Vorsicht ist dann angeraten und wer in die "Waschmaschine" gerät, sollte nicht dagegen ankämpfen, sondern am Riff bleiben und mit der Strömung wieder herausreiten.

Weißspitzen-Soldatenfische, Myripristis vittata. *Sie haben große Augen für das Leben in dunklen Höhlen, wo sie oft kopfüber stehen und sich von Zooplankton ernähren.*

Dreifach-gestreifter Füsilier, Pterocaesio trilineata. *Dieser bekannte Fisch auf den Malediven wird etwa 12 cm groß, tritt in großen Schwärmen auf und ernährt sich von Zooplankton. Er ist ein schneller Schwimmer und hält sich meist über Sandgrund und in Lagunen auf. Nachts sucht er zum Schlafen innerhalb des Riffs Zuflucht.*

Der Maledivische Sandbarsch, Parapercis signata, *ein häufiger, endemischer Fisch der Malediven. Er bevorzugt sandige Lagunen, Geröllgrund und geschützte Riffe. Er ähnelt dem Eidechsenfisch, wandert aber mehr umher und sucht sich seine Nahrung vom Grund, nicht aus dem Grund, wie der Eidechsenfisch.*

Bandos **

An der Nordostseite von Bandos gibt es einen kurzen, etwa 75 Meter langen Riffabschnitt mit großen Überhängen zwischen fünf und zwölf Metern. An jedem Ende befindet sich eine Höhle. Muränen und Zackenbatsche sind hier besonders zahm. Die Überhänge sind voller Schwämme und locken viele Falter- und Halfterfische an. Dicht am Überhang im Osten erhebt sich ein goßer Korallenblock von 20 bis auf zwölf Meter Tiefe. Hier sind Fledermausfische, Makrelen und Schnapper zu beobachten. Und eine der Attraktionen sind zudem die Schwarzspitzen-Riffhaie in Bereichen um 25 Meter.

Black Coral Reef **

Östlich von Feydhu Finolhu liegt eine 300 Meter lange, senkrechte Wand mit kleinen Höhlen, Überhängen und einer Passage zum Durchtauchen. Die Wand fällt bis auf 30 Meter ab und geht anschließend in Sandgrund über. Die beste Tauchmöglichkeit ist der 15 Meterbereich mit Schwarzen Korallen. Die Zweige dieser Korallen erscheinen von außen grau, aber unter dieser Schicht befindet sich die eigentliche Schwarze Koralle, die für Schmuck und Ornamente verwendet wird. Auf den Korallenbüschen sitzen schwarze, gelbe und grüne Federsterne; einige mit eingerollten, andere wiederum mit ausgestreckten Armen, um Plankton aus dem Wasser zu filtern. Entlang der Riffkante schwimmen farbenprächtige Imperator-Kaiserfische, zarte Fahnenbarsche, unverkennbare Picassodrücker und Langmaul-Pinzettfische. Die Wand ist auch reich an wirbellosen Tieren. Putzergarnelen bevölkern die kleinen Löcher und Spalten, Seesterne und Seegurken haben sich am senkrechten Korallengestein festgesetzt. Schwämme der verschiedensten Farben und Formen, blaue, grüne, gelbe und auch weiße, röhrenförmige Schwämme bedecken den Untergrund.

Funadhoo *

Im Südosten der Insel liegt ein interessantes Riff mit Höhlen und Vorspüngen. Das Tauchen aber überzeugt wegen des starken Bootsverkehrs nicht.

Schwarzspitzen-Riffhai, Carcharhinus melanopterus. *Diese Haiart kommt häufig im Flachwasser vor, oft in den Lagunen vor den Inseln. Der Hai wird bis zu 1,5 Meter lang und kann an seiner bräunlichen Färbung und an der schwarzen Spitze der Rückenflosse identifiziert werden.*

Hulhule Reef *

Vor Hulhule erstreckt sich ein langes, vor Südweststürmen geschütztes Riff. Es ist ein ruhiger, wenig aufregender Platz mit gewöhnlich guter Sicht. Kombiniert aber mit einem Besuch des Riffsüdendes mit seiner scharfen Ecke und steilenWänden, hat ein Tauchgang mit einlaufender Strömung in den Gaadhoo Koa eine Menge zu bieten.

Östlich von Feydhu Finolhu liegt das **Galhu Falhu Reef**. Es wurde in der Vergangenheit durch Korallenabbau stark zerstört. Heute ist es Teil eines Projektes, um das erneute Korallenwachstum in den Abbaugebieten zu beobachten. 1990 wurden auf dem Riff in solchen Bereichen künstliche Strukturen plaziert, wo trotz zwanzigjähriger Abbaupause keine Erholung des Riffs festzustellen war. Nach einem Bericht von Dr. Susan Clark, die dieses Projekt initiierte, ist das Korallenwachtum an den künstlichen Riffen sehr schnell vorangeschritten, allerdings abhängig von der Art der verwendeten Strukturen. Weiteres Testen derartiger Strukturen könnte zu einer Methode führen, solche kahlen Gebiete mit einem ausgedehnten Korallenwachstum wiederzubeleben.

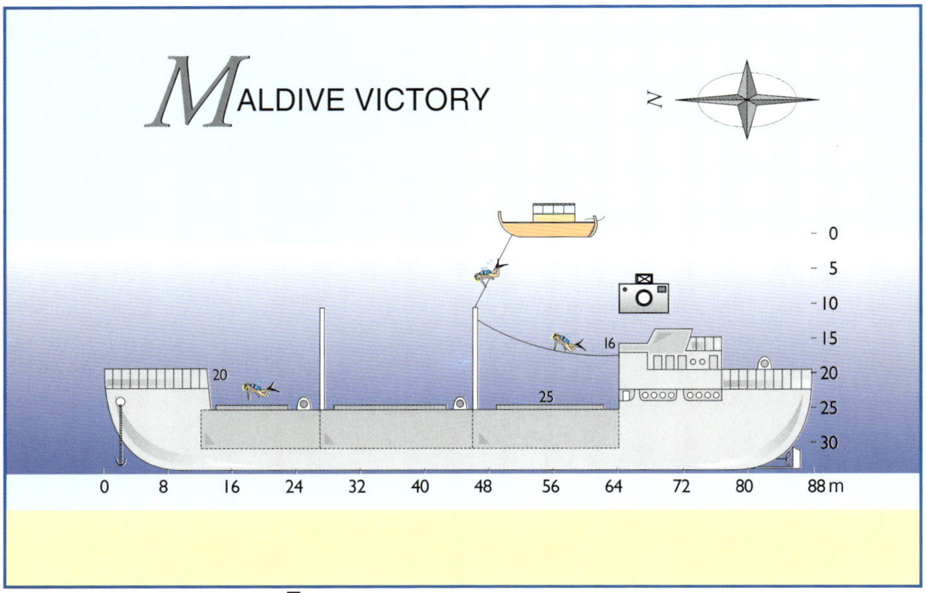

Maldive Victory ***

Ort: südwestlich des Huluhle Reefs
Tiefe: 15 - 35 m
Fische: Durchschnitt
Korallen: gut
Merkmale: Wrack

Historie: Das Unglück ereignete sich in der Nacht von Freitag, dem 13. Februar 1981, als die *Maldive Victory* zum Blickpunkt des Interesses für Taucher und zum Anlaß eines regelrechten Booms für die örtliche Tauchindustrie wurde. Das Wrack steht aufrecht in 35 Meter Tiefe direkt vor dem Huluhle Reef auf dem sandigen Meeresgrund, nur leicht nach Backbord geneigt. Der 1.420 BRT große und 83 Meter lange Frachter rammte bei fast voller Fahrt das Riff, nachdem der Kapitän das durch Bojen markierte Fahrwasser im Kanal verfehlt hatte. Der Rumpf wurde dabei stark aufgeschlitzt und das Schiff sank binnen Minuten. Passagiere und Crew wurden gerettet. Der 23 Jahre alte Frachter war auf dem Weg von Singapur nach Male mit einer Ladung unterschiedlichster Versorgungsgüter für die Hotelinseln. Taucherlehrer aus der Umgebung waren am Tag des Unglücks die ersten vor Ort, sie wurden jedoch vom Nationalen Sicherheitsdienst zurückgewiesen und durften erst danach mit offizieller Genehmigung am Wrack tauchen und mußten über ihre Funde Bericht ablegen.

Nach Angaben maledivischer Taucher dauerte die Bergung der gesamten Ladung neun Monate, an der bis zu 20 Taucher pro Tag teilnahmen. Heute ist das Wrack ausgeschlachtet und jeglicher Wertsachen beraubt. Nur einige alte Casettenradios liegen noch als Attraktion im Schiff herum, allerdings werden sie von Tauchern immer wieder an anderen Stellen abgelegt.

Großaugen-Makrelen, Caranx sexfasciatus.

Tauchhinweise: Eine Boje ist in zwölf Meter Tiefe am Mast befestigt. Sie soll bei starker Strömung, die hier sehr heimtückisch sein kann, das Abtauchen erleichtern. Doch wer das Hauptdeck erreicht hat, der findet reichlich Schutz hinter den Aufbauten. Das ganze Wrack kann in einem Tauchgang bequem erkundet werden. Vom Mast sollte man entlang der Aufbauten erst zum Bug schwimmen. Die drei großen, offenen Laderäume können leicht betaucht werden. Vom Bug mit dem Anker und Makrelenschwärmen sollte man das Achterschiff mit Brücke erkunden. Von dort führt in 16 Metern Tiefe ein Seil zum Mast zurück, um auch den Aufstieg sicherer zu machen.

Eine unheimlich Stille umgibt die Taucher bei ihrem Abstieg in die Tiefe am Bug der Maldive Victory.

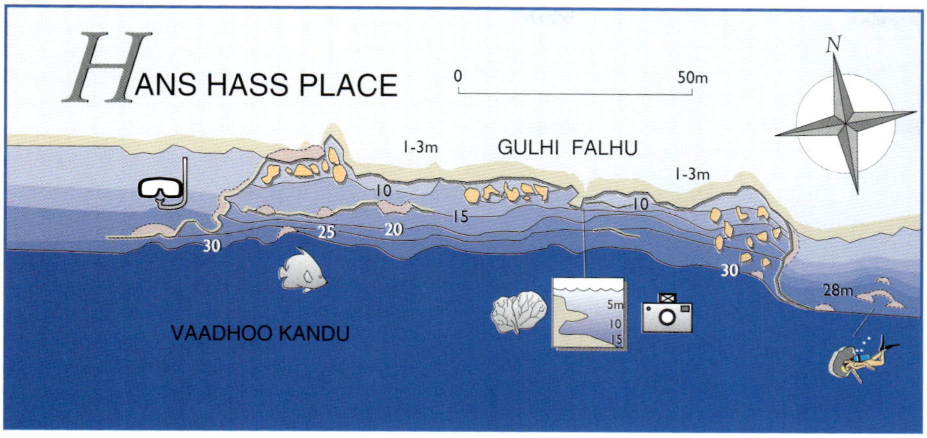

Hans Hass Place ***
(Kiki Reef)
NATURSCHUTZGEBIET

Ort:	mittig von Guhli Falhu, Südseite
Tiefe:	3 - 30 m
Fische:	zahlreich
Korallen:	hervorragend
Merkmale:	Hartkorallen, Höhlen, Riffische

Kiki Reef steht für einen Tauchgang an einer 100 Meter langen Steilwand im Vadhoo Kanal. Es gleicht einer großen Aushöhlung im Riff und beginnt an beiden Enden mit ausgezackten Überhängen, die sich durch das Riff zwischen fünf und 30 Meter Tiefe schneiden. Ein langer Durchlaß in der Wand zum Hindurchschwimmen ist auf 28 Metern ein guter Startpunkt für einen Tauchgang bei westlicher Strömung. Optimale Tauchbedingungen findet man zwischen fünf und 15 Metern, wo sich viele Höhlen und Abbrüche befinden. Zerbrechliche, purpurfarbene Fächerkorallen bedecken die Decken der Überhänge und die Höhlen sind das Reich verschiedenster Zackenbarscharten. Die Höhlen sind zudem voller Soldaten- und Husarenfische. Gewöhnlich sieht man hier am Riff auch Schrift-Feilenfische, Trompetenfische und Forsters Büschelbarsche. Wer genau hinsieht, kann gut getarnte Fetzenfische entdecken und in den Höhlen stehen diverse Lippfische und Schwarzbrust-Seenadeln. Das Riff selbst ist voll von wirbellosen Tieren und fast ein Wunder, ob der Artenvielfalt an Riffischen.

Forsters Büschelbarsch, Paracirrhites forsteri *ist mehr in den flacheren Riffbereichen anzutreffen. Er sitzt auf seinen Bauchflossen und wartet an einem exponiertem Platz auf Beute.*

Blick nach Westen. Viligili liegt im Vordergrund, gefolgt von Guhli Falhu und Thilafushi Falhu. Hans Hass Place befindet sich auf halbem Weg bei Guhli Falhu. Shark Point liegt im Kanal zwischen Guhli Falhu und Thilafushi Falhu.

Opossum-Zwerglippfisch, Wetmorella albofasciata. *Ein nicht so oft zu sehender Fisch, der sich gern im hinteren Teil von Höhlen aufhält. Er kommt zwar häufig vor, ist aber nur mit Hilfe einer Lampe zu entdecken.*

Tauchhinweise: Taucher sollten sich viel Zeit nehmen, um auch die kleinen Dinge zu sehen, die die Natur hier bietet. Trotz aller Begeisterung für Flora und Fauna am Riff ist darauf achten, daß man perfekt austarieret ist, denn viele der Überhänge befinden sich im Flachbereich. Wer das Tarieren nicht beherrscht, sollte diese Plätze meiden.

Seenadel, Corythoichtys insularis. *Sie findet sich meist auf dem Grund von Höhlen oder auf Sandflächen. Der Fisch besitzt ein röhrenähliches Maul. Seenadeln gehören zur selben Familie wie die Seepferdchen und Seedrachen.*

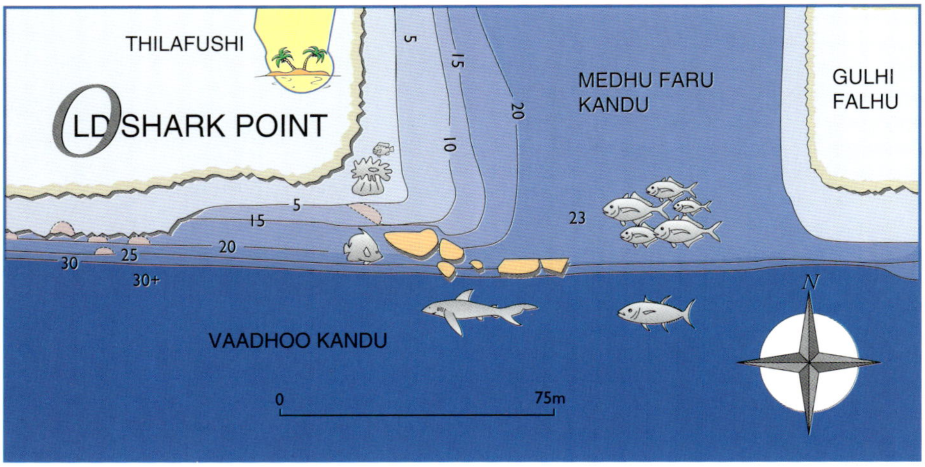

Old Shark Point ***

Ort: Südseite von Thilafushi
Tiefe: 5 - 30 m
Fische: über Durchschnitt
Korallen: sehr gut
Merkmale: Graue Riffhaie

Old Shark Point läßt sich leicht an der Ecke zur Außenkante des Riffs von Thilafushi, der Müllinsel von Male, finden. Die westliche Ecke des Kanals bietet großartige Tauchgänge. Denn hier ragen Felsformationen in das tiefe Blau des Vaadhoo Kandu hinein. Pelagische Fische wie Blauflossen-, Hundezahn- und Großaugen-Makrelen sind regelmäßige Gäste, ebenso wie Graue Riffhaie in Tiefen um 30 Meter.

Hier gibt es eine lange Rinne, die sich zwischen einer flachen Höhle in zehn Metern und den Felsen in 30 Meter Tiefe entlangwindet. Ihre Überhänge sind von zahllosen Fischen umstanden und von niederen Tieren besiedelt. In flacheren Bereichen halten sich unzählige Anemonenfische auf; bis zu 40 wurden allein in einer Anemone gezählt. Überall am Riff stehen zudem Napoleons, Füsiliere, Doktorfische und einige Drücker, während in den westlich gelegenen Höhlen Rochen liegen.

Tauchhinweise: Die Strömungen hier im Medhu Faru Kandu können sehr stark und turbulent sein. Sie münden südwärts in den Vaadhoo Kanal und vereinen sich dort mit dessen Oströmung. An diesem Schnittpunkt beider Strömungen lassen sich sensationelle Tauchgänge durchführen, die den Taucher vom Riff wegdrücken, manchmal nach oben oder auch nach unten wirbeln. Dann ist Vorsicht geboten und man sollte sich dicht am Riff halten.

Lions Head **

NATURSCHUTZGEBIET
Ort: Vaadhoo Kandu
Tiefe: 3 - 25 m
Fische: über Durchschnitt
Korallen: sehr gut
Merkmale: Graue Riffhaie

Diese vorspringende Felsformation ragt bedrohlich in den 4,5 Kilometer breiten Vaadhoo Kandu hinein. Der Tauchplatz erfährt einen steten Austausch mit klarem Wasser aus dem 500 Meter tiefen Kanal. Folglich ein idealer Ort, Graue Riffhaie zu beobachten, die hier ihr Revier haben. Eine Kante in zehn Meter Tiefe, die im Osten sanft abfällt, ist der geeignete Beobachtungsplatz für die Haishow. Als auf den Malediven noch Haie gefüttert wurden, war dieser Ort das Theater. Heute sind Haifütterungen nicht mehr gefragt und die Tiere lassen sich wieder in ihrer natürlichen Umgebung ohne Beunruhigung durch Freßorgien beobachten.

Östlich des Lion Head erstreckt sich ein langer Riffabschnitt mit Höhlen und Überhängen in etwa fünf Meter Tiefe. Hier leben sehr viele wirbellose Tiere wie Langusten, Oktopoden, Seeanemonen, Schwämme und auch Gefleckte-Igelfische. Weitere Höhlen befinden sich zwischen 20 und 25 Metern Tiefe. Beste Tauchgänge aber bietet der Flachbereich in fünf bis zehn Meter Tiefe.

Tauchhinweise: Man braucht vor den Grauen Riffhaien keine Angst zu haben. Sie sind sehr neugierig und kommen oft bis auf wenige Meter an den Taucher heran. Sollten sie aber aggressives Verhalten zeigen, indem sie den Kopf senken, die Brustflossen nach unten spreizen und unruhig hin und her schwimmen, dann empfiehlt sich ein ruhiges Zurückweichen bis zum Riff und der Rückzug aus dem Wasser.

Schwarm von Rotschwanz-Heringsmakrelen, Decapterus macarellus. *Dieser schmackhafte Fisch wird oft in den Teestuben Males serviert.*

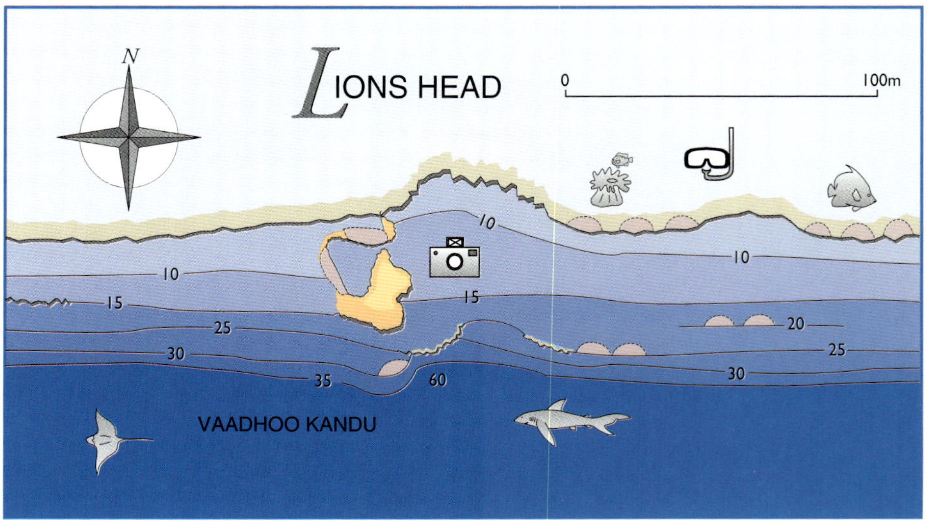

Federsterne verankern sich mit Beinen oder "Cirri" genannt. Es gibt auch Arten, die ihren Haftgrund mit den Armen umfassen.

Großaugen-Straßenkehrer, Monotaxis grandoculus. *Sie treten meist paarweise oder in kleinen Schwärmen auf. Im frühen Jugendstadium tragen sie einen seitlichen, dunklen Streifen; ältere Fische hingegen haben drei vertikale weiße Streifen. Ausgewachsene Fische werden bis zu 50 cm. groß und verlieren ihre Streifen.*

Kuda Haa ***

NATURSCHUTZGEBIET

Ort:	Thila nördlich von Giraavaru
Tiefe:	6 - 30 m
Fische:	im Überfluß
Korallen:	sehr gut
Merkmale:	Korallen, Riffische

Es gibt an diesem Platz zwei Erhebungen, die sich über eine Länge von 100 Meter erstrecken. Obwohl das Thila nicht soviel Spektakuläres zu bieten hat wie andere Plätze, so sind Flora und Fauna hier trotzdem recht reichhaltig und abwechslungsreich. Die Zwillingshügel steigen vom Grund bis auf 14, beziehungsweise sechs Meter unter die Oberfläche an. Zwischen den Korallen auf dem Riffdach stehen zahllose Arten von Demoisellen. Um das Riff herum halten sich große Schwärme von Fahnenbarschen und Blaustreifen-Schnappern auf. Ebenso ist es Heimat für den Forsters Büschelbarsch, den Palettenstachler, für Drachenköpfe und für den Gewöhnlichen- sowie den Weißgestreiften Rotfeuerfisch. Auch Federsterne breiten in großer Zahl auf dem Riffdach ihre Arme aus. Eines der Merkmale des Riffs ist eine Höhle zwischen 25 und 30 Metern Tiefe am nördlichen Ende des Sattels. Innen steht ein großer Busch Schwarzer Korallen, der mit Austernmuscheln behangen ist. Auf dem sandigen und gerölligen Grund östlich der Höhle sind in 25 Metern viele Grundelarten anzutreffen. Taucher sollten diese scheuen Fische mit Ruhe beobachten.

Die steile Abbruchkante in 35 Metern stellt das Ende des Riffrückens im Westen dar. Hier auf der Schrägen stehen Riesen-Zackenbarsche, einschließlich des großen Kartoffel-Zackenbarsches und des Blumen-Zackenbarsches. Von Interesse sind hier vor Ort auch die beiden häufig auftretenden Arten von Straßenkehrern, der Großaugen-Straßenkehrer, der paarweise oder in kleinen Schwärmen anzutreffen ist, wie auch der Goldlinien-Straßenkehrer in großen Schwärmen, der leicht an dem goldfarbenen Punkt an der Schwanzflosse zu erkennen ist.

Tauchhinweise: Der Platz bietet wenig Schutz vor Strömungen. Taucher sollten sich daher umsichtig am Riff bewegen und keine Korallen abbrechen.

Grauer Riffhai, Carcharhinus amblyrhynchos.

Palettenstachler, Oxymonacanthus longirostris. *Ein Fisch mit einem langem Maul, der bis zu 8 cm groß wird und sich in Korallen versteckt.*

Goldlinien-Straßenkehrer, Gnathodentex aurolineatus. *Dieser Schwarmfisch besitzt einen goldfarbenen Fleck, der sich vom dunklen Hintergrund abhebt und dem Fisch hilft, sich im Schwarm zu orientieren.*

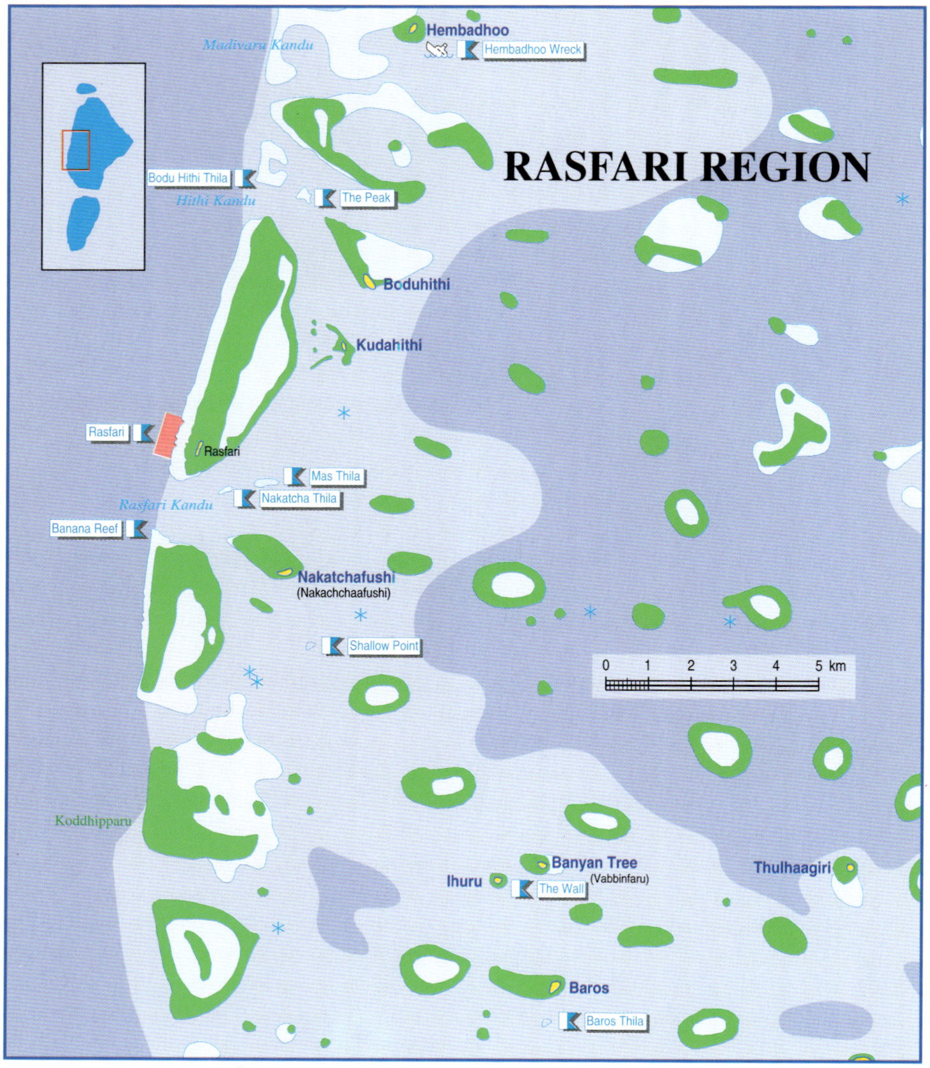

Wall*

Bei Ihuru gibt es ein Hausriff, das sich gut zum Schnorcheln und Tauchen eignet. Die Wand, auch Wall genannt, gilt als beliebter Tauchplatz, der von Land erreichbar ist. Etwa ein halbes Dutzend Rochen wurde hier angefüttert; daher sind sie mittlerweile sehr zahm.

Shallow Point **

Südlich von Nakatchchaafushi liegt ein kleines Thila, das bis auf acht Meter Tiefe reicht. Die Riffschräge fällt langsam bis auf 20 Meter ab. Der Korallenbestand ist an diesem Tauchplatz weniger üppig, dafür aber gibt es viele Schnapper, Doktor- und Fledermausfische. Attraktion aber sind Hunderte von Anemonen mit ihren typischen Malediven-Anemonenfischen, eine Art, die nur auf dem Archipel gefunden wird. Tylers Krugfische sind hier ebenso zu finden wie Eidechsenfische.

Baros Thila ***

Südlich von Baros liegt ein Thila bis in acht Meter Tiefe. Auf seiner Nordseite befinden sich in 27 Metern einige Höhlen und Überhänge. Westlich dominiert Sand in 23 Metern, gefolgt von einem Riffrücken auf 22 Meter Tiefe. Baros Thila ist bekannt für seine Grauen Riffhaie und die Weißspitzen-Riffhaie, aber auch Barrakudas und große Thunas gehen hier auf Jagd. Während des Nordostmonuns halten sich Haie und Großfische meist an der Ostseite auf. Zur Zeit des Südwestmonsuns bevorzugen sie die Westseite. Die beste Tauchzeit liegt hier gewöhnlich zwischen Februar und April.

Nakatcha Thila ***

Das mittelgroße und bis auf 26 Meter Tiefe reichende Thila liegt auf der Innenseite vom Rasfari Kandu. Es besitzt große Höhlen und prachtvolle Überhänge, die ab zehn Meter beginnen.

Mas Thila ***

Mas bedeutet Fisch und die Fülle an Fisch ersetzt hier den fehlenden Korallenbewuchs. Das etwa 150 Meter lange Thila reicht bis auf 30 Meter herab. Riesige Schwärme von Planktonfressern wie Wimpelfische oder Füsiliere konzentrieren sich an seinem Nordende. Manchmal halten sich am Riff Schwärme von Barrakudas, Regenbogen-Rennern und eine gewisse Anzahl von großen Thunas auf; bisweilen zu Zweit oder zu Dritt. Grüne Korallen stehen auf der Riffschrägen, dazwischen rasten einige Stachelrochen.

Banana Reef ** (West)

Auf der Südseite von Rasfari Kandu erstreckt sich ein breites Riffplateau, das auf zehn Meter abfällt und in den Kanal hineinreicht. An der Außenecke gibt es einige buchtartige Einschnitte, die bis auf den Sandgrund in 25 Metern abfallen. Hier leben Röhrenaale, Meerbarben und Schwärme von Blauen Drückerfischen. Man kann sie überall sehen, wenn ihre blauen Flossen aus den kleinen Löchern in den Korallen herausschauen. Weiterhin lassen sich hier zahlreiche Schwärme kleinerer Fische und viele andere Riffbewohner, einschließlich Langusten, beobachten. Nahe der Außenecke erstreckt sich ein Riffkamm mit einem scharfen "Drop Off" seewärts. Er ist mit Fächerkorallen bestanden und fällt bis auf 30 Meter ab. Der Kanal selbst ist schmal und zeigt in 17 Meter Tiefe Sandgrund. Mantas tauchen hier zur Zeit des Nordostmonsuns auf.

Blick nach West - Rasfari und das Außenriff.

Rasfari ***

NATURSCHUTZGEBIET

Ort:	außerhalb Rasfari
Tiefe:	10 - 30 m
Fische:	über Durchschnitt
Korallen:	sehr gut
Merkmale:	Haie, Adlerrochen, typische Unterwasserlandschaft

Die Unterwasserlandschaft zeigt sich sehr anwechslungsreich mit sandigen Arealen und Korallenrücken, die das weit herausragende Riff durchschneiden. Auf den Sandschrägen liegen Weißspitzen- und Schwarzspitzen-Riffhaie. Gewöhnlich ist die Sicht sehr gut, so daß vom Hauptriff ein entfernteres, kreisförmiges Riff mit seiner Spitze in 28 Meter Tiefe ausgemacht werden kann. Dieses Riff gleicht eher einem Thila mit 30 Metern auf der Innen-, und weit über 40 Meter Tiefe auf seiner Außenseite. Es ist ein Top-Platz um Großfische zu beobachten. Hautengen Kontakt kann man hier oft mit Grauen Riffhaien, Schwärmen von Makrelen, Barrakudas und Adlerrochen bekommen. Sogar Weißspitzen-Hochseehaie sollen schon gesichtet worden sein.

Tauchhinweise: Das Thila befindet sich in einiger Entfernung vom Riff und Taucher sollten mit ausreichendem Luftvorrat den Rückweg antreten, besonders nach tiefen Abstiegen und um für einen möglichen Strömungstauchgang noch genügend Luft zu besitzen. Denn die Strömungen an der Ecke von Rasfari Kandu können schlagartig zunehmen und den Taucher vom Riff wegziehen. Sicherheitsballons und Sicherheitsbojen sind daher ein Muß.

Das Dhiveli kennt für die Papageienfische den Namen *Landaa.* Ihr Fleisch ist zart, schmackhaft und wird hoch geschätzt. So war Sultan Mohamed Shamsudeen III (1904-34) für seine Fischdiät bekannt. Jeden Tag mußte der Häuptling von Huluhle, damals noch unbewohnt, dem Sultan zwei bis drei Fische nach Male bringen.

Der Rauhe Drückerfisch, Canthidermis maculatus. *Die Weibchen legen monatlich, etwa eine Woche vor Vollmond, die Eier in ein vom Männchen vorbereitetes Nest ab. Drei bis vier Tage später schlüpfen die Jungen und werden von der Strömung aus Schutz vor Raubfischen davongetragen.*

Für Fischbeobachter interessant ist der Rauhe Drückerfisch, der bei Vollmond erscheint, um auf den tiefer gelegenen Sandschrägen Nester zu bauen. Weiter am Hauptriff gibt es ein interessantes, kammartiges Gebiet von Hartkorallen und Sandarealen. Hier stehen große Schwärme von Grünen Papagienfischen und viele andere Riffischarten.

Der Grünbinden-Papageifisch, Scarus prasiognathus. *Papageifische besitzen starke, brechwerkzeugähnliche Kiefer, mit denen sie Algen und Korallen abrupfen. Sie fressen sehr viel und verteilen die Überreste über das ganze Riff. Dieser Fisch tritt meist in Schwärmen von etwa 100 Tieren an Außenriffen auf und ist in hohem Maße für großen Anhäufungen von Korallensand verantwortlich.*

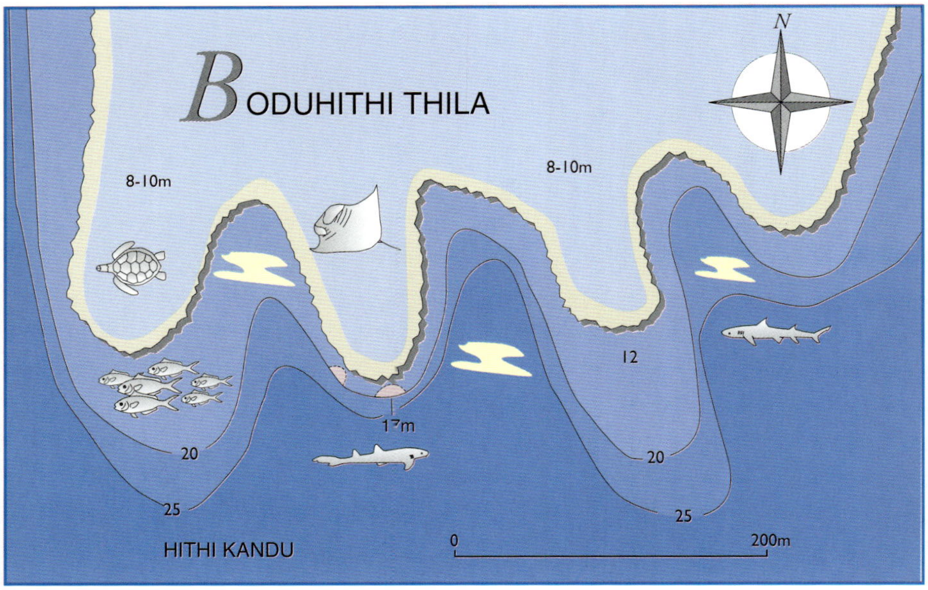

Bodu Hithi Thila ***

Ort: Thila innerhalb von Hithi Kandu
Tiefe: 8 - 25 m
Fische: Durchschnitt
Korallen: wenig
Merkmale: Mantas, Riffische

Dieser Platz empfiehlt sich an seinem Südende für einen Strömungstauchgang. Das Thila steigt bis auf acht Meter an; im Riff befinden sich drei sandige Einbuchtungen, die in Tiefen von 15 bis 25 Meter reichen. An einer Stelle gibt es im Riff in 17 Meter Tiefe eine Höhle, durch die man hindurchsehen kann und in der sich bisweilen Ammenhaie aufhalten. Das Hartkorallenbewuchs ist mager, dafür aber gibt es zahlreiche hellblaue und gelbe Weichkorallen. An den Schrägen des Riffs stehen Schwärme von Füsilieren, einige Thunfische, Süßlippen und Zackenbarsche. Mantas sind zwischen Dezember und April anzutreffen, Schildkröten sieht man ganzjährig auf dem Riffdach. Bei stärkerer Strömung ist dieser Platz schon wegen seiner Größe ideal.

Hembadhoo Wreck **

Ort: nahe am Anleger von Hembadhoo
Tiefe: 15 - 22 m
Fische: über Durchschnitt
Korallen: gut
Merkmale: Wrack, Riffische

Das Wrack war ehemals ein kleiner Hafenschlepper, der 1988 von der Tauchbasis versenkt wurde. Es ist leicht zu betauchen und Anziehungspunkt für zahllose Fische. Das 16 Meter lange Wrack liegt zwischen 15 und 22 Meter Tiefe und ist mit einer Boje markiert. Häufige Gäste sind Makrelenschwärme und Schnapper. In den Felsen und im Wrack halten sich zahlreiche Tiger-Kardinalsbarsche, aber auch Getarnte Zackenbarsche, Soldatenfische und Muänen auf. Am Wrack stehen Büsche von Schwarzen Korallen. Taucher kehren längst der Riffkante zum Steg zurück. Es lohnt sich, hier etwas zu verweilen. Der Anlegesteg bietet eine reichhaltige Flora und Fauna. Oft kann man hier Kuhschwanz-Rochen mit ihrem auffällig langem Schwanz beobachten, ebenso Schwärme von Stupsnasen-Pomanos, aus der Familie der Makrelen. Gleichfalls halten sich in diesem Bereich junge Lippfische auf, genauso wie Doktorfische und Schwärme von Kaninchenfischen, die unter dem Anlegesteg nach Algen suchen.

Peak ***

Dieses ist ein weiteres, großes Thila innerhalb des Hithi Kandu. Der beste Tauchplatz ist die Südseite des Peaks. Das Riffdach mit etwa 300 Meter Länge steigt auf acht bis zehn Meter an. An den Schrägen befinden sich zahlreiche Höhlen. Eine größere, durch die man tauchen kann, liegt am Südostende. Um den Höhleneingang stehen Fledermaus- und Rotfeuerfische, während verschiedenste Arten von Papageienfischen die Riffschrägen abgrasen. Weitere Bewohner des Riffs sind Napoleons, Schnapper, Wimpelfische und Füsiliere. Auch Adlerrochen passieren oft den Kanal. An der Basis des Thilas in etwa 30 Meter Tiefe über dem Sandgrund trifft man regelmäßig auf Rochen. Hartkorallen gibt es hier nur wenige, dafür aber Peitschen- und Fächerkorallen bei den Höhlen. Zwischen Dezember und April kommen an diesem Platz ebenfalls Mantas vorbei.

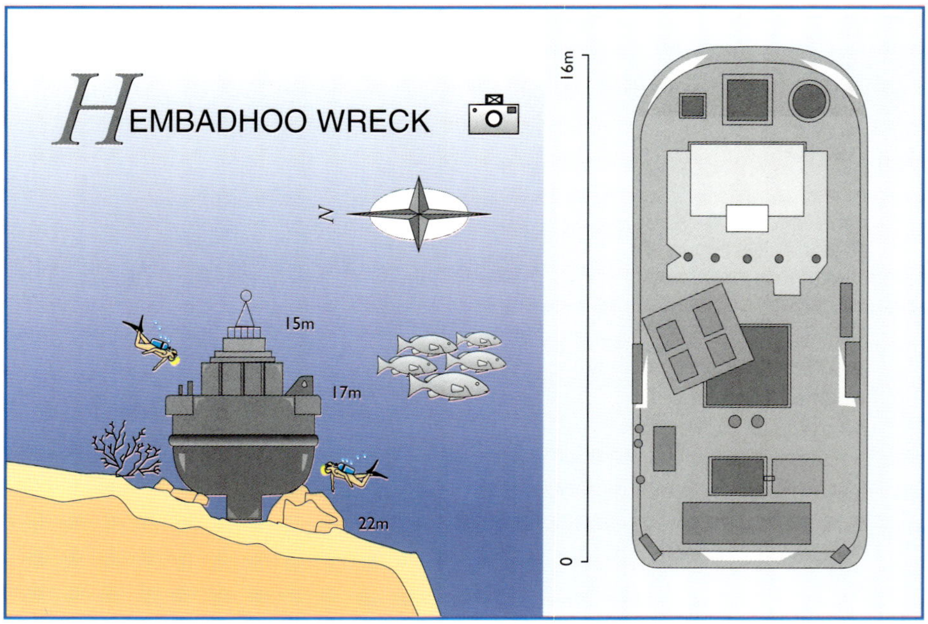

Tiger-Kardinalsbarsch, Cheilodipterus macrodon. *Dieser kleine Fisch, auch Wolfsbarsch genannt, ist oft in großen Schwärmen in Höhlen und an Steilwänden anzutreffen. Kardinalsfische besitzen zwei Rückenflossen und sind am Körper durch Flecken und längliche Streifen gekennzeichnet. Sie haben große Augen und verlassen zur Jagd nachts ihre Höhlen. Das Maul dient dem Männchen zum Ausbrüten der Eier.*

Madi Thila ***

Im Madivaru Kandu erhebt sich ein riesiges Thila, teilweise bis in drei Meter Wassertiefe. Mit vier Kilometern Breite ist es das größte im Nord Male Atoll. Seine Nord- und Westseite wird Madi Thila genannt. Während des Nordostmonsuns passieren diesen Platz oft Mantas auf ihrer Suche nach Nahrung.

Ein Schwarm von Silber-Kaninchenfischen, Siganus argenteus. *Diese Schwärme können häufig an Bootsstegen angetroffen werden, wenn sie Algen und Seegras abweiden. Ihre Stacheln sind schmerzhaft und giftig. In Australien nennt man sie auch "happy moments", da sie die Fischer angeblich zum Tanzen an Deck veranlassen.*

Eine Querstreifen-Makrele, Carangoides ferdau, *mit Sanddollar-Seeigeln in der Blue Lagoon.*

Madigaa * **Ihiga** * und **Madivaru** *
Am Außenriff vor Medhu Finolhu (Reethi Rah Resort) gibt es drei ähnliche, beginnertaugliche Tauchplätze. Jeder Abstieg beginnt bei einem kleinen Riffeinschnitt in zehn Metern und folgt dann einer Schrägen bis auf den Sandgrund in 30 Metern Tiefe. Bei den Plätzen Ihiga und Madiga liegen vereinzelte Korallenblöcke auf dem Sandgrund, die eine große Vielfalt an Lebensformen anlocken, einschließlich Zackenbarsche, Süßlippen, Schnapper und Muränen. Ihiga bietet in 16 Metern einen großen Block mit einer kleinen Höhle darin. Weißspitzen-Riffhaie, manchmal sieben Tiere zusammen, halten sich hier auf. Rochen sind auf dem Sandgrund an allen drei Plätzen genauso vertreten, wie Röhrenaalkolonien, die so dicht stehen, daß ihr Anblick einem wogenden Kornfeld gleicht. Bei Madivaru können an einem Felsen in 15 Meter Tiefe Fetzenfische gefunden werden. Zwischen Dezember und April ist die Chance auf Mantabegegnungen sehr groß, während Adlerrochen ganzjährige Besucher dieser Tauchplätze sind. Das Korallenwachtum ist nicht berauschend; Ursache mag zum Teil die Brandung bei schwerer See sein, die auf die Außenseite des Atolls rollt.

Blue Lagoon*
Begeisterte Taucher machen in Lagunen oft interessante Entdeckungen. Bei Ziyaaraiyfushi steht Blue Lagoon für einen Hausrifftauchgang. Der Platz nahe des Stegs ist mit einer Boje markiert. Der Grund in 20 Meter Tiefe ist sandig, wie auch die Schräge, die in vier Metern beginnt. Es gibt hier einen großen Reichtum an wirbellosen Tieren und Fischen und bei guten Sicht- und Lichtverhältnissen lassen sich hervorragende Fotos machen. Kofferfische, Querstreifen-Makrelen und Drückerfische sind hier ebenso vertreten, wie vier oder fünf verschiedene Arten von Eidechsenfischen über dem Grund. Grundeln lieben ihre sandige Umgebung und die Rosastreifen-Partnergrundel wie auch die Kiemenfleck-Wurmgrundel können an diesem Platz bei behutsamen Tauchen beobachtet werden. Ein anderer, ungewöhnlicher Fisch hält sich etwa 100 Meter südlich der Boje auf. Es ist der Langestreifte-Sandtaucher; ein scheuer Fisch, nicht länger als zehn Zentimeter, der aber hier in großen Schwärmen auftritt. Auf dem Grund leben zahlreiche Sanddollar-Seeigel. Sie sind nur für Augenblicke sichtbar, um sich 30 Sekunden später wieder im Sand einzubuddeln.

Kiemenfleck-Wurmgrundel, Gunnelichtys monostrigma. *Dieser sehr scheue Fisch findet sich auf dem Sandgrund. Er ist zwar nicht selten, doch kaum zu sehen, da er pfeilschnell in seine sandige Behausung schießt, wenn er von Tauchern gestört wird.*

Langgestreifter Sandtaucher, Trichonotus elegans. *Die Männchen dieser Spezies besitzen zur Schaustellung lange Filamente. Sie leben auf dem Sandgrund wie in Lagunen und zeigen attraktive, schwarze Muster, die sich gegen den hellen Sand abheben. Sie werden bis zu 12 cm groß, ernähren sich von tierischem Plankton und sind zahlreich in der Blue Lagoon anzutreffen.*

West Point **
Das Westende des Makunudhoo Reefs ist der West Point. Mit seiner typischen Riffstruktur als Hauptmerkmal eignet er sich besonders für Beginner.

Der Indische Eidechsenfisch, Synodus indicus, *ist meist auf dem Sandgrund von Lagunen anzutreffen, wo er auf Beute lauert.*

Z Reef *

Dieser Platz liegt am Nordwestende des Makunudhoo Reefs. Es gibt hier einige interessante Bereiche mit Sandkorridoren, die parallel zum Riff in Tiefen von etwa 15 Metern verlaufen. Diese Sandflächen breiten sich im Zick-Zack-Muster zwischen einer zweiten Riffbariere aus, die bis auf drei Meter ansteigt, bevor sie wiederum an ihrer Außenseite auf den sandigen Grund in 25 Meter abfällt. Der Korallenbewuchs ist am ganzen Riff dürftig, dafür aber entschädigen den Taucher zahlreiche Nacktkiemenschnecken und Plattwürmer ebenso, wie ein ordentlicher Fischbestand, bis hin zum "White Tip".

Ziyaarai Thila ***

In der Mitte des breiten Kanals zwischen Himmiya Faru und Ziyaaraiyfushi erstreckt sich bis neun Meter unter die Wasseroberfläche ein langes Thila in einer ungefähren Ost-West-richtung. An seinem Westende in der Nähe des Außenriffs des Atolls können während des Nordostmonsuns Mantas beobachtet werden.

Kuda Thila ****

Dieses spektakuläre, 100 Meter lange Thila, liegt südlich des größeren Ziyaarai Thilas. Sein Riffdach reicht 16 bis 18 Meter unter die Oberfläche und vor seiner südlichen Seite erheben sich einige Reihen von großen Felsformationen in Tiefen von 22 und 25 Metern. Zwischen den Felsen und dem Thila erstreckt sich in etwa 28 Meter Tiefe ein Canyon. Am Thila locken zahlreiche Überhänge und ein dichter Besatz von Weichkorallen. Haie und Napoleons sind hier regelmäßig anzutreffen, während das Riffdach von Schwärmen von Blaustreifen-Schnappern und Doktorfischen umlagert ist.

Tauchhinweise: Taucher sollten sich vor den äußerst starken Strömungen im Makunudhoo Kandu in Acht nehmen. Besonders aber dann, wenn die Strömung atollauswärts gerichtet ist. Auch empfiehlt es sich, nicht tiefer als 25 Meter zu tauchen, denn man kann bis zu dieser Tiefe alles sehen, was ein Riff zu bieten hat. Eine Sicherheitsboje ist auf jeden Fall ein Muß.

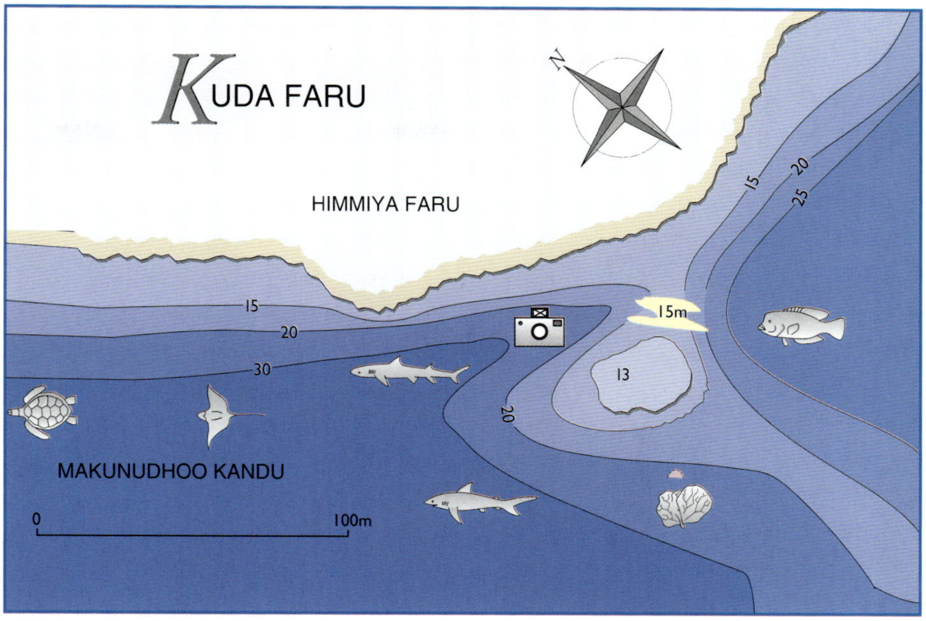

Makunudhoo Kandu

Die gesamte Nordseite des Makunudhoo Kandu ist zum Naturschutzgebiet erklärt worden. Das Areal ist etwas über zwei Kilometer lang und weist mehrere beliebte Tauchplätze auf.

Kuda Faru ***

(Saddle, Shark Point)
NATURSCHUTZGEBIET

Ort:	Makunudhoo Kandu
Tiefe:	13 - 25 m
Fische:	im Überfluß
Korallen:	sehr gut
Merkmale:	Haie, Korallen, Riffische

Kuda Faru ist einer der taucherischen Höhepunkte im Nordwesten. Das Riff gleicht einem Finger, der auf etwa 500 Meter Länge an der äußeren Ecke des Makunudhoo Kandu in den Kanal hineinragt. Es ähnelt dabei einem Thila. Seine Spitze erreicht 13 Meter Wassertiefe, die Form des Riffdachs ist oval und es hat eine Ausdehnung von zirka 50 Metern. Es ist durch einen Sandsattel in 15 Meter Tiefe vom eigentlichen Hauptriff getrennt. Das Thila erstreckt sich südlich noch über eine weitere Distanz in den Kanal. Die nordwärts gerichtete Seite ist der beste Platz, Graue Riffhaie und "White Tips" zu beobachten. Bei Strömung kann man sich hier an toten Korallen festhalten und über das tiefe Sandtal blicken, das zum Sattel führt und auf dem sich oft bis zu 20 Haie, meist Jungtiere, tummeln. Das Riffdach ist mit schönen Weich- und Hartkorallen bewachsen und an den äußeren Schrägen stehen Schwämme, Peitschen- und Fächerkorallen. In der Zeit von November bis Mai ist hier auch Saison für die Adlerrochen. In 27 Meter Tiefe gibt es zudem eine Höhle, die voller Soldatenfische ist und in der sich bisweilen auch Ammenhaie aufhalten. Napoleons und Schildkröten sind häufige Gäste.

Tauchhinweise: Die Strömungen, selbst schwache, werden an dieser Stelle durch den Sattel zusammengeführt und düsenartig beschleunigt, so daß ein Zurückschwimmen zum Hauptriff bei einwärts gerichteten Strömungen sehr schwierig sein kann. Für den Fall eines Sicherheitsstops im Freiwasser ist immer eine Boje mitzuführen.

Grauer Riffhai,
Carcharhinus amblyrhynchos.

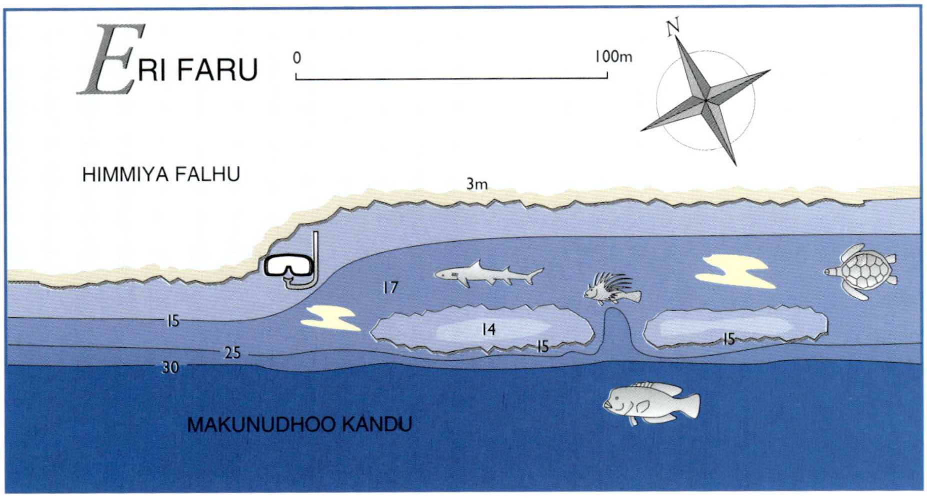

Eri Faru **
NATURSCHUTZGEBIET

Ort: Makunudhoo Kandu
Tiefe: 5 - 25 m
Fische: über Durchschnitt
Korallen: sehr gut
Merkmale: Weißspitzen-Riffhaie, Riffische

Ein idealer Platz für den Anfänger. Aber auch erfahrene Taucher haben hier wegen der Vielfalt an marinem Leben ihr Vergnügen. Eine Nische im Riff hat eine lange, geschützte Einbuchtung geschaffen, deren Sandgrund in 17 Metern Tiefe liegt und auf dem sich Riffhaie ausruhen.

An der Außenseite dieser 20 Metern langen "Sandstraße" beginnt das eigentliche Riff, dessen Dach auf 14 Meter liegt, der Grund hingegen bis auf 30 Meter zum Makunudhoo Kandu abfällt. Das Riff bevölkern wirbellose Tiere unterschiedlichster Art, so wie Federsterne aller Farben, Schwämme, Seesterne und Langusten. Ein kräftiges Korallenwachstum breitet sich auf dem Riff aus; Fächerkorallen sind auf verschiedene Stellen verteilt. Überall trifft man auf Napoleons und Rotfeuerfische, während Schildkröten oft längs des gesamten Riffs des Makunudhoo Kandu angetroffen werden.

Coral Garden *
Dieser Platz liegt an der Ostseite von Himmiya Faru und ist ebenfalls für Anfänger ideal. Es gibt hier ein kleines Thila, zwei Meter unter der Oberfläche und dicht am Riff gelegen. Wie schon der Name vermuten läßt, zeigt dieses Riff einen üppigen Bewuchs an kleinen, zerbrechlichen Hartkorallen. Der Reichtum an Riffischen ist so groß, daß man einen ganzen Tauchgang nur an dieser Stelle verbringen kann. Die Strömungen am Riff können aus beiden Richtungen kommen und es empfiehlt sich, einen Tauchgang gegen den Strom zu beginnen und sich dann auf den Korallengarten zutreiben zu lassen.

Himmiya Beyru **
An der Außenseite von Himmiya Faru, etwa 500 Meter nördlich der Ecke des Makunudhoo Kandu, gibt es einen kleinen Einschnitt im Riff. Er fällt gemächlich von fünf bis auf 25 Meter Tiefe ab und eignet sich besonders für Beginner. Neben dem Hauptriff erhebt sich ein kleines Thila in 25 Metern, das sich für erfahrenere Taucher eignet.

Akirifushi Caves **
Diese Höhlen liegen im Süden von Akirifushi, genauer gesagt 150 Meter westlich eines herausragenden Felsens an der Riffkante. Das ganze Riff ist voller Leben und einen Tauchgang allemal wert. Der Riffverlauf weist Ein- und Ausbuchtungen auf und der Steilabfall ist durch senkrechte Wände zwischen drei und 25 Meter gekennzeichnet. An einer Stelle gibt es eine Ansammlung von Höhlen und Abbrüchen längs des Riffs, die bis in die Tiefe reichen. In den Höhlen stehen Schwämme, gelbe Weichkorallen und Fächerkorallen, an denen Federsterne haften. Es gibt auch Stellen mit Stachelpolypen. Das Riff ist zudem ein Paradies für Muränen, Rochen, Kofferfische und Schildkröten.

Olhahali Caves **
Die Höhlen liegen an der Nordseite von Olhahali. Es handelt sich um einige kleinere Höhlen in 15 bis 20 Meter Tiefe, sowie um eine große, 40 Meter lange Höhle in 25 Metern. Ihre Decke ist mit blauen und weißen Weichkorallen bewachsen, die Wände hingegen mit Schwämmen und Fächerkorallen. Auf dem sandig-gerölligem Boden wachsen außerdem Peitschenkorallen.

Der Weißspitzen-Riffhai, Triaenodon obesus, *kann leicht an der weißen Spitze seiner Rückenflosse erkannt werden. Er liegt gern auf Sandgrund und ist dort gut zu beobachten. Weißspitzen-Riffhaie werden bis zu 1,5 Meter lang und kommen gewöhnlich immer wieder in das selbe Revier zurück. Einige Gruppen belegen oft die selbe Höhle.*

Meeres-Schildkröten

"Die Schildkröten waren von solcher Größe, so daß der Panzer einer einzigen ausgereicht hätte, eine kleine Hütte, einen Stall oder zehn oder mehr sitzende Personen damit zu bedecken. Es gab sie auf den Malediven so zahllos, daß kleine Inseln mit keinen anderen Tieren bevölkert waren, als nur von diesen großen Schildkröten und sie waren förmlich bedeckt mit ihnen."

Francois Pyrard
Malediven, 1602 - 1607

Schildkrötenpanzer sind schon immer ein Hauptexportartikel der Malediven gewesen. Man handelte damit bis nach Arabien, Indien und China, denn die Panzer standen bei Königen, Fürsten und Reichen hoch im Kurs. Man machte daraus Kästchen und Schatullen, verziert mit Gold und Silber, fertigte Armreifen, Kämme und andere Schmuckstücke. Schildpattprodukte werden noch überall gekauft und mit dem einsetzenden Tourismus auf den Malediven führte dieses zum Abschlachten der Schildkröten und zu einer ernsthaften Reduzierung ihre Zahl. Auch das Fleisch und ihre Eier werden noch immer stark nachgefragt und mit dem Eindringen des Menschen in ihre Rückzuggebiete ist das Überleben dieser Spezies erneut in Gefahr. Die Schildkröten, die Pyrard sah und fast als "Dach einer kleinen Hütte" bezeichnete waren vermutlich die Unechte Karett- und die Lederschildkröte. Aber wo sind diese großen Tiere geblieben? Taucher sehen die Lederschildkröte heutzutage so gut wie gar nicht mehr. Doch Gott sei Dank sehen mehr und mehr Touristen und Souvenirkäufer ein, daß sie mit dem Erwerb von Schildkrötenprodukten den Fortbestand einer bedrohten Population weiter gefährden.

Fünf von sieben weltweit bekannten Schildkrötenarten kommen auf den Malediven vor. Alle besitzen einen starken, hornartigen Schnabel, haben aber keine echte Zähne. Sie erreichen mit ihren paddelförmigen Flossen Geschwindigkeiten bis zu 35 Km/h. Während der Zeit der Eiablage kriechen die Weibchen an Land und legen die Eier in Löchern ab, die sie vorher gegraben haben. Nach etwa zwei Monaten schlüpfen die Jungen und eilen sofort zum Wasser zurück. Schildkröten leben sehr lange und werden vermutlich bis zu 50 Jahre alt. Zudem können sie lange Zeit ohne Nahrung überstehen.

Die **Echte Karettschildkröte**, *Eretmochelys imbricata*, wird auf den Malediven am häufigsten angetroffen. Sie hat einen wundervoll gezeichneten Panzer, der als perfekte Tarnung im Riff dient. Sie kann bis zu 91 cm groß werden und zwischen 113 und 182 Kilo wiegen. Man erkennt sie leicht an ihrem schnabelartigen Oberkiefer, der an den Schnabel eines Habicht erinnert. Sie ernähren sich von Seegras, Algen, Muscheln, Schwämmen und Fischen.

Die **Suppenschildkröte**, *Chelonia mydas,* ist primär ein Vegetarier, der vornehmlich Algen und Seegras frißt. Sie wird bis zu 110 cm lang und wiegt zwischen 113 und 182 Kilo.

Die **Unechte Karettschildkröte**, *Caretta caretta,* besitzt kraftvolle Kiefer und gilt als Fleischfresser, der sich vornehmlich von Schalentieren, Schwämmen und Quallen ernährt. Sie erreicht Längen bis zu 114 cm und wird zwischen 113 und 182 Kilo schwer.

Die **Bastard-Schildkröte**, *Lepidochelys olivacea,* ist ein Allesfresser. Garnelen, Schnecken, Krabben, Fische, Quallen, Seegras oder Algen, alles scheint ihr zu schmecken. Diese Art wird etwa 66 cm lang und bringt zwischen 36 und 41 Kilo auf die Waage.

Die **Lederschildkröte**, *Dermochelys coriacea,* besitzt einen lederartigen, dunkelbraunen Panzer, der in der Länge von fünf kammähnlichen Streifen durchzogen ist. Sie frißt vorzugsweise Quallen, wird bis zu 178 cm groß und wiegt zwischen 320 und 590 Kilo.

Echte Karettschildkröte, Eretmochelys imbricata.

Suppensschildkröte, Chelonia mydas.

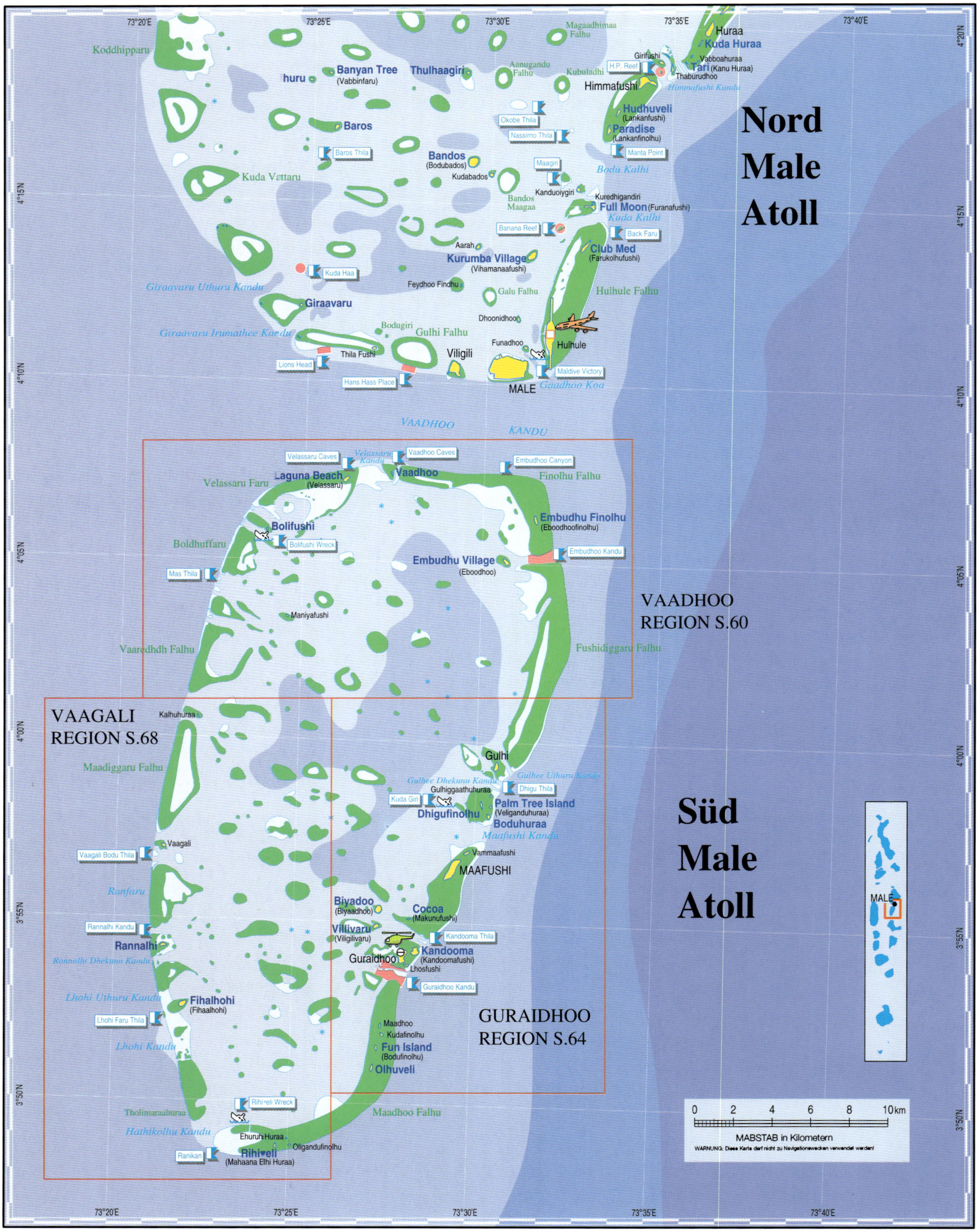
Nord
Male
Atoll
Süd
Male
Atoll
VAADHOO
REGION S.60
VAAGALI
REGION S.68
GURAIDHOO
REGION S.64
Koddhipparu
Banyan Tree
(Vabbinfaru)
Thulhaagiri
Baros
Bandos
(Bodubados)
Kuda Vattaru
Giraavaru
Giraavaru Uthuru Kandu
Kurumba Village
(Vihamanaafushi)
Huraa
Kuda Huraa
Himmafushi
Hudhuveli
(Lankanfushi)
Paradise
(Lankanfinolhu)
Full Moon (Furanafushi)
Club Med
(Farukolhufushi)
Hulhule
Viligili
MALE
Gulhi Falhu
Thila Fushi
Lions Head
Hans Hass Place
Maldive Victory
Baros Thila
Kuda Haa
Banana Reef
Back Faru
Manta Point
Okobe Thila
Nassimo Thila
H.P. Reef
VAADHOO
KANDU
Laguna Beach
(Velassaru)
Vaadhoo
Velassaru Faru
Bolifushi
Boldhuffaru
Embudhu Finolhu
(Eboodhoofinolhu)
Embudhu Village
(Eboodhoo)
Maniyafushi
Vaaredhdh Falhu
Fushidiggaru Falhu
Finolhu Falhu
Velassaru Caves
Vaadhoo Caves
Embudhoo Canyon
Bolifushi Wreck
Embudhoo Kandu
Mas Thila
Kalhuhuraa
Maadiggaru Falhu
Vaagali
Vaagali Bodu Thila
Ranfaru
Rannalhi
Rannalhi Kandu
Fihalhohi
(Fihaalhohi)
Lhohi Faru Thila
Lhohi Kandu
Tholimaraahuraa
Hathikolhu Kandu
Rihiveli
(Mahaana Elhi Huraa)
Ranikan
Rihiveli Wreck
Ehuruh Huraa
Oligandufinolhu
Gulhi
Gulhiggaathuhuraa
Palm Tree Island
(Veliganduhuraa)
Dhigufinolhu
Boduhuraa
Maafushi Kandu
Vammaafushi
MAAFUSHI
Biyadoo
(Biyaadhoo)
Cocoa
(Makunufushi)
Villivaru
(Viligilivaru)
Kandooma
(Kandoomafushi)
Guraidhoo
Lhosfushi
Kandooma Thila
Guraidhoo Kandu
Kuda Giri
Dhigu Thila
Maadhoo
Kudafinolhu
Fun Island
(Bodufinolhu)
Olhuveli
Maadhoo Falhu
MALE
0 2 4 6 8 10km
MABSTAB in Kilometern
WARNUNG: Diese Karte darf nicht zu Navigationszwecken verwendet werden!

Das Süd Male Atoll

Das Süd Male Atoll ist 36 Kilometer lang und 19 Kilometer breit. Es gibt 30 Inseln, von denen drei bewohnt sind. Elf Inseln gelten als nicht besiedelt, 16 weitere sind Touristeninseln. Die Hauptinsel des Atolls ist Maafushi. Das Süd Male Atoll ist vom Nord Male Atoll durch den 4,5 Kilometer breiten Vaadhoo Kanal (Vaadhoo Kandu) getrennt, dessen Wellen bisweilen sehr rauh sein können. Transfers vom Flughafen zu den Ressorts erfolgen hauptsächlich mit dem Speedboot; die näher liegenden Inseln werden auch mit Motor-Dhonis angelaufen.

Embudhoo Finolhu ist eine schmale Insel, acht Kilometer vom Flughafen entfernt. Das Hotel eröffnete 1979. *Eboo* ist eine schmackhafte Beere, die auf vielen Inseln zu finden ist. Sie reift an einem dornigen Busch, der bis zu zwei Meter groß wird. Die Insel besitzt eine große, sandige Lagune, ideal für Wassersport. Hier wurde ein Boot versenkt, das als Wrack besonders für Beginner geeignet ist.

Die Touristeninsel Embudhu Finolhu.

Eboodhoo ist eine kreisförmige Insel mit einer engen Lagune und einem dicht anliegendem Riff, das auf 20 Meter Tiefe und mehr auf den Grund des inneren Atolls abfällt. Das Riff eignet sich gut zum Schnorcheln; es besitzt einen schönen Korallenbewuchs und ist sehr fischreich. Die Insel wurde 1979 für den Tourismus freigegeben.

Fushidhiggaru ist ein langes Riff zwischen Emboodhoo und Guhli und ist auch der östlichste Punkt des Atolls. Bei Nordostmonsun und rauher See ist das Riff praktisch unsichtbar. Viele Schiffe und Dhonis gingen hier schon unter.

Guhli (Einwohner 504) ist eine sehr alte, bewohnte Insel, die für den Fischfang berühmt ist. Ein *guhlu* ist ein irdenes, etwa drei bis vier Liter fassendes Wassergefäß, das traditionell auf Dhonis mitgeführt wird. Während der Regentschaft von Sultan Mohammed Shamshudeen III (1904-34) wurde hier eine Moschee errichtet. Die Insel hat eine tiefe Einfahrt, auch für größere Boote, und seit 1984 gibt es hier eine Werft und eine Slipanlage. Guhli wird von gefährlichen Riffen umsäumt, die für hohe Wellen während des Südwestmonsuns verantwortlich sind. Etliche Boote sind auf ihrem Weg zur Insel oder Fahrt durch den Guhlee Dhekunu Kandu an diesen Riffen gestrandet. So sank vor einigen Jahren hier ein Dhoni mit einer sechsköpfigen Familie, von der viele Angehörige umkamen.

Guhliggaathuhuraa ist eine kleine Insel, die Maschinen, Boote und die Tauchschule für die Touristeninseln Dhigufinolhu und Veligandu Huraa beherbergt. Sie ist mit diesen über einen langen Laufsteg verbunden.

Dhigufinolhu bedeutet Sandbank. Die Insel, etwa 400 Meter lang und 60 Meter breit, nahm als Touristenressort 1981 den Betrieb auf. Sie liegt innerhalb des Riffs und ist von einem Sandstrand und einer großen Lagune umgeben. Ein idealer Platz für Windsurfer.

Veligandu Huraa bedeutet Sandhaufen. 1984 wurde die Insel in ein hübsches, pittoreskes Touristenressort verwandelt, das Palm Tree Island (Palmen-Insel) genannt wird. Veligandhu Huraa bietet gute Schnorchel- und Tauchmöglichkeiten am Außenriff.

Embudhu Village Resort aus der Vogelperspektive.

Boduhuraa öffnete als Ressort 1998 seine Pforten. Es ist die vierte Insel auf dem Riff und mit Veliganduhuraa über einen Fußweg verbunden.

Maafushi ist seit langer Zeit bewohnt und ist ebenfalls für den Fischfang gekannt. Die STO, die State Trade Organisation, (staatliche Handels-Organisation) hat hier einen zentralen Sitz. Man kauft von den Fischern getrockneten Thunfisch und Riffische auf, die gepökelt in der

Sonne getrocknet worden sind. *Hikimas* ist ein Thunfisch, der geviertelt wird. Danach kocht man das Fleisch für zwei bis drei Stunden in Salz- und Süßwasser, räuchert es einen Tag, und läßt es in der Sonne durchtrocknen.

Makunufushi ist eine lange, schmale Insel, der sich im Osten eine noch viermal so lange Sandbank anschließt. Die Insel besitzt auf ihrer Südseite eine flache Lagune mit klarem Wasser und im Norden mit größeren Tiefen ideale Schnorchelgründe. Diese exklusive Insel eröffnete 1981 unter dem Namen Cocoa Island Resort und gilt als internationaler "High Society-Treff".

Biyaadhoo begann 1982 mit dem Betrieb. Die Insel ist etwa 10 Hektar groß und dicht mit tropischer Vegetation bewaldet. Sie wird von einem engen Saumriff umgeben, das schöne Tauchgänge ermöglicht. In früherer Zeit war Biyaadhoo zunächst besiedelt, dann wieder unbewohnt, bis sie schließlich für den Tourismus geöffnet wurde.

Viligilivaru begann 1981 als Touristeninsel unter dem Namen Villivaru Island Resort. Sie gilt als die Zwillingsinsel von Biyaadhoo, ist ähnlich dicht bewaldet, besitzt eine kleine Lagune und ein langes Riff, das sich weit von der Insel südwärts erstreckt. Ursprünglich bewohnt, wurde Viligilivaru um 1830 verlassen, später aber wurde es ebenfalls als Leprakolonie genutzt. Anfänglich kamen alle Leprakranken hierher; später blieben nur die Frauen, während die Männer nach Biyaadhoo verlegt wurden.

Kandoomaafushi bedeutet Mangroveninsel. Ein *Kandoo* ist ein Mangrovenstrauch, maa ist der generelle Oberbegriff für Blumen; es kann aber auch *groß* bedeuten. Unter *finnifen maa* versteht man auch die Blume, die Rosenwasser produziert. Für den Tourismus öffnete man

Die große Insel Guraidhoo mit der unbewohnten Insel Lohfushi (links) und Kandooma Tourist Resort (rechts).

als Kandooma Tourist Resort 1985 seine Pforten. Die auf der Insel ansässige Tauchschule teilt sich mit anderen Basen aus der Nachbarschaft einige attraktive Plätze in der Umgebung.

Guraidhoo gilt als eine sehr alte, geschichtsträchtige Insel. Die Vorsilbe *Guraa* selbst steht für Papagei. In der Umgebung gibt es viele, vereinzelte Riffe und es ist eine gute Kenntnis des komplizierten Riffsystems erforderlich, wenn man hier navigieren will. Die Lagune bietet guten Schutz bei Nordostmonsun und auch Safari Dhonis ankern oft vor Guraidhoo, denn man kann das Schiff dicht am Strand festmachen und somit leicht auf die Insel gelangen. In der Vergangenheit war das Eiland ein beliebter Erholungsort der Sultane und während verschiedener Rebellionen oder Invasionen von außen flohen die Sultane in den Schutz der Insel und ihrer Riffe. Der 65te Sultan, Hussain Faamuladeyri Kilagefannu (1609 -1620) wurde hier begraben. Im Jahre 1971 errichtete man auf der Insel ein Gästehaus, das jedoch 1984 wie auf Himmafushi wegen des unerwünschten Einflusses westlicher Besucher auf die Bevölkerung wieder geschlossen wurde. Trotzdem gibt es heutzutage auf der Insel über 25 Souveniershops für die Besucher von nahen Touristenressorts.

Lhosfushi ist eine kleine, unbewohnte Insel mit freilaufenden, verwilderten Hühnern, die mit Guraidhoo bei Ebbe durch eine schmale Landbrücke verbunden ist.

Maadhoo liegt am Nordende einer großen Rifformation und ist unter dem Namen Maadhoo Falhu bekannt. Maadhoo war einst die am dichtesten bevölkerte Insel im Süd Male Atoll. Seit dem aber große Teile weggespült worden sind, ist sie heute unbewohnt.

Kudafinolhu ist eine unbewohnte, schmale Sandbank.

Bodufinolhu ist eine moderne Touristeninsel, die 1980 als Fun Island ihren Betrieb aufnahm.

Olhuveli öffnet sich 1979 dem Tourismus. Früher galt die Insel als das am zweitdichtesten besiedelte Eiland im Süd Male Atoll. Der Begriff *Olhu* steht für einen tieferen Durchlaß in einem Riff, der von Booten passiert werden kann. *Veli* steht für Sand und bezieht sich wahrscheinlich auf den sandigen Eingang zur inneren Lagune.

Ehuruh Huraa im Süden an der Riffaußenseite ist unbewohnt. Sie wird wegen der vielen hier nistenden Reiher und Seeschwalben auch Vogelinsel genannt.

Oligandhoofinolhu ist eine weitere, unbewohnte Insel im Süden des Süd Male Atolls, die auch Insel der aufgehenden Sonne genannt wird. In ihrer Nähe gab es ehemals ein viertes Eiland, mit Kokosnußpalmen,das aber 1983 weggespült wurde.

Mahaana Ehli Huraa bedeutet "Insel des Grabes", da man glaubte, hier befände sich eine geweihte Grabstätte eines Fischers (s. auch Sondertext auf Seite 59 "Der geheiligte Mahagonistamm"). Die Insel eröffnete ihren Hotelbetrieb 1983 unter dem Namen Rihiveli Resort.

Tholhimaraahuraa ist heute nur noch ein kleines Riff. Früher hingegen war es eine kleine Insel, die weggespült wurde. Der Platz ist für seine Fischmöglichkeiten bekannt. Denn *tholhi* bedeutet langer Fisch wie Trompetenfisch oder Barrakuda und *maraa* heißt tot.

Fihalhohi war einst unbewohnt. Erst 1982 begann auch hier der Tourismus einzuziehen. *Fihal* bedeutet so viel wie "braten". Und da die Insel das letzte Eiland im Südwesten des Atolls ist wird angenommen, daß der Name von Fischern stammt, die sich hier früher ihre letzten Mahlzeiten kochten, bevor sie westwärts ins Ari Atoll segelten.

Rannahli begann 1978 mit dem Touristenbetrieb. *Ran* bedeutet Gold und *nalhi* steht für ein altes Maß. In alten Zeiten wurden Waren wie Reis mit einem nalhi gewogen, ein rundlicher Gegenstand, der manchmal auch aus Gold bestand und etwa ein Kilo ausmachte. *Rah* heißt aber auch Insel und es könnte sein, daß sich der Name auf die Form der Insel bezieht, die der Form eines nahli nahekommt.

Viele der Inseln des Süd Male Atolls besaßen in der Vergangenheit bis zur Zeit von Sultan Mohammed Shamshuddeen III (1903-1934) überhaupt keine Kokospalmen. Erst auf Betreiben seines einflußreichen Ministers Sayyidh Kilegefanu, der das Nord und Süd Male Atoll gepachtet hatte, begann man mit einer gezielten Aufforstung mit Kokospalmen, auch auf Rannalhi. Die Bäume kamen vom Adhoo Atoll, das für die Qualität und Größe seiner Palmen bekannt war. Rannahli wird aber nachgesagt, die größten Palmen aller nördlichen Atolle zu besitzen.

Vaagali ist unbewohnt. *Vaa* steht für Dschungel und *gali* für verzweigte Korallen. Das Dickicht an diesen Korallen gab der Insel ihren Namen. In der Lagune bieten sich den Safaribooten gute Ankermöglichkeiten.

Bolifushi eröffnete 1982 als Touristeninsel. *Boli* steht für Muschel und man nimmt an, daß die Kauri-Muscheln, die als Zahlungsmittel verwendet wurden und für die die Malediven berühmt waren, hier gesammelt wurden.

Velassaru war einst unbewohnt. 1974 kamen die ersten Gäste und die Insel wird heute Laguna Beach genannt.

Vaadhoo nahm 1978 den Touristenbetrieb auf. In der Vergangenheit war die Insel flächenmäßig größer und von Ur-Maledivern besiedelt. Sie galten als Buddhisten, wie Ausgrabungsfunde von Statuen und einem Tempel beim Bau von Häusern vor zehn Jahren belegen. Der Kanal zwischen Velassaru und Vaadhoo gilt als die Route, die von den Segelbooten genommen wird, wenn sie vom Süden kommen.

Velassaru (Laguna Beach).

Der gesegnete Mahagoniholzstamm

Es geschah irgendwann einmal, daß ein mächtiger Mahagoniholzstamm an den Strand einer einsamen Insel gespült wurde. Dieser wertvolle Stamm wurde von Fischern gefunden, die sich den Plan ausdachten zu einem späteren Zeitpunkt zurückzukommen und ihn für sich zu beanspruchen, obwohl er eigentlich Eigentum des Sultans war. Die Fischer schworen, alles für sich zu behalten und den Stamm unter sich in gleiche Hälften aufzuteilen. Ein junger Bursche unter ihnen aber wurde nicht in diese verschworene Gemeinschaft aufgenommen. Die Fischer vergruben den Stamm hoch auf dem Strand und markierten die Stelle mit Steinen. Sie verließen die Insel und gelobten, eines Tages wiederzukommen und den Stamm zu ihrer Insel zu bringen. Monate vergingen und andere Fischer, die an der Insel vorbeikamen und anhielten, bemerkten die Steinmarkierung am Strand. Sie hielten den Platz für eine Grabstätte und steckten daher einige Fähnchen in den Sand und dekorierten ihn mit Kokosnußpalmen um so den vermeintlichen Toten hier auf seiner langen Reise ins Jenseits zu schützen. Im Laufe der Zeit wurde das Grab eine heilige Stätte, voll an Räucherstäbchen und Blumen, die regelmäßig von den Fischern gepflegt wurde. Einige Jahre strichen ins Land bis sich die Fischer entschlossen, den Stamm zu holen. Der kleine Junge von damals war inzwischen erwachsen geworden. Doch trotz seiner Forderung auf einen Anteil am Stamm ignorierten ihn die anderen und man sagte ihm, er sei damals noch zu klein gewesen, um einen Anspruch auf einen Anteil am Stamm zu haben. Als die Fischer zur Insel kamen, fanden sie einen sorgsam gepflegten, heiligen Platz vor, der voller Blumen war. Man grub ein tiefes Loch, entfernte den Stamm und setzte die Dekorationen wie gehabt wieder an Ort und Stelle. In der Zwischenzeit aber war der Junge so aufgebracht, daß er dem Atollchef von dem Mahagonistamm erzählte. Die Fischer, die den Sultan um seinen rechtmäßigen Besitz, betrogen hatten, wurden gefangen genommen und zur Aburteilung nach Male gebracht. Vertreter des Gerichts entsandte man zur der vermeindlichen Grabstätte, die sie nur sehr widerwillig umgruben. Man fand aber keinen Körper, nur einen kleinen Mahagonizweig des ehemaligen Stamms. Die Fischer wurden verurteilt, die unbewohnte Insel aber nannte man von da an Mahaana Ehli Huraa, zu Deutsch die Insel des Grabes. Heute ist die Insel als Touristeneiland unter anderem Namen viel bekannter, als Rihiveli Resort.

Tauchplätze im Süd Male Atoll

Das Nord- und Süd Male Atoll sind durch den Vaadhoo Kanal voneinander getrennt, der eine Tiefe bis zu 500 Meter und sehr starke Strömungen aufweist, die über neun Stundenkilometer schnell sein können. Längs beider Seiten des Kanals gibt es spektakuläre Tauchplätze und Höhlen. Das Süd Male Atoll besitzt sechs Kanäle auf seiner Ostseite; die meisten davon versprechen packende Strömungstauchgänge. Im Westen gibt es sogar zwölf Kanäle. Der Velassaru Kandu im Norden und der Hathikolhu Kandu im Süden sind die beiden Hauptkanäle. Die Ostseite des Atolls wird durch zwei lange Riffe, das 14,5 Kilometer lange Maadhoo Falhu und das 10,5 Kilometer lange Fushidiggaru Falhu gekennzeichnet, das auch den östlichsten Punkt darstellt. Die Wassertiefen innerhalb des Atolls schwanken meist zwischen 35 und 45 Metern.

Velassaru Caves ***

Ort:	nördlich von Velassaru
Tiefe:	5 - 30 m
Fische:	Durchschnitt
Korallen:	sehr gut
Merkmale:	Korallen, Höhlen

Die Höhlen befinden sich direkt im Norden von Velassaru (Laguna Beach Resort) in Tiefen zwischen 15 und 32 Meter. Sie schneiden sich dabei in die Steilwand des Riffs ein, so daß es gezackt wie der Wellenschliff eines Messers aussieht. Einige der Höhlen besitzen sandigen Grund und sind daher als Rastplatz für Rochen, Schildkröten und Ammenhaie geradezu ideal. Für einen abwechslungsreichen Sicherheitsstop bietet sich das Riffdach in fünf Meter Tiefe an, das voller Korallen ist.

Vaadhoo Housereef **

Der Kanal auf der Ostseite der Insel Vaadhoo gilt unter den Inselgästen als populärer Tauchplatz. Die Nordostecke des Vaadhoo Riffs stößt dabei wie eine Pfeilspitze in den Kanal hinein. Im Eingangsbereich gibt es zahlreiche Höhlen mit Haien und davor patrouillierenden Makrelen. Im Kanal senkt sich das Riff allmählich bis auf 20 Meter Tiefe. Hier stehen Schnapper, Muränen und Zackenbarsche. Zudem gibt es in diesem Bereich eine Sandausbuchtung, etwa 250 Meter von der Kante entfernt, mit Korallenblöcken und Anhäufungen von feingliedrigen Steinkorallen, die Halfter-, Wimpel- und Blaumasken-Kaiserfische anlocken. Das Riff längs der Insel fällt bis 25 Meter steil ab und ist ein idealer Ausgangspunkt für Strandtauchgänge.

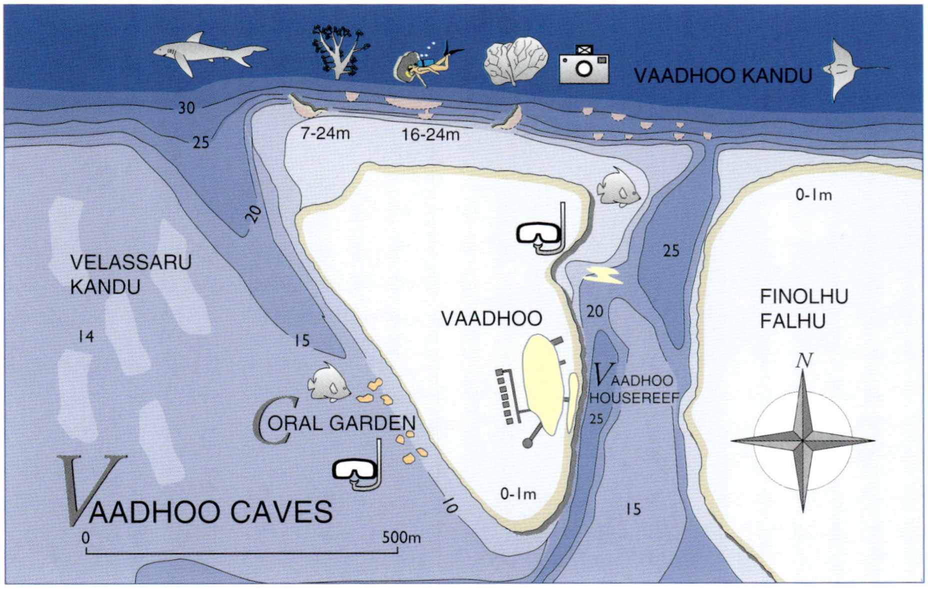

Gelbsaum-Drückerfisch. Pseudobalistes flavimarginatus. *Er ist nicht so aggressiv, wie der Titan- oder Riesen-Drückerfisch.*

Vaadhoo Caves **

Ort:	nördlich von Vaadhoo
Tiefe:	3 - 30 m+
Fische:	sehr gut
Korallen:	sehr gut
Merkmale:	Korallen, Höhlen, Adlerrochen,

Die Vaadhoo-Höhlen ähneln stark denen von Velassaru und zählen mit zu den spektakulärsten Höhlentauchplätzen im Süd Male Atoll. Längs der steilen Wand im Vaadhoo Kandu zieht sich eine Kette von Kavernen entlang, die mit einer großen Höhle in sieben bis 24 Metern im Nordwesten des Vaadhoo Riffs beginnt. In 30 Meter Tiefe gibt es einen langen Überhang und eine schmale Höhle mit einem Durchlaß zwischen 16 und 24 Metern. Weitere Höhlen finden sich im Nordosten des Riffs.

Coral Garden *

Von den Bungalows auf der Westseite von Vaadhoo Island kann man Coral Garden überblicken. Es ist ein idealer Platz für Anfänger und für alle, die einen angenehmen Wiederholungstauchgang am Nachmittag im Flachen schätzen. Das Riff ist mit einer dichten Korallenschicht bis zwölf Meter Tiefe bedeckt, bevor es im Sandgrund des Kanals ausläuft. Zahlreiche Fische, angelockt durch die filigranen Korallen, beherrschen das Bild. Der Sandgrund gehört den Gelbsaum-Drückerfischen, die zur Vollmondzeit in etwa 15 Metern Abstand ihre Gelege bauen. An der Riffschrägen hat der Titandrücker sein Reich, der sein Revier zur Nistzeit entschlossen bewacht und verteidigt.

Tauchhinweise: Kommt ein Titandrücker zu dicht heran, sollte man ihn mit einigen Flossenschlägen verscheuchen.

Die Insel Vaadhoo mit Blick nach Süden. Die verschiedenen Farben kennzeichnen unterschiedliche Tiefen. Beachte das Dunkelblau im Vaadhoo Kanal mit Tiefen um 25 Meter.

Der Riesen-Drückerfisch, Balistoides viridescens, *auch Titan-Drücker genannt. Er ist leicht an den starken Zähnen und seinem auffälligen "Glasauge" zu erkennen, mit dem er heimlich Eindringlinge in seinem Territorium beobachtet. Er baut seine Gelege am Fuße von Schrägen und zögert keinen Augenblick, auch Taucher anzugreifen. In dieser Phase stellt er seine Rückenflosse hoch, die er dann so fixieren kann. Der Titan-Drücker wird häufig dabei beobachtet, wie er mit seinen kräftigen Zähnen Hartkorallen abknabbert, um an die schmackhaften Röhrenwürmer zu gelangen. Die Malediver schätzen ihn als einen guten Speisefisch und abgeschuppt ist er mit seinen typischen Zähnen auf dem Fischmarkt in Male zu finden. Titan-Drücker werden oft bei "Fandita-Zaubereien" verwendet, da der Fisch sehr lange braucht, bis er stirbt und somit den Ruf von Unsterblichkeit besitzt.*

Masken-Papageienfisch, Cetoscarus bicolor. *Papageienfische durchlaufen erst die Phase eines Weibchens mit gedeckten Farben, bevor sie später zum heller gezeichneten Männchen werden. Jungfische dieser Art haben meist eine weiß-rote Streifung. Erwachsene Tiere weiden das Riff in kleinen Gruppen von zehn Tieren ab, die sich auch unter andere Fische mischen. Nachts schlafen sie zwischen den Korallen unter einem schleimigen Kokon.*

Embudhoo Canyon **

Ort:	nördlich von Embudhu Finolhu
Tiefe:	10 - 30 m
Fische:	über Durchschnitt
Korallen:	sehr gut
Merkmale:	Canyons, Haie,

Ein großes Felsstück scheint hier aus dem Riff herausgefallen zu sein das zwischen sich und der Wand einen riesigen, etwa 50 Meter langen Canyon mit Überhängen und Höhlen geschaffen hat. Taucher sollten ihren Abstieg gegen den Strom und vor dem Canyon beginnen und sich dann durch das blaue Wasser des Vaadhoo Kanals treiben lassen; manchmal begleitet von Adlerrochen, Napoleons und Haien, bevor man schließlich in etwa 20 Meter Tiefe den Canyon erreicht. Die Spitze des herausgebrochenen Felsens liegt bei neun, das Hauptriff bei fünf Meter, der Grund des Canyons auf halbem Weg bei etwa 15 Meter Wassertiefe. Am Riff gibt es eine strömungsgeschützte Höhle mit üppigem, marinem Leben. An der Außenseite in 30 Meter Tiefe liegen noch weitere Höhlen und Überhänge, wo Schwarze Schnapper und Makrelen zu beobachten sind. Bei schwacher Strömung lohnt es sich, den Felsen in verschiedenen Tiefen zu umrunden und seine Vielfalt zu erkunden. Ein Tauchgang am Canyon ist ein unvergeßliches Erlebnis und einer der Höhepunkte im Süd Male Atoll.

Schwarze Makrele, Caranx lugubris.

Cathedral ***

Dieser Platz liegt im Vaadhoo Kandu nahe am Seezeichen des Embudhoo Finolhu Kanals und kennzeichnet einen 150 Meter langen Riffabschnitt, der unterhöhlt ist und so domartige Strukturen herausgebildet hat. Das Riff gleicht eher einer Welle, deren Kamm sich in zehn Meter und die Basis in 25 bis 33 Meter Tiefe befindet, bevor es in die Tiefen des Vaadhoo Kandu abfällt. Die lange, ausgehöhlte Kaverne flößt Ehrfurcht ein, wenn man in sie eindringt und mit der Strömung durch sie hindurchgleitet. Thunas, Muränen Adlerrochen und Schildkröten teilen sich diesen Platz mit den Tauchern.

Rechts: Riesenmuräne, Gymnothorax javanicus. *Sie lebt in Höhlen und Spalten und behauptet für sich ein bestimmtes Territorium, das sie auch verteidigt. Oft sieht man sie mit offenem Maul, um Wasser durch die Kiemen zu pumpen. Nebenbei dient dieses dazu, Putzergarnelen oder Putzerfische anzulocken. Muränen gehen meist nachts auf Jagd, obwohl sie schlecht sehen. Ihr Geruchssinn ist es, der sie sicher zu Fischen und anderen Beutetieren führt.*

Junger Masken-Papageienfisch, Cetoscarus bicolor.

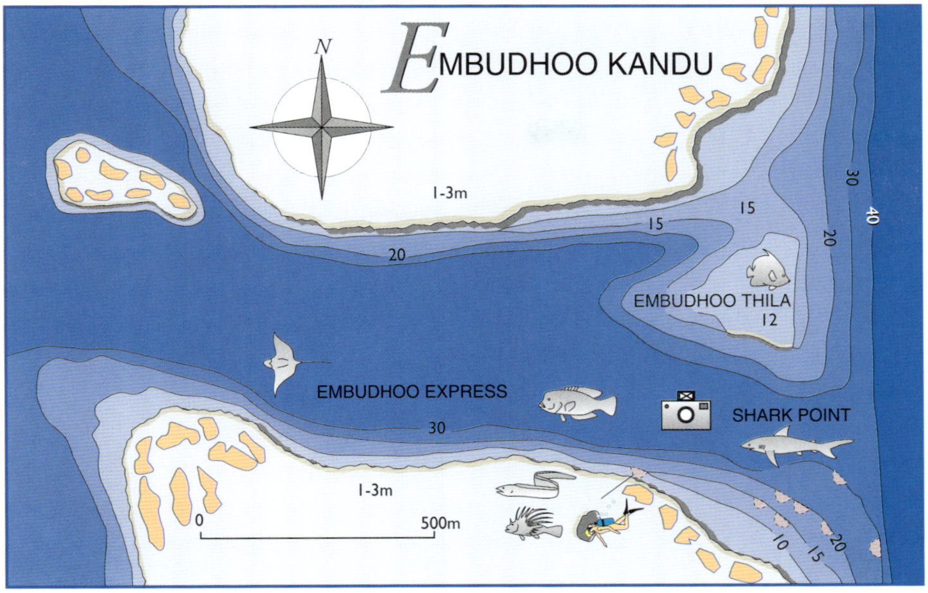

Embudhoo Kandu ***

NATURSCHUTZGEBIET

Ort:	erster Kanal südlich von der Hotelinsel Embudhu Finolhu
Tiefe:	5 - 30 m
Fische:	über Durchschnitt
Korallen:	sehr gut
Merkmale:	Korallen, Höhlen, Riffische, Haie

Der gesamte Embudhoo Kanal ist zum Unterwassernaturschutzgebiet erklärt worden. Die Kanalsüdseite steht für den berühmten **Embudhoo Express**, jener vergnügliche, 2,5 Kilometer lange Strömungstauchgang. Mit einlaufendem Wasser läuft der *Express* unter Volldampf und ermöglicht so dem Taucher den Tauchgang seines Lebens. Berechenbare Strömungen am Kanaleingang locken ein großes Spektrum pelagischer Fische, sowie Napoleons und Adlerrochen an. Die Südecke wird auch **Shark Point** genannt, da hier Graue Riffhaie zu beobachten sind. An dieser Ecke gibt es viele kleine Höhlen und einige lange Überhänge zwischen 14 und 30 Metern, unter denen Getarnte Zackenbarsche stehen und die ihre Tarnung nutzen, um Beute zu machen. Innerhalb des Kanals gibt es eine riesige Höhle zwischen fünf und 25 Meter mit einem Durchlaß in elf Metern Tiefe. Viele Tauchgänge beginnen außen am Riff und enden in dieser Höhle. Es lohnt sich, diese nach allen möglichen Lebensformen zu untersuchen. Sie ist reich an Fächerkorallen und Schwämmen; zudem lockt sie den Taucher mit Muränen, Kaiserfischen, Oktopussen und Rotfeuerfischen.

Embudhoo Thila ** (Coral Garden)

Embudhoo Thila ist ein wundervolles Riff an der Nordecke des Embudhoo Kandu. Das Riffdach liegt zwischen zwölf und 15 Meter Tiefe und bietet eine Fülle von Hart- und Weichkorallen, die das Riffplateau zieren. Eine Abbruchkante und eine kleine Höhle befinden sich an der Südseite des Thilas. Großer Fischreichtum kennzeichnet ebenfalls diesen Platz, der bei günstiger Strömung auch für Anfänger geeignet ist. Haie patrouillieren häufig an der Außenseite des Thilas. Die meisten der Kanäle im Nordwesten des Süd Male Atolls sind flach und haben einen oder mehrere Thilas an ihrem Eingang. Am **Mas Thila** ** gibt es zahlreiche kleine Höhlen, Haie und Makrelen zu sehen, während am **Bolifushi Hausereef** ** in neun Meter Tiefe das Wrack einer Yacht mit einem Fieberglas-Rumpf liegt, das Muränen, Drücker, Napoleons, Schiffshalter, Haie und Adlerrochen anlockt.

Getarnter Zackenbarsch, Epinephelus polyphekadion. *Jungfische haben zwei auffällige Flecken unter den Augen. Man trifft auf diese Fische, die sehr zahm werden können, in Höhlenbereichen und an Wracks.*

Embudhu Village mit Blick in östliches Richtung auf den Embudhoo Kanal.

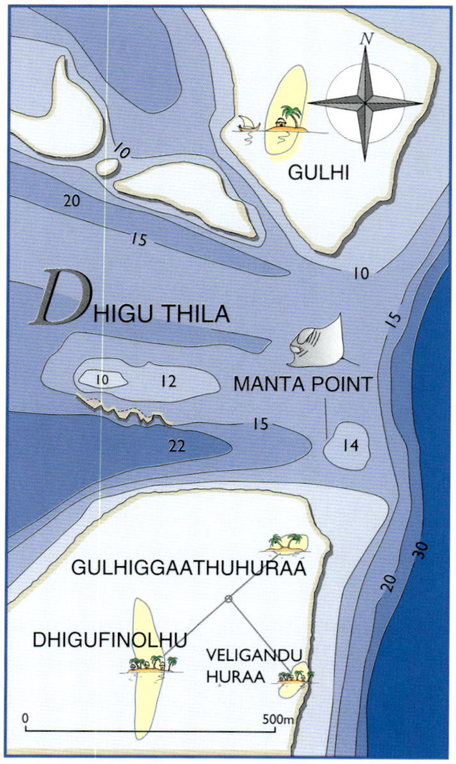

Dhigu Thila *** (Bushy Thila)

Ort:	Gulhee Dhekunu Kandu
Tiefe:	10 - 25 m
Fische:	über Durchschnitt
Korallen:	sehr gut
Merkmale:	Mantas

Dieses lange Thila liegt in der Mitte des Gulhee Dhekunu Kandu. Der Zugang über den Kanal ist eben und flach mit Tiefen um 15 Meter oder auch weniger. Das Thila erstreckt sich von West nach Ost und steigt im Westen bis auf zehn Meter an. Östlich mündet in den flachen Eingangsbereich des Kanals. Nord- und Südseite weisen Sandgrund in 20 bis 25 Metern Tiefe auf. Zudem besitzt die Südseite eine Wand mit Überhängen und Höhlen zwischen 15 und 20 Metern. Die Höhlen überzeugen durch ein dichtes Angebot an Weich- und Fächerkorallen. Der Fischbestand am Thila ist reichhaltig mit großen Schwärmen von Schnappern und Fahnenbarschen, sowie Ansammlungen von Wimpelfischen und Süßllippen. Die Mulde zwischen dem Thila und dem Dhigufinolhu Reef steigt nahe des Kanaleingangs von 25 bis auf 14 Meter an. Abfließendes Wasser verursacht hier düsenartige Strömungen, die viel Plankton herbeischaffen und Mantas anlocken, warum dieser Platz auch als **Manta Point** bezeichnet wird.

Tauchhinweise: Es gibt je nach Strömungen viele Möglichkeiten, im Kanal zu tauchen. Bei schwacher Strömung läßt sich der Eingangsbereich Dank der geringen Tiefe überqueren und bei Bedarf kann auch in der Mitte aufgetaucht werden. Zudem kann man das Thila allein oder zusammen mit dem Manta Point betauchen. Wenn die Teufelsrochen anwesend sind, ist dieses ein recht unterhaltsamer Platz.

Miyaru Faru **
Das Südende von Fushidhiggaru Falhu ist für seine Haie berühmt, die dem Riff auch den Namen gegeben haben. An der Ecke des Riffs befinden sich Überhänge auf 17 und Sandgrund auf 20 Meter Tiefe. Hier kann man bei einströmendem Wasser Weißspitzen-Riffhaie, Graue Riffhaie, Adlerrochen, Napoleons und manchmal auch Hammerhaie beobachten.

Kuda Giri **
Dieses kleine Riff liegt an der Westseite von Dhigufinolhu. Die Hauptattraktion ist ein Wrack auf 20 bis 35 Meter Tiefe, das extra für Taucher an der Südwestseite des Riffs versenkt wurde. Ein idealer Platz für Anfänger, zum Wracktauchen und für nächtliche Abstiege.

Maafushi Caves **
Eine spektakuläre Höhle ist an der Nordseite eines kleinen Riffs zwischen Maafushi und Dhighfinolhu zu finden. Ihre Öffnung liegt in fünf Meter Tiefe auf dem Riffdach und sie führt durch das Riff bis auf 20 Meter Tiefe. Adlerrochen sind hier oft zu sehen; zudem ist es ein Spitzenplatz für Fotografen.

Cocoa Corner **
Nördlich des Biyaadhoo Kandu gibt es neben der Ecke in Tiefen zwischen fünf und 20 Metern zahlreiche Höhlen und Überhänge. Die Riffwand zum Kanal ist steil; an einer Stelle unterhöhlt sie sogar in Tiefen von fünf bis 20 Meter das Riff, während es hingegen an der äußeren Ecke flacher abfällt. Der Kanal ist mit 40 Meter recht tief. Im Kanal, 200 Meter von der Riffecke entfernt, erstreckt sich in 30 Meter Tiefe ein Ausläufer des Riffs, etwa 20 Meter lang. Hier trifft man auf Schildkröten, Doktorfische und Schwarze Schnapper.

Ein Top-Tauchgang, das Kuda Giri Wrack.

Kandooma Thila **** (Ran Thila)

Ort:	in der Mitte des Biyadhoo Kandu
Tiefe:	16 - 30 m
Fische:	im Überfluß
Korallen:	sehr gut
Merkmale:	Weichkorallen, pelagische Fische

Dieses zirka 300 Meter lange Thila gleicht in seiner Form einer Träne und es ist mit das Beste, was das Süd Male Atoll zu bieten hat. Es zeichnet sich durch eine traumhafte Szenerie ebenso aus, wie durch seine üppige Flora und Fauna. Am spektakulärsten sind die West- und Nordseiten mit dem Riffdach in 16 Meter Tiefe. Im Osten fällt es bis auf 20 Meter ab, allerdings ist dieser Bereich nur ein Platz für erfahrene Taucher. An der *Jack Corner* befindet sich in 23 Meter eine Höhle, in der weniger die vielen Weichkorallen überzeugen, als vielmehr die dichten Schwärme von Großaugen Makrelen und bisweilen Hundezahn-Thunas und Barrakudas. In der Nordwestecke erstrecken sich einige Felsformationen mit schönen Weichkorallen. Hier ist der Sammelpunkt für Schwarz- und Doppelfleck-Schnapper, Adlerrochen, Haie und Spanische Makrelen. Zudem gibt es an der Kante in 23 Metern hübsch bewachsene Höhlen und Überhänge.

Tauchhinweise: Bei aus dem Atoll ablaufender Strömung kann das Timing problematisch sein, wenn Taucher mit dem Abstieg an der *Jack Corner* beginnen wollen. Man sollte den Tauchgang gegen die Strömung beginnen und schnell zum Riff abtauchen. Beschränkt man sich auf eine Tiefe von maximal 25 Meter, so gewinnt man Grundzeit und man kann das ganze Riff mit seinen wichtigsten Attraktionen erkunden. Je weiter am Thila ostwärts getaucht wird, um so tiefer liegen die Riffkanten und Höhlen. Wegen der Strömungen sind Signalbojen ein Muß.

Kandooma Caves **
Eines der Unterwasserwunder der Malediven sind die riesigen Höhlen an der Riffecke nahe der Insel Kandooma. Sie sind die größten, die in den Touristenatollen bekannt sind. Nur 50 Meter von der Ecke entfernt liegen zwei große Höhlen dicht beieinander. Eine befindet sich in 20 Meter Tiefe mit einem Loch in der Decke auf zehn Metern. Die andere liegt auf 16 Meter. Die letztere Höhle ist etwa 70 Meter lang und hat verwundene Überhänge, so daß kaum Licht hineindringt. Eine Lampe ist hier nötig, um die Weichkorallen und die großen Muränen zu bestaunen. Innerhalb des Kanals gibt es Überhänge und zwei weitere, fischreiche Höhlen. Eine davon beginnt auf zehn Metern und hat in drei Metern ebenfalls ein Loch in der Decke.

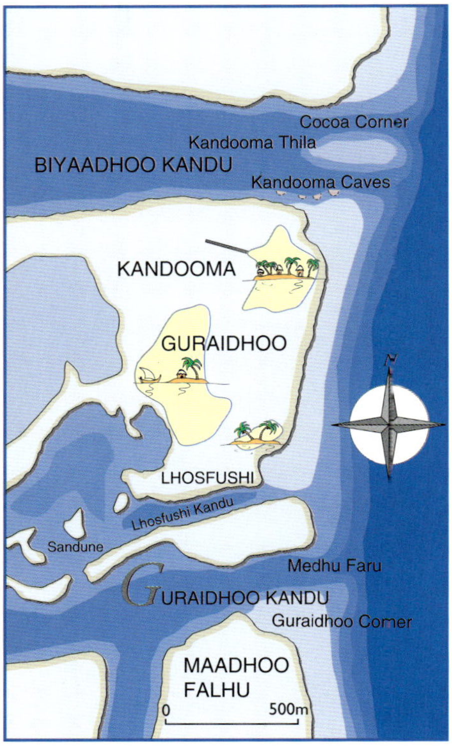

Guraidhoo Kandu
NATRURSCHUTZGEBIET
Der ganze Guraidhoo Kanal zwischen Guraidhoo Faru und Maadhoo Falhu ist als Unterwassernaturschutzgebiet ausgewiesen. Es gibt hier zwei Kanäle, Lhosfushi Kandu und Guraidhoo Kandu, die von einem dazwischenliegendem Riff, dem Mehu Faru, getrennt sind. Der Kanal besitzt ein verzweigtes Riffsystem mit vielen Tauchmöglichkeiten. Es ist eines der ältesten Tauchreviere auf den Malediven und Zentrum zahlreicher Tauchgänge im Atoll.

Lhosfushi Kandu **

Der Kanal auf der Nordseite von Medhu Faru hat einen flachen, wie engen und sandigen Zugang. Er ist nur zehn Meter breit, fünf Meter tief und kann leicht verfehlt werden. Der Kanal senkt sich mit seinem Sandgrund bis auf 30 Meter Tiefe. An diesem Platz gibt es zahlreiche Fische zu beobachten, u.a. diverse Grundeln, Schnapperschwärme, Napoleons, Füsiliere und Thunas. Zudem halten sich hier große Muränen, Weißspitzen-Riffhaie und während des Südwestmonsuns auch Mantas auf. Gitarrenrochen sind am Lhofushi Kandu ebenfalls häufige Gäste.

Sandune *

Hierbei handelt es sich um ein angrenzendes Riff, etwa einen Kilometer innerhalb von Lhohifushi Kandu mit einem wellenförmigen Sandgrund in 15 Metern Tiefe. Es ist bekannt, daß Mantas diesen Platz ebenfalls aufsuchen.

Medhu Faru ***

Die Südseite von Medhu Faru besitzt viele beeindruckende Merkmale, die einen der abwechslungsreichsten Strömungstauchgänge innerhalb des Atolls versprechen. Bei Einwärtsstrom kann man am Außenriff an einem langen Vorsprung abtauchen. Die Kante schwenkt um die Ecke des Riffs in den Guraidhoo Kandu hinein. Die Sicht ist gewöhnlich bei einwärts gerichteter Strömung sehr gut. Zusammen mit Fächer- und Weichkorallen, die sich vom Vorsprung ins offene Wasser erstrecken, garantieren Haie und Napoleons den Beginn eines spannenden Tauchganges. Nahe der Ecke wird die Riffkante im Kanal steiler und die Strömungen werden durch den Engpaß beschleunigt. Ein großer Felsen voller Weichkorallen liegt nahe dieser Ecke und bildet in 18 Metern Tiefe einen kleinen Canyon. Haie, Makrelen und Thunas versammeln sich an dieser Stelle. Auf 15 bis zehn Metern Tiefe hingegen befinden sich Höhlen und Überhänge, die man betauchen sollte. Ein großer Überhang durchschneidet das Riff in Tiefen von drei bis 30 Metern. Eine sandige Bucht, 250 Meter innerhalb des Kanals, bietet sich bei Auswärtsströmung als guter Startpunkt an.

Tauchhinweise: Starke, auswärts gerichtete Strömungen können am Medhu Faru recht gefährlich sein. Denn der Strom streicht durch beide Kanäle, und drückt Taucher schnell von der Riffaußenseite weg. Man sollte daher in dieser Situation an den Ecken nur im flacheren Bereich tauchen.

Doppelfleck-Schnapper, Lutjanus bohar. *Dieser Jungfisch trägt zwei helle Flecken, die in schwachem Licht sichtbar werden. Er ernährt sich von Fischen und Krustentieren und wird bis zu 50 cm groß.*

Gefleckter Adlerrochen, Aetobatus narinari. *Dieser Rochen verdankt seinen Namen seinem eindeutigen Schnabel. Er besitzt einen längeren, peitschenförmigen Schwanz, als andere Rochen mit einem gezackten Giftstachel auf der Oberseite des Schwanzansatzes. Dieser elegante Schwimmer hat klare Flügelformen bis zu 130 cm Spannweite, deutlich erkennbare weiße Flecken auf dem Rücken und ernährt sich von Muscheln und Krustentieren.*

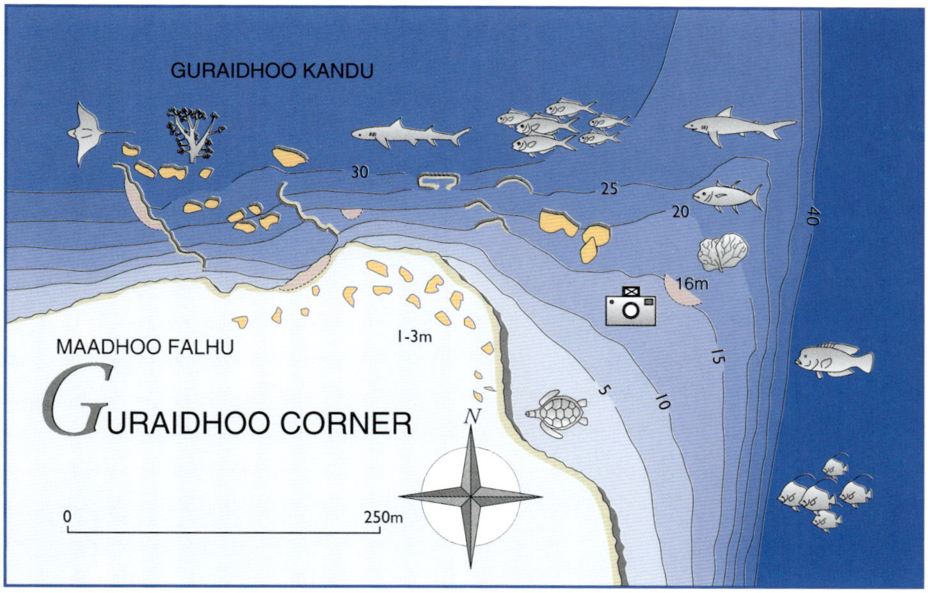

Hundezahn-Thunfisch, Gymnosarda unicolor.

Guraidhoo Corner ***

Ort:	Südseite von Guraidhoo Kandu
Tiefe:	3 - 30 m
Fische:	im Überfluß
Korallen:	sehr gut
Merkmale:	Napoleons, Haie, Adlerrochen

Sowohl mit einlaufender, als auch mit auswärts gerichteter Strömung verspricht dieser Platz eine einmalige Tauchgelegenheit mit einem großen Spektrum verschiedenster Fische. Die Riffaußenseite hat einen stattlichen Fischbesatz, einschließlich Schwärme von Wimpelfischen, die immer an der selben Stelle zu finden sind, verschiedene Barscharten und Schildkröten. Nahe der Ecke stehen Schwärme von Füsilieren, Regenbogen-Rennern, Thunas und Makrelen, während direkt an der Ecke in 25 Metern Tiefe Graue Riffhaie und Schnapper auf Beutefang gehen. Ein großer, zahmer Napoleon pendelt auf beiden Seiten des Kanals und spürt schnell und sicher hier jeden Taucher auf. Eine lange Höhle an der Ecke in 16 Meter Tiefe lockt nicht nur mit Schwämmen, Fächer- und Weichkorallen. Sie ist eine Zuflucht für höhlenbewohnende Fische und für Taucher, die sich eine Pause von der Strömung gönnen. Im Kanal liegen etliche Höhlen im Zehn-Meterbereich, während unterhalb davon sich zahllose Ausläufer des Riffs befinden. An einer Stelle innerhalb des Kanals befindet sich ein riesiger Überhang, der von fünf bis über 30 Meter abfällt. Bei Auswärtsströmung ist hier oft eine Gruppe von Adlerrochen zu beobachten, die hier in 20 Meter Tiefe an dem Überhang entlang schweben. Auf dem Grund stehen in 35 Metern Tiefe Weißspitzen-Riffhaie.

Tauchhinweise: Die Strömungen an Guraidhoo Corner können Probleme verursachen und bei Springfluten müssen Tauchgänge bisweilen abgebrochen werden. Bei starkem Einwärtsstrom können Taucher an der Ecke auf das Riffdach gedrückt werden, so daß es in diesem Fall besser ist, unterhalb von 15 Metern zu bleiben. Neben dem großen Überhang können Strudeleffekte auftreten, die Taucher aufwärts reißen oder abwärts ziehen. Man sollte dicht am Riff bleiben und bei auswärts ziehendem Strom empfiehlt es sich innerhalb des Kanals abzutauchen und nicht zu tief zu geraten - besonders an der Ecke - um nicht ins offene Wasser gezogen zu werden. Denn dann wird die Rückkehr zum Riff schwierig.

Napolen-Lippfisch, Cheilinus undulatus. *Der Jungfisch besitzt noch keinen Höcker auf dem Kopf, er entwickelt sich später. Ein großer Napoleon kann bis zu zwei Meter lang werden.*

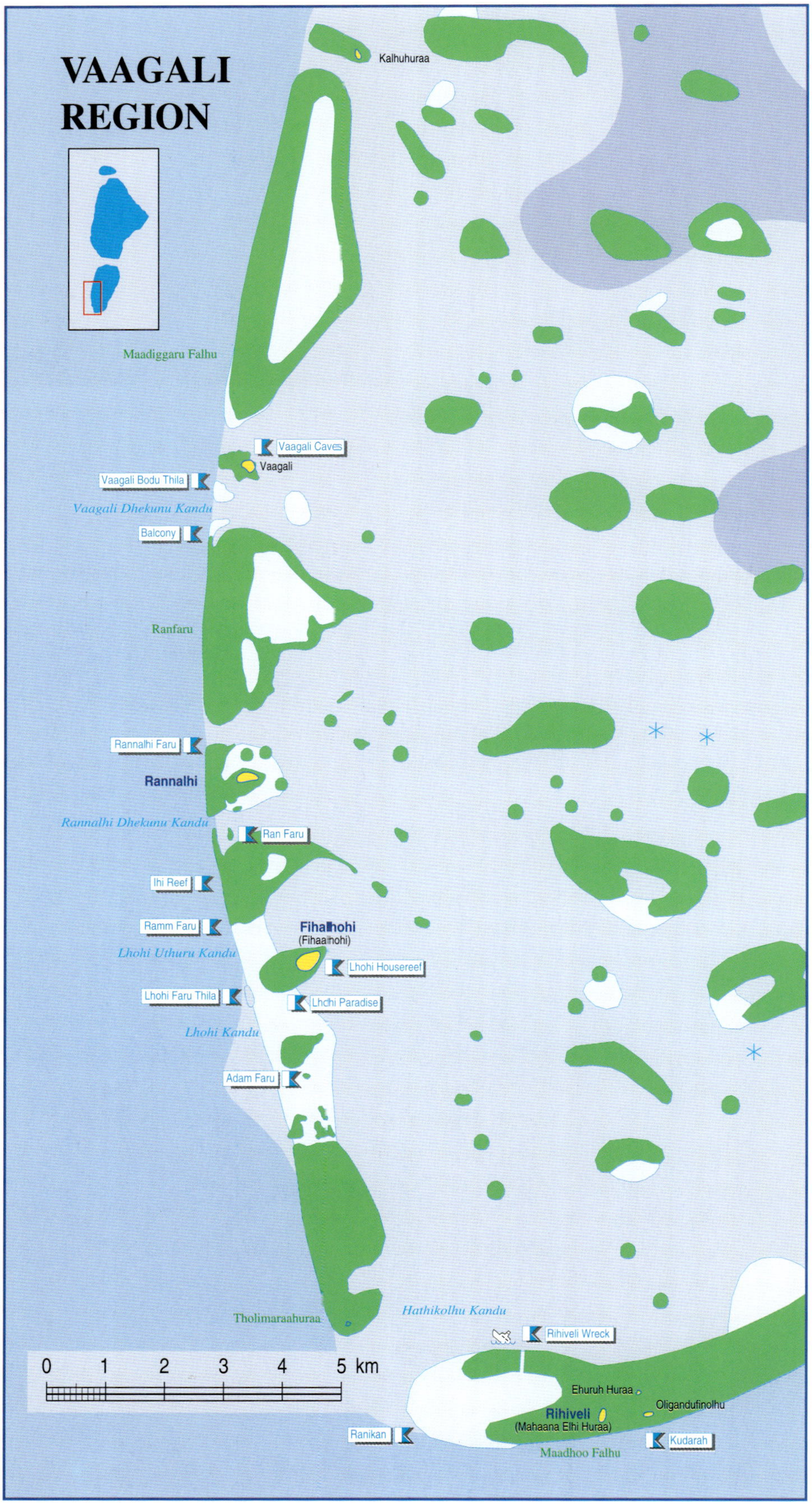

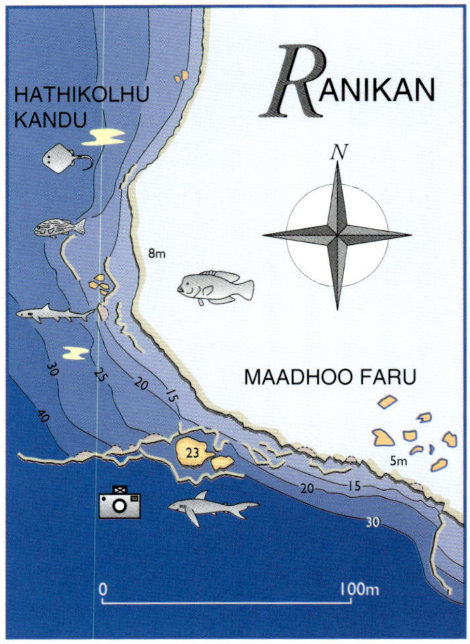

Ranikan ***

Ort:	westlichster Punkt des Maadhoo Falhu
Tiefe:	5 - 30 m
Fische:	über Durchschnitt
Korallen:	sehr gut
Merkmale:	Rifformationen, Süßlippen, Haie, Napoleons

Der östliche Seiteneingang zum etwa 2,5 Kilometer breiten Hathikolhu Kandu ist durch einen großen Felsen in 23 Meter Tiefe markiert sowie durch zahlreiche Höhlen, die sich über den Kanaleingang hinweg bis auf Tiefen von 40 Metern erstrecken. Hammerhaie sind hier schon zwischen Grauen Riffhaien beobachtet worden. Die Spitze des Felsens ist Heimat einiger Bart-Muränen, die recht aggressiv und ohne Scheu sind. Man sollte daher schon genau hinsehen, wo man sich festhält, wenn Haie beobachtet werden. Östlich des Felsens gibt es einige herausragende Abbrüche und kleine Höhlen mit zarten Korallen, Zackenbarschen und Rotfeuerfischen im Zehn-Meterbereich. Im Norden des Felsens biegt das Riff in den Kanal hinein; hier kann man an der flachen Schrägen nichts außer eines öden, etwa 50 Meter langen Riffabschnitts sehen. Man sollte diesen Bereich überqueren, danach ändert sich das Bild wieder, Korallen und Abbruchkanten kehren erneut zurück. Eine kleine Höhle in 15 Meter Tiefe dient Weißspitzen-Riffhaien oft als Rastplatz. An den Vorsprüngen und Kanten lassen sich Kaiser- und Fetzenfische, wie auch Schnapper beobachten. Etwas tiefer auf dem Sandgrund tummeln sich in 20 Metern weitere Haie und ein Süßlippenschwarm. Dieser Platz besticht bei idealen Tauchbedingungen durch Vielfalt in der Flora und Fauna, wie durch seine Landschaft.

Tauchhinweise: Die meist südwärts gerichtete Strömung kann über dem Riffdach oft sehr stark sein und die Wasseroberfläche äußerst kabbelig werden. Man sollte daher schnell abtauchen und Schutz am Riff suchen. Seenotrettungsmittel sind hier zu empfehlen.

Die Ostseite des Hathikolhu Kandu ist ein populärer Platz für Taucher von Rihiveli. Im Süden an der Einfahrt nach Rihiveli liegt in 15 Meter Tiefe ein kleines Eisenwrack, das von der Crew der Basis versenkt worden ist.

Orient-Süßlippe, Plectorhynchus orientalis *mit einem Putzerfisch. Diese Fische bevorzugen als Standort Riffe mit Höhlen, wo sie sich gern aufhalten. In kleineren Ansammlungen sind sie aber auch an Riffschrägen anzutreffen. Sie geben bisweilen grunzende Geräusche von sich, die sie mit ihrer luftgefüllten Blase verstärken.*

Kudarah **

Nahe der kleinen Insel Oligandufinolhu fällt die Riffwand schräg von drei bis etwa 30 Meter ab. In diesem Bereich läßt sich ein schöner Tauchgang im offenen Wasser durchführen. Parallel zu der Wand verläuft draußen ein weiteres Riff, dessen Spitze bei 25 Meter Tiefe liegt. An seiner Außenseite bricht es steil ab. Hier können große Haie und pelagische Fische beobachtet werden. Der Grund in 30 Metern zwischen beiden Riffen ist durch Sand gekennzeichnet.

Lohi Faru Thila ***

Nahe der Insel Fihalohi liegen an der Außenkante des Atoll zahlreiche Thilas. Lohi Faru Thila ist ein langes Riff, das in zehn Metern beginnt und in 30 Meter einige Höhlen aufweist - bevorzugter Standort für große Napoleons.

Adam Faru *

Ein populäres Anfängerriff zwischen fünf und 20 Meter Tiefe. Es gibt einige flache Riffabschnitte, die von Sandkanälen umgeben sind und an denen zahllose Süßlippen stehen.

Lhohi Housereef *

Dieser Platz steht stellvertretend für einen Beginnertauchgang über Sandgrund und über eine sich anschließende Riffschräge von ein bis 15 Metern. Zwei zahme, weibliche Rochen, Dumbo und Carmen, halten sich hier auf und lassen sich gern füttern. Sie sind die Hauptattraktion für die Inseltaucher.

Lhohi Paradise *

Auf der Südseite von Fihalhohi befindet sich ein weiterer, anfängertauglicher Platz mit maximal 20 Meter Tiefe. Aus dem Sandgrund ragen kleinere Korallenblöcke, die von zahllosen Riffischen bewohnt werden. Aber auch größere Fische sind hier anzutreffen.

Ramm Faru **

An der Nordseite des Lhohi Uthuru Kandu liegt Ramm Faru. Ein Platz mit Korallenblöcken, die bis auf 15 Meter ansteigen. Muränen und Rotfeuerfische sind hier häufig zu beobachten.

Ihi Reef **

Dieser Platz liegt noch weiter nördlich am Außenriff. In Dhivehi bedeutet *ihi* Languste. In 15 Meter Tiefe können einige Höhlen betaucht werden.

Ran Faru **

Im Kanal südlich von Rannahli liegt ein Riff mit besten Tauchbedingungen zwischen zehn und 20 Metern Tiefe. Der Fischbestand ist sehr abwechslungsreich und schließt neben Thunas, Weißspitzen-Riffhaien und Ammenhaien auch Adlerrochen und zur Zeit des Nordostmonsuns Mantas mit ein.

Bart-Muräne, Gymnothorax breedeni. *Diese kleine, aber aggressive Muräne haust in Löchern und attackiert bisweilen Taucher, die sich in ihrer Nähe am Riff festhalten. Der Biß ist nicht giftig, kann aber wegen fauliger Essensreste an ihren Zähnen leicht Infektionen hervorrufen. Die größten Verletzungen entstehen, wenn man die Hand zu schnell wegzieht. Man sollte daher warten, bis die Muräne wieder ihr Maul öffnet: dann bleiben nur wenige Blessuren zurück.*

Rannahli Faru **

Ort: Nordseite von Rannahli
Tiefe: 3 - 25 m
Fische: über Durchschnitt
Korallen: sehr gut
Merkmale: schöne Unterwasserlandschaft

Im Norden von Rannahli Faru ragt das Riff in den Rannahli Uthuru Kandu hinein und fällt beständig von einem bis auf 30 Meter ab. Es besticht durch einen guten Korallenbewuchs, wie durch zahlreiche Drücker, Muränen und Riffhaie. Im Kanal wendet sich das Riff südwärts und hinterläßt einige interessante Areale mit sandigen Einbuchtungen.

Balcony **

Auf der Nordseite von Ranfaru liegt in 24 Meter Tiefe eine ebene Fläche, auf der Haie, Adlerrochen, Barrakudas und eine Gruppe von Napoleons beobachtet werden können. Balcony ist die Verlängerung des Riffs in den Vaagali Dhekunu Kanal und fällt von drei bis auf 24 Meter ab. Das gesamte Riff um die Insel Vaagali besitzt sehr gute Tauchgründe. Zudem gibt es auf der Nordostseite eine geschützte Ankerbucht. Das Riff eignet sich hervorragend für Nachttauchgänge und gerade die Korallenblöcke im Sandgrund auf 20 Meter Tiefe in der Nähe der geschützten Einfahrt in die Bucht sind die idealen Besuchsobjekte.

Vaagali Bodu Thila **

Ort: Südseite von Vaagali
Tiefe: 5 - 30 m
Fische: über Durchschnitt
Korallen: sehr gut
Merkmale: Höhlen, Riffische

Das Thila ist 250 Meter breit und bietet die besten Tauchmöglichkeiten an seinem Nordende. Hier gibt es zwischen 15 und 30 Metern Höhlen und Überhänge. Eine Höhle in 26 Metern Tiefe ist voller Weichkorallen, Seepeitschen und Schwarzer Korallenbüsche und gilt gleichzeitig als Zufluchtsort für Soldatenfische, Schnapper und Süßlippen. Außerdem lassen sich Schildkröten, Füsilierschwärme, große Napoleons sowie massive Korallenformationen in 15 Metern beobachten, die voll von Wimpelfischen und Federsternen sind. Die Wand auf der Westseite ist lang und steil, während die östliche Seite nur langsam abfällt, dafür aber viel Fisch und einige Höhlen aufzuweisen hat.

Vaagali Caves **

Auf der Nordseite kann man am Ankerplatz mit auslaufender Strömung abtauchen und sich um das Riff treiben lassen, das mit Höhlen und üppigen Korallen besetzt ist. Viele dieser Höhlen liegen zwischen zehn und 18 Meter; einige von ihnen sind voller Schwämme und Schwarzer Korallen, teils mit Perlaustern behangen. Zwei der Höhlen haben betauchbare Durchlässe.

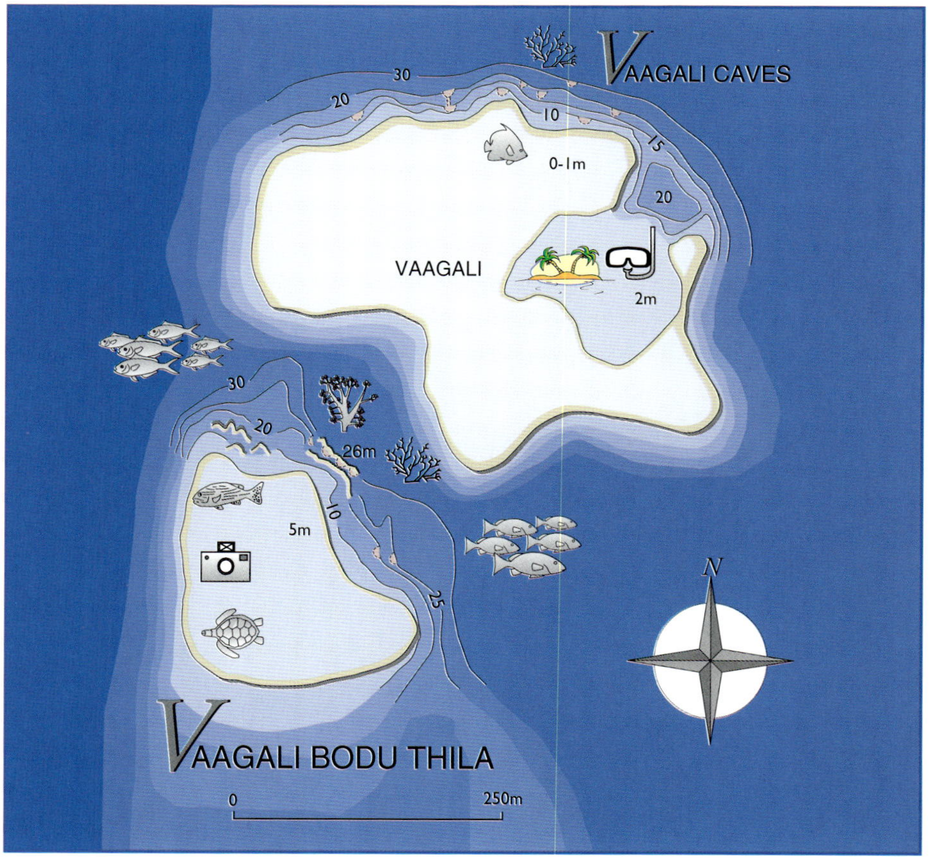

Die Apnoetaucher der Malediven

Lange vor dem Bekanntwerden der modernen Tauchausrüstungen auf den Malediven tauchten schon die Fischer frei in Tiefen von über 30 Meter ab, um verlorene Anker und Ladung von gestrandeten Schiffen zu bergen, oder Köderfische zu fangen und Kauries zu sammeln.

Die jungen Männer mußten jedoch beim Tauchen die Erfahrung machen, daß der Druck auf die Ohren und den Kopf anstieg, je tiefer sie tauchten. Den Druckausgleich nach der Valsalva-Methode kannten sie nicht. Daher schlugen sie sich beim Abtauchen mit der geballten Faust vor die Stirn, um den Druckausgleich herbeizuführen. Diese Methode nannten sie kamalhifalhun. Die Taucher waren oft nicht in der Lage, den Druck auszugleichen; folglich strömte bisweilen Blut aus ihrer Nase, wenn sie an die Oberfläche kamen. Dieses Bluten wurde von ihnen als ein Ritus verstanden, um in die Erwachsenenwelt des Tieftauchens einzutreten. Ein Ereignis, das ihr ganzes Leben bestimmte.

Für den Kapitän eines Taucher-Dhonis war die Tiefe entscheidend, die ein Taucher erreichen konnte, denn er bevorzugte jene, die bis in die größten Tiefen vorstießen. Um zu ermitteln, wer die größten Tiefen erreichen konnte (Instrumente gab es nicht), banden sich die Taucher ein weißes Stück Tuch um die Hüfte und es wurde nach Sicht entschieden. Je tiefer jemand tauchte, um so schlechter war der helle Stoffetzen zu erkennen. Diejenigen, die nach Meinung des Kapitäns die größten Tiefen erreicht hatten, durften auf seinen nächsten Tauchauusfahrten teilnehmen.

Das Tauchen nach Schwarzen Korallen und Perlen war Aufgabe von vier bis fünf Männern in einem etwa acht Meter langen Dhoni, das bei ruhiger See längs der Riffkante gerudert wurde, bis man unter dem Boot die Korallenbüsche erkennen konnte. Wurde die Oberfläche durch Wellen zu unruhig, so schütteten die Männer Kokosnußöl ins Wasser, um die Wogen zu glätten und wieder einen besseren Einblick ins Wasser zu haben. Die meisten Taucher arbeiteten nur während der ruhigeren Monate, nicht aber im Juni oder Juli. Hatte man ein großes Korallenstück, vielleicht acht oder zehn Zentimeter stark, gefunden, so schlug der erste Taucher ein Seil am Stamm des Busches an. Ein zweiter Taucher stieg nun am Seil hinab und begann den Stamm abzutrennen. Manchmal mußte ein dritter oder vierter Taucher nachhelfen, bis der Busch freigeschlagen war und zur Oberfläche gezogen werden konnte. Auf diese Art verbrachten die Taucher oft lange Zeit unter Wasser.

Perlmuscheln wachsen an Schwarzen Korallen und einige Büsche haben manchmal 15 bis 20 Muscheln an ihren Ästen. Nur jede 50. bis 60. Muschel aber hat eine Perle und diese kann nur durch sorgsames Durchsuchen des Muschelfleischs gefunden werden. Bevor man die Muscheln zur Oberfläche brachte, wurde der Korallenbusch in eine Sack gesteckt. War der Busch zu groß, wickelte man den Sack um seinen Stamm. Denn die Taucher glaubten, daß die Muscheln ihre wertvollen Perlen abwerfen würden, wenn sie nicht einen Sack verwendeten. Perlen wurden aber nicht nur für die Schmuckherstellung verwendet, sie dienten auch als Medizin. Man schmolz sie in einem Behältnis über dem Feuer und verwandte die verbleibende, graue Masse als Kräutermedizin bei Herz- und Geisteskrankheiten.

Das Tauchen ohne Maske und Schnorchel nach Köderfischen, den sogenannten boadhi, um auf Thuna- und Bonitofang zu gehen, war zu jenen Zeiten nicht ganz ungefährlich. Um diese Köder zu fangen, legten die Fischer einen viereckigen, netzartigen Teppich aus Kokosfasern, das madhuri, in Riffnähe auf den Meeresgrund. Ein Taucher stieg mit einer Handvoll stark riechendem Fisch, dem fillimas ab, und legte diesen auf den Teppich. Wenn die Köderfische kamen, um den Fisch zu fressen, signalisierte der Taucher nach oben, den Teppich heraufzuziehen.

Die Taucher waren natürlich mit den geruchsstarken Fischen besonders durch Haie gefährdet, die am Riff auf Lauer lagen und manche Geschichten um Haibegegnungen sind schon zur Legende geworden. In stark von Haien frequentierten Gewässern trugen die Taucher daher Palmenblätter bei sich, mit denen sie bei Haigefahr unter Wasser wedelten. Oft aber konnten sie die Haie gar nicht sehen, da keine Masken getragen wurden.

Auch das Bergen verlorener Anker war für die Taucher eine wichtige Aufgabe. Als die indischen Baggalas aus Bombay in den vierziger Jahren dieses Jahrhunderts intensiven Handel mit den Malediven trieben, ankerten sie oft im Außenhafen von Male. Gelegentlich hakte sich der Anker an Korallen fest, oder es riß im Sturm ein Seil und der wertvolle Anker war in dem bis zu 50 Meter tiefen Wasser verloren. Wenn sich dann nicht ein guter Taucher in Male auftreiben ließ, wurde eine Nachricht ins Faadhippolhu Atoll gesandt, ein Atoll das für seine ausdauernden Taucher bekannt ist. Von dort wurde dann ein Taucher auf den Weg geschickt, um den Anker zu bergen. Heutzutage benutzen die Bewohner moderne Tauchausrüstungen, um die Früchte des Meeres zu ernten. Doch es ist immer wieder aufschlußreich, die traditionellen Fangmethoden auf den Köderfisch zu beobachten, die noch auf den entlegenen Atollen von diesen Tauchern betrieben werden. Letztlich sind sie noch immer ein fester Bestandteil der alten Art des Fischens.

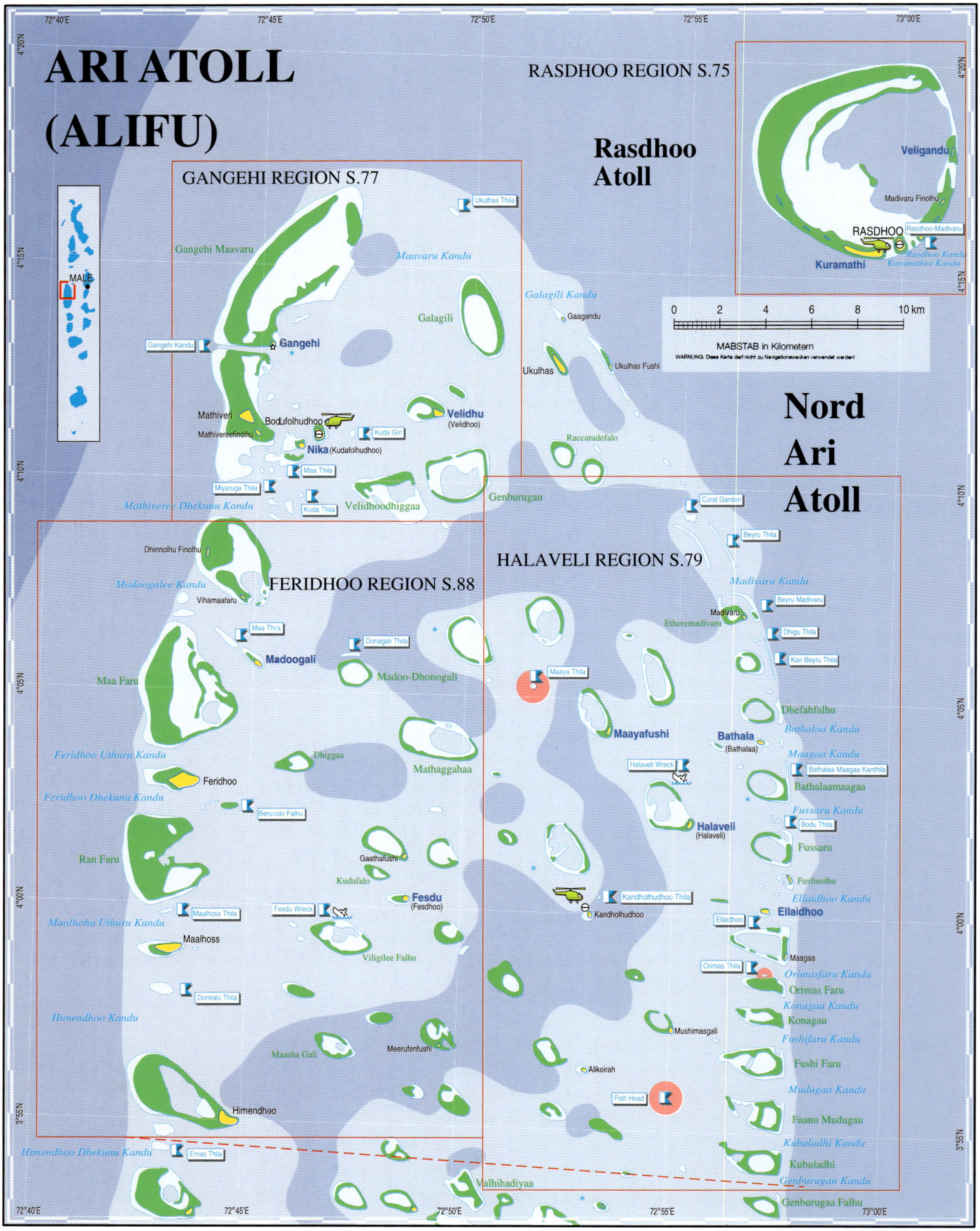
ARI ATOLL
(ALIFU)
RASDHOO REGION S.75
Rasdhoo
Atoll
GANGEHI REGION S.77
Nord
Ari
Atoll
HALAVELI REGION S.79
FERIDHOO REGION S.88
MABSTAB in Kilometern
0 2 4 6 8 10 km
72°40'E
72°45'E
72°50'E
72°55'E
73°00'E
4°20'N
4°15'N
4°10'N
4°05'N
4°00'N
3°55'N
MALE
Veligandu
Madivaru Finolhu
RASDHOO
Rasdhoo-Madivaru
Kuramathi
Rasdhoo Kandu
Kuramathee Kandu
Ukulhas Thila
Gangehi Maavaru
Maavaru Kandu
Galagili Kandu
Gaagandu
Galagili
Gangehi Kandu
Gangehi
Ukulhas
Ukulhas Fushi
Mathiveri
Bodufolhudhoo
Velidhu
(Velidhoo)
Kuda Giri
Mathivereefinolhu
Nika (Kudafolhudhoo)
Raccatudefalo
Maa Thila
Miyaruga Thila
Kuda Thila
Velidhoodhiggaa
Mathiveree Dhekunu Kandu
Genburugau
Coral Garden
Beyru Thila
Dhinnolhu Finolhu
Madoogalee Kandu
Vihamaafaru
Madivaru Kandu
Madivaru
Beyru Madivaru
Etheremadivaru
Maa Thila
Donagali Thila
Dhigu Thila
Madoogali
Kari Beyru Thila
Maa Faru
Madoo-Dhonogali
Maaya Thila
Dhefahfalhu
Bathalaa Kandu
Maayafushi
Bathala
(Bathalaa)
Feridhoo Uthuru Kandu
Dhiggaa
Maagaa Kandu
Mathaggahaa
Halaveli Wreck
Bathalaa Maagaa Kanthila
Bathalaamaagaa
Feridhoo
Feridhoo Dhekunu Kandu
Fussaru Kandu
Beruzolo Falhu
Bodu Thila
Halaveli
(Halaveli)
Fussaru
Ran Faru
Gaathafushi
Kudafalo
Fusfinolhu
Fesdu
(Fesdhoo)
Kandholhudhoo Thila
Ellaidhoo Kandu
Maalhoss Thila
Fesdu Wreck
Ellaidhoo
Kandholhudhoo
Maalhohu Uthuru Kandu
Maalhoss
Viligilee Falhu
Maagaa
Orimas Thila
Orimasfaru Kandu
Orimas Faru
Donkalo Thila
Konagaa Kandu
Himendhoo Kandu
Konagau
Mushimasgali
Fushifaru Kandu
Maasha Gali
Meerufenfushi
Fushi Faru
Alikoirah
Mudugau Kandu
Fish Head
Himendhoo
Faanu Mudugau
Kubuladhi Kandu
Himendhoo Dhekunu Kandu
Emas Thila
Kubuladhi
Valhihadiyaa
Genburugau Kandu
Genburugaa Falhu

Inseln im Nord Ari Atoll

Das Ari Atoll wird aus Verwaltungsgründen in das Nord Ari Atoll, einschließlich des Rasdhoo Atolls und des kleinen Thoddoo Atolls, sowie in das Süd Ari Atoll aufgeteilt. Die Hauptinsel des Nord Ari Atolls ist Rasdhoo, die des Süd Ari Atolls Mahibadhoo. In der Region werden 70 Inseln gezählt, außerdem zahllose Sandbänke, von denen sich einige zu Inseln entwickeln, während andere wieder weggespült werden. Das Rasdhoo Atoll mißt neun Kilometer im Durchmesser, während das Ari Atoll 96 Kilometer lang und 33 Kilometer breit ist. Es gibt 18 bewohnte Inseln mit einer Gesamtbevölkerung von über 7.500 Maledivern. Weiterhin liegen im Atoll 52 unbewohnte Inseln, von denen 26 als Touristenressorts ausgewiesen sind. Die Hauptbeschäftigung der Menschen im Ari Atoll bestand bisher im Fangen von Schildkröten, im Weben von Segeln, im Sammeln und Schnitzen von Korallen. Zudem gelten sie als gute Fischer und traditionell sind sie für das Fangen von Haien bekannt, deren Öl man zum Einstreichen des Bauholzes für Dhonis benötigt. Ihre Fangmethoden sind auch heute noch sehr hart und dieses führt immer wieder zu Streit mit Tauchern, die Haie lieber lebend im Wasser sehen. Der Anbau von Kokosnüssen im Atoll hat einen hohen Stellenwert, außerdem arbeiten viele Einheimische auf den Touristeninseln. Die Entwicklung des Tourismus im Ari Atoll erreichte 1990 ihren Höhepunkt; mehr Ressorts werden im Atoll aber nicht mehr eingerichtet.

Thodhoo ist eine entlegene Insel, elf Kilometer nördlich vom Rasdhoo Atoll. Sie liegt in einem kleinen Atoll mit nur zwei Kilometer Durchmesser, dessen Außenriff aber bis auf 200 Meter Tiefe abfällt. *Thodhoo* ist ein singhalesisches Wort und bedeutet "Insel am großen Riff". Die Insel ist für den Anbau von Wassermelonen, Gemüse, Betelblätter und Chillies bekannt. Die Bewohner gelten als sehr gebildet und viele von ihnen bekleiden Regierungsposten. Die Überreste einer buddhistischen Dhagaba wurden hier 1958 ausgegraben und eine Buddhastatue gefunden. Der Buddhakopf befindet sich heute im Museum in Male; weitere Grabhügel auf Thodhoo werden derzeit noch freigelegt.

Veligandu wurde als Touristeninsel 1984 eröffnet.

Madivaru Finolhu ist eine kleine Sandbank, die aber schon weitestgehend verschwunden ist.

Rasdhoo-Madivaru ist unbewohnt und war einst eine recht große Insel, von der aber das meiste weggespült wurde. *Rasdhoo* bedeutet der "Anfang einer Insel" und *Madi* steht für Rochen. Rasdhoo Kandu ist allseits für seine Mantas und noch mehr für seine Bogenstirn-Hammerhaie bekannt. Soweit sich die Einheimischen erinnern können, war Rasdhoo Madivaru immer für seine Hammerhaie populär. Für die Fischer, die gelegentlich Haie fingen, war der Hammerhai schwer zu fangen. Sie glauben bis heute, daß sich tief unten im Meer eine große Höhle befindet, in der die Haie leben. Doch das Wasser außerhalb des Atolls ist tief und niemand hat diese Geschichte bisher überprüft.

Rasdhoo (668 Einwohner) ist eine schon lange besiedelte Insel mit buddhistischem Ursprung. Es ist die Verwaltungsinsel für das Nord Ari Atoll, war aber früher Verwaltungszentrum für das gesamte Atoll.

Kuramathi ist zwei Kilometer lang und 500 Meter breit. 1970 wurde die Insel von den 124 Bewohnern verlassen, die nach Rasdhoo übersiedelten. 1977 begann auf Kuramathi als erste Insel im Ari Atoll der Tourismus. Anfänglich war es nur ein Tauchercamp mit 12 Bungalows, heute hat die Insel über 250 Betten und ist in drei Teile aufgeteilt. Kuramathi Village im Nordosten, sowie in Blue Lagoon und in den Kuramathi Cottage Club. Die Insel ist sehr geschichtsträchtig und Ausgrabungen von 1988 belegen, daß auf großen Teilen der Insel ein buddhistisches Kloster stand. Viele Fundstücke wurden geborgen und zahlreiche Grabstellen freigelegt. Am 29. Mai 1868 strandete am Kuramathi Reef das 965 Tonnen große Eisenschiff *Reindeer* mit 26 Mann Besatzung auf seiner Fahrt von Mauritius nach Galle. Bis jetzt wurden noch keinerlei Wrackteile gefunden. Dieses aber ist verständlich, denn das Riff rund um Rasdhoo fällt auf über 200 Meter ab.

Gangehi, liegt nahe des 2,5 Kilometer langen Gangehi Kandu. Einst unbewohnt, ist es seit 1987 ein Ressort.

Mathiveri (401 Einwohner) ist eine Einheimischeninsel. Hier steht wie auf Kuda Fulhadhoo (Nika Hotel) und auf Bodufolhudhoo ein großer Nika-Baum. *Mathiveri* bedeutet "Oberer Teil" und bezieht sich auf die Lage des Eilandes im Norden des Atolls. Die alte Moschee auf der Insel wurde zur Regierungszeit von Sultan Ibrahim Iskandar I (1648 - 1687) erbaut.

Mathivereefinolhu ist eine kleine, abgelegene Insel, die Gäste des Nika Hotels gern zum Picknick aufsuchen.

Bodufinolhu (369 Einwohner) besitzt einen Hubschrauberlandeplatz für den Transfer in die nördlichen Teile des Atolls. Der Haupterwerb der Bewohner ist der Fischfang.

Kudafolhudhoo nahm 1983 als Nika Hotel seinen Betrieb auf. Hier steht ein großer, 130 Jahre alter Nika- oder Banyan-Baum *(Ficus benghalenses)*. Seine Zweige sind kräftig und flexibel, so daß man sie gern als Segelstangen für Dhonis verwendet. Die Insel hat eine üppige Vegetation, zum Teil wegen der fruchtbaren Erde, die zum Anbau von Früchten und Pflanzen herangeschafft wurde. Nika ist zudem für seine schönen Bungalows bekannt.

Kudafolhudhoo (Nika Hotel) im Vordergrund und Bodufolhudhoo.

Velidhoo bedeutet "Sandinsel". Dieses unbewohnte Eiland besitzt eine geschützte Lagune und begann dem Hotelbetrieb 1989. Heute heißt die Insel Velidhu Island Resort.

Ukulhas (473 Einwohner) ist eine einheimische Fischerinsel. Am östlichen Atollrand liegen die Reste von zwei weiteren Inseln. **Ukulhas Fushi**, eine Sandbank mit drei Büschen und **Gaagandu**, eine Insel, die einst eine feste, steinerne Basis hatte, die aber vor vielen Jahren weggespült wurde. *Gaagandu* bedeutet "Großer Stein".

Madivaru ist ebenfalls unbewohnt und der Name *madi* steht für Rochen, die hier häufig zu beobachten sind.

Bathala besitzt eine ovale Grundform und eröffnete 1985 als Bathalaa Island Resort. Der Name steht für eine süße Kartoffelart. Die Insel besitzt ein dicht vorgelagertes, ideales Hausriff, das bis 30 Meter Tiefe abfällt.

Ellaidhoo ist die dicht bewachsene Schwesterinsel zu Bathala mit vergleichbarer Grundform und ähnlichen Tauchplätzen am Hausriff. Der Tourismus begann hier 1985.

Maayafushi eröffnete 1983. Es ist eine halbmondähnliche Insel mit einer großen Lagune, ideal zum ankern.

Halaveli gleicht in seiner Form wiederum Maayafushi und besitzt ein umfangreiches Riff und eine große Lagune. Beide Ressorts offerieren ideale Segel- und Surfmöglichkeiten. Die Insel eröffnete 1983 als Touristenressort. Hala ist ein Hartholzbaum mit kleinen Blättern.

Maagaa ist unbewohnt und liegt am Atollaußenrand.

Kandholhudhoo ist eine unbewohnte Insel und dient als zentraler Landeplatz für Helikopter für den Weitertransfer innerhalb des Atolls. *Kandholhu* ist eine wilde Lilienart, die auf der Insel wächst.

Mushimasgali ist ebenfalls unbewohnt, besitzt aber einen schönen Strand und wird für Picknickausflüge genutzt.

Alikoirah ist eine kleine, unbewohnte Insel.

Meerufenfushi ist klein und unbewohnt. Der Name bedeutet "Süßwasserinsel".

Himendhoo (366 Einwohner) ist eine große, einheimische Fischerinsel am Ostende des Himendhoo Faru. Die Insel ist sehr geschichtsträchtig und von Zeit zu Zeit werden hier Funde aus buddhistischen Zeiten gemacht.

Maalhoss (366 Einwohner) ist eine weitere Insel mit alter Geschichte. *Lhoss* ist ein Gemüsestrauch *(Morindaefolia)* und die Insel ist mit großen Bäumen bewachsen.

Fesdhoo liegt neun Kilometer östlich von Maalhoss und öffnete 1982 unter dem Namen Fun Island für Gäste seine Pforten. Die Insel besitzt für Taucher und Schnorchler ein schönes Hausriff. *Fesko* ist ein kleiner Busch mit blauen oder weißen Blüten *(Tephrosia tenuis)*. Dieser wird oft in der einheimischen Medizin verwendet, besonders bei Harnerkrankungen.

Gaathafushi ist unbewohnt, wird aber gern von Tagesausflüglern von Fesdhoo aufgesucht.

Feridhoo (448 Einwohner) ist eine große, fruchtbare Einheimischeninsel, ebenfalls mit buddhistischen Ursprüngen. Viele der Bewohner sind Abkömmlinge ehemaliger Sklaven. Sultan Hassan III (1442 - 1567) brachte nach seiner Rückkehr von Mekka 70 Sklaven in das Land und auch später kehrte Sultan Hassan Nooradhdheen (1779 - 1799) mit einigen Sklaven von Mekka zurück. In späteren Jahren wurden die Sklaven freigelassen und nach Kudafari im Noonu Atoll und nach Feridhoo umgesiedelt. Sie vermischten sich mit der Bevölkerung und heute gibt es viele Inselbewohner von großer Statur und mit dunklen, lockigen Haaren.

Madoogali war bis 1943 bewohnt. Die damalige Restbevölkerung von 43 Personen wurde nach Mandhoo umgesiedelt. 1989 wurde die Insel zum Touristenressort umfunktioniert. Sie besitzt zahlreiche Bäume und lockt Taucher an ihrer Südwestecke mit schönen Plätzen. Manchmal trifft man hier auch auf Ammenhaie unter den Korallenblöcken. *Madoogali* bedeutet "Insel die von Korallengestein geformt wurde".

Madoogali.

Vihamaafaru liegt über den Madhoogali Kandu hinweg drei Kilometer weiter nördlich. Die Insel mit ihren schönen Schnorchelmöglichkeiten ist unbewohnt und besitzt einige Palmen und Büsche. Der Name steht für "Großes, giftiges Riff". Im Norden des Riffs befindet sich zudem eine kleine Sandbank.

Tauchplätze im Nord Ari Atoll

Die Durchschnittstiefe im Ari Atoll liegt an seiner Ostseite bei etwa 300 Metern, während der Meeresboden im Westen schnell auf Tiefen von über 2.000 Meter abfällt. Rasdhoo ist mit dem nordwestlichen Teil des Ari Atolls über ein unterseeisches Plateau in Tiefen von 183 bis 274 Meter verbunden. Innerhalb des Rasdhoo Atolls ist das Meer 35 Meter tief. Im Ari Atoll hingegen schwanken die Tiefen zwischen 35 und 55 Metern, so wie sie an einer Stelle bis 80 Meter erreichen. Das Ari Atoll besitzt kein langes, durchgehendes Außenriff. Überall gibt es Durchlässe in das Atoll; lediglich die Südseite besitzt eine Passage. Das Atollinnere ist voller Korallenriffe, von denen etliche bei Ebbe sichtbar werden. Berühmt ist das Atoll auch für seine zahllosen Thilas mit ihrem überwältigendem Bewuchs und der Fülle an Leben. Die Westseite des Ari Atolls steht mit seinen massiven Korallenriffen bei Südwestmonsun wie ein Bollwerk gegen die anbrandende See. Schwere Brecher haben hier große Korallenblöcke losgerissen und zum Teil bis zu einem Meter tiefe Furchen in das Riff geschlagen. Die Ostseite ist nicht so stark der Brandung ausgesetzt. Sie besitzt kleinere Rifformationen mit wesentlich mehr Durchlässen und auch zierlicheren Korallenstrukturen.

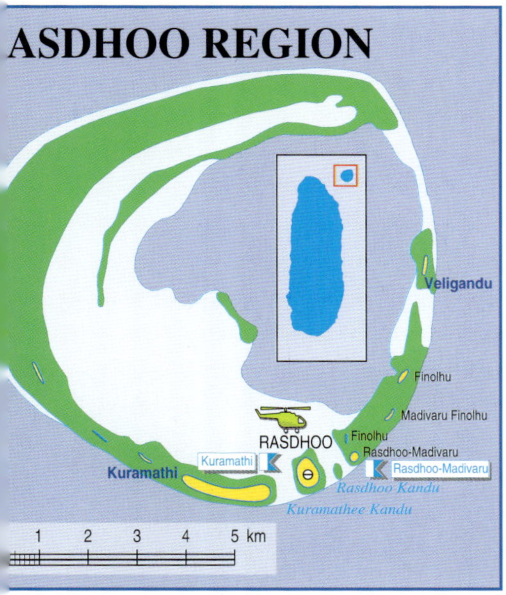

Rashoo-Madivaru ***

Ort: Außenecke von Rasdhoo-Madivaru
Tiefe: 9 - 30 m+
Fische: zahlreich
Korallen: sehr gut
Merkmale: Riffische, Mantas, Haie

In den frühen Morgenstunden steigen aus dem Tiefwasser im Außenbereich der Riffwand von Rasdhoo-Madivaru Bogenstirn-Hammerhaie in für Taucher akzeptable Tiefen auf. Diese ortsfesten, aber scheuen Tiere sammeln sich in großen Rudeln. Doch der Taucher kann sie mit ihren eigentümlichen Köpfen bei klarer Sicht gut beobachten. Sie sind leicht an ihrem breit zur Seite ausgezogenem Maul mit den außenliegenden Augen zu erkennen. Dieser Platz gilt als eine der spektakulärsten, aber auch verwirrendsten Rifformationen im Ari Atoll. Ein schmaler Simms erstreckt sich wie eine Hängebrücke von der Riffseite über den Kanal und steigt bis auf 13 Meter an. Auf der seewärts gerichteten Seite dieses Vorsprungs fällt das Riff fast senkrecht auf Tiefen um die 200 Meter ab. Gerade der Farbunterschied des Wasser an der Kante des Simms zwischen dem Dunkelblau der Tiefe und dem Türkis des 30 Meter tiefen Sandgrundes im Kanal bildet einen hübschen Kontrast.

An diesem Simms herrscht ein Überfluß an verschiedenen pelagischen Fischarten. Dazu zählen Schwärme von Gelbschwanz-Barrakudas, Makrelen oder kleine Thunfische, die sonst sehr selten zu beobachten sind, obwohl sie recht häufig vorkommen. Oder auch die zahlreichen Riffische wie die Gelbstreifen-Schnapper, Füsiliere und Schwärme von Fahnenbarschen. Die Außenseite der Riffwand ist von vielen Fächerkorallen besetzt, während auf dem Simms üppige Hartkorallen stehen. Oft ist hier auch ein Schwarm von Fledermausfischen und Weißspitzen-Riffhaien zu beobachten. Am Ende der Hängebrücke erstreckt sich ein tiefer, weniger interessanter Rücken des Riffs über den Kanal hinweg; ein anderer Rücken knickt von diesem rechtwinklig ab und führt geradewegs in den Kanal. Dieser Riffteil fällt erst ab und steigt bis auf neun Meter wieder an. An dieser Stelle laufen vier von solchen Rücken zu einer Bergspitze zusammen; ein beliebter Platz für Mantas, um sich putzen zu lassen. Im Kanal halten sich weniger pelagische Fische auf, dafür aber kleinere Fischarten im Überfluß.

Tauchhinweise: Das klare Wasser auf der Atollaußenseite ist trügerisch und man kann schnell auf große Tiefen geraten. Besonders dann, wenn man man Hammerhaie beobachtet und abgelenkt ist. Zudem empfiehlt sich ein Kompaß, wenn das Kanalinnere erkundet werden soll. Denn durch die Beschaffenheit des Grundes kann man leicht die Orientierung verlieren.

Kuramathi Housereef *

Hier liegen zwei Wracks, die von der Tauchschule versenkt worden sind. Etwa 20 Meter vom Anlegesteg liegt im Flachwasser ein Dhoni, genannt *Tomton*, das 1976 versenkt wurde. Es ist ein idealer Platz für Anfänger. Das zweite künstliche Wrack, ein 30 Meter

Schwarm von Gelbschwanz-Barrakudas, Sphyranea flavicauda.

langer Frachter mit einem Stahlrumpf, wurde 1987 auf den Meeresgrund geschickt. Der Kiel liegt auf 18 Meter, die Aufbauten erheben sich bis in zehn Meter. Das Hausriff beginnt an der Außenecke der Insel und des Kuramathee Kandu. An dieser Stelle zieht sich ein Rücken in 20 Meter Tiefe quer über den Kanal. Die Wände neigen sich langsam von zehn bis zum sandigen Grund in 27 Meter Tiefe. Innerhalb des Kandus erstreckt sich ein weiterer Rücken in zehn Meter, der nahe des Anlegestegs den Kanal durchzieht. Er schafft in diesem Bereich einen interessanten, geschützten Tauchplatz mit schönen Korallen und vielen Fischen.

Am Außenriff von Gangehi Maavaru liegt ein alter, etwa drei Meter langer Anker. Man nimmt an, daß er von dem holländischen Ostindiensegler Ravenstein *stammt, der hier am 9. Mai 1726 (s. S. 15) strandete. Bis heute ist dieser Platz archäologisch nicht weiter bewertet worden. Es ist aber zu hoffen, daß irgendwann einmal Ausgrabungen an dieser Stelle stattfinden und entsprechende Funde geborgen werden.*

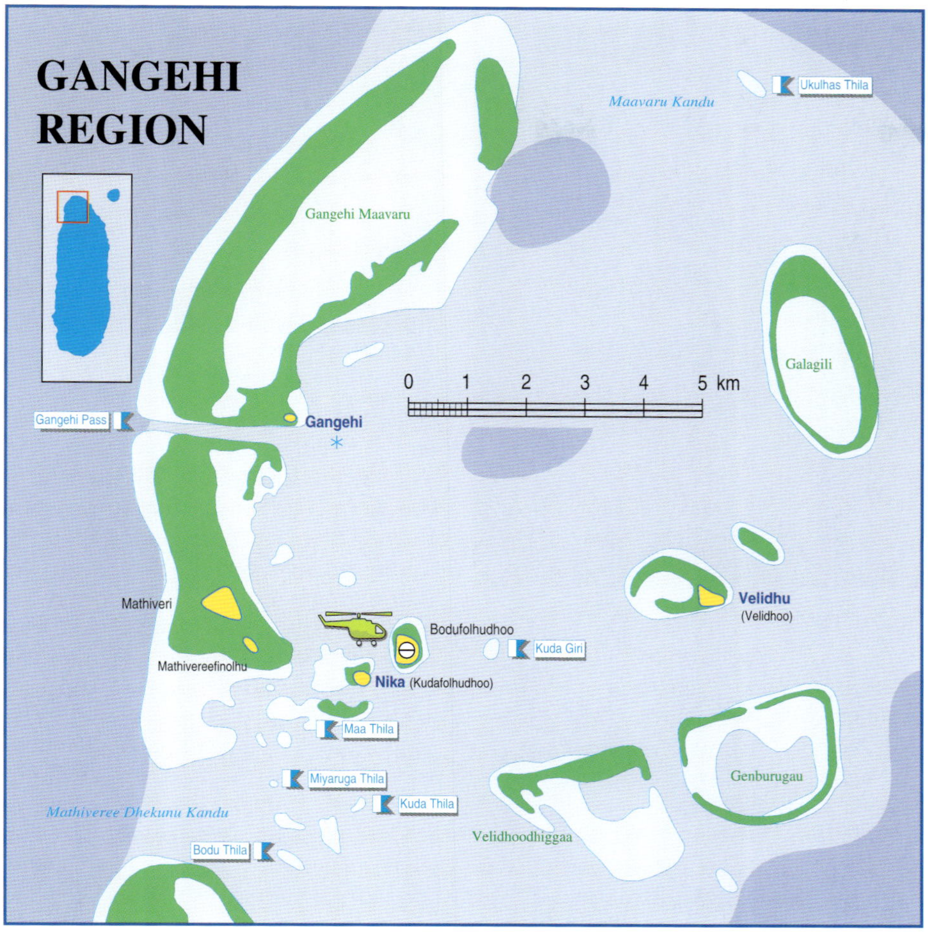

Ukulhas Thila ****

Ort: Maavaru Kandu
Tiefe: 13 - 30 m
Fische: über Durchschnitt
Korallen: sehr gut
Merkmale: Mantas

Entlang der nordöstlichen Kante des Ari Atolls erstreckt sich eine lange Kette von Unterwasserriffen, die in regelmäßigen Abständen aus 30 Meter Tiefe in die Höhe steigen. Ukulhas Thila ist eine solche lange, schmale Felsnadel. Das etwa 300 Meter lange Thila besitzt eine relativ flache Spitze in 15 Meter Tiefe mit einer sich anschließenden Schrägen, die bis 25 und 30 Meter abfällt. Auf dem Riffdach gibt es in 13 Meter Tiefe drei Reihen von sehr großen Korallenblöcken, die den Mantas, die hier häufig zwischen Dezember und April anzutreffen sind, als Putzerstationen dienen. Schwärme von Füsilieren gehen am Riffdach auf Nahrungssuche und viele andere Arten, wie zum Beispiel Zackenbarsche, Muränen, Haie und Schildkröten werden von diesem isolierten Riff angelockt. Blaustreifen-Schnapper stehen hier stets in großer Zahl, während Adlerrochen regelmäßig zu beobachten sind, wenn sie graziös am Riff vorbeischwimmen.

Tauchhinweise: Die Strömungen können an diesem Platz sehr stark und die See turbulent sein, da es hier wenig Schutz gibt. Taucher sollten gegen den Strom am Thila abtauchen und sich zügig in den Schutz des Riffs treiben lassen. Ukulhas Thila ist für seine Mantas bekannt; daher sollte man die Tiere nicht scheuchen und beunruhigen. Sie sind zudem für ihre natürliche Neugier bekannt. Wer sich ruhig und in gebührendem Abstand zur Putzerstation an einem Stück abgestorbener Koralle festhält, kann es genießen, wie sie ständig um den Beobachter herumkreisen oder über ihm schweben. Da dieses Riff in sehr exponierter Lage im offenen Meer liegt, sollten Sicherheitsballons immer mitgeführt werden.

Maa Thila **

Südwestlich von Kudafolhudhoo liegt das große Riff Maa Thila. Wer an der Südseite taucht, muß sich auf einen langen Strömungstauchgang über ein wellenförmiges Terrain einstellen, das sich vom sandigen Untergrund in 25 Metern Tiefe bis zur Riffkante in zehn Metern erhebt. Es gibt hier zudem zwei Sandrücken in 18 und 20 Metern, die vom Riff wegstreben. Hier halten sich Weißspitzen-Riffhaie auf. Auf dem Sandgrund liegen zahlreiche Korallenblöcke voller Fisch, während an der Schrägen viele Schnapper, Wimpelfische und Gelbe Füsiliere stehen. Das Riff besitzt eine interessante Form, die den Taucher um Ecken, über Kanten und Rücken in eine kleine Bucht führt, bevor man auf dem Riffdach im acht bis zehn Meterbereich den Tauchgang beendet.

Bodu Thila **

Bodu heißt groß und steht für ein etwa 500 Meter langes Riff, das in acht bis zehn Metern Tiefe beginnt und bis auf 25 Meter abfällt. Zwischen zehn und 20 Metern stehen Korallen; zudem hat sich in 14 Meter ein Riffsattel gebildet.

Kuda Giri *

Einen Kilometer östlich von Bodufohlhudhoo gibt es ein kleines, geschütztes Riff, ideal für Anfänger. Es hat eine ovale Form und einen guten Korallenbewuchs oberhalb von zehn Metern. Die schräge Riffwand fällt sanft bis auf 25 Meter ab; im Flachbereich stehen viele Anemonen und zahllose Riffische. Eine Attraktion sind die Sandkrabben am Grund, die sich gern eingraben.

Gangehi Pass **

Der 2,5 Kilometer lange Gangehi Pass gilt als einer der längsten Kanäle im Ari Atoll. Beide Seiten sind gut betauchbar, am besten aber ist es im Innern des Kanals selbst. An seiner Nordseite liegen in 20 Meter Tiefe große Korallenblöcke, wo sich ebenfalls zwischen 15 und 20 Metern eine etwa 200 Meter lange Höhle erstreckt. Darin halten sich gern Zackenbarsche und Rochen auf. Napolenfische sind in der Zeit zwischen Juni bis August an diesem Tauchplatz regelmäßige Gäste.

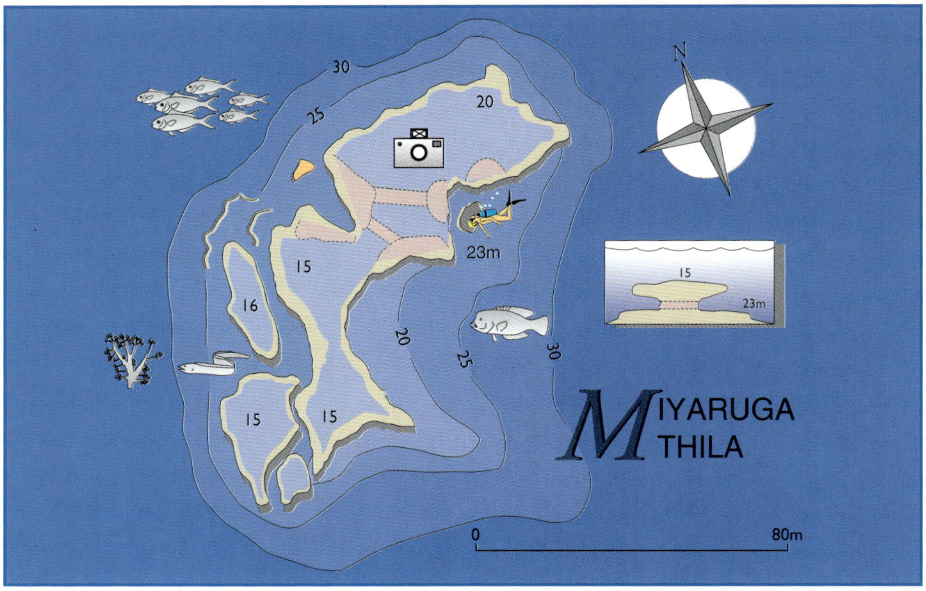

Blaugoldene Füsiliere, Caesio varilineata. *Sie treten in Schwärmen oft an Riffwänden auf.*

Miyaruga Thila ****

Ort:	südwestlich von Kudafolhudhoo
Tiefe:	15 -25 m
Fische:	im Überfluß
Korallen:	exzellent
Merkmale:	Tunnel, Canyons, Höhlen, Riffische

Dieses recht tiefe Thila ist etwa 80 Meter lang und steigt bis auf 15 Meter unter die Oberfläche an. Die Unterwasserlandschaft ist überwältigend und man kann mit günstigen Strömungen bei einem Tauchgang das ganze Riff umrunden. Im Südwesten befindet sich ein Canyon zwischen zwei großen Korallenformationen und dem eigentlichen Thila. In der Riffmitte erstrecken sich in 21 und 23 Meter Tiefe zwei Tunnel mit etwa einem Meter im Durchmesser, die ganz durch das Riff führen. Durch sie ziehen beständig Ströme von Fischen, vorzugsweise Füsilierschwärme. Große Bereiche des Thilas sind mit kleinen Löchern unterhöhlt und die Riffaußenseiten sind mit Weichkorallen und Schwämmen überzogen. Zahlreiche Doktorfische, Drücker und Muränen sind beliebte Beobachtungsobjekte.

Tauchhinweise: Strömungen können hier sehr stark sein und man sollte zügig in den Strömungsschatten des Riffs abtauchen. Es ist ein idealer Platz für Fotografen und Taucher schätzen besonders den eigenwilligen Riffaufbau.

Kuda Thila **

Ort:	Mathiveree
Tiefe:	6 - 25 m
Fische:	über Durchschnitt
Korallen:	sehr gut
Merkmale:	Riffische, Korallen

Dieser Platz besteht aus zwei unterschiedlich langen Riffteilen. Das größere Teil steigt bis auf sechs, das kleinere bis auf zwölf Meter an. Ein Sattel in 18 Metern Tiefe teilt die beiden Riffe, die an dieser Stelle einen V-förmigen Einschnitt aufweisen. Alles in allem ist das Thila nicht so klein, wie der Name es vermuten läßt; es erstreckt sich wenigstens auf 100 Metern Länge.

Zwischen den beiden höchsten Punkten stehen große Schwärme von Doktorfischen und Blaustreifen-Drückern, sowie Ansammlungen von Falterfischen und einige Kaiserfische. Grüne Korallenbüsche wachsen auf der Schrägen an der Nordseite und am östlichen Ende dehnt sich auf 20 Meter Tiefe ein kleines, flaches Plateau mit einer halbmondförmigen Höhle an dessen Ende aus. Die Höhle besitzt einen hübschen Weichkorallenbewuchs an der Decke und einen sandigen Grund auf 25 Meter. Zwei rückenähnliche Riffausläufer erstrecken sich ostwärts in größere Tiefen. Südlich, nahe der Höhle, stehen vier große Büsche von Schwarzen Korallen in 24 Metern Tiefe. Makrelen und Großfische halten sich an der Riffkante auf, während Haie in größeren Tiefen zu beobachten sind. Das Riffdach zeigt zudem eine üppige Flora und Fauna.

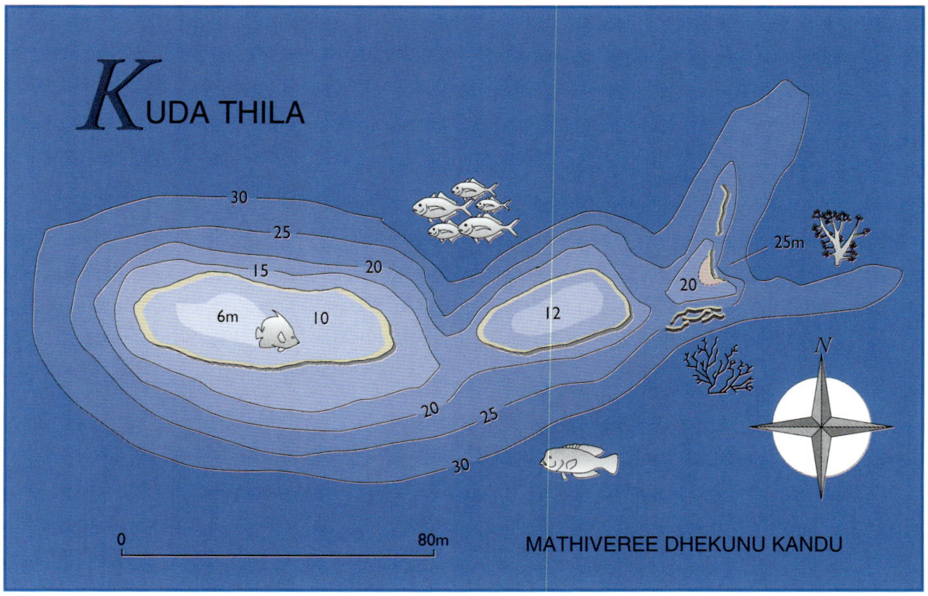

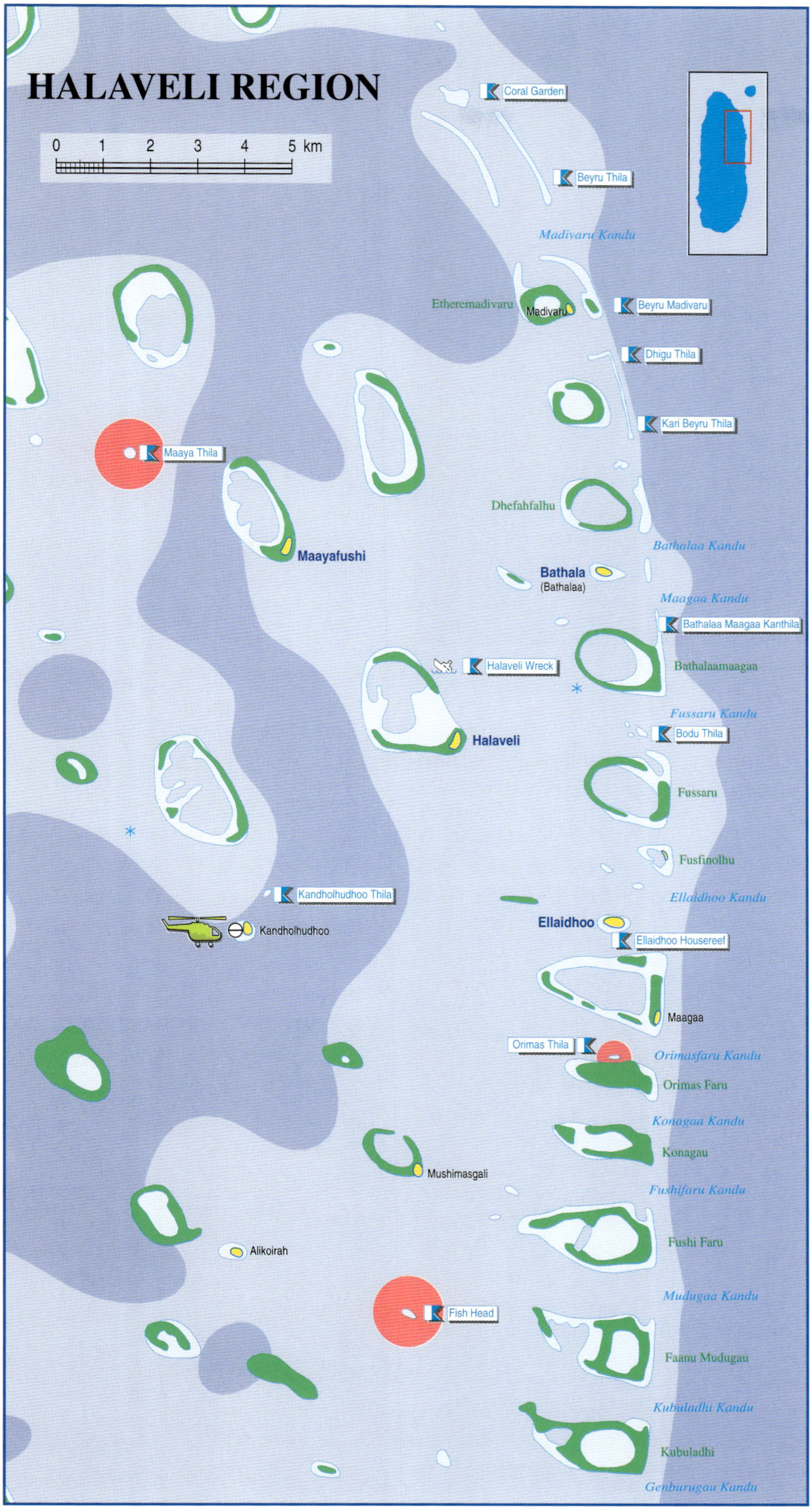

Coral Garden **

Gruppen von kleinen Einzelriffen mit hübschen Korallen kennzeichnen den Platz, Heimat für diverse Füsilierarten. Schildkröten und Barrakudas sind zu beobachten, manchmal auch Ammenhaie und Mantas. Für gewöhnlich ziehen zwischen 20 und 30 Metern Weißspitzen-Riffhaie über den Sandgrund.

Beyru Thila ***

Dieses Thila im Nordosten von Madivaru erstreckt sich als ein langes Riff in Nord-Südrichtung an der äußeren Ecke des Atolls. Die See kann hier bei Wind und Strömungen sehr kabbelig sein. Beide Seiten des Riffs lassen sich auf ihrer ganzen Länge betauchen, die mit Höhlen und Überhängen in Tiefen zwischen 25 und 30 Metern den Taucher anziehen. Um das Thila herum halten sich regelmäßig große Thunas, Napoleons, zahlreiche Schnapper, Adlerrochen, Barrakudas und Graue Riffhaie auf. Das Riffdach bietet eine veränderte Szenerie und lockt mit großen Korallenblöcken, zwischen denen bisweilen Ammenhaie zu sehen sind. An der Außenseite von Madivaru liegt ein großes Riff, das als **Beyru Madivaru** bekannt ist. An seiner Südseite wird es immer flacher, während an der Außenkante Hammerhaie das tiefe Freiwasser frequentieren.

Dhigu Thila **

Im Kanal südlich von Madivaru liegt ein schmales, etwa 400 Meter langes Thila, das in einer West-Ostrichtung verläuft und auch Toroka Thila genannt wird. Das Riffdach erhebt sich in der Mitte auf Tiefen zwischen drei und fünf Meter, im Westen zwischen zehn und zwölf Meter. Das Riff im Osten liegt tiefer und endet auf einem Plateau in 18 Metern, das weiter dem Süden zustrebt. An der Ostseite befinden sich Höhlen und Überhänge in 22 bis 26 Meter Tiefe. Es gibt zudem drei Punkte im Süden, die vom Hauptriff herausragen. Am letzten Punkt in Nähe der tiefen Südostecke liegen weitere Höhlen auf 30 Meter. Man trifft hier auf Barrakudas, Graue Riffhaie, Weißspitzen-Riffhaie, Adlerrochen und manchmal auf Mantas und Napoleons.

Rotzahn-Drückerfisch, Odonus niger. *Er wird umgänglich auch als Blauer Drücker bezeichnet und tritt in großen Schwärmen in Außerriffbereichen auf. Er ist sehr scheu und versteckt sich gern in Löchern, so daß oft nur die scherenförmigen Schwanzflossen herausragen.*

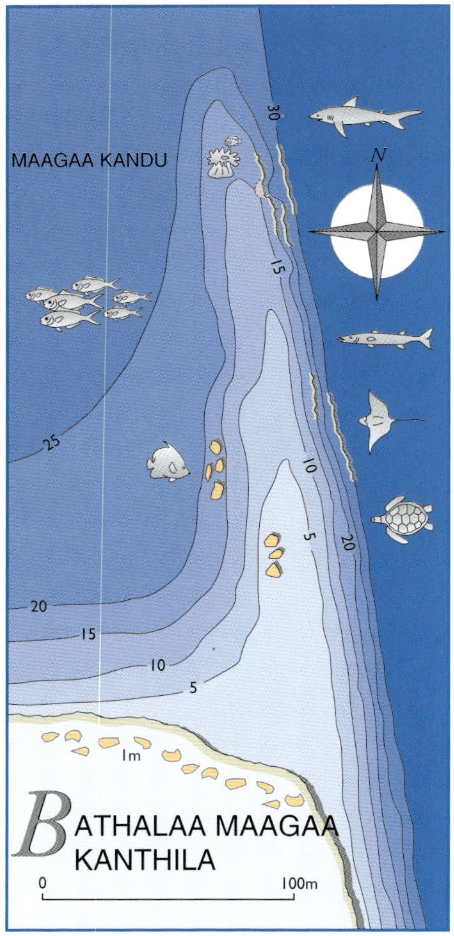

Kari Beyru Thila ***
Süd bis südöstlich von Dhigu Thila liegt ein langes, schmales Thila, das sich in Nord-Südrichtung an der Ostkante des Atolls erstreckt. Die Ostseite fällt schräg auf 30 bis 35 Meter ab, einige Höhlen sind noch unterhalb davon zu finden. Die Westseite erreicht mit ihrer Schrägen 20 bis 25 Meter. Beiden Seiten aber ist der Fischreichtum gemein, allem voran Schnapper und Thunas. Weißspitzen- und Graue Riffhaie sind hier genauso geläufig, wie einige große Napoleons. Das Nordende des Thilas liegt auf neun bis zehn Metern und fällt auf zwölf bis 14 Meter im Süden ab. Der Platz zeichnet sich zudem durch viele große und kleine Korallen aus.

Bathalaa Maagaa Kanthila **

Ort:	Nordseite von Bathalaa Maagaa
Tiefe:	5 - 30 m
Fische:	über Durchschnitt
Korallen:	sehr gut
Merkmale:	Riffische

Ein langer, schmaler Vorsprung beginnt bei Bathalaa Maagaa und erstreckt sich 500 Meter weit nordwärts in den Maagaa Kandu. Sein Dach neigt sich allmählich und erreicht den Grund in etwa 30 Metern Tiefe. Die Ostseite ist gleichzeitig die Atollaußenseite und stürzt ab 20 Meter steil ab. Außen am Nordende gibt es ein oder zwei kleine Höhlen. Gewöhnlich ist hier außen die Sicht besser und Barrakudas, Thunas, Schildkröten, Haie und manchmal Adlerrochen lassen sich mit großer Wahrscheinlichkeit beobachten. Das Riff selbst ist mit einer Vielzahl von Korallen überzogen. Es gibt in tieferen Bereichen Schwämme, die mit Hydroiden und Seescheiden besetzt sind, während große Steinkorallen dichter am Riff wachsen. Füsiliere verschiedenster Art sind überall zu finden; zudem stehen hier kleine Schwärme von Schnappern und Nasendoktorfischen.

Tauchhinweise: Dieser Platz ist für Anfänger und fortgeschrittene Taucher geeignet. Man sollte nur auf genügend Luftvorrat achten, um besonders bei starken, auslaufenden Strömungen sicher an das flache Ende des Riffs zurückzukehren.

Neon-Füsilier, Pterocaesio tile. *In Tiefen unter zehn Meter zeigen die Fische einen deutlichen blauen Strich an der Seite. Sie treten in großen Schwärmen auf und die blinkenden blauen Streifen dienen dazu, andere Räuber zu täuschen.*

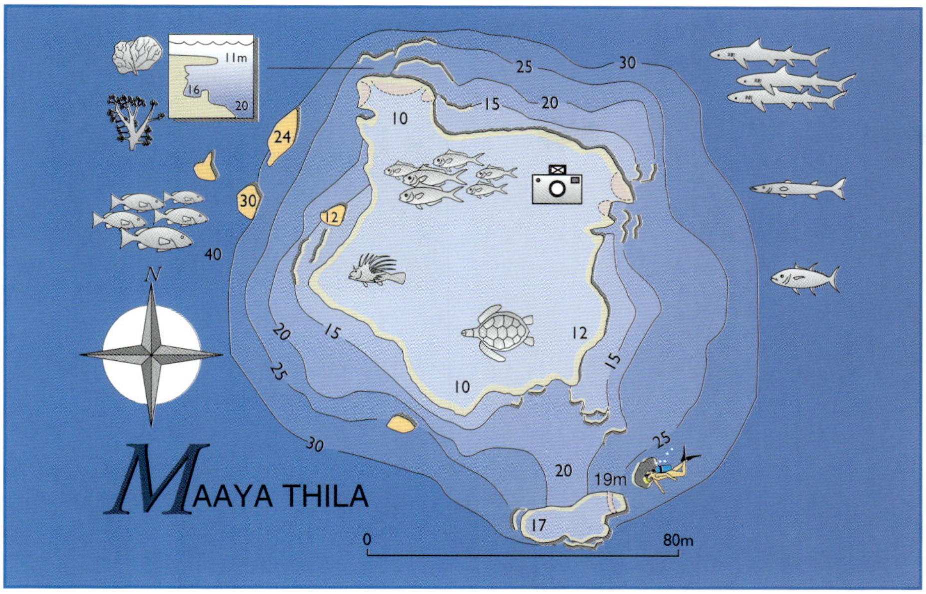

Leoparden-Drückerfisch, Balistoides conspicillum. *Ein auffällig gezeichneter Fisch, der bei Aquarianern sehr beliebt ist. Er bewohnt Riffschrägen und Steilwände und ernährt sich von Kleintieren, die den Meeresgrund bevölkern.*

Maaya Thila ***

NATURSCHUTZGEBIET

Ort: 4 km nordwestlich von Maayafushi
Anfahrt: Die rechte Seite von Halaveli sollte auf einer Linie mit der linken Seite von Ellaidhoo liegen
Tiefe: 6 -30 m
Fische: im Überfluß
Korallen: sehr gut
Merkmale: Graue Riffhaie, Weißspitzen-Riffhaie

Wenn der Fish Head als das maledivische Zentrum der Grauen Riffhaie ist, dann ist Maaya Thila das Gleiche für die Weißspitzen-Riffhaie. Obwohl es auch hier Graue Riffhaie gibt, dreht sich alles um die "Weißspitzen", die zu Dutzenden das Riff umkreisen. Maaya Thila mißt etwa 80 Meter im Durchmesser und kann bei günstiger Strömung in einem Tauchgang umrundet werden. Trotzdem verbringen viele ihren Tauchgang an einem Platz, um die unglaubliche Artenvielfalt zu genießen. Die Thila-Spitze beginnt bei sechs Metern Tiefe und die Kante fällt von zwölf bis auf 30 Meter und mehr hinab. Verschiedene Korallenerhebungen finden sich im Nordwesten und an der Südseite. Um das Thila herum gibt es zahlreiche Höhlen und Überhänge. Eine große Höhle an der Nordseite ist eine Augenweide zum Beobachten von Fischen. Von den "Weißspitzen" angefangen, die hier die strömungsstärksten Riffbereiche aufsuchen, über Hundezahn-Thunas, die Großen Barrakudas, Blaumasken-Kaiser- und Halfterfische bis hin zu Falter-, Papageien- und Fledermausfischen, sowie Leoparden-Drückern und Rotfeuerfischen ist alles vertreten. Es gibt aber auch besondere Bonbons für den genauen Beobachter wie Angler- und Steinfische. Ein großer Felsen an der Südseite besitzt einen ein Meter hohen, betauchbaren Durchlaß in 19 Metern Tiefe. Auf dem Riffdach stehen Füsiliere, Gelbstreifen-Schnapper, während sich eine große Schildkröte regelmäßig am Riff aufhält.

Tauchhinweise: Boote befestigen in der Regel ein Seil am Riff, das gegen den Strom ausgelegt wird oder sie ankern an festen Bojen, so daß auch bei starken Strömungen ein kontrollierter Abstieg möglich ist. Man sollte zudem mit genug Luft auftauchen und die Restzeit auf dem Riffdach verbringen. Boote kommen und gehen, daher empfiehlt es sich, sich sein Ankerseil merken.

Weißspitzen-Riffhai, Triaenodon obesus.

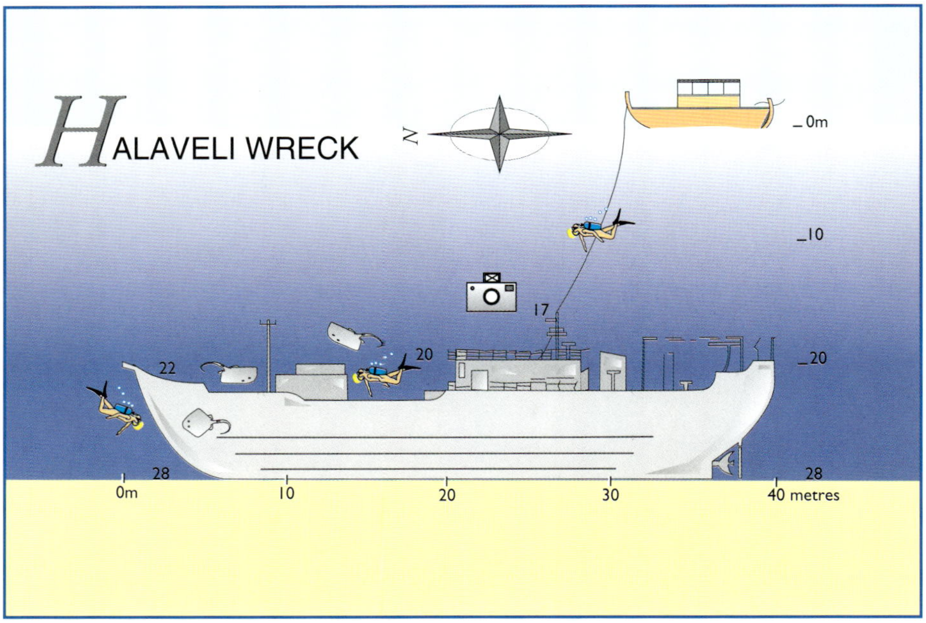

Das Halaveli Wrack.

Halaveli Wreck ***

Ort: 1,5 km NNW von Halaveli
Tiefe: 20-28 m
Fische: Durchschnitt
Korallen: mager
Merkmale: Wrack, Stechrochen

Das Halaveli Wrack ist auch unter dem Namen *Razza Wreck* bekannt. Das 38 Meter lange Transportschiff wurde 1991 von der Halaveli-Tauchschule versenkt. Heute steht es aufrecht auf dem Grund und weist etwa 40 Meter vom Riff entfernt in Richtung Norden. Das Oberdeck befindet sich auf 20, der Kiel liegt in 28 Metern Tiefe auf sandigem Grund. Abgesehen vom Wrack sind vier große Rochen die Attraktion. Sie wurden in sechs Monaten von den Tauchlehrern der Insel trainiert sich füttern zu lassen und nun umringen sie ständig die Taucher in der Hoffnung, etwas zu fressen zu bekommen. Drei von ihnen sind weibliche Schwarzflecken-Stechrochen; der Vierte ist ein braunes Weibchen von ähnlicher Größe. Rochen legen sich über ihre Beute und knacken sie auf, um sie dann mit dem Maul an ihrer Körperunterseite aufzusaugen. Daher neigen sie dazu, oft über Taucher hinwegzuschwimmen und sie leicht zu berühren. Das Wrack wird zudem von einer kleinen Schildkröte und einigen kapitalen Muränen bewohnt. Korallen haben damit begonnen, sich am Wrack festzusetzen; unter anderem einige hübsche Weichkorallen am Maschinentelegrafen.

Die Stechrochen vom Halaveli Wrack sind ohne Scheu. Obwohl sie Taucher regelrecht anschwimmen und berühren, sind sie harmlos, solange man sie nicht provoziert.

Tauchhinweise: Die Rochen sind besonders am Nachmittag aktiv und können beim Betteln recht aggressiv werden. Man ist daher gut beraten, seine Hände von ihrem Maul fernzuhalten, damit die Finger nicht angesaugt werden. Reitversuche sollten wegen der Verletzungsgefahr unterbleiben, ebenso das Füttern oder Jagen der Tiere.

"Es gibt einen kleinen Fisch, etwa 30 Zentimeter lang, quadratisch an vier Ecken und von einer durchgehenden Hülle bedeckt, bei der nur die Spitze des Schwanzes zurückgebogen werden kann, um als Schutzschild zu dienen. Er ist eine unglaubliche Delikatesse, das Fleisch ist weiß und fest und ohne Gräten. Man könnte sagen, es wäre Hühnchen, so gut ist es. Die größeren Rochen werden jedoch gehäutet und ihre Haut wird nach dem Trocknen gut gespannt und sie (die Bewohner) machen daraus nichts anderes, als ihre Trommeln damit zu bespannen".

Francois Pyrard, Malediven 1602-1607

Die flügelähnlichen Flossen der Rochen erstrecken sich nach vorn, um den Kopf zu umfassen. Zwei große Öffnungen hinter den Augen ermöglichen es, daß sie Wasser ansaugen und durch ihr Maul herauspumpen können. Dieses verteilt den Sand bei der Nahrungsaufnahme und ermöglicht so, daß sie fressen können. Rochen ernähren sich von Muscheln und Krabben, aber auch von Fischen. Sie verfügen an ihrer oberen Schwanzbasis über einen gezackten Stachel. Der Rochen schlägt bei Bedarf seinen Schwanz seitwärts, nach oben und bis über den Kopf. So kann er seinen Stachel in die Gliedmaßen oder ganz in den Körper seines Opfers schlagen. Wird dabei die Hautoberfläche des Stachels beschädigt, so fließt Gift längs kleiner Rinnen im Stachel in die offene Wunde.
Rochenhaut wird auch heute noch zum Bespannen der boduberu Trommel und des tari, eine Art Tambourine, verwendet.

Rosastreifen-Partnergrundel, Amblyeleotris aurora. *Es gibt eine Zahl von Grundeln, die in kleinen Stollen im Sand- oder Korallenschutt zusammen mit Knallkrebsen leben. Der fast blinde Krebs gräbt die Stollen und hält sie in Ordnung, während die scheue Grundel den Eingang bewacht und ihm mit der Schwanzflosse mitteilt, wann es für den Krebs sicher ist, herauszukommen. In einigen Wohnsystemen sind zahlreiche dieser Paare dicht nebeneinander anzutreffen.*

Bodu Thila ***

Ort: mitten zwischen Bathalaa Maagaa und Fussaru
Tiefe: 5 -30 m
Fische: im Überfluß
Korallen: hervorragend
Merkmale: Abbrüche, Riffische, Fächerkorallen

Östlich von Halaveli liegen im Fussaru Kandu in einem kleinen Bereich von 500 Metern drei Thilas. Manchmal werden sie als Tin Thila bezeichnet, wobei das größte davon, das 250 Meter lange Bodu Thila ist. Die beiden anderen sind das Medhu- und Kuda Thila. Bodu Thila liegt am dichtesten an der Außenkante des Atolls und zeigt eine wundervolle Artenvielfalt mit spektakulären Abfällen und Überhängen an seiner Südseite. Bei auswärts gerichteter Strömung beginnt ein Tauchgang an der großen Sandbucht am Westende des Thilas in fünf Metern Tiefe. Auf dieser sandigen Schrägen lebt eine große Kolonie von Rosastreifen-Partnergrundeln, die hier zahmer erscheinen, als anderswo. Nähert man sich ihnen äußerst vorsichtig, so kann man die Krabbe am Eingang zum Tunnel der Grundel beobachten, mit der sie zusammenlebt. An den Wänden und Überhängen stehen große Fächerkorallen und Büsche von Schwarzen Korallen. Auf den flacheren Schrägen stehen Grüne Korallenbäume. Am Südostende liegt eine große Höhle, die vom Riffdach bis auf 25 Meter Tiefe abfällt. Hier zeigt sich eine große Vielfalt verschiedenster Fischarten. Viele Vorsprünge beginnen tief auf 25 oder 30 Metern und ziehen spiralig an der Felswand aufwärts. Auf dem Riff stehen Stein- und Hirnkorallen, die von bunten Röhrenwürmern besetzt sind.

Medhu Thila ** und **Kuda Thila** **

Diese Plätze sind kleiner und Taucher können leicht das 30 Meter breite Kuda Thila umschwimmen. Die Tiefen liegen hier zwischen fünf und 25 Metern. Es gibt an beiden Plätzen kleine Höhlen und Steilwände voller Leben, einschließlich der Großaugen-Makrelen, der zahlreichen Haie und Rochen. Am Riffdach stehen verschiedene Arten von Schwalbenschwänzen wie der Dreibinden-Preußenfisch, sowie Kaiser- Falter und Anemonenfische.

Fähnchen-Falterfisch, Chaetodon auriga. *Falterfische besitzen ausgeprägte Farbmuster und können so leicht erkannt werden. Der Fähnchen-Falterfisch ist oft paarweise in den oberen Bereichen der Riffschrägen zu sehen, wo er sich von kleinen wirbellosen Tieren ernährt.*

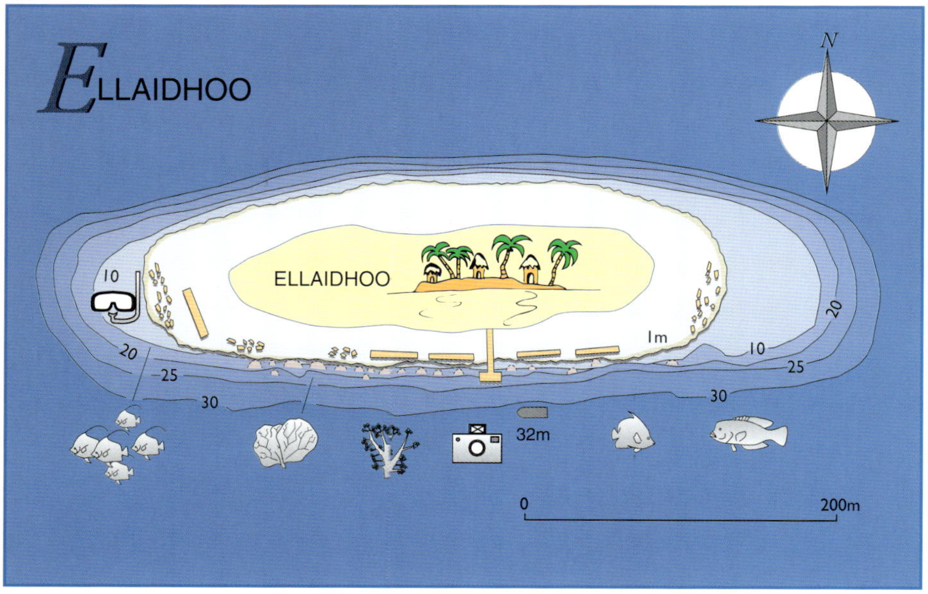

Ellaidhoo rühmt sich wegen seiner großartigen Hausrifftauchgänge.

Ellaidhoo Housereef **

Ort: Südseite von Ellaidhoo
Tiefe: 1-25 m
Fische: sehr gut
Korallen: ausgezeichnet
Merkmale: Wrack, Fächerkorallen

Von allen maledivischen Inseln hat Ellaidhoo eines der besten und am bequemsten zugängliche Hausriffe. Taucher können förmlich vom Steg ins Wasser steigen oder wenige Meter vom Strand aus zu einer 750 Meter langen Felswand schwimmen. Sie ist mit Höhlen durchsetzt, die wiederum voller Schwämme, Federsterne, sowie Fächer-, Weich- und Hartkorallen sind. Zum größten Teil ist der Drop Off jenseits von 20 Metern Tiefe bis zu dem Sandgrund in 25 bis 30 Meter unterhöhlt; die kleinen Höhlen selbst finden sich in Tiefen zwischen zehn und 15 Metern. Sie sind gerade groß genug, um hindurchzuschwimmen und ohne dabei die Korallen zu beschädigen. Neben dem Steg liegt ein Wrack in 32 Metern kieloben, während sein Bug nach Westen weist. Hier hält sich gewöhnlich ein großer Zackenbarsch auf. Westlich des Stegs gibt es nicht weniger als 15 Höhlen, alle in elf bis 14 Meter Tiefe. Eine zeichnet sich durch zahlreiche große Korallenfächer und Peitschenkorallen aus. In den meisten Höhlen stehen Soldaten- und Husarenfische, Wimpelfische, Pinzettfische, Halfterfische, Drücker, Orient-Süßlippen, Schnapper und Blaumasken-Kaierfische, nur um einige Arten zu nennen. Am West- wie auch am Ostende stehen auf dem Riffdach prachtvolle Acropora- und Poritkorallen, während sich im Westen noch in vier bis fünf Metern Tiefe Schwärme von Wimpelfischen versammeln. Für Taucher gibt es zudem Napoleons, Stachelrochen, Langusten und Muränen zu beobachten. Besucher von Ellaidhoo können zu jeder Zeit tauchen, wann und wo sie wollen und Langeweile kommt für Taucher hier wohl kaum auf.

Eine Gruppe von Schwarm-Wimpelfischen, Heniochus diphreutes. *Dieser Fisch ist ein ortstreuer Zooplanktonfresser und ist meist in Schwärmen entlang der Riffkanten zu finden.*

Röhrenmaul-Pinzettfisch, Forcipiger flavissimus. *Es gibt zwei Arten von diesen Falterfischen. Einen mit einer langen Schnauze, der Röhrenmaul-Pinzettfisch und einen mit einer noch längeren Schnauze, der Langmaul-Pinzettfisch. Das verlängerte Maul ermöglicht es den Fischen, kleine Krebstiere und Würmer aus den winzigen Spalten in den Korallen herauszupicken.*

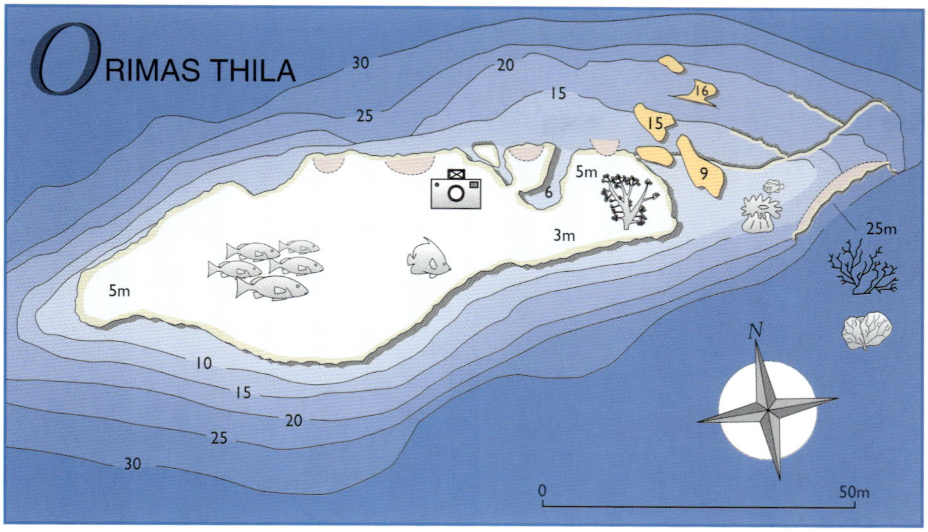

Flötenfisch, Fistularia commersonii. *Durch seine lange Schnauze ähnelt er ein wenig dem Trompetenfisch. Der Flötenfisch kann mit seinem geöffnetem Maul einen enormen Sog verursachen, mit dem er seine ahnungslose Beute in sich hineinzieht.*

Orimas Thila *** (Maagaa Thila)

NATURSCHUTZGEBIET

Ort: Nordseite von Orimas Faru
Tiefe: 3 -30 m
Fische: im Überfluß
Korallen: hervorragend
Merkmale: Korallen, Höhlen

Orimas Thila wird bisweilen auch nach der gleichnamigen Insel im Norden als Maagaa Thila bezeichnet. Die Nordseite dieses etwa 100 Meter langen Riffs zeigt eine großartige Unterwasserlandschaft. Dieses Thila nimmt daher eine Spitzenposition gegenüber vielen anderen Tauchplätzen ein. Es besitzt auf seinem Riffdach in sechs Metern Tiefe eine schmale, lange Spalte mit kleinem, aber üppigem Bewuchs. Das steile Riff ist voller Kerben und weist eine Höhle auf, die sich in Tiefen zwischen 15 und 18 Metern entlangzieht. Sie ist wie eine Wiese mit Büschen von Schwarzen Korallen, mit Weich- und Fächerkorallen dicht besetzt. Am Ostende des Riffs liegen einige große Korallenblöcke mit Einschnitten und Canyons. Noch weiter östlich fällt das anemonenbedeckte Riff allmählich auf 30 Meter Tiefe ab. An seiner Ostseite befindet sich ein besonders großes Feld davon in 15 Metern Tiefe. Südöstlich liegt in 25 Meter eine weitere Höhle mit Schwarzen Korallen. Die etwas eintönige Südseite des Thilas neigt sich langsam bis auf 30 Meter. Die Feuer, Hirschhorn- und großen Tischkorallen auf dem Riffdach sind von vielen Fischen besiedelt, darunter auch zahlreiche Flötenfische.

Tauchhinweise: Dieses ist ein idealer Platz für den beobachtenden Taucher. Das Riff ist klein, man sollte daher darauf achten, das marine Leben nicht zu stören und die empfindlichen Korallen nicht mit den Flossen abzubrechen.

Kandholhudhoo Thila liegt im Norden der Insel Kandholhudhoo. Hier lassen sich Adlerrochen und Schildkröten beobachten und manchmal treten an diesem Platz auch Mantas auf.

Endemischer Anemonenfisch, Amphiprion nigripes. *Dieser Anemonenfisch zählt zu den wenigen endemischen Arten auf den Malediven. Er findet Schutz zwischen den Tentakeln der Anemone. Diese enthalten ein Gift und kleine Pfeile an ihren Spitzen, die Nematozyten genannt werden. Sie können die Haut von kleinen Tieren durchstechen und so ihr Gift injizieren. Der Anemonenfisch schützt sich gegen sie durch eine Schleimschicht, die ihn umgibt. Die Gegenleistung des Anemonenfischs in dieser Symbiose besteht darin, seine Wirtsanemone durch nervöses umherschwimmen vor ihren Feinden wie den Falterfischen zu warnen, die ihre Tentakelspitzen fressen. Die Anemone kann dann ihre Tentakeln einziehen.*

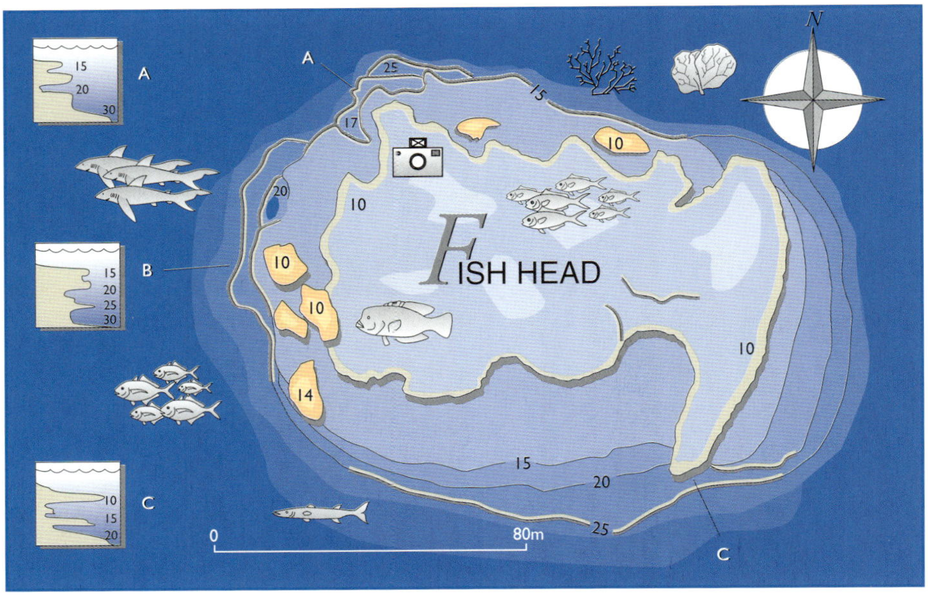

Fish Head ***
(Mushimasmingili Thila)
NATURSCHUTZGEBIET

Ort:	3 km südlich von Mushimasgali
Tiefe:	10 - 30 m +
Fische:	im Überfluß
Korallen:	sehr gut
Merkmale:	Haie, Riffische, Unterwasserszenerie

Der Fish Head steht für die klassische Definition eines Thilas. Es ist ein isoliertes Riff mit einem flachen Dach, das sich scharf vom 40 bis 50 Meter tiefen Grund des inneren Atolls abhebt und sich bis auf zehn Meter unter die Oberfläche erstreckt. Die Anwesenheit großer Schwärme von Grauen Riffhaien in Kombination mit einer vielversprechenden Unterwasserszenerie und der großen Artenvielfalt an Flora und Fauna gaben diesem Riff den Ruf, als einer der zehn besten Tauchplätze in aller Welt zu gelten.

Geschichte: Fischer im Ari Atoll haben schon immer am Fish Head nach Haien geangelt. Taucher wurden zu Anfang auf den Platz deshalb aufmerksam, da hier zahlreiche Dhonis ankerten. Die Haie wurden vornehmlich wegen ihres Öls gefangen. Doch mit der Zunahme der Nachfrage an Haiflossen auf den asiatischen Märkten stehen sie nun sehr hoch im Kurs. Die Fischer des Ari Atolls haben nur widerwillig diesen äußerst ertragreichen Platz zu Gunsten des Tauchtourismus aufgegeben. Vor dem Hintergrund dieses latenten Konflikts erklärte die Regierung 1995 den Fish Head zum Naturschutzgebiet.

Tauchen: Das grob quadratisch erscheinende Riff ist etwa 80 Meter breit und kann bei einem Tauchgang komplett umrundet werden, vorausgesetzt die Strömung ist nicht zu stark. Es gibt hier an den meisten Riffabschnitten Überhänge und Höhlen in unterschiedlichen Tiefen. Die meisten Bereiche sind von einer tiefen Unterhöhlung in 25 bis 30 Metern Tiefe gekennzeichnet, bis das Riff allmählich in eine dem Grund zulaufende Schräge übergeht. Die Nord- und Nordwestseite zeigt eine besonders schöne Unterwasserlandschaft in annehmbaren Tiefen, ideal auch für weniger erfahrene Taucher. In der Tiefe warten Höhlen mit ihren Attraktionen wie mit Schwarzen Korallen oder Fächerkorallen auf den Besucher. Taucher, die lieber im Flachen bleiben, sollten an der Riffkante in 15 Metern verweilen. Hier kann ein Schwarm von etwa 20 ortstreuen Grauen Riffhaien beobachtet werden.

Haie: Sie stehen meistens auf der strömungszugewandten Seite des Riffs. Der Vorteil des Fish Heads gegenüber anderen Hai-Plätzen besteht darin, daß man das Verhalten der Haie in einem recht kleinen Gebiet beobachten kann, und dieses von einer sicheren Position aus und von allen Stellen des Riffs. Gelegentlich lassen sich Haie auch an Putzerstationen beobachten, wo sie ihre schimmernden Zähne den verwöhnten Putzerfischen zeigen. Fotografen werden wohl kaum bessere Möglichkeiten finden, diese eleganten Räuber abzulichten, als am Fish Head.

Flora und Fauna: Der Fischreichtum beginnt bereits an der Oberfläche, wo das Wasser von den silbrigen Leibern der Füsiliere nur so kocht. In der Tiefe wartet neben vielen pelagischen Fischen und zahllosen Barrakudas und Thunas eine Napoleon-Familie auf den Taucher; der kapitalste Fisch von ihnen ist über 1,5 Meter groß.

Tauchhinweise: Oft ankern viele Dhonis am Thila; merken Sie sich ihr Boot und kehren Sie mit genug Luft zur Oberfläche zurück, um ggf. einen Sicherheitsstop durchzuführen. Zudem sollten keine Korallen beschädigt werden.

Großer Barrakuda, Sphyraena barracuda.

Haie

Nach Aussagen einiger Wissenschaftler gilt der Hai seit mehr als 300 Millionen Jahren als einer der großen Überlebenskünstler der Evolution. Doch trotz zahlloser Berichte über Haiangriffe ist er nicht jene wenig intelligente, unersättliche Freßmaschine. Tatsächlich sind die Grauen Riffhaie des Indischen Ozeans weit weniger aggressiv, als ihre pazifischen Verwandten, von denen ebenfalls Berichte über Angriffe vorliegen.
Einer der ersten Berichte über die Haie auf den Malediven stammt wiederum von Pyrard zu Beginn des 17.ten Jahrhunderts. Er begründete die Legenden um diese Tiere mit, als er sie als einen bestimmten Fisch beschrieb, der Menschen frißt und verschlingt, gesandt von Gott um diese für ihre Sünden zu bestrafen. Pyrard schrieb wörtlich: "Die Malediver versicherten mir, daß diese Fische in Rudeln auftreten und oft kleine Boote und Fischerboote angriffen und sie zum Kentern bringen um die Männer zu verschlingen. Man sieht hier viele Leute, die einen Arm oder ein Bein oder eine Hand verloren haben, oder anderswo durch Bisse der Fische an ihren Körpern verletzt wurden. Ich habe viele solcher verstümmelter Menschen auf den Malediven gesehen und in der Tat sah ich einige dieser gefangenen Fische, die noch menschliche Gliedmaßen in ihren Bäuchen hatten".
Zu Pyrards Zeiten waren sicher die Freitaucher am gefährdesten, die ohne Masken Köderfische fingen. Seine Erzählungen überraschen heute wenn man berücksichtigt, daß Haiangriffe auf Schwimmer und Taucher äußerst selten sind und sich eigentlich nur auf die Personen beschränkten, die diese Tiere füttern oder provozieren.
Im Jahre 1917 machten zwei Engländer mit ihrem Doppeldecker während eines Erkundungsfluges auf den Malediven eine Bruchlandung. Einer von ihnen, Captain Meade erinnerte sich an das Dilemma, ob man an Bord bleiben sollte um mit dem Flugzeug unterzugehen, oder sie mit ihren Verletzungen die 2,5 Kilometer bis zum Land durch das haiverseuchte Wasser schwimmen sollten. Man entschied sich, getrennt zu schwimmen und beide erreichten unversehrt das Land. Aber auch diese Geschichte verstärkte nur den Ruf der Haie auf den Malediven gnadenlose Räuber zu sein und die nur darauf warten, leichte Beute zu machen.

Grauer Riffhai, Carcharhinus amblyrhynchos.

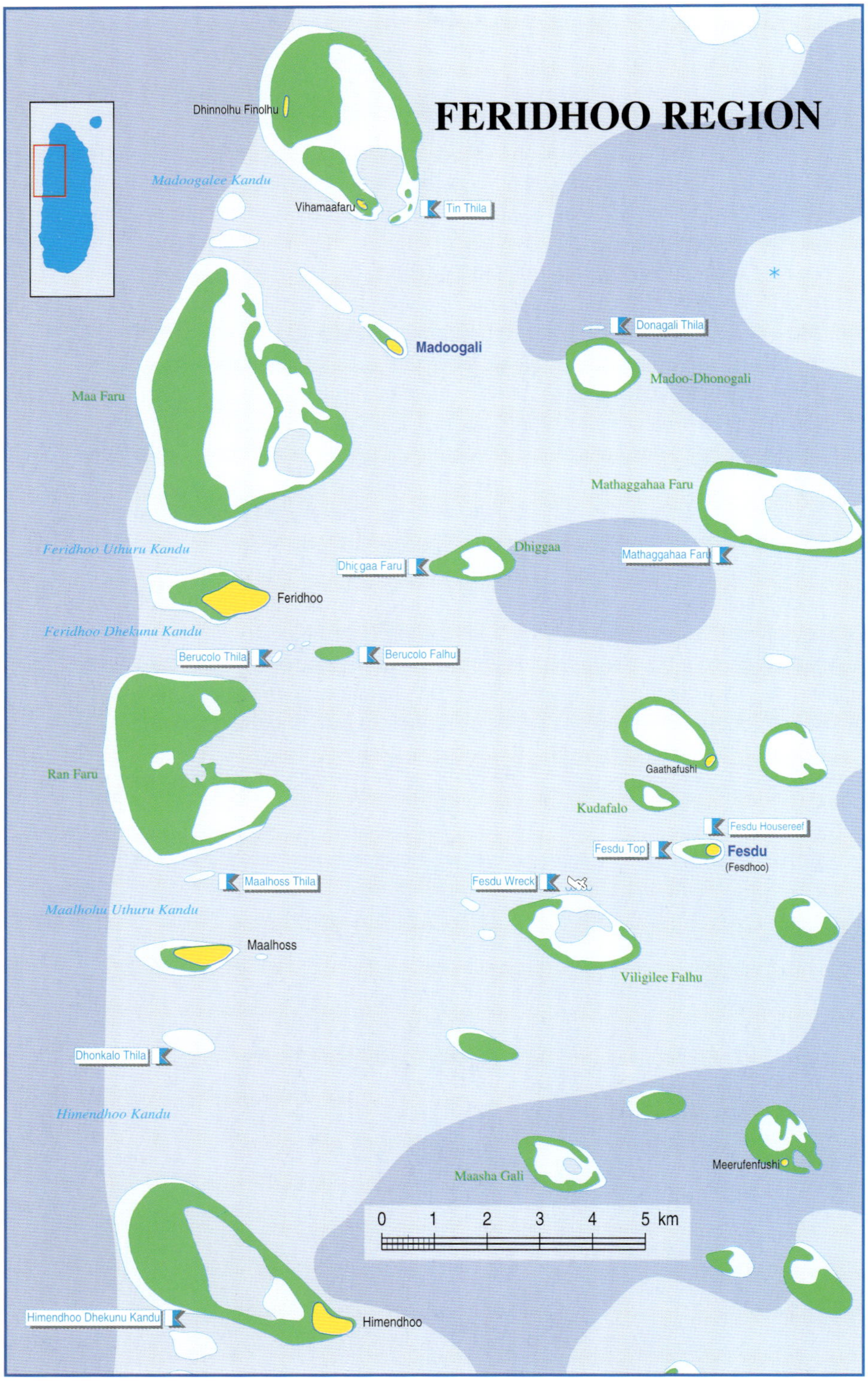

Himendhoo Dhekunu Kandu **

Ort:	Südseite von Himendhoo Faru
Tiefe:	3 -30 m
Fische:	über Durchschnitt
Korallen:	sehr gut
Merkmale:	Haie, Riffische,

In diesem Kanal ist ein vier Kilometer langer Strömungstauchgang möglich, der zweckmäßiger Weise in drei Abschnitte geteilt wird: die äußere Ecke, der Kanal selbst und die Innenseite. An der Außenecke neigt sich das Riff bis auf 15 Meter, bevor es steil bis auf 30 Meter Tiefe fällt. Danach tritt es weiter in den Kanal hinaus und stürzt schließlich in dunkle Tiefen ab. Die Sicht ist gewöhnlich gut und es wurden hier schon Hammerhaie gesichtet. 1994 wurde am Außenriff von der Moofushi-Tauchschule ein großer, mit Korallen bewachsener Anker aus 25 Meter Tiefe geborgen. Wrackteile konnten bislang in der Umgebung aber nicht gefunden werden. Der Anker steht heute auf der Hotelinsel. Es ist am besten, etwa 150 Meter innerhalb des Kanals bei einer Einwärtsströmung mit dem Tauchgang zu beginnen. Ein großer Überhang beginnt auf 20 Meter und erhebt sich bis auf fünf Meter Tiefe. Er ist an seiner Basis und den Wänden mit wunderbaren Fächer- und Peitschenkorallen bewachsen, während unter ihm Imperator-Kaiserfische, Süßlippen und Husarenfische stehen. Weiter im Kanal zeigt das Riff zusätzliche Spalten, die von fünf bis auf 20 Meter abfallen. Noch weiter über den Kanal hinweg erheben sich in 35 Metern einige Riffausläufer, an denen "White Tips" und Graue Riffhaie zu finden sind, ebenso Hundezahn-Thunas und Barrakudas.

Im vier Kilometer langen Himendhoo Kandu erhebt sich ein großes Thila, das **Donkalo Thila**. Die besten Tauchmöglichkeiten finden sich an der Südseite mit einer schönen Wand mit Überhängen, die voller Fische sind. Während des Nordostmonsuns sind Mantas häufige Gäste und auch Walhaie wurden im Himendhoo Kandu oft gesichtet.

Fesdu Housereef **

Fesdu Taucher genießen das Glück, ein Hausriff mit einer schönen Steilwand direkt vor ihren Bungalows vorzufinden. Das Riff fällt bis auf 20 Meter ab, ist voller Hartkorallen, großer Muränen, Oktopusse, Stein- und Rotfeuerfische. Auf dem Grund halten sich Stachelrochen und gelegentlich Adlerrochen auf. Dicht nebenan liegt **Fesdu Top** *, ein aufregendes Riff mit den besten Tauchmöglichkeiten zwischen 15 und 20 Metern. Es gibt hier viele Höhlen, einige mit Langusten besetzt. Die Fauna schließt Blaustreifen-Schnapper und auch Schildkröten mit ein.

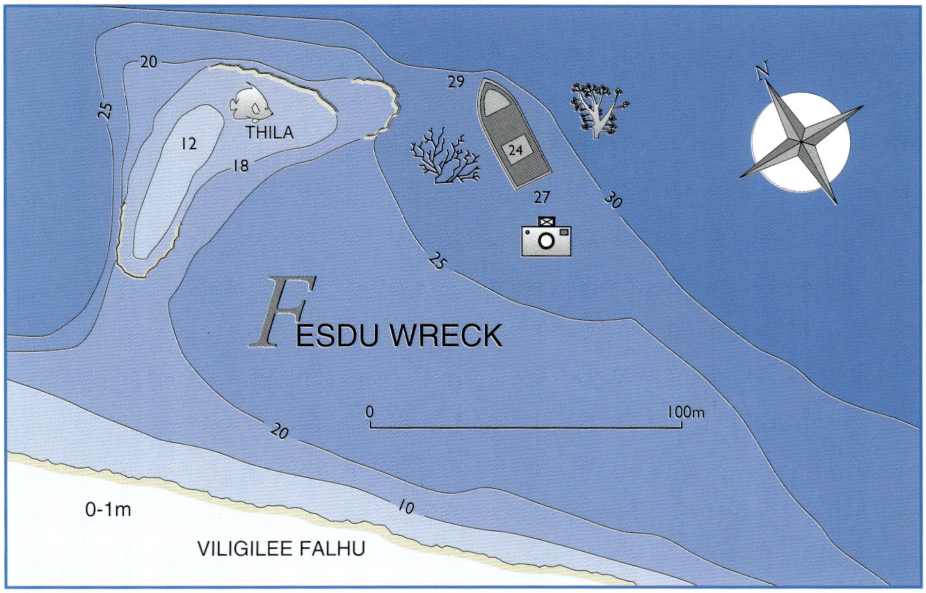

Fesdu Wreck ***

Ort:	Nordseite von Viligilee Falhu
Tiefe:	24 - 29 m
Fische:	über Durchschnitt
Korallen:	gut
Merkmale:	Wrack, Riffische

Das Wrack war ein 30 Meter langer Fischkutter, der in 29 Meter Tiefe auf dem Grund steht und dessen Bug fast nach Norden weist. Das Dach des Steuerhauses befindet sich in 24 und die Schraube in 27 Metern Tiefe. Korallen haben sich schon gut angesiedelt und am Heck wachsen bereits einige Büsche schöner, Schwarzer Korallen. An den Aufbauten halten sich Muränen auf, während der Maschinenraum das Reich eines großen Zackenbarsches ist.

Das Wrack liegt am Ende eines kleinen Thilas, das etwa 50 Meter von Viligilee Falhu entfernt ist. Das Dach des Thilas liegt auf zwölf Meter Tiefe und kann von der Oberfläche bereits ausgemacht werden. Es dominiert am ganzen Riff ein sehr starkes Wachstum an Hart- und Weichkorallen und ein großer Fischreichtum. Zudem gibt es einige Höhlen und Felsformationen.

Tauchhinweise: Dieses ist ein ausgezeichneter Platz, der alles einschließt: Hauptriff, Thila und ein einfach zu betauchendes Wrack. Am besten taucht man am Thila ab, schwimmt zum Wrack am Ostende und kehrt schließlich über das Thila zum Hauptriff zurück.

Maalhoss Thila *** (Bluecaves)

An der Nordseite von Maalhoss befindet sich im Maalhohu Uthuru Kandu das Maalhoss Thila, auch als Bluecaves bekannt. Sein Dach liegt auf sechs Meter Tiefe und an der Südseite erstreckt sich eine Reihe von Höhlen, die schon in sieben Metern beginnen. Im Osten sind sie etwas flacher und fallen auf der Westseite eine nach der anderen bis auf 27 Meter Tiefe ab. Die Höhlendecken sind voller Weichkorallen in allen Farben; die meisten aber sind weiß, blau und violet. Die Schneeflocken-Weichkoralle zählt zu den hübschesten im ganzen Ari Atoll und die mit ihr bedeckten Höhlen ergeben einen surrealen Hintergrund für Fotografen.

Das Fesdu Wrack.

Rund um die Insel Feridhoo erstrecken sich viele Riffe und Thilas, die es alle wert sind, erkundet zu werden. Ein guter Anfang ist das **Berucolo Falhu**, an dessen Westseite einige gute Tauchgänge gemacht werden können. Westlich daneben liegt das **Berucolo Thila**, daß in vier Meter Tiefe beginnt.

Dhiggaa Faru *

Drei Kilometer östlich von Feridhoo liegt ein Riff, dessen Westecke am besten zu betauchen ist. Es besitzt steile Wände bis 20 Metern Tiefe mit Spalten und Höhlen in zehn bis 20 Meter. Eine große Höhle mit einer Durchtauchmöglichkeit befindet sich an der Ecke in zehn Meter Tiefe. Rochen liegen auf dem Sandboden der Höhlen und kleine Muränen besiedeln die Riffschrägen. Zudem stehen hier viele Falterfische, u.a. auch der Tränen-Falterfisch.

Mathaggahaa Faru *

Acht Kilometer östlich von Feridhoo ist beginnerfreundliches Strömungstauchen möglich. Es gibt einige große und tiefe Höhlen mit Sandgrund zwischen zehn und 20 Metern, die alle leicht zugänglich sind. Innen stehen kleine Büsche Schwarzer Korallen, die mit Austermuschlen besetzt sind. Am Riff selbst erstrecken sich große Anemonenfelder. Hier halten sich neben zahlreichen wirbellosen Tieren auch junge Süßlippen, Rotfeuerfische, Igelfische und Blaue Drücker auf.

Donagali Thila **

Dieses 150 Meter lange Thila liegt an der Nordseite von Madoo Donogali. Seine Spitze befindet sich in neun Meter Tiefe, der sandige Grund erreicht 25 Meter zwischen dem Hauptriff und dem Thila, sowie 30 Meter an der Außenseite.

Tin Thila **

Dieses 150 Meter lange Thila hat drei Spitzen, die sich bis auf sechs Meter erheben. Dazwischen erreichen die Sättel zwölf Meter Tiefe. Im Osten fällt das Thila bis auf 30, im Westen bis auf 20 Meter zum Sandgrund ab. Es gibt hier einige Höhlen mit Ammenhaien; im März tauchen zudem Mantas auf.

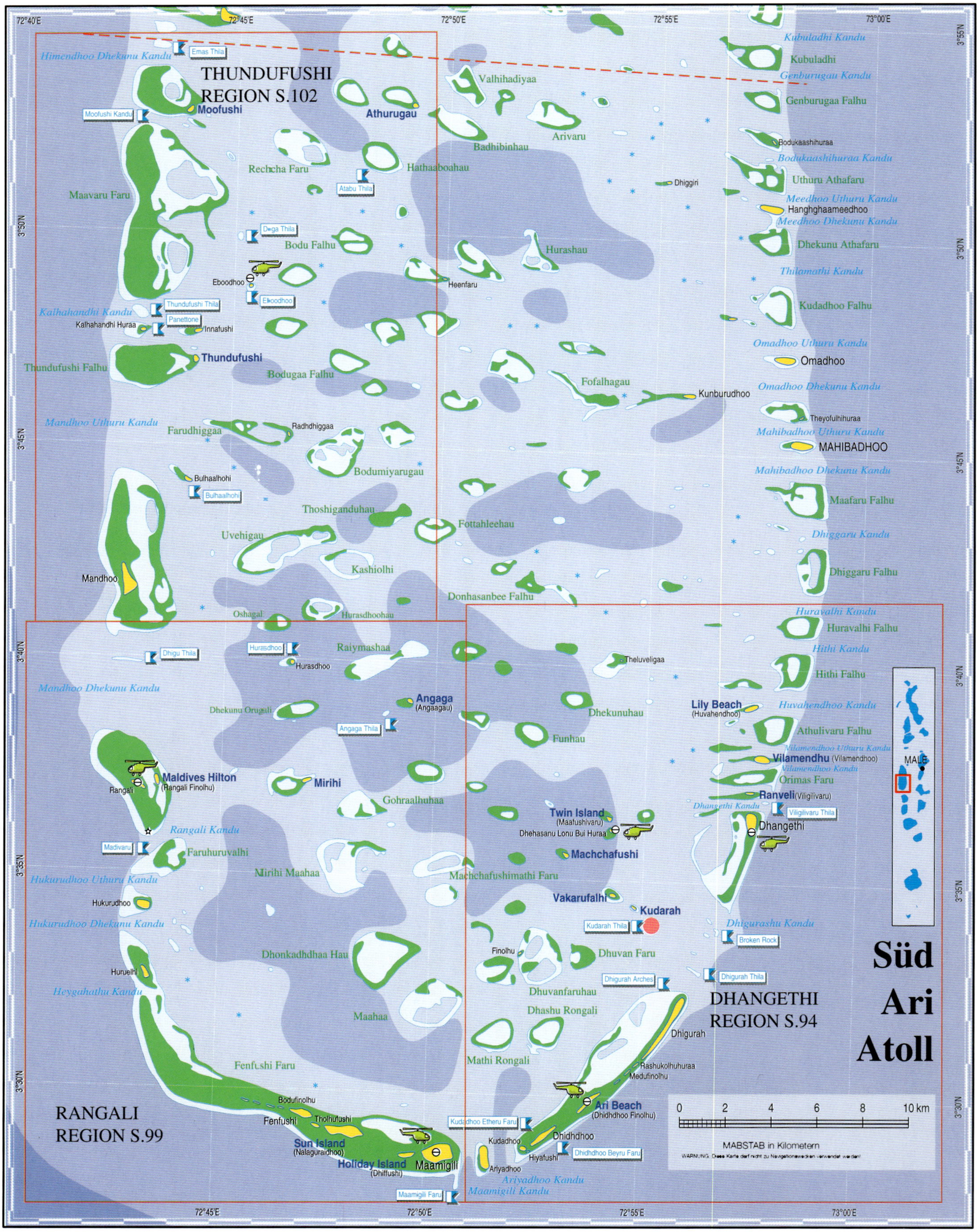

72°40'E
72°45'E
72°50'E
72°55'E
73°00'E
3°55'N
3°50'N
3°45'N
3°40'N
3°35'N
3°30'N
THUNDUFUSHI
REGION S.102
Himendhoo Dhekunu Kandu
Emas Thila
Moofushi Kandu
Moofushi
Athurugau
Valhihadiyaa
Arivaru
Badhibinhau
Kubuladhi Kandu
Kubuladhi
Genburugau Kandu
Genburugaa Falhu
Bodukaashihuraa
Bodukaashihuraa Kandu
Uthuru Athafaru
Meedhoo Uthuru Kandu
Hanghghaameedhoo
Meedhoo Dhekunu Kandu
Dhekunu Athafaru
Thilamathi Kandu
Kudadhoo Falhu
Omadhoo Uthuru Kandu
Omadhoo
Omadhoo Dhekunu Kandu
Theyofulhihuraa
Mahibadhoo Uthuru Kandu
MAHIBADHOO
Mahibadhoo Dhekunu Kandu
Maafaru Falhu
Dhiggaru Kandu
Dhiggaru Falhu
Dhiggiri
Hathaaboahau
Rechcha Faru
Atabu Thila
Maavaru Faru
Dega Thila
Bodu Falhu
Hurashau
Heenfaru
Eboodhoo
Eboodhoo
Kalhahandhi Kandu
Thundufushi Thila
Kalhahandhi Huraa
Panettone
Innafushi
Thundufushi Falhu
Thundufushi
Bodugaa Falhu
Fofalhagau
Kunburudhoo
Mandhoo Uthuru Kandu
Farudhiggaa
Radhdhiggaa
Bodumiyarugau
Bulhaalhohi
Bulhaalhohi
Thoshiganduhau
Fottahleehau
Uvehigau
Kashiolhi
Mandhoo
Donhasanbee Falhu
Oshagal
Hurasdhoohau
Huravalhi Kandu
Huravalhi Falhu
Hithi Kandu
Hithi Falhu
Dhigu Thila
Hurasdhoo
Hurasdhoo
Raiymashaa
Theluveligaa
Mandhoo Dhekunu Kandu
Angaga
(Angaagau)
Dhekunu Orugali
Angaga Thila
Dhekunuhau
Lily Beach
(Huvahendhoo)
Huvahendhoo Kandu
Athulivaru Falhu
Funhau
Vilamendhoo Uthuru Kandu
Vilamendhu (Vilamendhoo)
Vilamendhoo Kandu
Orimas Faru
MALE
Maldives Hilton
(Rangali Finolhu)
Rangali
Mirihi
Gohraalhuhaa
Dhangethi Kandu
Ranveli (Viligilivaru)
Viligilivaru Thila
Twin Island
(Maafushivaru)
Dhehasanu Lonu Bui Huraa
Dhangethi
Rangali Kandu
Madivaru
Faruhuruvalhi
Machchafushi
Hukurudhoo Uthuru Kandu
Mirihi Maahaa
Machchafushimathi Faru
Hukurudhoo
Vakarufalhi
Kudarah
Hukurudhoo Dhekunu Kandu
Kudarah Thila
Dhigurashu Kandu
Broken Rock
Finolhu
Dhonkadhdhaa Hau
Dhuvan Faru
Huruelhi
Dhigurah Arches
Dhigurah Thila
Heygahathu Kandu
Dhuvanfaruhau
DHANGETHI
REGION S.94
Dhashu Rongali
Maahaa
Dhigurah
Süd
Ari
Atoll
Mathi Rongali
Fenfushi Faru
Rashukolhuhuraa
Medufinolhu
Bodufinolhu
Ari Beach
(Dhidhdhoo Finolhu)
0 2 4 6 8 10 km
RANGALI
REGION S.99
Fenfushi
Tholhufushi
Kudadhoo Etheru Faru
Dhidhdhoo
Kudadhoo
Sun Island
(Nalaguraidhoo)
Hiyafushi
Dhidhdhoo Beyru Faru
MABSTAB in Kilometern
Holiday Island
(Dhiffushi)
Maamigili
Ariyadhoo
Ariyadhoo Kandu
Maamigili Faru
Maamigili Kandu

Inseln im Süd Ari Atoll

Bodukaashihuraa ist unbewohnt und liegt am östlichen Saum des Atolls. Der Name bedeutet Kokosnußinsel.

Hanghgaameedhoo (Einwohner 328) ist eine Name, der in jeder Sprache schier unaussprechlich ist. Ein Merkmal der Insel ist das Grab von Sultan Ibrahim III (1585 - 1609), der von Malabar Piraten ermordet worden war, als sie Male 1609 plünderten und ihn mit seinem fliehenden Schiff einholten. Der maledivische Historiker Hassan Ahmed Maniku sagt: "Es wird in der Legende berichtet, daß der Sultan als der erste König der Malediven gilt, der einen Sonnenschirm benutzte. Daher war es bis in die jüngere Zeit üblich daß jeder König oder Prinz, die das Privileg genossen, einen Sonnenschirm offiziell zu benutzen, sich an Sultan Ibrahim erinnerten und einen Schirm an seinem Grab aufstellten. 1978 besuchte ich dieses Grab und sah dort noch die Überreste von verschiedenen Schirmen." (Vanavaru Nr. 3, 1989)

Dhiggiri ist eine kleine unbewohnte Insel mit einem langen Riff.

Omadhoo (Einwohner 523) ist eine alte Einheimischeninsel, deren Bewohner primär vom Fischfang leben.

Kunburudhoo ist unbewohnt und besitzt ein sehr langes Riff an seiner Westseite. Ein *Kunburu* ist eine Kriechpflanze, die auf sandigem Untergrund wächst.

Mahibadhoo (Einwohner 1.199) ist die Hauptinsel des Süd Ari Atolls. Hier residiert die Atollverwaltung, zudem gibt es ein Fischverarbeitungszentrum und Kühlhäuser.

Huvahendhoo eröffnete 1994 unter dem Namen Lilly Beach Resort. Das Hausriff, das die Insel umsäumt, ist ein ideales Schnorchel- und Tauchrevier.

Vilamendhoo öffnete ebenfalls 1994. Die Insel ist größer und dichter bewaldet. In der Vergangenheit kamen hier viele Fischerboote vorbei, um Wasser aufzunehmen. Die Nord- und Südseite der Insel liegen nahe am tiefen Wasser und dicht an einem blühenden Korallenriff.

Viligilivaru ist eine kleine Insel, die 1991 als Ranveli Beach Resort ihre Pforten öffnete. Die Insel liegt an einem schmalen, zwei Kilometer langen Riff. In der Vergangenheit ankerten wegen der ausgezeichneten Schnorchel- und Tauchmöglichkeiten viele Safari-Dhonis in der Nordbucht.

Dangethi (Einwohner 554) kann deutlich von anderen Inseln unterschieden werden. Denn in der Mitte der Insel steht ein gewaltiger *Nika* oder Banyan Baum, der schon von weitem sichtbar ist. Keiner weiß wie alt der Baum ist, einige meinen älter als 200 Jahre. Seine langen Wurzel, die sich über eine große Fläche ausbreiten, scheinen dieses zu bestätigen. Die Haupteinahmequelle für die Bewohner ist der Fischfang. Aber zunehmend arbeiten viele von ihnen auch auf den benachbarten Touristeninseln.

Maafushivaru begann als Twin Island 1991 den Betrieb.

Viligilivaru im Vordergrund, die Insel Dangethi im Hintergrund.

Geschichten zu erzählen gehört bei den Insulanern mit zum liebsten Zeitvertreib. Die Bewohner von Dangethi haben einen besonderen Sinn für Humor und gelten als Quelle für viele populäre Geschichten. Eine, die in den Teestuben Males erzählt wird, berichtet von einem Fischer aus Dangethi, der in einer klaren Vollmondnacht nach Male segelte. An Bord stand ein irdenes Gefäß mit Süßwasser. Als der Fischer davon trinken wollte und sich über das Gefäß beugte um mit der Kelle Wasser zu schöpfen, sah er das Spiegelbild des Mondes im Wasser. Er war darüber so verblüfft, daß er schnell den Deckel schloß, um so den Mond einzufangen. In Male angekommen, schleppte er den Wassertopf völlig erschöpft zum Palast und zeigte ihn dem Sultan. Der Monarch war ein gelehrter Mann und er schüttelte sich vor Lachen ob der Geschichte. Dabei zerbrach er versehentlich das Gefäß. Der Fischer war darüber mehr als erschrocken und sagte zu dem Sultan: "Sieh, was nun geschehen ist, der Mond ist entkommen".

Eine andere Geschichte berichtet über das schwierige Leben auf Dangethi. Ein Prediger sagte den Leuten, daß sie für ihr jetziges, hartes Dasein im nächsten Leben adäquat entschädigt werden würden. Um eben noch mehr im nächsten Leben an Gutem zu erfahren, begannen die Bewohner eine hüfthohe Brücke vom Landesteg bis zur Inselmitte zu bauen, um dann aber mit den Waren der anlandenden Dhonis unter der Brücke herzugehen. Um das ganze noch zu verstärken, machte man dieses auch und gerade im Fastenmonat Ramadan. Mit solchen Geschichten können Gäste wunderbare Abende mit dem heimischen Inselpersonal oder der Crew eines Safaridhonis verbringen, wenn sie an diesen Scherzgeschichten teilhaben wollen.

Machchafushi bedeutet "Entstehende Insel". 1992 eröffnete man als Hotelinsel das Machchafushi Island Resort.

Vakarufahli ist ein Teil einer Kokospalme. Die gleichnamige Insel öffnete 1994 als Touristeninsel ihre Tore.

Kudarah startete 1991 als Hotelinsel.

Dhigurah (Einwohner 349) liegt an der südöstlichen Kante des Atolls. *Dhigurah* bedeutet "Lange Insel" und mit drei Kilometern ist es die längste Insel im Atoll. Sie ist sehr pittoresk und besitzt einen langen Strand, eine geschützte Lagune und strohgedeckte Hütten, die sich mit dem dichten Laubwerk am Strand zu vermischen scheinen. Zur Zeit des Nordostmonsuns bietet die Lagune für Safariboote gute Ankermöglichkeiten. Die Insel verliert durch die Strömungen ständig an Substanz oder wird vom Meer wieder aufgebaut. An ihrer Südseite sind einige Sandbänke gelegen.

Dhidhdhoo Finolhu begann als Ari Beach Resort seinen Betrieb 1987. Es war die erste Touristeninsel im Süden des Ari Atolls und zu der Zeit die mit am abgelegenste Hotelinsel auf den Malediven. Heute ist die Anzahl der Bungalows erhöht worden und ein für die Gäste extra errichteter Helikopterlandeplatz sorgt dafür, daß sie nicht mehr auf den Bootstransfer allein angewiesen sind.

Dhidhdhoo (Einwohner 97) Die Bewohner dieser Insel sind für ihre Stärke und ihre schöne Haut bekannt. Die Legende berichtet, daß hier einst am Riff ein französisches Schiff zerschellte und die Seeleute, die blieben, für neues Blut auf der Insel sorgten.

Kudadhoo liegt nahe des Riffsaums in der Nähe von Dhidhdhoo und ist unbewohnt.

Hiyafushi ist ebenfalls unbewohnt. *Hiya* bedeutet 69 und möglicherweise ist die Insel das 69te Eiland, das im Atoll gezählt wurde.

Ariyadhoo liegt am äußersten Südende des Ari Atolls und ist unbewohnt. Es ist als Landwirtschaftsinsel mit Früchten und dicht beieinander stehenden Kokospalmen privat vermietet. Einst war es eine wichtige Insel, von der auch das Atoll seinen Namen hat. Im Jahre 1959 wurden hier Ausgrabungen durchgeführt und Teile eines buddhistischen Klosters freigelegt. Verschiedene Funde wurden gemacht, u.a. auch der eines Phallus von 38 cm Länge und mit einem Umfang von 30 cm an seiner Basis. Weitere Ausgrabungen an zwei Havittas 1988 brachten zusätzliche buddhistische und hinduistische Funde zutage.

Maamigili (Einwohner 970) liegt am 15 Kilometer langen Fenfushi Faru, das als das längste Riff im Atoll gilt. Die Bewohner sind für die Produktion von Steinblöcken aus Kalkstein, wie für das Fördern von Korallen und Sand zu Bauzwecken bekannt. Auf der Insel gibt es eine alte Moschee aus dem 17. Jahrhundert; am Westende liegt zudem ein Hubschrauberlandeplatz.

Dhiffushi eröffnete 1994 als Holiday Island Resort.

Nalaguraidhoo ist eine größere Hotelinsel und begann den Betrieb 1996 als Sun Island Resort. *Nala* bedeutet "hübsch" und *guraa* ist eine Papageienart. Auf der Insel leben Wasservögel, die sich hier ihre Erdlöcher graben.

Tholhufushi ist eine kleine, unbewohnte Insel.

Fenfushi (Einwohner 429) bedeutet "Insel des guten Wassers". Die Bewohner sind bekannt für ihre Korallenschnitzereien, für das Meißeln von Grabsteinen und den Bau von steinernen Moscheen. Die Fenfushi-Freitags-Moschee gleicht der in Male und ist ein Beispiel für das handwerkliche Geschick der Insulaner. Errichtet wurde sie unter der Regentschaft von Sultan Mohammed Ibn Al Haj Ali (1692-1701); derzeit wird sie renoviert. Leider sind die Handwerker, die die Schnitzkunst beherrschen alt und nur noch wenige kennen sich mit dieser Kunst aus. Grabsteine werden heute aus Zement gefertigt und das Steineschnitzen ist eine aussterbende Kunst. Längs der Insel haben sich einige Sandstreifen gebildet und es ist möglich, daß aus ihnen eines Tages eine neue Insel entstehen wird.

Huruehli liegt auf der Nordseite des Heygahathu Kandu. Es ist klein und unbewohnt mit spärlicher Vegetation.

Hukurudhoo ist eine unbewohnte Insel mit üppiger Vegetation. Früher war sie bewohnt und hieß Hukuruehli. An der Südwestseite der Insel erhebt sich ein großer Felshaufen. *Hukuru* bedeutet "Freitag" und die Bewohner erzählen folgende Geschichte, warum die Insel nun unbewohnt ist und wie der Steinhaufen entstand. Es war zur Zeit einer guten Fangsaison, als die Fischer an einem Freitag zum Fischen herausfuhren, statt in die Moschee zum Beten gehen. Dieses erregte Allah's Zorn. Ein Wal wurde beobachtet, der den Booten aufs Meer folgte. Als die Fischer es nicht mehr schafften zurückzukehren, errichteten die Bewohner diesen Felshaufen, von dem sie nach den verlorenen Booten Ausschau hielten. Als die Fischer gänzlich verschwunden waren, zogen die Bewohner auf eine andere Insel. Es ist möglich, daß die Felsen tatsächlich von einem Zyklon angehäuft worden sind. Denn das lange Riff erstreckt sich weit nach Südwest, genau in die Richtung, aus der die Zyklone wehen.

Pottwale werden bisweilen in tieferen Gewässern rund um die Malediven gesichtet. Sie haben einen besonderen Platz in der maledivischen Folklore und die Bewohner nennen sie auch Odi Kaan Bodu Mas, oder den "Boote verschlingenden Fisch". Frühe arabische Händler schossen Pfeile auf "Al baba", denn Zusammentreffen mit den Walen und Booten waren nicht ungewöhnlich. Kleinere Wale wurden gejagt und in Töpfen gekocht, um das Öl zu gewinnen, das man zum Abdichten der Fugen an Schiffen verwendete.

Rangali Finolhu wurde 1992 als Rangali Island Resort eröffnet, dann 1997 umgebaut und von der Maldives Hilton-Gruppe übernommen. *Ran* heißt "Gold "und *gaa* steht für Korallenstein. Der Name kann von dem hellen Korallengestein herrühren, das in der Sonne auf dem Riff glänzt.

Rangali ist eine unbewohnte Insel an der Außenseite des selben Riffs mit einem Helikopterlandeplatz.

Mirihi liegt 6,5 Kilometer östlich vom Rangali Resort und eröffnete 1989 als Mirihi Marina. Die Südseite der Insel grenzt an die Riffkante und bietet gute Schnorchelmöglichkeiten. *Mirihi* ist ein buschiges Kriechgewächs mit kleinen, gelben Blüten *(Wedelia calendulacea biflora)*, das oft in der heimischen Medizin Verwendung findet. Es gilt als eine kraftvolle Medizin und als Maß dieser Stärke ist ihr Ruf anzusehen, Schlangen zu vertreiben. Man glaubt, daß wenn auf einer Insel Mirihi-Pflanzen wachsen, es dort keine Schlangen gibt. Auf den Malediven lebt nur eine Schlangenart, die 60 cm lange, giftige *Nannugathi*. Die Insulaner sagen, daß sie stirbt, wenn sie mit einem Mirihi-Zweig geschlagen wird.

Angaagau liegt in der Atollmitte und begann den Betrieb als Touristeninsel Angaga Island Resort im Jahre 1989.

Hurasdhoo ist unbewohnt und wird von den angrenzenden Ressorts auch als "Ananasinsel" bezeichnet. Sie ist fruchtbarer als andere Inseln und irgendwann begann jemand hier Ananas zu züchten. Heute sind die Früchte verwildert, doch der süße Geruch lockt zahllose Krabben an; aber ebenso viele Touristen. Die Insel ist leicht an einer einzelnen Palme in ihrer Mitte zu erkennen. Picknick- und Schnorchelausflüge werden hierher Dank des leichten Zugangs in die Bucht regelmäßig unternommen. Hurasdhoo wird auch von Fregattvögeln gern als Rastplatz genutzt.

Mandhoo (Einwohner 249) ist eine größere Einheimischeninsel mit mächtigen Bäumen und einer üppigen Vegetation. Die Bewohner gelten allgemein als gute Fischer. Die Insel ist sehr fruchtbar und besonders für die Gemüseproduktion bekannt. Das Eiland ist seit Jahrhunderten bewohnt und es wurden rund um diverse Steinhaufen im Innern der Insel buddhistische Relikte gefunden.

Bulhaa Lhohi ist unbewohnt und liegt vier Kilometer nordöstlich von Mandhoo. Es besitzt nur einige Kokospalmen und Büsche, dafür aber eine schöne, sandige Bucht, die einen bequemen Zugang zur Insel und ein sicheres Ankern gewährt. Picknicks sind hier sehr beliebt und die Insel bietet im Südwesten ausgezeichnete Schnorchel- und Tauchmöglichkeiten. *Bulhaa* bedeutet Katze, doch auf Bulhaa Lhohi sind keine Katzen anzutreffen.

Rahdhdhiggaa ist klein und unbewohnt mit wenig Bewuchs. Die Insel liegt 4,5 Kilometer nordöstlich von Bulhaa Lhohi. Sie besitzt gute Ankermöglichkeiten innerhalb der Lagune und einen sandigen Zugang zum Strand.

Thundufushi eröffnete als Ressort 1990. *Thundu* bedeutet "Ecke" oder "Punkt" und die Insel liegt tatsächlich am östlichen Punkt des Thundufushi Falhu. Es gibt hier gute Schnorchelmöglichkeiten am Hausriff und neben dem Steg.

Innafushi hat wenig Vegetation und ist unbewohnt.

Kalhahandi Huraa ist eine Sandbankinsel.

Eboodhoo ist eine unbewohnte Insel, drei Kilometer nordöstlich von Innafushi. Sie bietet einen schönen Baumbestand, eine hübsche Bucht und ausgezeichnetes Schnorcheln und Tauchen, besonders im Süden. Die Insel wird oft von Tagesausflüglern besucht; sie verfügt über einen langen Steg und einen Landeplatz für Helikopter. *Emboo* ist eine kleine, wild wachsende Frucht an Büschen.

Heenfaru liegt acht Kilometer östlich von Eboodhoo. Es ist eine baumlose Insel mit wenig Buschwerk.

An der Atollaußenseite erstreckt sich das große Riff **Maavaru Falhu**. Es besitzt zwar keine Inseln, aber dafür zu jeder Saison gute Ankermöglichkeiten.

Moofushi eröffnete 1990. Die Insel besitzt viele Bäume und *moo* bedeutet "Baumwurzel".

Athurugaa liegt neun Kilometer östlich von Moofushi und begann seinen Betrieb 1990 als Athurugaa Island Resort. *Athurugaa* steht für "Ungeordnete Steine". Die Insel besitzt ein schönes Riff zum Schnorcheln im Südosten.

Blick nach Westen von der Touristeninsel Moofushi. Der Kanal zur linken ist der Moofushi Kandu, ein beliebter Tauchplatz.

Tauchplätze im Süd Ari Atoll

Vilamendhoo Thila ***
An der Außenseite von Vilamendhoo liegt ein schmales Thila, das sich nord-südwärts erstreckt. Es steigt in seiner Mitte bis auf sechs Meter an und fällt allmählich an seinen seitlichen Enden auf etwa 25 Meter ab. An der Westseite befindet sich eine steile Wand mit Höhlen im zehn bis 25-Meterbereich. Hier stehen zahlreiche Fächerkorallen, aber auch schöne Hart- und Weichkorallen und es gibt einen großen Fischreichtum. Die Außen- oder Ostseite des Thilas neigt sich noch sanfter zum Grund in 25 Metern Tiefe. Am Nordende liegen ein großer Fels und eine Höhle auf 25 Meter Tiefe. Das Riffdach hat einen hübschen Korallenbewuchs und Mantas wurden schon oft in diesem Gebiet beobachtet.

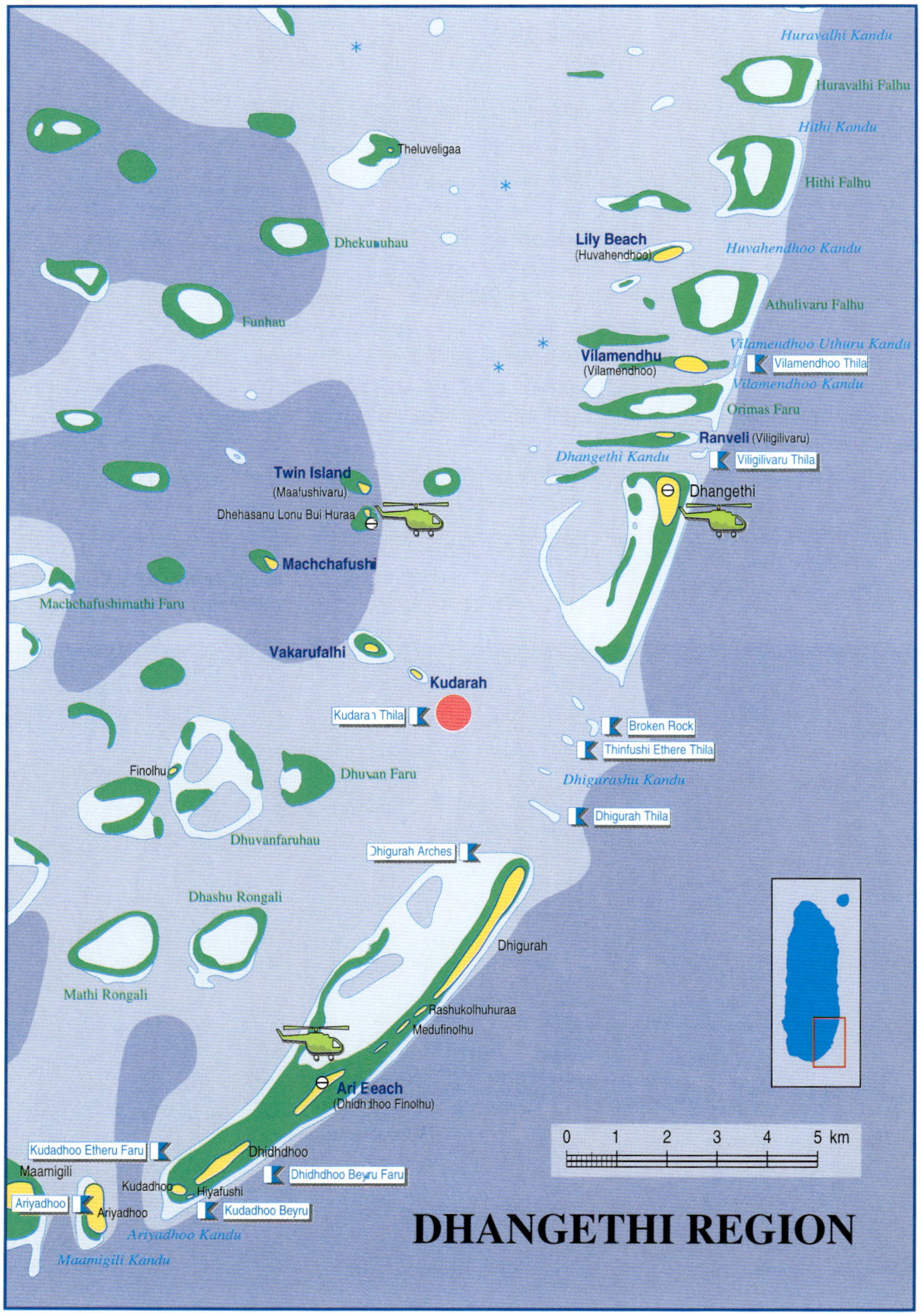

Viligilivaru Thila ***
Im Dhangethi Kandu erstreckt sich ein 500 Meter langes Thila in Ost-Westrichtung. An seinem östlichen, äußeren Ende schwenkt das Thila für weitere 250 Meter nach Norden ein. Es steigt bis auf maximal sechs Meter an, der sandige Grund liegt bei etwa 20 Metern. An der Südwestseite gibt es viele Höhlen und Korallenblöcke zwischen zehn und 15 Metern Tiefe. Obwohl die Felsformationen nichts Herausragendes bedeuten, so steht hier doch eine große Vielfalt an Fischen.

Dhigurashu Thilas
Eines der spektakulärsten Tauchgebiete im Ari Atoll stellen die Thilas im Dhigurashu Kandu dar. Wie die Kegel einer Kegelbahn erheben sich am Außenrand des Atolls zwölf dieser Thilas, von denen aber nur eine Handvoll regelmäßig von den Tauchern der benachbarten Ressorts aufgesucht werden. Die Thilas in dem 4,5 Kilometer breiten Kanal zu finden, ist ein guter Test für jeden Bootsführer, denn man kann sie von der Oberfläche nicht ausmachen. Der breite Kanal, die häufigen, schnellen Strömungen und die kabblige Wasseroberfläche machen das Tauchen hier recht gefährlich. Es sollte nur trainierten Tauchern mit erfahrenen Bootsführern vorbehalten sein.

Schrift-Feilenfisch, Aluterus scriptus. *Er ist mit maximal einem Meter Länge der größte Vertreter seiner Art. Seine erste Rückenflosse besitzt einen starken Stachel, den er aufrecht fixieren kann. Schrift-Feilenfische treten selten in Gruppen auf.*

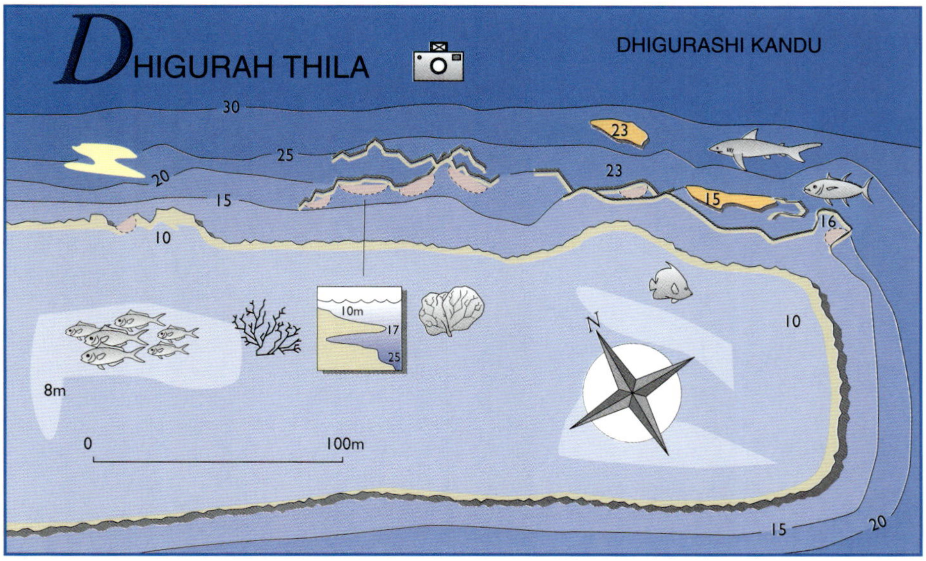

Dhigurah Thila ***

Ort: Südseite von Dhigurashu Kandu
Tiefe: 10 - 30 m
Fische: im Überfluß
Korallen: sehr gut
Merkmale: Höhlen, Überhänge

Das Thila ist das größte im Kanal und fast eine unterseeische Verlängerung des Dhigurah Falhu Riffs. Es läßt sich von allen Thilas auch am besten von der Oberfläche erkennen. Das Dhigurah Thila hat eine wurstähnliche Form und ist etwa 500 Meter lang. Die besten Tauchmöglichkeiten liegen an der Nordostseite. Die Riffkante beginnt in zehn Metern und fast auf der ganzen Länge sind Überhänge zu finden, die in 15 Metern anfangen und in Reihen bis zum Grund in 30 Metern abfallen. Es gibt hier mindestens drei Höhlen, eine davon in 18 Metern mit einer Länge von 50 Metern. Sie weist einen tiefen Einschnitt auf, so als ob jemand mit einem Messer in das Riff geschnitten hätte. In der Höhle gleicht der Boden einem Wald von Fächer- und Peitschenkorallen, dazwischen stehen Büsche von Schwarzen Korallen, die voller hellgelber Federsterne sind. Hier stehen zahllose Lipp- und Kardinalsfische und kleine Garnelen. Am Ostende des Riffs erstreckt sich ein großer, felsiger Ausläufer. Es sieht wie eine ehemalige Höhle aus, die nun zusammengebrochen ist. An dieser Stelle halten sich pelagische Fische wie große Thunas und Haie auf. Junge und alte Imperator-Kaiserfische sind gewöhnlich an der Riffschrägen zu beobachten. Zudem gibt es hier viele Vlamings-Nasendoktorfische, Schrift-Feilenfische sowie Schwärme von Dunkelgestreiften- und Gelbrückenfüsilieren. Das Riffdach zeichnet sich durch ein gesundes Korallenwachstum aus, von den Riffkanten hängen Büsche von Weichkorallen herab. Liegen die Wetter und Strömungsbedingungen im akzeptablen Bereich, wird diesem Thila wegen seiner Größe der Vorrang gegenüber anderen Thilas im Kanal gegeben.

Vlamings Nasendoktor, Naso Vlamingii. *Nasendoktorfische entstammen der selben Familie wie die Doktorfische und die meisten Arten besitzen zwei Skalpelle an ihrer Schwanzflosse. Einige Arten der Nashornfische besitzen ein Horn, das von ihrer Stirn vorsteht.*

Thinfushi Ethere Thila ***

Ort: Dhigurashu Kandu
Tiefe: 8 - 25 m
Fische: im Überfluß
Korallen: ausgezeichnet
Merkmale: Riffische, Höhlen, Fächerkorallen

Das ovale und etwa 100 Meter lange Thinfushi Ethere Thila liegt innerhalb des Kanals. Das Dach erhebt sich zwischen acht und zehn Metern Tiefe und fällt bis auf 30 Meter ab. Der größte Teil des Thilas zeigt sich als eine durchgehende Linie von Höhlen, Vorsprüngen und Überhängen, hauptsächlich im 14 bis 20 Meterbereich. In den Höhlen gibt es einige Überraschungen wie Zitterrochen, Ammenhaie oder Schildkröten zu entdecken. Größe Fächerkorallen allerorten deuten auf die starken Strömungen hin, die im Kanal vorherrschen. Im Südosten liegen noch weitere, verstreute Riffausläufer mit Höhlen und Überhängen.

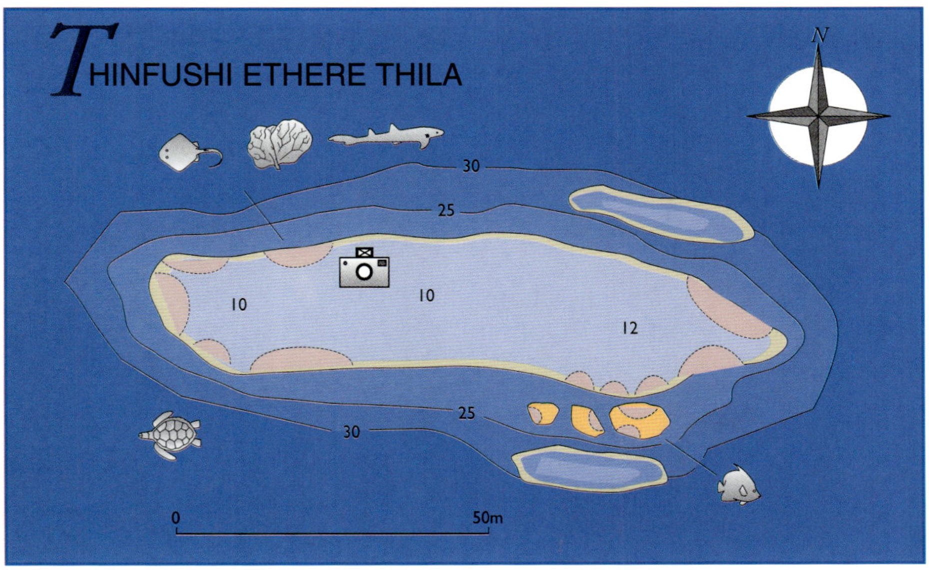

Fächerkorallen gehören zur Gruppe der Gorgonien. Fächerkorallen wachsen in einem rechten Winkel zum Riff und strecken ihre Polypen aus. So entsteht ein wirkungsvolles Netz, um Plankton einzusammeln. In starken Strömungen ist dieses Netz kleiner, um ihm mehr Stärke und Festigkeit zu geben.

Broken Rock ***

Ort:	Dhigurashu Kandu
Tiefe:	12 - 28 m
Fische:	im Überfluß
Korallen:	sehr gut
Merkmale:	Riffische, Canyons, Weichkorallen

Broken Rock ist das östlichste Thila, das im Dhigurashu Kandu allgemein noch betaucht wird. Es ist etwa 80 Meter lang und wird von einem zehn Meter tiefen und drei Meter breiten Canyon durchzogen, der sich von Nordwest nach Südost erstreckt. Durch diesen Einschnitt unterscheidet sich das Thila deutlich von allen anderen im Kanal. Das Riffdach befindet sich in zwölf Metern Tiefe und der Canyon erreicht eine Maximaltiefe von 24 Metern. Ein anderer großer Felsen liegt auf der Ostseite des Riffs. Es gibt viele unterschiedliche Möglichkeiten, das Thila zu betauchen. Doch das behutsame Durchtauchen des 50 Meter langen Canyons zählt noch immer zu den Höhepunkten. Die starken Strömungen einerseits, sowie geschützte Nischen im Riff andererseits, haben hier eine unglaubliche Vielfalt an marinen Lebensformen entstehen lassen; angefangen bei kräftigen Fächerkorallen und Weichkorallen, bis hin zu Barrakudas, Füsilieren, Fledermausfischen und Schildkröten.

Tauchhinweise: Dieses ist ein idealer Platz zum Fotografieren, doch sollte man sich äußerst vorsichtig bewegen, um keine Schäden an den Korallen zu verursachen. Bei Strömung sollten keine Kameras mitgenommen werden, da scharfe Ecken, herausstehende Vorsprünge und enge Spalten diesen Platz durch Taucher besonders verwundbar machen.

Dhigura Arches **

Dieser Platz beinhaltet einen etwa 300 Meter langen "Drift Dive" im Kanal längs der Riffkante. Diese Kante ist durch den Wechsel des irisierenden Blaus im Wasser klar erkennbar. Das Riff stürzt hier steil von drei auf 24 Meter Tiefe ab, um dann maßvoll auf 30 Meter weiter abzufallen. Es gibt am Riff zahlreiche, aufeinander folgende Ausbuchtungen, einige fünf, zehn, oder auch 15 Meter breit. Man weiß nie, was einen in der nächsten Ausbuchtung erwartet. Das Korallenwachstum ist recht ordentlich und zwischen den vielen Einschnitten erheben sich zahlreiche korallenbesetzte Vorsprünge mit vielen kleinen Riffischen. Zudem trifft man auf kleine Höhlen, einige davon sind mit Fächerkorallen besetzt. Während des Südwestmonsuns lassen sich hier häufig Manta-Schulen und Walhaie beobachten.

Imperator-Kaiserfisch, Pomacanthus imperator. *Der Imperator-Kaiserfisch ist eine der exotischsten Arten, die gewöhnlich in maledivischen Gewässern anzutreffen ist. Wie andere Kaiserfische, so ernährt auch er sich von Algen, Schwämmen und kleinen, wirbellosen Tieren.*

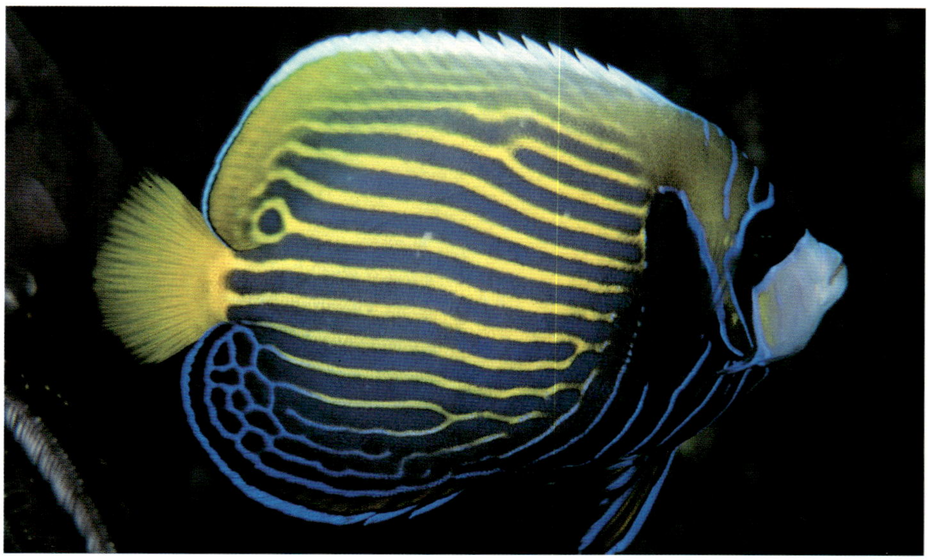

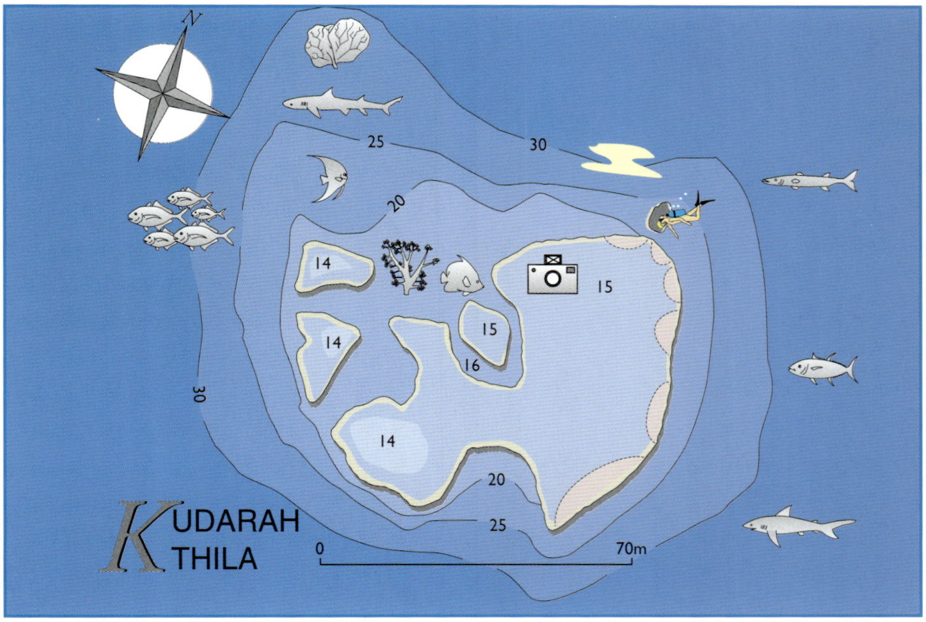

Blauflossen-Makrele, Caranx melampygus.

Kudarah Thila ****

NATURSCHUTZGEBIET

Ort: 1 km südlich von Kudarah

Peilung: Machchafushi sollte hinter Vakarufalhi liegen, so daß auf der linken Seite von Machchafushi nur ein Baum zu sehen ist. Auf Dhangethi sollte sich das kleine weiße Haus zur Linken in einer Linie mit dem Radiomast befinden.

Tiefe: 14 - 25 m
Fische: im Überfluß
Korallen: sehr gut
Merkmale: Riffische, Haie, Fächerkorallen

Kudarah Thila gilt als einer der aufregendsten Tauchplätze im Süd Ari Atoll. Das Riff beginnt in 14 Metern Tiefe und fällt an fast allen Seiten mit scharfen Abbrüchen auf 20 bis 25 Meter ab. Im Westen gibt es isolierte, vorgelagerte Felsformationen, einen kleinen Canyon im Norden, sowie im Osten in 20 Meter Tiefe eine große, lange Höhle. Bei schwacher Strömung kann man das 80 Meter lange Thila problemlos umrunden. Auf den tieferen, sanfter abfallenden Schrägen im Norden stehen große Fächerkorallen. Solche Felder gibt es nur selten zu sehen und bei Strömung schwingen sie rhythmisch mit. Wer diesen Bereich umschwimmt, wird hier auf Graue- und Weißspitzen-Riffhaie stoßen. Pelagische Fische wie Thunas, Barrakudas, Blauflossen-Makrelen und Regenbogen-Renner werden vom Blauwasser in Scharen angezogen. Die Felsen im Westen sind dicht mit Weichkorallen bewachsen und werden gern von Fledermausfischen umschwommen. Auf dem Geröll- und Sandgrund zwischen den Riffen in 15 Metern stehen viele Grundelarten, wie die Pracht-Schwertgrundel und andere Höhlenbauer. Die große Höhle ist Heimat für Husarenfische, Zackenbarsche, Kugelfische und kleinere Fächerkorallen, wie auch für Büsche Schwarzer Korallen. Eine Durchtauchmöglichkeit zum Riffdach bietet das nördliche Ende der Höhle.

Tauchhinweise: Dieses ist ein Platz nur für erfahrene Taucher. Hier treten häufig sehr starke Strömungen auf und man sollte dann gegen den Strom und vorallem zügig zum Thila abtauchen. Leider zeigt das von Korallen reich bewachsene Riffdach etliche Narben auf, die durch unvorsichtiges Ankern in der Vergangenheit geschlagen wurden.

Pracht-Schwertgrundel, Nematelotris magnifica. *Ein eindrucksvoller Fisch, der gewöhnlich als Paar neben der seiner höhlenartigen Behausung steht. Er kommt aus dem Loch bei Strömung heraus und ernährt sich von Plankton, das mit dem Wasser herangetragen wird.*

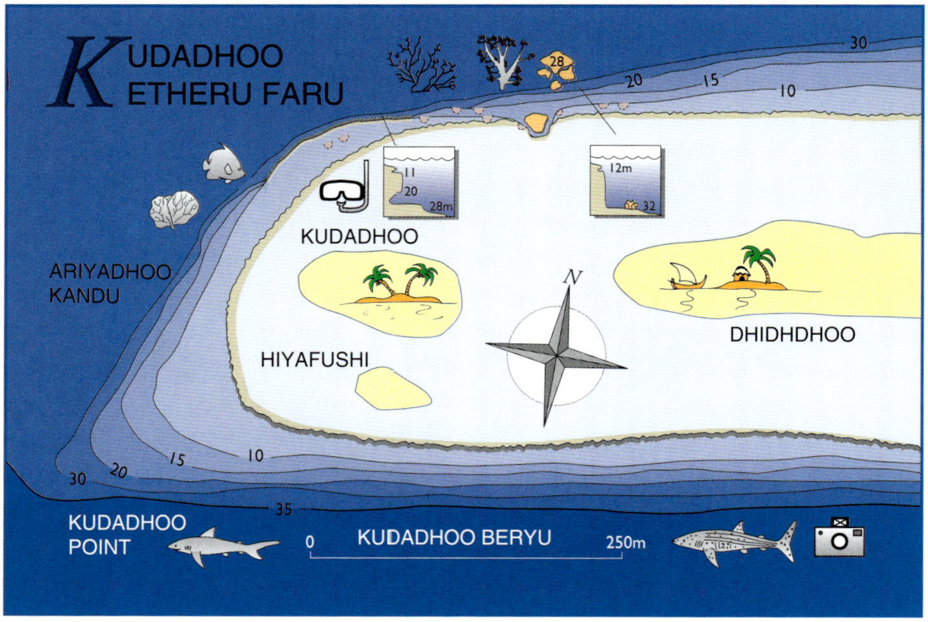

Der Monokel-Büschelbarsch, Paracirrhites acuatus. *Seine typische Augenzeichnung macht diesen kleinen Fisch unverwechselbar. Er zwängt sich oft zwischen Korallen, wo er auf Beute lauert.*

Kudhadhoo Etheru Faru ***

Ort:	innere Riffecke nahe Kudhadhoo
Tiefe:	3 - 30 m+
Fische:	im Überfluß
Korallen:	sehr gut
Merkmale:	Steilwand, Korallen

Es gibt nur wenige andere Tauchplätze im Ari Atoll, die diesen Platz schlagen könnten. Er besitzt einige Eigenschaften, die erwähnt werden müssen, denn sie beschreiben letztlich den Typ von Tauchgang, der hier unternommen werden kann. Nahe dem Nordende von Kudadhoo Island befindet sich ein kleiner Einschnitt im Riff, vielleicht 15 Meter breit. Er beginnt auf dem Riffdach in drei Metern Tiefe und zieht sich bis zwölf Meter hinab. In der Mitte dieses Einschnitts liegt ein großer Korallenfelsen, der einen canyon-ähnlichen Eindruck bewirkt. In diesem Canyon stehen Büsche Schwarzer Korallen und Weichkorallen, sowie Fledermaus- und Masken-Wimpelfische. Über die Riffkante hinweg, unterhalb des Einschnitts, fällt die Wand scharf zum Sandgrund in 30 Metern Tiefe ab. Nahe dem Fuß dieser Wand liegen vier große Felsbrocken, die so aussehen, als ob sie aus dem Einschnitt einst herausgebrochen sind. Hier gibt es schöne Canyons und üppiges Fischaufkommen. Die Steilwand setzt sich bis zur Ecke des Ariyadhoo Kandus fort und ist an ihrer Basis in 28 Metern noch ausgehöhlt. Hier gibt es Schwarze Korallen mit Austermuscheln, Seepeitschen, Fächerkorallen und große Barsche. Die Wand ist mit unzähligen wirbellosen Tieren besiedelt, die Halfter-, Falter- und Nasendoktorfische ebenso anlocken, wie Leopardendrücker oder Kaiserfische. Taucher können sich weiter um die Ecke in den Ariyadhoo Kandu treiben lassen, wo die Wand nicht mehr so steil ist. Es empfiehlt sich, für die Resttauchzeit in etwa zwölf Metern Tiefe zu bleiben, wo Hartkorallen und Riffische aller Art zu beobachten sind. Vor allem sind es kleiner Fische, die überwältigen und dominieren. Muränen und Napoleons aller Größen sind ebenfalls vertreten.

Tauchhinweise: Bei Auswärtsströmung sollte man vor dem Einschnitt mit dem Tauchgang beginnen und auf zwölf Metern Tiefe oder weniger bei den Höhlen und Überhängen bleiben. Ist der Einschnitt erreicht, empfiehlt es sich, zu den Felsen auf 30 Meter abzutauchen. Fünf Minuten reichen hier aus, um so noch genug Zeit für die Unterhöhlungen an der Wand in 28 Metern Tiefe zu haben.

Kudadhoo Beyru **

Kudadhoo Point und Kudadhoo Beyru sind es wert, betaucht zu werden. Das Außenriff steht eher für einen gemütlichen Drifttauchgang; hier fällt das Riff allmählich von fünf auf 20 Meter ab. Danach geht es weiter steiler hinab in größere Tiefen. Zudem sind Zackenbarsche, Napoleons und Haie längs des Riffs vertreten.

Dhidhdhoo Beyru Faru **

Etwa 1,5 Kilometer östlich von Kudadhoo Beyru zeigt sich das Außenriff mit sehr gutem Fischbestand. Bekannter ist es für seine Walhaie, die hier häufiger auftauchen, als anderswo im Atoll. Während Mai und November kehren Walhaie und Mantas regelmäßig hierher zum Außenriff zurück. Man kann sie dann täglich beobachten. Weibliche Walhaie wurden mit ihren Jungen ebenso gesichtet, wie Einzeltiere.

Ariyadhoo ***

Die Insel besitzt im Westen ein schönes, langes Riff, das auf 30 Meter abfällt und an beiden Enden Höhlen aufweist.

Vogel-Lippfisch, Gomphosus caeruleus. *Das lange Maul gestattet diesem Lippfisch, kleine Tiere zwischen Riefen und Spalten im Riff herauszupicken. Dieser Fisch ist eine spezielle Art des Indischen Ozeans.*

Der Walhai, *Rhincodon typus* ist der größte aller Fische, Der für den Menschen völlig harmlose Planktonfresser kann bis zu 15 Meter lang werden. Taucher haben schon Glück, wenn sie ein Tier sehen, das sich ihnen gegenüber neugierig und völlig furchtlos verhält. Manchmal ist es sogar möglich so dicht heranzukommen, daß man die rauhe Haut fühlen kann. Bisweilen können Walhaie auch in flachen Gewässern beobachtet werden. Kommt ein Walhai zu dicht an ein Boot heran, so schlägt der Bootsführer auf das Wasser oder auf den Rücken des Walhais, um ihn zu erschrecken. Denn die Dhoni Kapitäne fürchten, daß der Fisch ihr Boot kentern lassen könnte. In früheren Zeit fingen mutige Malediver den Walhai, indem sie mit einem Seil in sein Maul schwammen und mit diesem Strick an den Kiemen wieder herauskamen. Dann banden sie es an ihrem Boot fest. Diese Art des Fangens ist schon lange verboten. In einem Fall wurde noch ein Fischer aus dem Addhoo Atoll zu 80 Rohrstockhieben verurteilt und auf eine Insel verbannt, weil er mit dieser Art des Walfangs sein Leben riskiert hatte. Das Öl aus der Walleber benutzte man zum Abdichten der Dhonis; aber ebenso für medizinische Zwecke, wie für die Schwarze Magie.

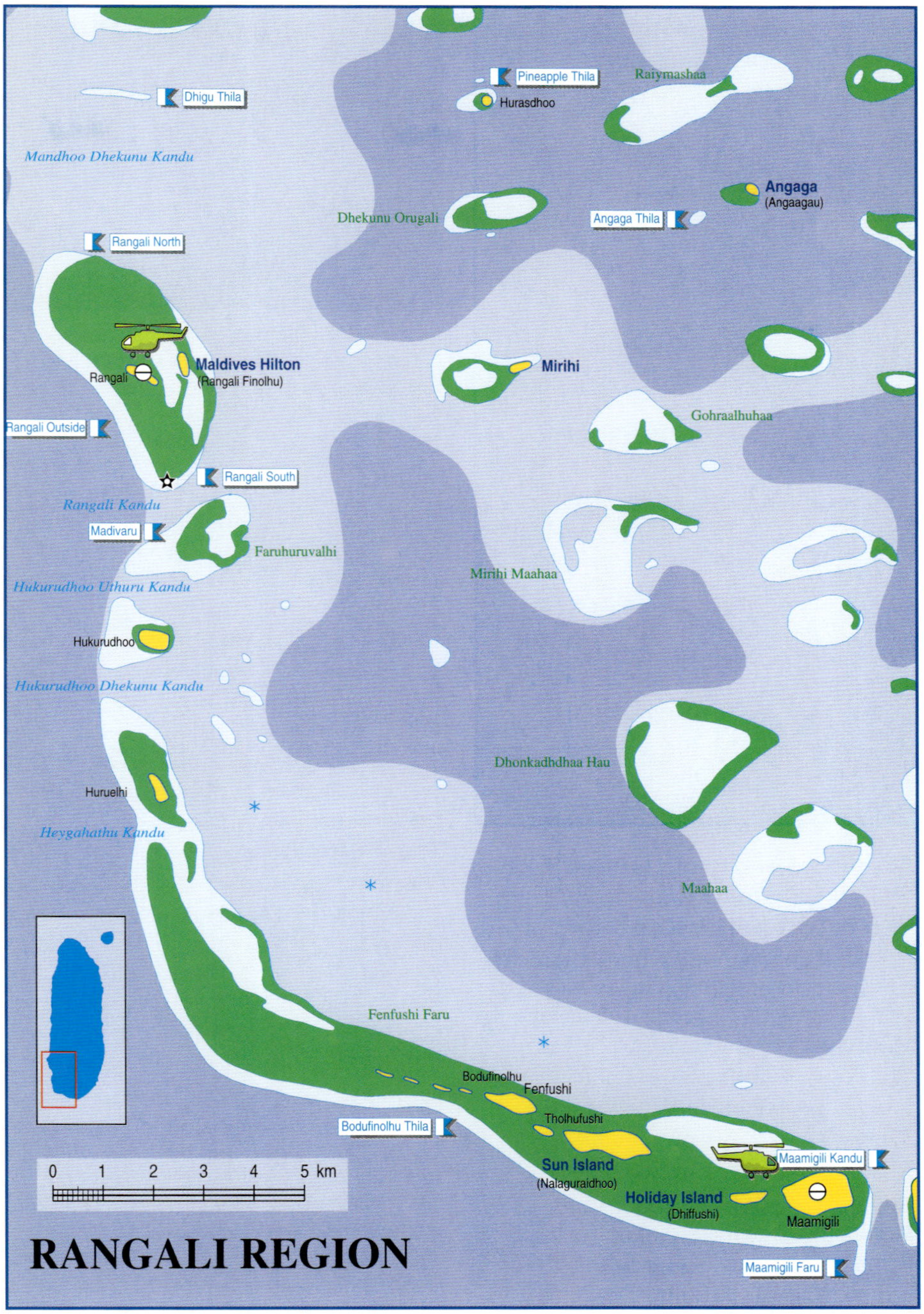

Maamigili Faru **

Das Riff an der Außenecke von Maamigili gleicht einer flachen Plattform, die sich von der Ecke bis zum Außenrand des Atolls erstreckt. Haie, Zackenbarsche, Rochen, Schildkröten und andere pelagische Fische sind hier an der Tagesordnung.

Maamigili Kandu **

Innerhalb des Kanals gibt es kleine Höhlen mit Haien, Rochen, Schildkröten und Napoleons. Man sollte auf beiden Seiten von Ariyadhoo auf die starken Auswärtsströmungen im Kanal achten. Ein Blick auf die Karte zeigt den Düseneffekt, den die Riffe auf die Strömungsrichtungen ausüben können.

Fenfushi Faru heißt das große Riff westlich von Ariyadhoo; mit 15 Kilometern ist es längste im Ari Atoll. Der Innenbereich des Riffs hat nur wenig für den Taucher anzubieten. Doch die Außenseite zeigt ausgezeichnete Sicht, bietet lange, leichte Strömungstauchgänge, sowie etliche Überraschungen einschließlich Haie, große Thunas, Schildkröten und kapitale Zackenbarsche.

Bodufinolhu Thila ***

An der Außenseite von Bodufinolhu liegt ein 30 Meter tiefes Thila, das sich vom Außenriff aus 50 Metern Tiefe erhebt. Haie und andere Großfische werden von diesem Platz angelockt.

Auf der Nordseite von Huruehli Faru liegt Hukurudhoo Dhekunu Kandu, oft als **Huruehli Kandu** ** bezeichnet. Es ist ein tiefer Kanal, wo sich vorzugsweise Haie und pelagische Fische aufhalten.

Madivaru *** (Manta Reef)

Ort:	Südseite von Rangali Kandu
Tiefe:	5 - 25 m
Fische:	über Durchschnitt
Korallen:	gut
Merkmale:	Mantas, Napoleons

Beide Seiten des Rangali Kandu sind Topplätze zum Strömungstauchen. Die Riffe verhalten sich wie ein Schlot oder eine Düse, indem sie die Geschwindigkeit des Wassers in beide Richtungen - aus dem und in das Atoll - beschleunigen. Während des Nordostmonsuns stehen hier Mantas, die sich vom Plankton ernähren, das mit dem Wasser aus dem Atoll treibt. Am Nordende von Faruhuruvalhi, wo viele Tauchgänge beginnen, gibt es auf dem Riffdach Errosionsrinnen zwischen fünf und zehn Metern. Sie sind einen Meter breit, genauso tief und wurden von den starken Strömungen und der schweren See geformt. Hier neigt sich das Riff bis auf 15 Meter Tiefe, um danach recht scharf bis auf 25 Meter abzufallen. Am Riff gibt es viele Aushöhlungen, einige Überhänge, Höhlen und zwei betauchbare Passagen. Überall stehen Blaustreifen-Schnapper, Anthias, Papageienfische, Napoleons und Schwarzweiß-Schnapper. In den Höhlen halten sich zudem zahllose Husaren- und bisweilen Rotfeuerfische auf.

Tauchhinweise: Das Riff ist starken Strömungen ausgesetzt, daher die Anwesenheit der Mantas. Am Südende fällt der obere Riffabschnitt bis auf ein Plateau in zehn Metern Tiefe ab, das sich weit in das offene Wasser erstreckt. Man sollte auch damit rechnen, einen Tauchgang abzubrechen, wenn die Strömung zu stark oder die See zu rauh wird. Sicherheitsballons sind ein Muß.

Gelbkopf-Schnapper, Macolor macularis. *Jungfische sind schwarzweiß gefärbt und werden leicht mit den Schwarzweiß-Schnappern* (Macolor niger) *verwechselt, die im Alter aber farblos bleiben.*

Doppelband-Meerbarbe, Parupeneus bifasciatus. *Meerbarben besitzen zwei Barteln unter dem Kinn, mit denen sie Nahrung wie Würmer oder kleine Krustentiere aufspüren. Dieser Fisch hält sich gern an Riffkanten im Bereich des Sand- und Geröllgrundes auf.*

Großer Mantarochen, Manta birostris.

Rangali South **

Ort:	Nordseite des Rangali Kandu
Tiefe:	3 - 25 m
Fische:	über Durchschnitt
Korallen:	gut
Merkmale:	Riffische

Rangali South steht für einen klassischen, langen Strömungstauchgang mit steilen Wänden bis auf 25 Meter Tiefe und mit vielen Vorsprüngen und Überhängen, die das Riff unterschneiden. Es gibt einige große Höhlen mit Peitschen- und kleinen Fächerkorallen und eine Anzahl freistehender Korallenblöcke am Riffsaum. In 25 Meter Tiefe befindet sich eine breite, sandige Einbuchtung mit einzelnen Korallenfelsen, die das Riff in zwei Hälften unterteilt. Hier leben recht große Muränen und kapitale Zackenbarsche verstecken sich scheu am Ende der Höhlen. Zitterrochen finden sich auf dem Sandgrund und manchmal werden im Kanal auch Haie und Adlerrochen gesichtet. Der obere Riffbereich beherbergt die ganze Fülle des marinen Lebens, einschließlich eines üppigen Bestandes verschiedenster Riffischarten.

Zweifleck-Schweinslippfisch, Bodianus axillaris.

Rangali Outside **

Viele Riffe im Westen des Ari Atolls werden von der Brandung stark beeinflußt, so daß die Korallen hier verkrüppelt sind. Dieser Platz, der zu einem leichten Rifftauchgang einlädt, macht da keine Ausnahme. Der obere Bereich beginnt in zehn Metern Tiefe. Wer genau hinsieht, kann im Flachwasser Fetzenfische finden und Ammenhaie zwischen den Korallenblöcken entdecken. Es gibt hier zahlreiche Fischarten, u.a. Doktor- und Papageienfische, Großaugenstraßenkehrer und Fledermausfische zu beobachten. Ebenso finden sich auch verschiedene Mollusken, wie z.B. die Leoparden-Kaurie.

Rangali North **

Nördlich von Rangali Faru erstreckt sich ein fingerförmiger Riffabschnitt in den Mandhoo Dhekunu Kandu. Das Riff besitzt auf beiden Seiten Höhlen und es senkt sich von drei auf 25 Meter Tiefe. Der Grund ist meist sandig.

Dhigu Thila ***

Dhighu Thila ist ein langes Riff, daß etwa ein Kilometer an der Südseite des Mandhoo Faru liegt und sich in Ost-Westrichtung ausdehnt. Das Riffdach liegt in zwölf Metern Tiefe, und in 22 bis 25 Metern gibt es auf der Nordseite einige Höhlen zu betauchen. Schildkröten sind hier häufige Gäste.

Pineapple Thila ***

Das Thila liegt 100 Meter nördlich von Hurasdhoo. Es ist bei Tagesbesuchern beliebt, die hier Tauchen, Schnorcheln und Picknick miteinander verbinden.

Gestreifter Schiffshalter, Echeneis naucrates. *Er kann frei schwimmend beobachtet werden, oder wenn er sich mit seiner Saugplatte an der Stirn an Haie, Rochen oder Schildkröten geheftet hat. Er ernährt sich von den Futterresten seines Wirtsfisches, dafür reinigt er dessen Kiemen und Haut.*

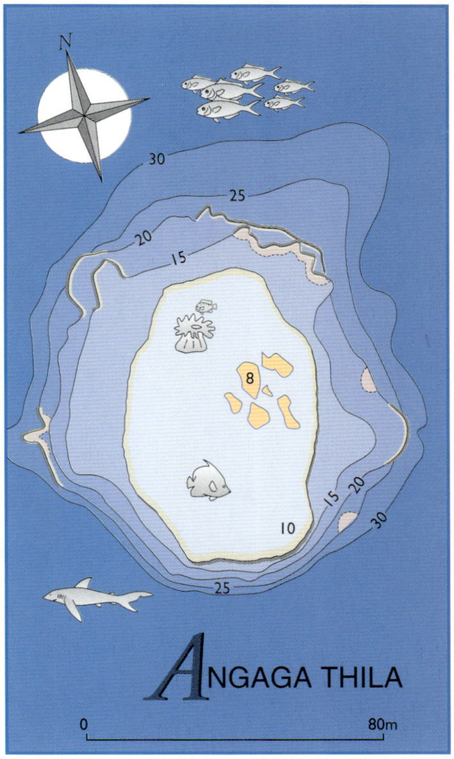

Angaga Thila ***

Ort:	1,5 km südwestlich von Angaagau
Tiefe:	8 - 30 m
Fische:	über Durchschnitt
Korallen:	gut
Merkmale:	Riffische, Haie

Dieses kleine Thila ist rund und besitzt einen Durchmesser von etwa 60 Metern. In seinem Aufbau zeigt es sich nicht sonderlich spektakulär, obwohl es an der Nordseite eine große Höhle gibt. Dafür aber bietet es eine große Artenvielfalt und zählt so innerhalb des Atolls zu den interessanteren Tauchplätzen. Es gibt hier zahlreiche Zacken- und Fahnenbarsche, Anemonenfische, Korallenwächter, Schiffshalter und Flötenfische. Hinzu kommen Fische wie Schnapper, Füsiliere und Makrelen. Die Hauptattraktion sind jedoch die Grauen Riffhaie.

Scherenschwanz-Torpedogrundel, Ptereleotris evides. *Diese Grundel ist auf den Malediven häufig anzutreffen. Meist paarweise stehen sie über ihren gegrabenen Höhlen.*

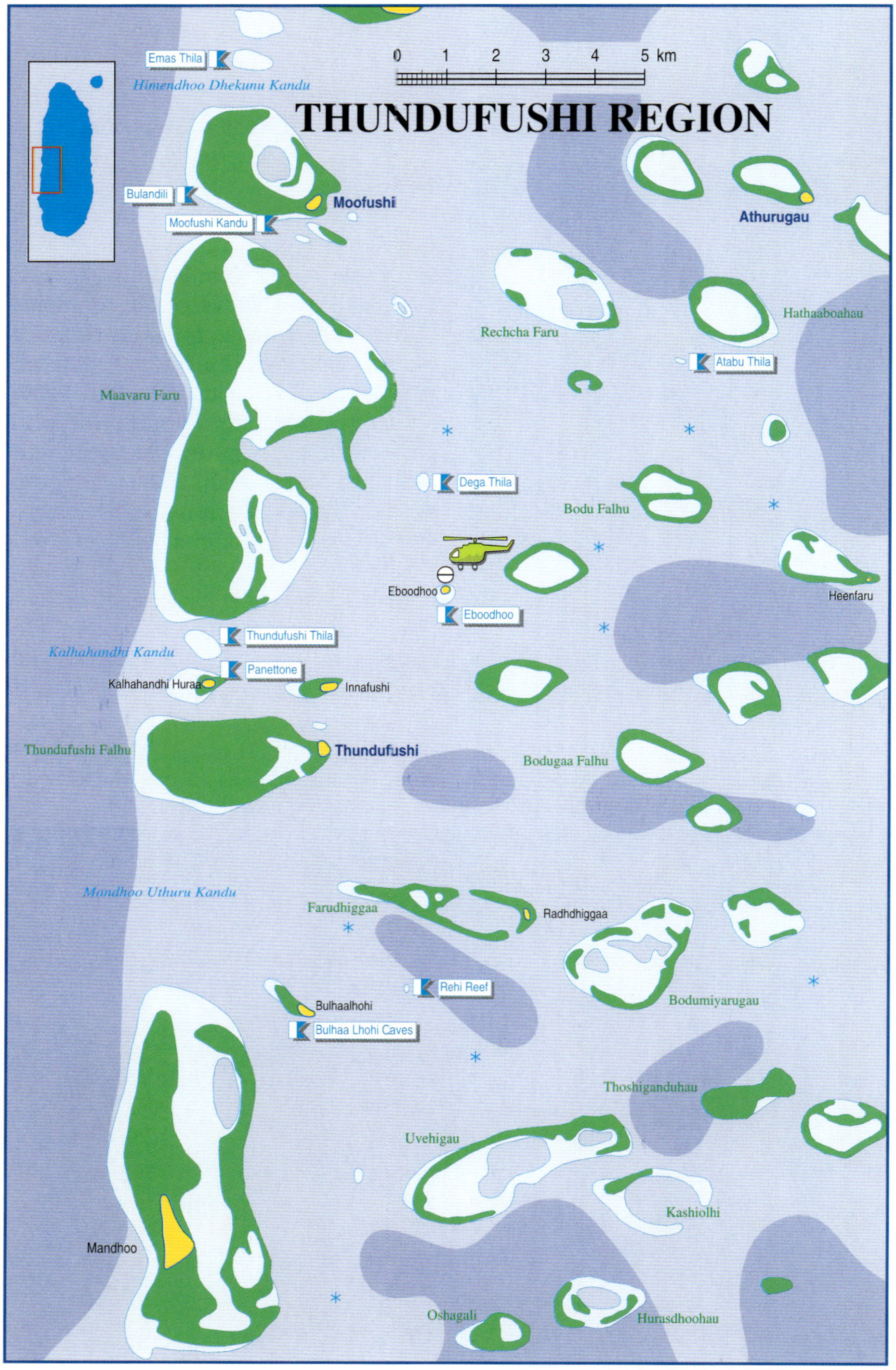

Bäumchen-Lippfisch, Novaculichtys taeniorus. *Der hübsche Jungfisch verliert im zunehmenden Alter seine filamentartigen Flossen. Die bis zu 24 cm großen Fische sind bekannt, daß sie auch größere Korallenstücke mit den Zähnen anheben können.*

Bulhaa Lhohi Caves **

An der Südwestseite von Bulhaa Lhohi liegt ein ausgezeichnetes Riff, das für Taucher und Schnorchler gleichermaßen geeignet ist. Die unbewohnte Insel bietet gute Ankermöglichkeiten für Picknick- und Safariboote. Das Korallenwachstum ist hier sehr gut und auch der Fischreichtum liegt über dem Durchschnitt. Nachttauchgänge sind an diesem Platz ebenfalls sehr beliebt. Das Riff zeigt viele Höhlen zwischen sieben und 20 Metern. Eine größere Höhle in 16 Metern Tiefe gleicht einem riesigen Fenster mit einem Durchlaß, der in eine weitere Höhle führt, die voller Fächerkorallen mit Federsternen ist. Darüber liegt in zwölf Metern Tiefe eine weitere, ähnlich aufgebaute Höhle, die nicht weniger spannend zu betauchen ist. Dieser Platz eignet sich besonders für Filmer und Fotografen.

Rehi Reef *

Rehi Reef ist ein Giri, 1,5 Kilometer östlich von Bulhaa Lhohi gelegen. Interessant sind die Nord- und Westseite, der Rest ist eher langweilig und ohne besondere Korallenformationen. Eine große Höhle und Abbrüche im Nordwesten fallen von fünf bis 15 Meter Tiefe ab. Hier stehen neben Schwarzen und Fächerkorallen auch viele Süßlippen und Schnapper. Dicht daneben auf etwa 15 Metern hat sich ein Bogen im Riff herausgebildet. Blaue Drücker, Meerbrassen, und Füsiliere sind hier die am häufigsten anzutreffenden Fische. Aber auch der öde Teil des Riffs hat gewisse Reize, vornehmlich sind es die jungen Grundeln und die Bäumchen-Lippfische am südlichen Ende, die dort zu beobachten sind.

Tüpfel-Kanichenfisch, Siganus stellatus. *Er ist oft paarweise am flachen Riff zu sehen, wo er sich von Algen und Seegras ernährt.*

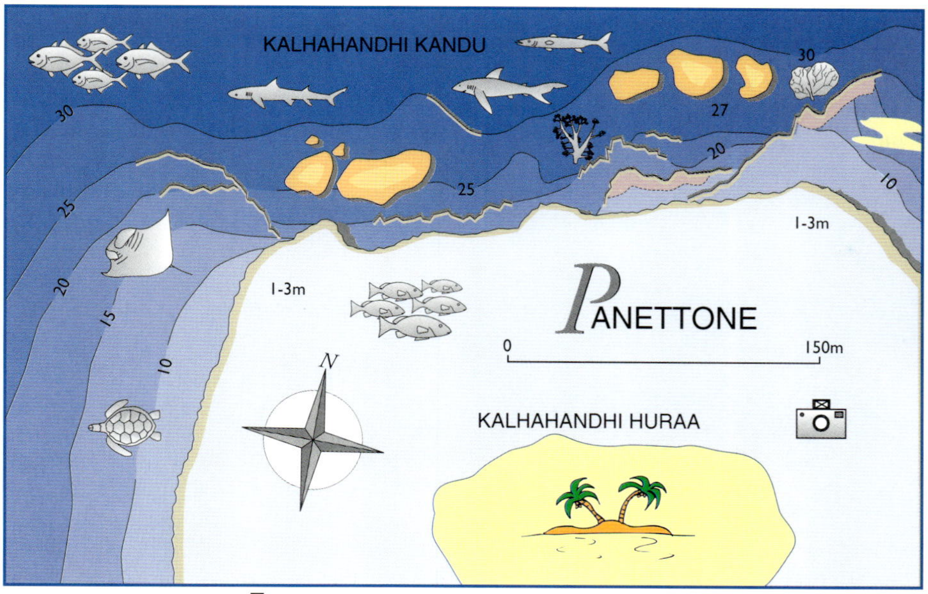

Dickkopf-Makrele, Caranx ignobilis.

Panettone ***

Ort:	Nordseite von Kalhahandhi Huraa
Tiefe:	5 - 30 m
Fische:	im Überfluß
Korallen:	ausgezeichnet
Merkmale:	Riffstrukturen, Hart- und Weichkorallen, pelagische Fische

Panettone ist ein außergewöhnlicher Tauchplatz. *Kalhahandhi* ist der maledivische Name für Dickkopf-Makrelen und dieser Fisch ist am Riff alltäglich. Es gibt an diesem Platz viel Interessantes zu sehen, einschließlich diverser Riffvorsprünge in 27 Metern, wo sich Barrakudas, Dickkopf-Makrelen, Graue und Weißspitzen-Riffhaie sammeln. Es gibt hier zahllose Überhänge bis zu 20 Meter Tiefe und eine große Höhle zwischen zehn und 20 Metern, die mit Weich- und Fächerkorallen traumhaft bewachsen ist. Das ganze Riff zeigt einen dichten Bestand an Weichkorallen. Dieses verwundert auch bei der kräftigen Strömung nicht. Schildkröten tauchen hier zur Zeit des Nordostmonsuns häufig auf, wie auch Mantas regelmäßig erscheinen. Zudem sind an diesem Platz viele Riffischarten, sowie Schnapper und erstaunlich viele Tüpfel-Kaninchenfische vertreten.

Tauchhinweise: Bei starkem Auswärtsstrom kann man von einem geschützten, sandigen Einschnitt nahe der großen Höhle abtauchen. Taucher werden bisweilen von der Strömung zur Oberfläche getragen. Dann sollte man schnell im Schutz des Riffs tieferes Wasser aufsuchen. Äußerste Vorsicht ist bei Auswärtsströmung geraten, denn die langsam abfallende Schräge entfernt sich immer mehr vom Riff, so daß ein Sicherheitsstop u.U. im Freiwasser durchgeführt werden muß.

Thundufushi Thila ***

Ort:	Kalhahandhi Kandu
Tiefe:	10 - 30 m
Fische:	über Durchschnitt
Korallen:	sehr gut
Merkmale:	Mantas

Der beste Tauchplatz auf der Nordseite ist ein großes, rundes Thila mit fast einem Kilometer im Durchmesser. Es fällt auf seiner Westseite stufenweise bis in größere Tiefen ab und erreicht den Grund im Kanal in etwa 35 Metern. Es gibt hier einige flache Höhlen mit Riesen-Husaren. Steile, vorspringende Kanten zwischen zehn und 25 Metern begleiten den Taucher für die meiste Zeit seines Tauchganges.

Diverse Ausläufer des Riffs in 25 Meter Tiefe sind einen näheren Blick wert. Denn in diesen Bereichen halten sich zahlreiche Wimpel- und Doktorfische, Füsiliere, Straßenkehrer und Halfterfische auf. Ein Blick in das Blauwasser des Kanals ist stets empfehlenswert. Hier trifft man immer wieder auf Graue Riffhaie, Thunas, Adlerrochen und während des Nordostmonsuns auch auf Mantas.

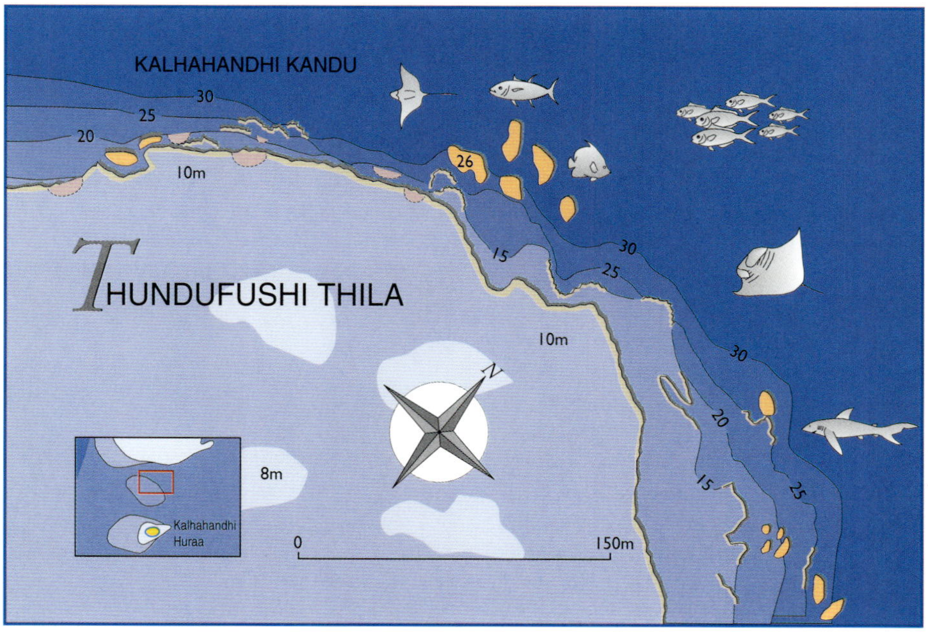

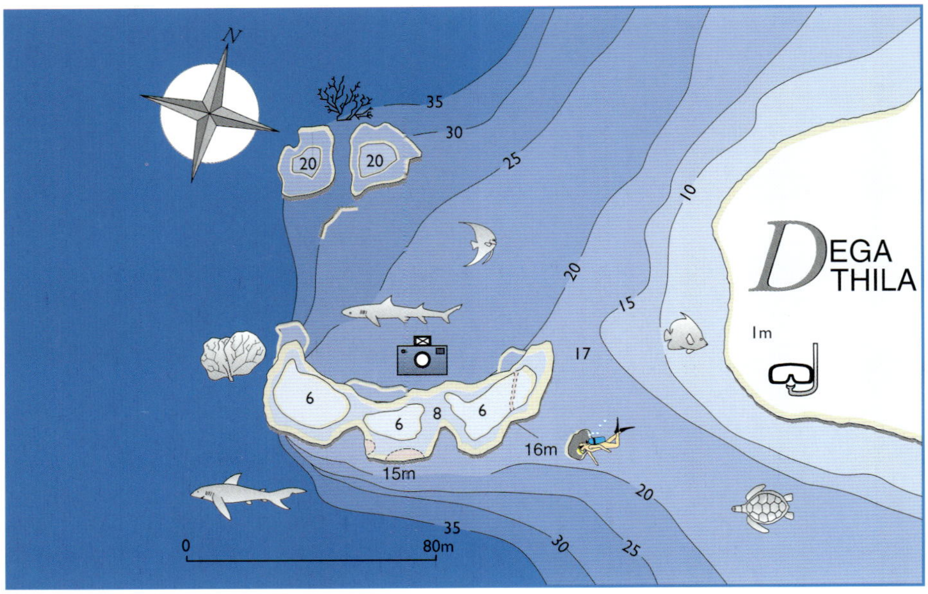

Dega Thila **

Ort: 2 km nördlich von Eboodhoo
Tiefe: 6 - 30 m+
Fische: Durchschnitt
Korallen: sehr gut
Merkmale: Tunnel, Haie, Felsnadeln

Eine turmartige Erhebung steigt an diesem Platz aus 40 Meter Tiefe bis sechs Meter auf und bildet westlich vom Riff eine schmale Brücke. Dieses Gebilde ist eine der dramatischsten Riffformationen auf den Malediven. Die Außenseite der Erhebung ist im 35 Meterbereich voller Fächerkorallen, während sich um das Riff Schildkröten, Fledermausfische, Weißspitzen-Riffhaie und Graue Riffhaie aufhalten. Die Riffspitze in sechs Metern Tiefe ist durch kleine Anemonen und Hartkorallen gekennzeichnet. Ein betauchbarer Tunnel in 16 Metern Tiefe durchschneidet das Riff. Schwärme von Glasfischen bewohnen zwei große Bögen im Riff an dessen Südseite in 15 Metern Tiefe. Zwei weitere Felsnadeln die sich im Norden auf 20 Meter erheben, können bei diesem Tauchgang ebenfalls mitbesucht werden. Zwischen ihnen gibt es einen engen Canyon, an dessen Seitenwänden Schwarze Korallen wachsen. Das Riffdach ist voll von unterschiedlichsten, kleinen Fischen und von verzweigten Korallen.

Tauchhinweise: Dieser Platz ist ideal für Tieftauchgänge; die Strömungen sind zudem hier recht schwach.

Langflossen-Fledermausfisch, Platax teira - *oben die Erwachsenenform. Die Fische stehen als Einzelgänger oder in kleinen Gruppen zusammen und fressen als eine der wenigen Arten Quallen. Jungfische - s. Bild unten - haben die typischen, langen Flossen, die auch für den populären Namen verantwortlich sind. Sie schwimmen über weite Strecken, bevor sie standorttreu werden.*

Eboodhoo *

Diese unbewohnte Insel wird für Helikoptertransfers genutzt. Sie besitzt im Süden neben dem Steg in 15 und 20 Metern Tiefe gute Tauchgründe mit vielen Höhlen und einigen betauchbaren Durchlässen, die voller Fächerkorallen sind. Die Fischwelt ist hier u.a. durch Muränen, Süßlippen, Kugel- und Igelfische, sowie durch Schildkröten und Schnapper gekennzeichnet.

Atabu Thila ****

Dieses kleine, nicht mehr als 70 Meter lange Thila liegt 3,5 Kilometer südwestlich von Athurugaa. Sein Dach erreicht 17 Meter Tiefe. Eine große Höhle im Norden besitzt eine Kolonie von kleinen, gelben Junker-Lippfischen. Zudem gibt es an der Ostseite einige interessante Abbruchkanten mit großen Fächerkorallen, Schnappern, Fledermausfischen und vielen Demoisellen. Die Hauptattraktion des Thilas aber sind zehn oder mehr große Hundezahn-Thunfische und die Grauen Riffhaie.

Bulandili **

Der Name leitet sich vom Napoleonfisch ab und steht für einen 1,5 Kilometer langen "Drift-Dive" an der nördlichen Außenecke des Moofushi Kandu. Wie auch im übrigen Kanal, so gibt es hier viele Höhlen und Vorsprünge. Einige Höhlen und Überhänge sind zusammengebrochen und haben ihre Trümmer am Riff hinterlassen. Wirbellose Tiere dominieren den Platz, Anemonen bedecken das Riffdach und an den Wänden wachsen viele Weichkorallen. Napoleons, Adlerrochen und Haie sind hier besondere Höhepunkte. Strömungen und starke Brandung haben sichtbare Rinnen in zehn Meter Tiefe auf dem Riffdach hinterlassen.

Napoleon, Cheilinus undulatus.

Moofushi Kandu **
Fünf Bootsminuten von Moofushi entfernt liegt an der Nordseite des Moofushi Kanals ein etwa 1,5 Kilometer langer Strömungstauchplatz. Ein typisches Merkmal dieses Platzes sind mindestens drei große Einschnitte im Riff, die zwischen 15 und 25 Metern Tiefe Überhänge und Höhlen gebildet haben. Diese Höhlen sind voller größerer und kleinerer Fische. Haie, Napoleons und Adlerrochen patrouillieren im Freiwasser auf der gesamten Kanallänge.

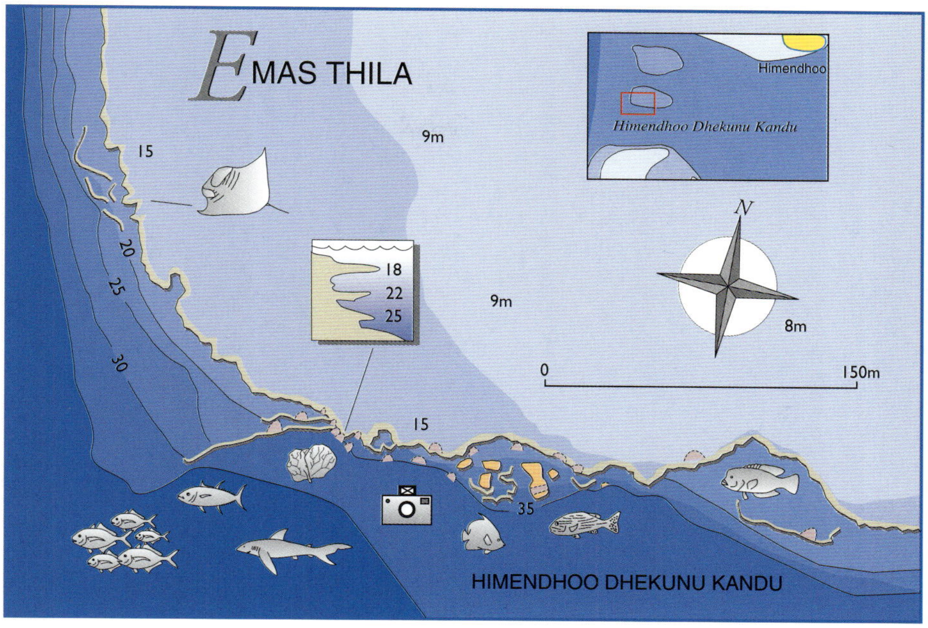

Emas Thila ***

Ort:	Himendhoo Dhekunu Kandu
Tiefe:	10 - 30 m
Fische:	im Überfluß
Korallen:	sehr gut
Merkmale:	Mantas, Höhlen, Riffische

Emas Thila ist etwa einen Kilometer lang und gilt während des Nordostmonsuns als Sammelplatz für Mantas. An seiner Nord- und Südseite lassen sich ausgezeichnete "Drift-Tauchgäng" unternehmen. Das Riffdach befindet sich auf 15 Metern an der West- oder Außenseite des Thila; zur Innenseite aber steigt es bis auf zehn Meter Tiefe an. Die Mantas konzentrieren sich meist an den selben Korallenfelsen, die an der Außenseite des Thila liegen. Längs der Riffkante gibt es einen flachen Vorsprung in 15 Meter Wassertiefe. Die Riffschräge fällt gemäßigt bis auf 30 Meter ab, bevor sie an der Außenwand weiter steiler in die Tiefe stürzt. Der größte Teil des Thila ist im 15 Meterbereich von Höhlen und Vorsprüngen unterhöhlt, die üppiges marines Leben aufweisen. An der Südseite schneidet sich der Kanal in das Thila ein. Hier vermischen sich die Vorsprünge und schaffen so eine spektakuläre Folge von direkt übereinanderliegenden Höhlen bis auf eine Tiefe von über 30 Metern. Diese Wand voller Höhlen folgt fast dem gesamten Thila. Seepeitschen und Fächer- und Weichkorallen sind hier reichlich vertreten, genauso wie die Husarenfische in den Höhlen. Großfisch steht hingegen im Kanal. Auf der Südseite gibt es zudem eine Terrasse, wo in etwa 30 Metern Tiefe Korallenblöcke dicht beieinander liegen, so daß sie Rinnen und Bögen bilden. Diese Felsen locken zahlreiche Fische an.

Tauchhinweise: Die Strömungen können hier wegen der Thilagröße sehr stark sein. Für erfahrene Taucher ist dieses bei moderater Strömung jedoch ein angenehmer "Drift-Dive".

Gefleckte-Süßlippe, Plectorhinchus chaetodonoides. *Die Jungtiere sind mit ihren großen Flecken auffallend markiert. Der Jungfisch verändert sein sein Äußeres, wenn er fast erwachsen ist. Diese nachtaktiven Fische fressen meist auf dem Boden lebende, wirbellose Tiere.*

Masken-Wimpelfisch, Heniochus monocerus.

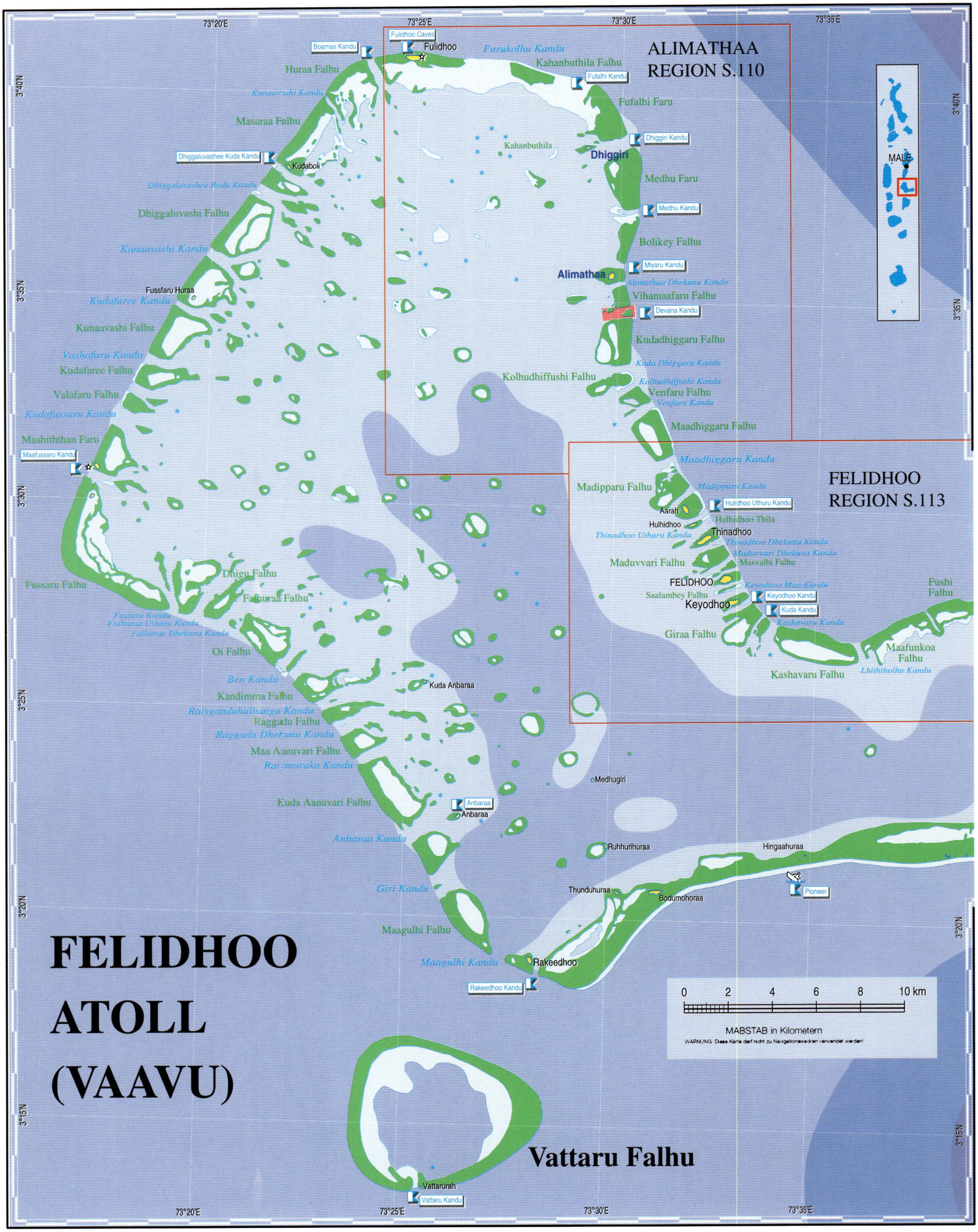

FELIDHOO
ATOLL
(VAAVU)
ALIMATHAA
REGION S.110
FELIDHOO
REGION S.113
Vattaru Falhu
73°20'E
73°25'E
73°30'E
73°35'E
3°40'N
3°35'N
3°30'N
3°25'N
3°20'N
3°15'N
Fulidhoo Caves
Fulidhoo
Boamas Kandu
Farukolhu Kandu
Kahanbuthila Falhu
Fufalhi Kandu
Fufalhi Faru
Huraa Falhu
Kunaavashi Kandu
Masaraa Falhu
Dhiggaluvashee Kuda Kandu
Kudaboli
Dhiggaluvashee Bodu Kandu
Dhiggaluvashi Falhu
Kunaavashi Kandu
Fussfaru Huraa
Kudafaree Kandu
Kunaavashi Falhu
Vashafaru Kandu
Kudafaree Falhu
Valafaru Falhu
Kudafussaru Kandu
Maahiththan Faru
Maafussaru Kandu
Fussaru Falhu
Kahanbuthila
Dhiggiri Kandu
Dhiggiri
Medhu Faru
Medhu Kandu
Bolikey Falhu
Miyaru Kandu
Alimathaa
Alimathaa Dhekunu Kandu
Vihamaafaru Falhu
Devana Kandu
Kudadhiggaru Falhu
Kuda Dhiggaru Kandu
Kolhudhiffushi Falhu
Kolhudhiffushi Kandu
Venfaru Falhu
Venfaru Kandu
Maadhiggaru Falhu
Maadhiggaru Kandu
Madipparu Falhu
Madipparu Kandu
Aarah
Hulidhoo Uthuru Kandu
Hulhidhoo
Hulhidhoo Thila
Thinadhoo Uthuru Kandu
Thinadhoo
Thinadhoo Dhekunu Kandu
Maduvvari Dhekunu Kandu
Maduvvari Falhu
Masvalhi Falhu
FELIDHOO
Keyodhoo Maa Kandu
Saalambey Falhu
Keyodhoo Kandu
Keyodhoo
Kuda Kandu
Kashavaru Kandu
Giraa Falhu
Fushi
Falhu
Maafunkoa
Falhu
Lhiththolhu Kandu
Kashavaru Falhu
Dhigu Falhu
Falhuraa Falhu
Fussaru Kandu
Falhuraa Uthuru Kandu
Falhuraa Dhekunu Kandu
Oi Falhu
Ben Kandu
Kandimma Falhu
Raiygandudhuhangu Kandu
Raggadu Falhu
Raggadu Dhekunu Kandu
Maa Aanuvari Falhu
Rai-muraka Kandu
Kuda Aanuvari Falhu
Kuda Anbaraa
Medhugiri
Anbaraa
Anbaraa Kandu
Ruhhurihuraa
Hingaahuraa
Pioneer
Thunduhuraa
Bodumohoraa
Giri Kandu
Maagulhi Falhu
Maagulhi Kandu
Rakeedhoo
Rakeedhoo Kandu
Vattarurah
Vattaru Kandu
MALE
0
2
4
6
8
10 km
MABSTAB in Kilometern

Inseln im Felidhoo Atoll

Das Felidhoo Atoll liegt an der Ostseite des maledivischen Archipels und wird vom Süd Male Atoll durch den 14 Kilometer breiten Fulidhoo Kandu getrennt. Das Felidhoo Atoll ist 42 Kilometer lang und 55 Kilometer breit und hat die Form eines Stiefels, dessen Zehenspitze Fotteyo Muli entspricht. Ein Riff, das aus dem gesamten östlichen Riffkomplex von Fotteyo Falhu herausragt. Fotteyo Falhu ist ein langes, nicht unterbrochenes Riffsystem, das im Osten am Hurras Kandu beginnt und sich bis zum Rakeedhoo Dhekunu Kandu im Süden hinzieht. Es ist zugleich mit seinen 55 Kilometern das längste Riff der Malediven. Das Felidhoo Atoll besitzt fünf bewohnte Inseln; Fulidhoo, Thinadhoo, Felidhoo, Keyodhoo und Rakkedhoo. Es gibt zudem zehn unbewohnte Inseln, von denen zwei, Dhiggiri und Alimatha als Touristeninseln genutzt und bewohnt werden, sowie verschiedene kleine Sandinseln mit einigen Büschen und Sträuchern.
Das Vattaru Atoll ist ein kleines, rundes Atoll mit neun Kilometern im Durchmesser. Es liegt 4,5 Kilometer südlich des Felidhoo Atolls und verfügt nur über eine Einfahrt, den Vattaru Kandu an der südlichsten Stelle. Tauchsafariboote laufen diese Stelle bisweilen auf ihrer Wanderschaft durch die Atolle an. Nochmals 4,5 Kilometer weiter südlich liegt das Mulaku Atoll. Gelegentlich unternehmen Safarischiffe eine Tagestour bis zum einsamen Mulaku Kandu.

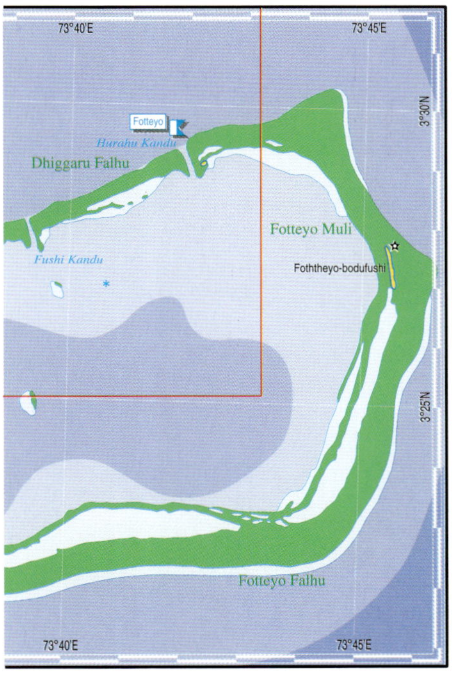

Blick nach Süden auf eine Kette von Inseln und Riffen im Felidhoo Atoll. Arah (Vordergrund), gefolgt von Hulhidhoo, Thiandhoo, Felidhoo und Keyodhoo.

Fulidhoo (Einwohner 258) ist eine pittoreseke Einheimischeninsel mit hübschen Korallenhäusern, die sich an den Straßen entlangziehen und strohgedeckten Fischerhütten unter den Kokospalmen entlang des Strandes. Der Name des Atolls leitet sich von dieser Insel ab. Fulidhoo besitzt einen ordentlichen Hafen und ist ein beliebter Ankerplatz für Safariboote. Die Insel wurde immer von Fischern angelaufen, wenn sie sich auf dem Weg von Male in die südlichen Atolle befanden. Die Bewohner sind für ihren *Bandiyaa*-Tanz oder Topf-Tanz bekannt, der von jungen Mädchen getanzt wird. *Boduberu*-Tänze, die von den Männern vorgeführt werden, sind ebenfalls ein beliebter Zeitvertreib. Die regelmäßigen Besucherströme geben den Insulanern so stets einen Vorwand, zu feiern. Im Osten der Insel steht ein langes Leuchtzeichen, das den Beginn des Atolls markiert. Eine Geschichte erzählt, daß einst die Redhin kamen, jene mythologische Volksgruppe, die Feuer und Götzen verehrte, als sich die Bewohner zum Freitagsgebet in der Moschee befanden. Sie zündeten die Moschee an und alle bis auf eine Person, verbrannten. Der Grabstein des Überlebenden ist heute noch zu sehen.

Dhiggiri bedeutet langer Korallenfleck und das Ressort begann 1982 seinen Betrieb. Dhiggiri liegt leicht zurückgesetzt im Atoll und ist eine kleine, runde Insel mit einem schönen Riff zum Schnorcheln.

Alimathaa, oder Alimatha wurde 1975 als eines der ersten Ressorts für Touristen errichtet . Die Anlage hat heute 70 Zimmer. Das Wort *ali* beutete soviel wie "hell". Die Insel bietet gute Schnorchelmöglichkeiten in der flachen Lagune und schönes Tauchen längs des Hausriffs an ihrer Südseite. Es gab früher Inseln auf den nahe liegenden Riffen von Kudadhiggaru Falhu und Kolhudhiffushi Falhu, doch wurden sie in der Vergangenheit weggespült.

Aarah ist die vierte Insel im Atoll und unbewohnt. Diese neue Insel hat nur wenig Büsche und sie besitzt ein flaches Saumriff, das einen bequemen Zugang verhindert.

Hulhidhoo ist eine schmale, unbewohnte Insel mit dichten Bäumen. Sie hat ein schmales Saumriff, das an seiner Nord- und Südseite gute Schnorchelmöglichkeiten bietet. *Hulhi* bedeutet Kokosnuß oder Frucht, die im Innern nichts zu essen bietet. Wer die Insel besucht sollte auf einen kleinen Mann gefaßt sein, der von den Bäumen steigt und ein Schild schwenkt: "Deserted Island - 2 Dollar".

Thinadhoo (Einwohner 136) ist das sechste Eiland im Atoll und wird bisweilen auch Mas Thinadhoo oder Fischinsel genannt. In den südlichen Atollen bezeichnet man mit dem Wort *Thina* die weibliche Brust.

Felidhoo (Einwohner 388) ist die Hauptinsel des Atolls. Markantes Zeichen ist ein alles überragender Funkmast auf der Insel. Die Bewohner, fast ausschließlich Fischer, sind für ihre *Boduberu*-Tänze weit bekannt.

Keyodhoo (Einwohner 528) bietet gute Ankermöglichkeiten in der Lagune. Safariboote bunkern hier oft Wasser und abends gehen die Crews gerne an Land, um die Gastfreundschaft der Bewohner zu genießen.

Foththeyo-bodufushi ist eine große Insel, unbewohnt und liegt am östlichen Atollrand. Sichtbar ist auch hier ein großer Funkmast. Ursprünglich waren es zwei Inseln, Foththeyo und Bodufushi, die zusammengewachsen sind.

Hingaahuraa ist eine unbewohnte Insel am Riff von Fotteyo Falhu und bedeutet soviel wie "sich bewegende Insel".

Bodumohoraa ist unbewohnt, dicht bewachsen und liegt sieben Kilometer weiter westlich auf dem selben Riff. Es hat einen schönen Strand und eine flache Lagune.

Thunduhuraa ist eine kleine Sandbankinsel ohne Bäume und mit nur wenigen Büschen.

Ruhhurihuraa liegt 1,5 Kilometer nördlich von Thunduhuraa. Die kleine Insel ist unbewohnt und mit Kokospalmen bestanden. *Ruh* heißt Kokospalme und *huri* "es gibt".

Rakeedhoo (Einwohner 269) liegt an der Atollsüdspitze. Safariboote ankern bisweilen auf der Nordseite, wenn Gäste am Morgen im Rakeedhoo Kandu tauchen wollen.

Anbaraa ist eine mittelgroße, verlassene Insel mit etwa 30 Kokosnußpalmen darauf. Sie liegt 15 Bootsminuten von Rakeedhoo entfernt. Man kann hier gut ankern und das hübsche Eiland wird gern für Strandbarbeques aufgesucht. *Anbaraa* kommt vom Wort Ambra, der wertvollen Ausscheidung der Pottwale, die manchmal an die Strände gespült und dort gefunden wird.

Kuda Anbaraa ist klein, unbewohnt und besitzt einige Palmen und liegt sechs Kilometer nördlich von Anbaraa.

Fussaru Falhu ist ein großes Riff an der Nordwestecke des Atolls. *Fussfaru* bedeutet deshalb unsichtbares Riff, weil Bootsführer, die sich dem Atoll von Westen nähern, wegen der nicht sofort sichtbaren Inseln nicht sagen können, wo das eigentliche Atoll beginnt.

Maahiththan Faru schließt sich als das nächste Riff im Norden an. Hier erhebt sich eine kleine, baumlose Insel mit einem großen Radiomasten, die keinen Namen trägt.

Fussfaru Huraa ist eine kleine, unbewohnte Insel.

Kudaboli ist ebenfalls ein unbewohntes Eiland und liegt auf dem Riff Masaraa Falhu. *Kudaboli* steht in der Landessprache für "Insel der kleinen Muscheln".

Ein kleines Dhoni ist nicht nur zum Fischen geeignet, sondern auch für den Transport zwischen den Inseln.

Ambra

Auf Ambraklumpen zu stoßen, ist wie der Fund von Gold-Nuggets.

Das Meer hat immer wieder zahlreiche Mythen und Legenden hervorgebracht. Aber kaum eine kann sich mit den Geschichten messen, welche sich um die wertvollen Klumpen aus Amber ranken, die auf dem Wasser treiben oder an die Inseln gespült werden.

Ambra, auch Amber genannt, wird im Darm der Pottwale produziert, die sich von Tiefsee-Tintenfischen ernähren. Es wird angenommen, daß die unverdauten Schnäbel der Oktopusse Reizungen im Darmtrakt des Wals verursachen. In Folge dessen produziert das Tier ein Sekret, daß sich um diese Schnabelreste legt. Dieses Sekret wird ausgeschieden und erzielt auf dem Markt sehr hohe Preise. Erhitzt ergibt sich daraus ein angenehmer Duftstoff, der in der Parfümerie und für medizinische Zwecke verwendet wird.

Die Chinesen des 10. und 11. Jahrhunderts nannten Ambra "Spucke der Drachen" und sie sammelten das meiste davon in der Region um die "Liu Berge" (Malediven) ein. Sheng-tseng schrieb: Zwischen den Felsen auf den Inseln hausen viele zusammengerollte Drachen. Im Frühjahr erbrechen sie einen Speichel, das Gelbe davon sieht wie Fischleim aus, das Schwarze gleicht dem Kot von Fledermäusen und das Weiße erinnert an pai-yao-chien".

Die Araber dachten etwas anders. Suleiman schrieb im 9. Jahrhundert: "Das Meer wirft große Klumpen von Ambra empor an die Strände der Inseln: einige dieser Klumpen besitzen die Form eines Gewächses oder so ähnlich. Denn Ambra wächst wie die Planzen auf dem Meeresboden und wenn die See besonders aufgewühlt ist, dann wirft sie Ambra in Stücken zur Oberfläche wie Kürbisse oder Trüffel".

Der Portugiesische Soldat Barbosa, der sich im Osten zwischen 1501 und 1517 aufhielt, war von dem Stoff fasziniert und er schrieb: Ich habe oft diese Mooren (Araber) gefragt, was Ambra ist und woher es kommt. Untereinander hielten sie es für Vogelmist und sie sagten, es gäbe in diesem Archipel auf den unbewohnten Inseln bestimmte, große Vögel, die sich auf den Klippen und Felsen der See niederlassen. Hier setzen sie das Ambra ab, wo es von Sonne, Wind und Regen gefärbt und aufgeweicht wird. Große und kleine Stücke werden von Stürmen und Unwettern losgerissen und ins Meer gerissen, bis sie gefunden, an die Strände der Inseln oder von Walen gefressen werden.

Ein anonymer portugiesischer Schreiber vor 1501 fand schon den wahren Hintergrund heraus. Er schrieb: "An den Stränden der Dyve-Inseln finden sich tote Wale. Sie werden oft von den Wellen an Land gespült und die Einheimischen zerlegen sie und machen Öl aus deren Fleisch. Einige dieser Wale haben Ambrastücke in sich, die Pinienzapfen gleichen, große und kleine. Es sind 20 bis 40, manchmal 100 und bisweilen sogar 200 Stücke, die zu einem klebrigen Klumpen zusammengefügt sind. Das Ambra muß dem Sultan übergeben werden, anderenfalls droht den Bewohnern die Todesstrafe; daher wird es von niemandem gestohlen".

Der Wert von Ambra ist so hoch, daß man sagt, wenn jemand plötzlich reich wird, "er sei auf Ambra gestoßen", so wie auf einen Schatz. Nur die Reichen oder Könige verfügten darüber. 1599 berichtete der englische Steuermann John Davies, daß er in der Nähe von Male von einem Gentleman und seiner Frau gegrüßt wurde. In ihrem Korb befanden sich Juwelen und Ambra. Der Mann war im "türkischen Stil" gekleidet und trug juwelenbesetzte Ringe. Es ist zu vermuten, daß es Sultan Ibrahim III selbst war, dem Davies begegnete.

Mit Ambra wurde auch die Freiheit der Menschen erkauft. 1754 übergab man den Franzosen ein 152,8 kg schweres Stück. Es war die Gegenleistung für ihren Einsatz und den Sieg gegen eine Flotte von Malabar-Schiffen, die die Inseln geplündert hatten.

Ambra kostet heute etwa US$ 2,50 pro Gramm und wird von der Regierung mit 100 % Steuer belegt. 1995 fanden Fischer vor der Insel Kelaa im Nord Thiladhunmathee Atoll ein Stück von 187 kg, das Zweitgrößte in diesem Jahrhundert. Das schwerste Ambrastück wurde mit 214 kg Anfang 1980 gefunden. Es braucht nicht erwähnt zu werden, das der Fund von Ambra dem eines Goldnuggets gleicht. Man muß es jedoch mit dem ersten Zufassen festhalten, anderenfalls sinkt Ambra, einmal berührt, auf den Meeresgrund und es dauert Tage, bis es wieder auftaucht.

Tauchplätze im Felidhoo Atoll

Das Felidhoo Atoll gilt derzeit noch als isolierter und weniger entwickelt als die anderen Touristenatolle. Es bietet traumhafte Tauch- und Schnorchelmöglichkeiten, einsame, unbewohnte Inseln und Sandbänke und seine Einwohner gelten als entgegenkommend und gastfreundlich. Aus diesen Gründen ist das Felidhoo Atoll bei Gästen von Safaribooten sehr beliebt, denn spitzenmäßige Touren und hervorragendes Tauchen sind in diesem Atoll garantiert. Thila-Tauchgänge sind hier nur in geringen Maße möglich und die meisten Abstiege finden in einem der 26 Kanäle auf der Ostseite statt, die lang und tief sind und sich eher für erfahrenere Taucher eignen. Viele dieser Kanäle besitzen nur schmale Einfahrten und werden oft übersehen, wenn Boote an der Ostseite südwärts fahren. An der Außenseite fallen diese Kanäle steil und direkt in große Tiefen ab und bilden meist an der Außenkante einen Absatz in etwa 35 Meter Tiefe. Während des Nord-Ost-Monsuns, zur Zeit des Höhepunktes der Tauchsaison, strömt das Wasser im Osten stärker in das Atoll, als es abfließt, was eine klare Unterwassersicht bedeutet - ideal zum Beobachten von Haien und pelagischen Fischen. Die westlichen Kanäle hingegen sind nicht so überzeugend. Dadurch aber, daß hier das Wasser bei Nord-Ost-Monsum aus dem Atoll fließt, dominieren an diesen Plätzen Mantas ob des planktonreichen Wassers. Am Südende des Atolls nahe der Insel Hingaahura liegen die Überreste der Pioneer, die hier am 13. Mai 1958 auf dem Riff strandete, als sie sich auf dem Weg von Colombo nach Male befand.

Fulidhoo Caves ***
Unmittelbar außerhalb der Insel Fulidhoo, in Verlängerung der Linie der Straße, die das Eiland durchschneidet, liegt dieser Tauchplatz. Das Riff fällt hier von drei auf 50 Meter ab und präsentiert sich mit Höhlen und Überhängen zwischen 25 und 40 Metern. Die eigentliche Attraktion aber sind die schlafenden Ammenhaie in den Höhlen. Zudem kann man immer wieder Napoleons, Schildkröten, Adlerrochen und Muränen beobachten.

Ihiga **
Liegt auf der Ostseite des Farukolhu Kandu. Dieser Kanal ist flach und an der Ecke stehen große Barrakudas, Haie und Thunas. Es gibt außerdem auf beiden Seiten des Kanals einige Höhlen zu betauchen.

Fufahli Kandu **
Wird auch Reethi Kandu genannt. Es handelt sich um einen flachen Kanal mit mehr Höhlen und Überhängen an seiner Außenseite. Auf größeren Tiefen gibt es ebenfalls einige wenige Überhänge und Löcher, durch die getaucht werden kann.

Dhiggiri Kandu ***
Ist ein Kanal mit einem Drop Off an der Außenseite um die 45 Meter. Höhlen und Steilabfälle finden sich auf beiden Kanalseiten.

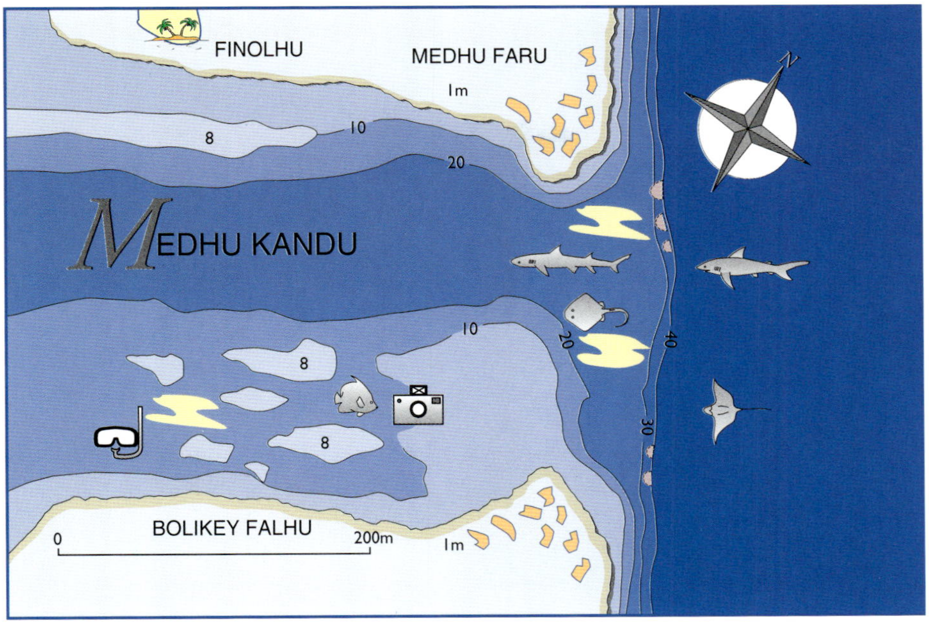

Himmelblauer Füsilier, Caesio lunaris. *Er ernährt sich im Schwarm von Zooplankton und bevorzugt steile Drop Offs und Gebiete mit Strömungen.*

Halsband-Falterfische (Chaetodon collare) *passen gern ihre Färbung den Lichtverhältnissen an. Tagsüber sind sie hell und bunt, nachts schützen sie sich durch bedeckte Farben vor Freßfeinden wie den Muränen.*

Manta Point *

Er liegt etwa 200 Meter östlich des Dhiggiri Ressorts und ist ein kleines Riff, an dem während des Südwestmonsuns Mantas anzutreffen sind.

Medhu Kandu ***

Ort: Kanal südlich von Dhiggiri Kandu
Tiefe: 10 - 30 m
Fische: im Überfluß
Korallen: sehr gut
Merkmale: Riffische, Riffhaie

Die Nordseite des Kanals ist die tiefste Stelle. Der Eingang dazu befindet sich mit sandigem Grund in 30 bis 35 Metern Tiefe. Außerhalb davon gibt es einige Höhlen unterhalb von 35 Meter. Auf dem Sand rasten Rochen und Riffhaie. Innerhalb des Kanals neigt sich das Riff schräg von fünf auf 20 Meter Tiefe. Die Südseite das Tauchplatzes ist ideal für Fotografen. Hier fällt das Riff außen von 30 Metern bis auf größere Tiefen ab. An der Ecke des Kanals findet sich eine kleine Sandfläche auf 25 Meter Tiefe. Sie wird vom Riff umsäumt und hier finden sich Riffhaie, Adlerrochen, Stechrochen und gelegentlich auch Hammerhaie. Oberhalb des flachen Riffs im Acht-Meterbereich gibt es mehr Sandflecken, aber auch eine Fülle verschiedenster Riffische. Fotografen können hier, gut geschützt vor Strömungen, Stunden verbringen.

Miyaru Kandu ***

Ort: Alimathaa Uthuru Kandu
Tiefe: 5 - 30 m
Fische: im Durchschnitt
Korallen: gut
Merkmale: Haie

Miyaru ist der einheimische Name für Haie. An der Nordecke des Kanals liegt eine Höhle in 33 Metern Tiefe, die ideal zum Beobachten von Grauen Riffhaien ist. In größeren Tiefen gibt es an der Außenkante weitere Höhlen. Im Kanal lassen sich oft Weiß- und Schwarzspitzen-Riffhaie beobachten.

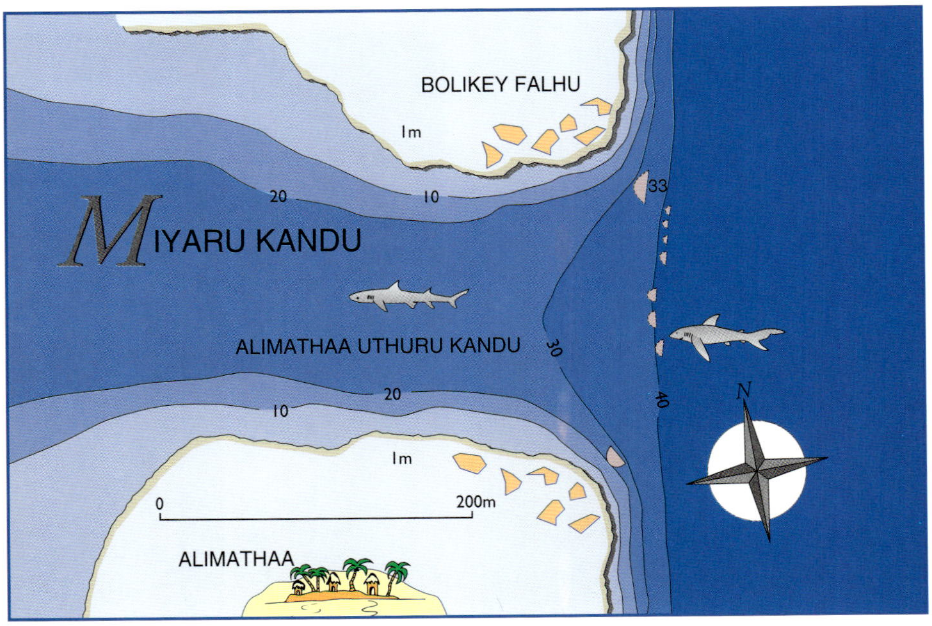

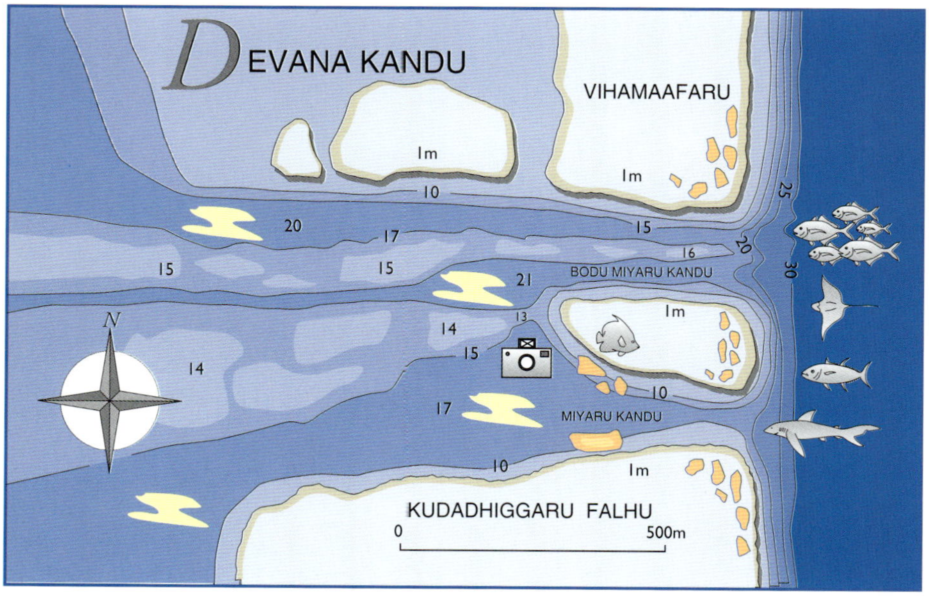

Riff-Eidechsenfisch, Synodus variegatus. *Diese gut getarnten Räuber stehen oft auf Beute lauernd paarweise an Korallenblöcken. Sie besitzen scharfe Zähne, ein großes Maul und verschlingen ihre Beute in einem Stück.*

Devana Kandu ***

NATURSCHUTZGEBIET

Ort:	Zweiter Kanal südlich von Alimathaa
Tiefe:	5 - 25 m
Fische:	über Durchschnitt
Korallen:	gut
Merkmale:	Pelagische Fische, Haie,

Der Kanal zwischen Vihamaafaru Falhu und Kudadhiggaru Falhu wird in seiner Mitte durch ein 250 Meter langes Riff geteilt. Die südliche Passage wird von den Fischern Miyaru Kandu genannt. Sie ist schmaler als ihr nördliches Gegenstück, der Bodu Miyaru Kandu. Der gesamte Kanal mit beiden Seiten ist als Naturschutzgebiet ausgewiesen. Bei einwärts gerichteter Strömung können Taucher einen der phantastischsten Drifttauchgänge des Felidhoo Atolls erleben. An der Riffaußenseite gibt es Höhlen und Überhänge, die senkrecht ab 30 Meter in noch größere Tiefen abfallen. Graue Riffhaie, Adlerrochen und andere pelagische Fische sind an den Eingängen zu beiden Passagen anzutreffen, vorzugsweise zur Zeit des Nord-Ost-Monsuns. Die Südpassage besitzt viele, mit Weichkorallen überzogene Korallenblöcke, von denen sich einer sogar bis auf neun Meter Tiefe erhebt. Zahllose Riffische besiedeln diese Blöcke und es ist nichts Ungewöhnliches, hier auf Blaumasken-Kaiserfische, auf Riff-Eidechsenfische oder auf Sattel-Krugfische zu stoßen. In der Mitte der Nordpassage erhebt sich ebenfalls vom sandigen Meeresgrund ein langes, schmales Riff, das bis auf 15 Meter Tiefe ansteigt. Taucher, die durch diesen etwa einen Kilometer langen Kanal treiben, stoßen in dem Bereich, wo beide Passagen wieder aufeinandertreffen auf eine ausgedehnte Landschaft von wunderbaren, üppig wachsenden Hartkorallen. Diese Korallen breiten sich über den gesamten, etwa 500 Meter breiten Kanal bis in Tiefen von 15 Metern aus, was im Vergleich zu anderen Kanaltauchplätzen recht ungewöhnlich ist.

Tauchhinweise: Die besten Tauchbedingungen findet man bei Einwärtsströmungen. Bootcrews sollten sich jedoch wegen der Größe des Kanals und der Möglichkeit, beide Passagen zu betauchen, genau an die Tauchpläne halten. Vermeiden Sie auf jeden Fall Beschädigungen an den Hartkorallen; eine vernünftige Tarierung ist ein Muß.

Sattel-Krugfisch, Canthigaster valentini. *Er zählt zu den kleiner Arten unter den Kugelfischen und wird bis zu zwölf Zentimeter lang. Er bewohnt flache Riffbereiche und ist ein Allesfresser.*

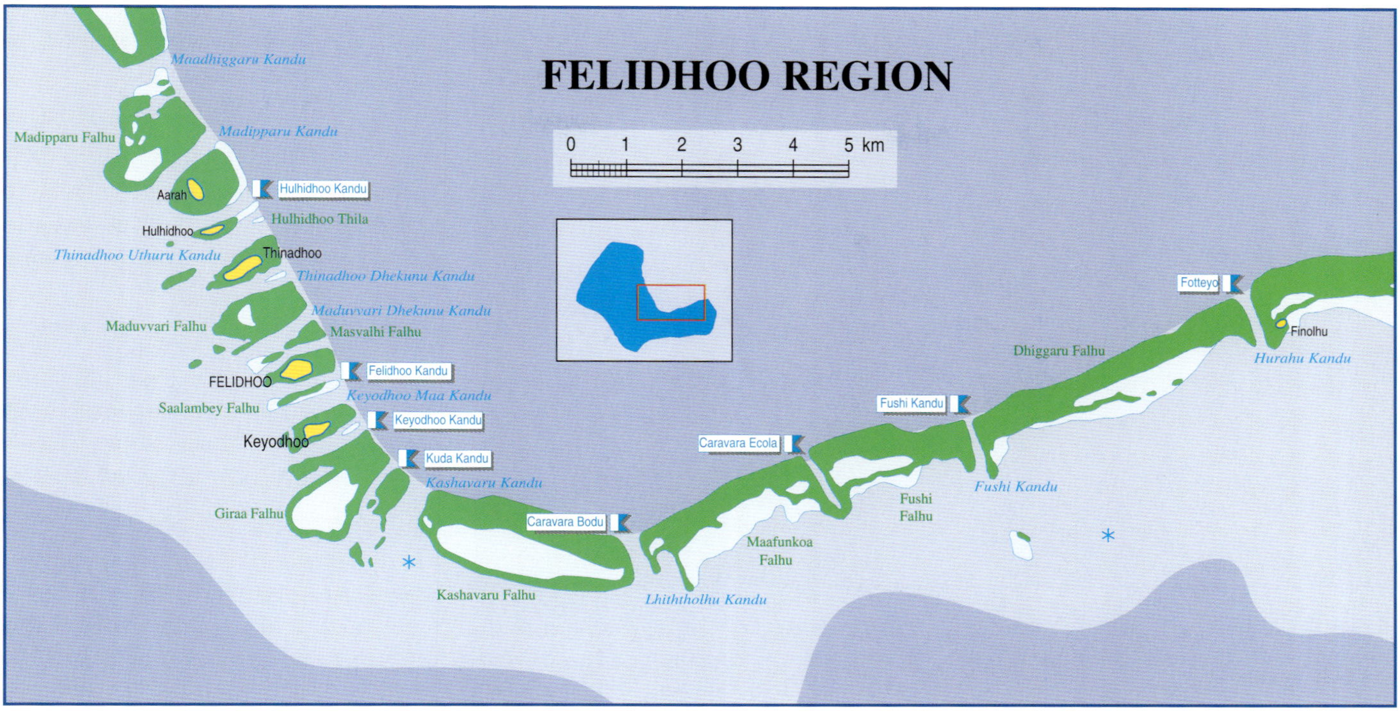

Hulhidhoo Kandu ***

Hierbei handelt es sich um einen Kanal zwischen den beiden einsamen Inseln Aarah und Hulhidhoo. Beste Tauchmöglichkeiten finden sich am Außenriff von Hulhidhoo mit kleinen Überhängen in 20 bis 30 Meter Tiefe, das in seiner Form einem terrassenartigen Reisfeld gleicht. Hier gibt es weitere Höhlen, die bei 35 Metern beginnen und bis zum Sandgrund in 55 Metern zu finden sind. Die Riffecke ist durch eine Höhle längs eines Sandplateaus in etwa 25 Metern gekennzeichnet, auf dem Rochen und Weißspitzen-Riffhaie liegen. Diese Ecke ist auch gut zum Beobachten pelagischer Fische wie Barrakudas, Makrelen oder Thunas geeignet. Innerhalb des Kanals gibt es noch weitere Höhlen, von denen eine in 18 Metern beginnt, während viele andere zum Tauchgangsende in flacheren Bereichen liegen.

Links: Blaumasken-Kaiserfisch , Pomacanthus xanthometopon. *Er gilt als einer der am schönsten gezeichneten Fische auf den Riffschrägen. Er ist sehr scheu und wird oft angetroffen, wie er auf Korallenblöcke und Spalten losschießt. Er verändert, wie auch andere Artgenossen aus der selben Familie, sein äußeres Farbkleid erheblich zwischen dem Jugend- und Erwachsenenstadium.*

Felidhoo Kandu **

Ort:	Kanal südlich von Felidhoo
Tiefe:	5 - 25 m
Fische:	über Durchschnitt
Korallen:	sehr gut
Merkmale:	Korallen, Riffische

Dieser Platz ist ein schmaler, etwa 50 Meter breiter Kanal zwischen Felidhoo und Saalambey Falhu. Der Zugang zum Kandu ist mit 16 Metern recht flach, aber im Inneren wird der Kanal zunehmend tiefer. In der Mitte liegt ein langes, schmales Riff, das bis 15 Meter ansteigt und von Sandflächen umgeben ist. Am Kanaleingang befindet sich ein Feld mit Feuerkorallen und an der Nordecke stehen eindrucksvolle, massive Hirschhornkorallen, sowie eine Vielfalt an Weichkorallen. Hier trifft man auf Haie, während im Innern des Kanals Süßlippen stehen und Schildkröten zu beobachten sind. Die Qualität des Riffs wird innerhalb des Kanals schlechter, doch der Anfangsbereich ist stets einen Tauchgang wert.

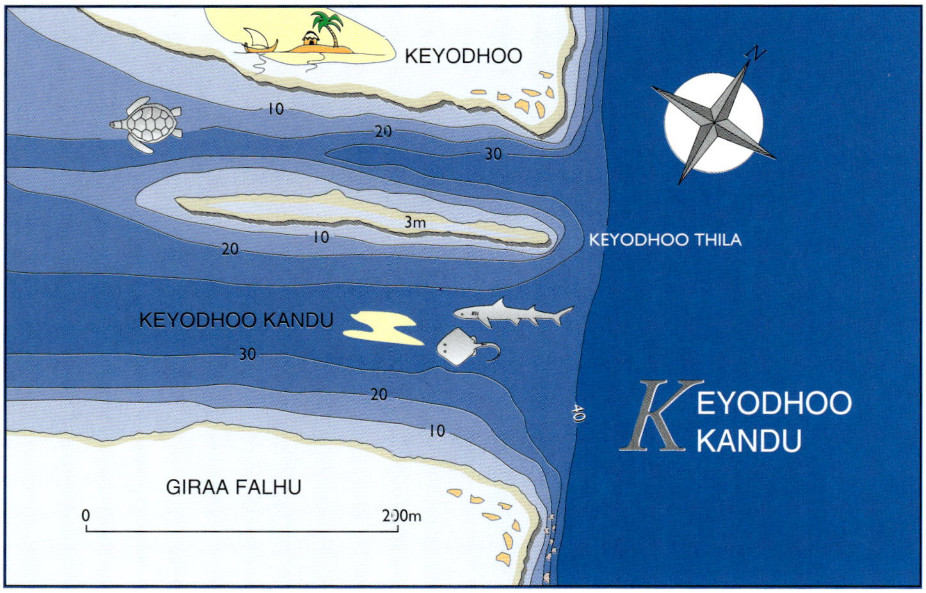

Keyodhoo Kandu ***
Ort: Kanal südlich von Keyodhoo
Tiefe: 5 - 30 m
Fische: Durchschnitt
Korallen: gut
Merkmale: Riffische,

Der Eingang zu diesem Kanal liegt bei etwa 35 bis 40 Meter Tiefe. Es gibt hier zwei Möglichkeiten zu tauchen. Die erste ist Keyodhoo Thila, die zweite die Südseite des Kanals an der Ecke von Giraa Falhu. Die Thilaspitze liegt bei drei Metern, das dann langsam bis auf 30 Meter Tiefe zum sandigen Kanalgrund abfällt. Das Thila ist sehr schmal; es beginnt am Eingang des Kanals und erstreckt sich bis 200 Meter in den Kandu hinein. An seiner Außenseite fällt es zunächst kontinuierlich ab bis zu einer scharfen Kante, um dann weiter in größere Tiefen abzustürzen. An seiner Südseite bei Giraa Falhu liegen an der Außenseite einige Höhlen und an der Ecke befindet sich eine Sandfläche in 30 bis 35 Metern, auf der sich Stachelrochen und Haie ausruhen. Die Kanalwand fällt wie das Thila langsam bis auf 30 Meter Tiefe ab. Gewöhnlich triff man hier auch auf Schildkröten.

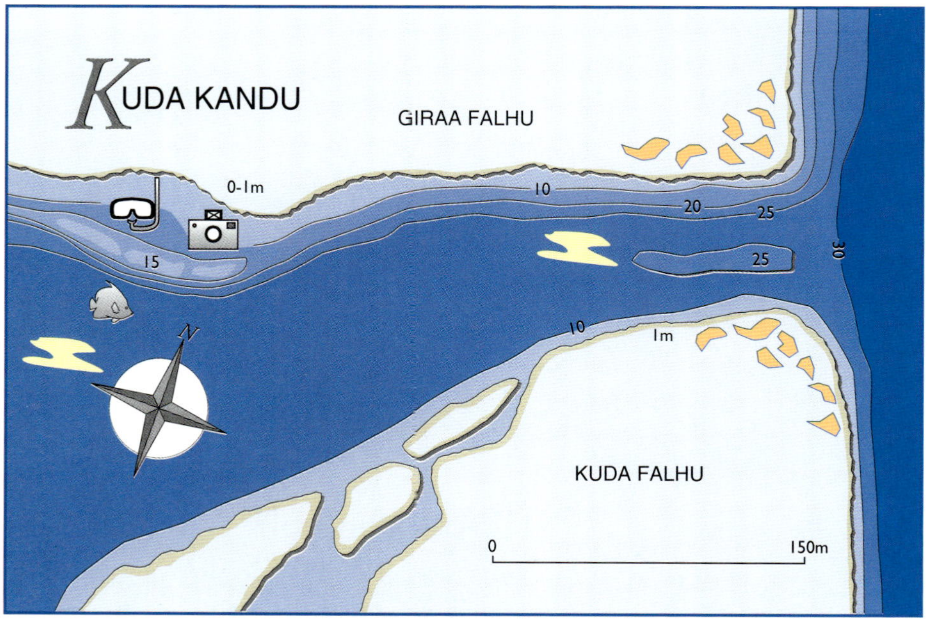

Kuda Kandu **
Ort: zweiter Kanal südlich von Keyodhoo
Tiefe: 5 - 30 m
Fische: über Durchschnitt
Korallen: ausgezeichnet
Merkmale: Hartkorallen

Dieser Kanal besitzt eine schmale Zufahrt und in seiner Mitte liegt eine Anhäufung von Korallen, die vom Sandgrund in 30 Meter Tiefe bis auf 25 Meter ansteigt. Der Kandu ist nicht sonderlich interessant und bei Einwärtsstrom ziehen es Taucher vor, ihren Abstieg 200 Meter innerhalb des Kanals an dessen Nordseite zu beginnen. Sie treiben dann in eine Kurve innerhalb des Riffs, wo sie ein wunderbarer Korallengarten erwartet. Ein riffähnlicher Rücken erstreckt sich in 15 Meter Tiefe in den Kanal hinein. Hier, an dieser Kurve, erweitert sich das Riff in ein Bett aus Korallen, die das Riff von 20 Metern bis zur Oberfläche überziehen. Der Bereich dieser Biegung ist auch besser gegen Strömungen geschützt und wenn die See ruhig ist, spiegeln sich die Korallen an der Wasseroberfläche in einem Kaleidoskop aus Farben und Formen - ein idealer Platz für alle Fotographen und Filmer.
An der Ostseite von Kashavaru Falhu liegt der Lhittolhu Kandu, der von Tauchern auch oft als **Caravara Bodu** bezeichnet wird. Es ist ein breiter Kanal, dessen Eingang etwa 40 Meter tief ist und der an den Riffschrägen schöne Korallen und vielerlei Riffische bietet.
Zwischen Maafukoa Falhu und Fushi Falhu befindet sich ein Tauchplatz namens **Caravara Ecola**. Er ist schmaler als Caravara Bodu. Sein Eingang, der in seiner Mitte einige Höhlen aufweist, liegt ebenfalls bei etwa 40 Meter Tiefe. Der Kanal besitzt zudem mit Korallen schön bewachsene Schrägen.

Fushi Kandu ist der nächste Kanal zwischen Fushi Falhu und Dhiggaru Falhu. Er gleicht vielen Kandus im Felidhoo Atoll mit einer Sandfläche an der Eingangsecke in 30 bis 35 Metern, einigen wenigen Höhlen an der Außenseite, sowie mit Haien über dem Sandgrund und hübschen Korallen im Innenbereich.

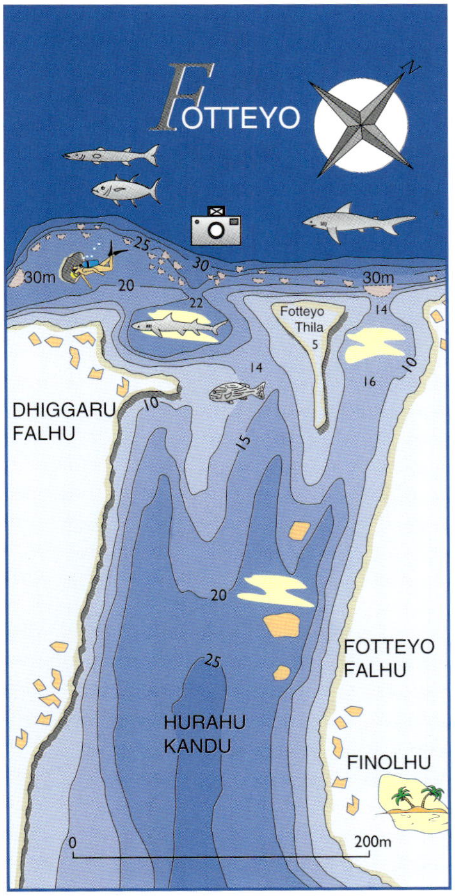

Fotteyo ***

Ort:	Hurahu Kandu
Tiefe:	3 - 30 m
Fische:	im Überfluß
Korallen:	ausgezeichnet
Merkmale:	Riffische, Höhlen, Weich- und Fächerkorallen, Haie

Ein Tauchgang bei Fotteyo wird von vielen als das Beste auf den Malediven bezeichnet, ein Paradies für Filmer und Fotographen, aber auch für Meeresbiologen. Es ist auch ein Tauchgang mit vielen Möglichkeiten. Optimales Tauchen garantiert die Außenecke von Dhigaru Falhu. Man beginnt am besten an der Biegung am Außenriff. Hier liegt eine große Höhle in 30 Meter Tiefe mit einigen Löchern, die zu durchtauchen sind. In diesem Kurvenbereich nahe zum Kanaleingang, lockt ein besonderen Platz mit zahlreichen Höhlen und Überhängen. Diese Höhlen sind dicht mit Weichkorallen aller Couleur bewachsen, die Kirschblüten im Frühling gleichen. Die meisten dieser "Kirschblüten-Höhlen" liegen zwischen 25 und 40 Metern. Hier gibt es aber auch bewachsene Bogen, von denen einer durchtaucht werden kann.

Der äußere Zugang in den Kanal in 22 Meter Tiefe ist durch einen Spalt im Riff geteilt. Von hier können Taucher in den Kandu hineinschwimmen, wobei sie ein Sandareal mit ruhenden Weißspitzen-Riffhaien überqueren. Östlich dieses Sandplateaus liegt in 14 Meter Tiefe der innere Zugang zum Kanal. Er ist besonders durch eine Anhäufung von Hartkorallen und großen Schwärmen von Süßlippen gekennzeichnet. Geradewegs im Kanalinnern befindet sich "Trigger Valley". Es ist der Nistplatz der Titandrücker, die bei Vollmond besonders aggressiv sind. An der Außenseite des Fotteyo Thilas gibt es weitere Höhlen, wo große Zackenbarsche zu finden sind. An diesem Punkt können auch Adlerrochen ausgemacht werden, die vorübersegeln. Am Eingang zum zweiten Kanal liegt in 18 Meter Tiefe eine große Höhle. Der Kanal steigt am Durchlaß bis auf 14 Meter an, im Innenbereich erstreckt sich eine kleine Sandfläche auf etwa 16 Meter Tiefe. Auf der Innenseite von Fotteyo Thila erhebt sich in 15 Metern ein pilzförmiger Korallenfelsen. Ab hier öffnet sich der Kandu in ein sand- und korallenbestandenes Kanalbett zwischen 20 und 25 Metern. Im Verlauf eines Tauchganges ist es es an diesem Platz immer möglich, Schwärme von Thunas, Makrelen, Barrakudas und Grauen Riffhaien am Außenriff zu beobachten. Im Kanal liegen Weißspitzen und Rochen auf dem Sand, während Schildkröten an den Kanalwänden anzutreffen sind.

Tauchhinweise: Bei günstigen Strömungen sollte man seinen Tauchgang an den schönen, flacheren Bereichen geradewegs innerhalb des Kandu-Einganges in 14 Meter Tiefe beenden. Bei starker Strömung empfiehlt es sich zur westlichen Wand über den fingerartigen Vorsprung des Riffs zu tauchen, dann in das Trigger Valley zu treiben, um hier an der Westseite den Tauchgang abzuschließen. Man kann aber auch bei den "Kirschblütenhöhlen" beginnen, über den ersten Eingang zum Thila schwimmen und weiter in den zweiten Kanalabschnitt.

Links und rechts: Die traumhafte UW-Landschaft von Fotteyo wirkt durch die zarten Weichkorallen noch attraktiver. Sie überziehen die Höhlen und Grotten am Außenriff.

Ein kleiner Makrelenschwarm posiert auf diesem Bild und fügt so einen Hauch von Bewegung dem wundervollen Farbportrait der Flora und Fauna von Fotteyo hinzu.

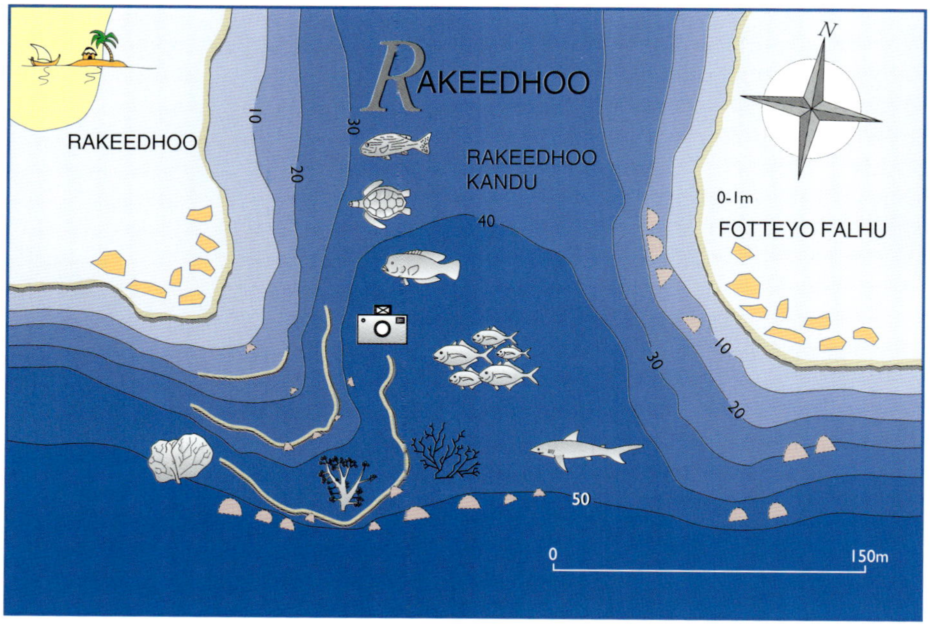

Starke Strömungen im Rakeedhoo Kandu tragen für die farbenprächtigen Weichkorallen viele Nährstoffe heran.

Rakeedhoo Kandu ***

Ort:	Kanal zwischen Rakeedhoo und Fotteyo Falhu
Tiefe:	5 - 30 m
Fische:	im Überfluß
Korallen:	ausgezeichnet
Merkmale:	Haie, Korallen, Riffische

Rakeedhoo ist eine von fünf bewohnten Inseln im Atoll und gilt gleichzeitig als das südlichste Eiland des Atolls. Beiderseits der Insel ziehen sich Kanäle entlang, aber Rakeedhoo Kandu an der Ostseite ist der populärste Tauchplatz. Er reicht tief hinab, sein Eingang liegt bei etwa 50 Meter Wassertiefe. Beide Seiten dieses Eingangs sind traumhaft zu betauchen; sie besitzen korallenbewachsene Höhlen und Überhänge in allen Tiefen.

Die Rakeedhoo zugewandte Ecke ist eher für ihre Terrassen bekannt. Die erste liegt auf etwa 20 Meter und die folgenden sind bis in Tiefen von 45 Metern zu finden. Unterhalb eines jeden Plateaus oder Korallenterrasse gibt es dicht mit Weichkorallen bestandene Überhänge und Höhlen. Auf größerer Tiefe dieser Terrassenecke finden sich wundervolle Fächerkorallen und Büsche Schwarzer Korallen. Dieser Platz ist zudem ideal, pelagische Fische aller Art zu beobachten, einschließlich der Hammerhaie in den frühen Morgenstunden. In geringeren Tiefen halten sich Napoleons, Süßlippen und Schildkröten auf.

Tauchhinweise: Starke Einwärtsströmungen teilen sich an der Ostseite des Rakeedhoo Reefs, so daß Taucher in den Kanal oder längs der Insel getrieben werden. Besser ist es aber, an der Innenseite des Kandu zu bleiben.

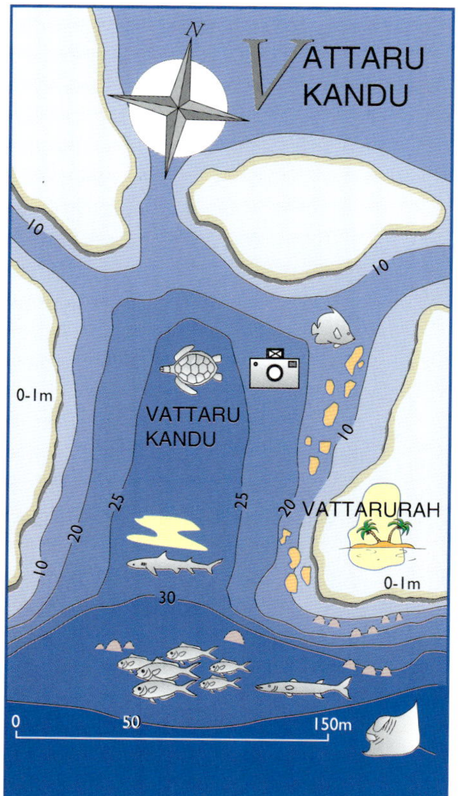

Vattaru Kandu **

Ort:	Kanal südlich des Vattaru Atolls
Tiefe:	5 - 30 m
Fische:	über Durchschnitt
Korallen:	ausgezeichnet
Merkmale:	Haie, Korallen

Vattaru ist ein kleines, rundes Atoll südlich von Felidhoo, etwa 45 Dhonimінuten von Rakeedhoo entfernt. Hier gibt es nur einen Kandu, der sich an der Ostseite der unbewohnten Insel Vattarurah erstreckt. Die exponierte Ecke des Eilandes bietet beste Tauchmöglichkeiten. Sie fällt an der Außenseite steil bis auf 45 Meter ab und läuft dann schräg in eine Sandfläche aus, wo einige große Fächerkorallen stehen und bisweilen Leopardenhaie anzutreffen sind. Der Kanaleingang ist etwa 32 Meter tief. Hier gibt es einige wenige Höhlen und Überhänge nahe des Eingangsbereiches, aber etliche mehr davon an der Riffaußenseite. Die meisten Höhlen nahe des Kanaleingangs liegen zwischen zehn und 20 Metern. Die Fischreichtum ist üppig; Thunas, Barrakudas, Makrelen, Füsiliere und Weißspitze-Riffhaie sind an diesem Platz neben Mantas und Schildkröten anzutreffen. In 30 Meter Tiefe finden sich am Außenbereich des Kanals noch hübschere Höhlen. Sie alle sind mit Weich- und Fächerkorallen, sowie mit Schwarzen Korallen überzogen.

Tauchhinweise: Vattaru Kandu ist ein ideales Nachttauchgebiet. Bei Einwärtsströmung sollte man an der Inselecke abtauchen und sich mit dem Strom in den Kanal treiben lassen. An den überall verstreuten Korallenblöcken lassen sich wunderbar schlafende Napoleons und Papageienfische beobachten.

Anbaraa **

An der Nordseite von Anbaraa ist bequemes Tauchen möglich. Hier gibt es Wände von fünf bis 25 Meter Tiefe und einige schön bewachsene Höhlen. Ein idealer Platz für einen angenehmen Nachmittagstauchgang.

Anbaraa Thila **

Dieses kleine Thila mit seiner Spitze in zwei Meter Tiefe liegt fünf Minuten östlich von Anbaraa. Es ist so klein, daß man es während eines Abstiegs mehrfach in verschiedenen Tiefen umrunden kann. Es gibt kaum Strömungen und das Thiladach ist mit seinen vielen Hartkorallen hervorragend zum Schnorcheln geeignet.

An der Westseite des Felidhoo Atolls gibt es ebenfalls gute Tauchmöglichkeiten. Am westlichsten Punkt liegt der **Maafussaru Kandu**, geradewegs zwischen Fussaru Falhu und Maahiththan Faru. An seiner Nordseite ist der Kanal recht interessant und zeigt sich mit einem langsam abfallendem Riff, das seinen Zugang bei etwa 20 Metern hat.

Nördlich von Dhiggaluvashee liegt der Kuda Kandu, ebenso als **Kudaboli Kandu** bekannt. Das Außenriff erreicht 35 Meter, die Südecke hingegen liegt bis 25 Metern Tiefe. Nahe des Eingangs erstreckt sich ein fingerartiges Riffteil in den Kandu, das gern von Grauen Riffhaien und "White Tips" aufgesucht wird. Im Norden gibt es zwei Kandus für erfahrene Taucher, der **Kunaavashi Kandu** und der **Boamas Kandu**.

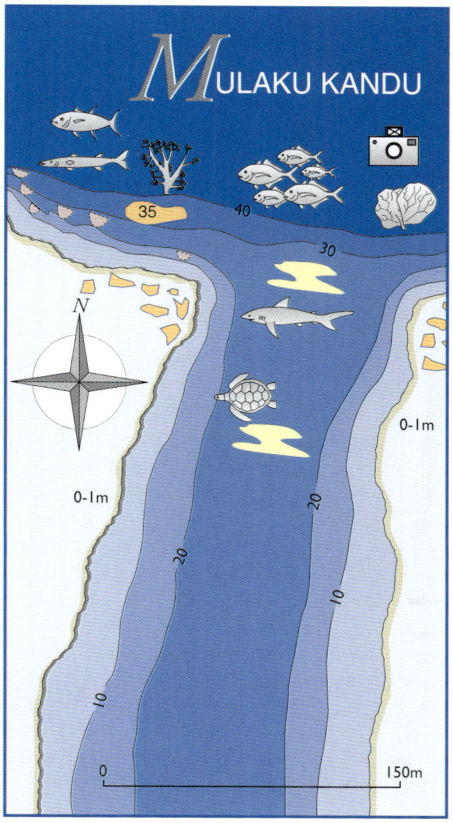

Mulaku Kandu ***

Ort:	Erster Kanal im Norden des Mulaku Atolls
Tiefe:	5 - 30 m
Fische:	im Überfluß
Korallen:	sehr gut
Merkmale:	Haie, Korallen

Mulaku Kandu liegt etwa 40 Bootsminuten südöstlich von Vattaru. Es ist ein ausgezeichneter Tauchplatz, der allerdings nur Safaribooten zugänglich ist. Generell ist die Sicht bei allen Strömungsrichtungen hier sehr gut. Der enge Zugang zum Kanal weißt eine Tiefe von 25 Metern auf und der Grund besteht aus hellweißem Sand, der das Sonnenlicht glitzernd reflektiert.

Die äußere Riffkante stürzt abrupt von 35 Meter bis über 100 Meter ab. Die Strömungen im Kanal können sehr stark werden; folglich finden Fächerkorallen gerade an der Außenseite in etwa 35 Metern Tiefe ideale Lebensbedingungen vor. Im Kanalinnern sind die Wände hervorragend mit Hartkorallen besetzt, die in etwa 20 Meter Tiefe verschwinden und in Sand und in Korallenschutt übergehen.

Beste Tauchmöglichkeiten finden sich an der Kanalwestecke, die in etwa 35 Meter Tiefe durch einen großen Korallenfelsen gekennzeichnet ist. Dieser Felsen ist von kleinen Löchern durchzogen, die alle hinter pastellfarbenen Weichkorallen verborgen sind. In den Löchern stehen u.a. auch Soldatenfische. Hier lassen sich auch große Barrakudas, Schwarmbarrakudas, Thunas, Riesen-Makrelen, Graue- und Weißspitzenriffhaie, sowie frühmorgens Hammerhaie beobachten.

Längs des Außenriffs in westlicher Richtung befinden sich Höhlen in unterschiedlichen Tiefen und höher am Riff in etwa zehn Metern stößt der Taucher eine Reihe von Überhängen. An der Riffkante lassen sich auch Schildkröten und ein Überschwang an verschiedensten Riffischen beobachten.

Tauchhinweise: Wenn es die Strömung erlaubt, empfiehlt es sich den Tauchgang am Eingangsbereich zu verbringen. Denn die Mischung aus Bewuchs, reflektierendem Sonnenlicht, der Fülle an Farben und dem schneeweißen Sandgrund schafft eine perfekte Atmosphäre und beste Fotobedingungen.

Links: Riesen-Husar, Sargocentron spiniferum. *Er trägt seinen lateinischen Namen nach einem stacheligem Knochen, der von der Ecke des Kiemendeckels absteht. Dieser Fisch ist oft in kleinen Gruppen anzutreffen, die um Höhlen und Überhänge herumschwimmen. Er zählt zur größten Art innerhalb der Familie und wird bis zu 40 Zentimeter lang.*

FAADHIPPOLHU ATOLL (LHAVIYANI)

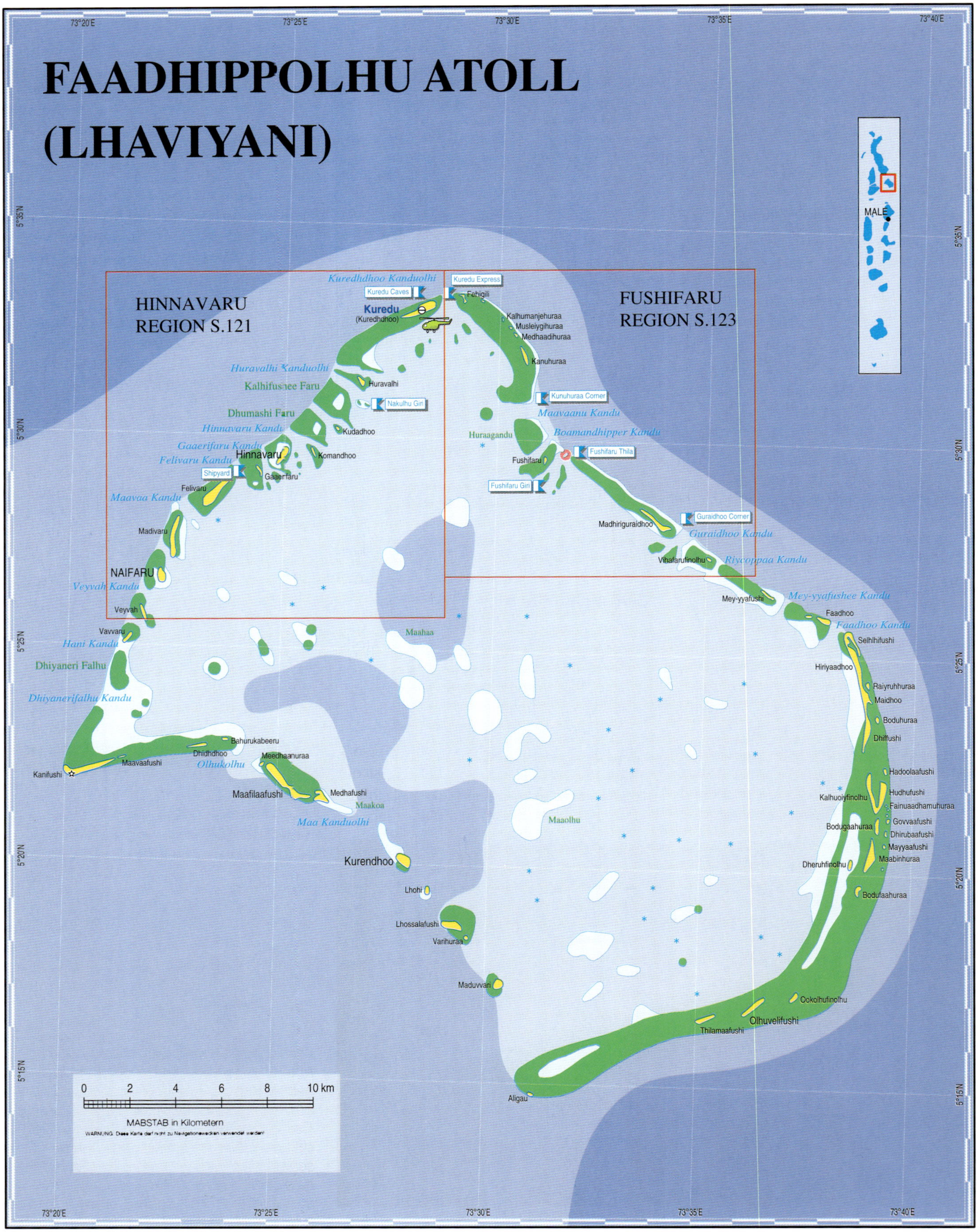

Inseln im Faadhippolhu Atoll (Lhaviyani)

Das Faadhippolhu Atoll ist 37 Kilometer breit, 35 Kilometer lang und 120 Kilometer nördlich von Male gelegen. Man benötigt etwa acht Bootsstunden um in das Atoll zu gelangen, daß aus 54 unbewohnten und fünf bewohnten und zur Zeit aus einer Hotelinsel besteht. Allerdings werden vier weitere Ressorts in naher Zukunft erschlossen. Es sind die Inseln Komandhoo, Hudhufushi, Madhiriguraidhoo und Kanuhuraa. Der Hauptbroterwerb im Atoll ist der Fischfang. Früher waren das Segelweben und die Kokosbastproduktion die Haupteinnahmen. Der nördliche Zugang zum Atoll ist der 500 Meter breite Kuredhhdhoo Kanduohli. Die Westseite des Atolls ist durch viele kleine Inseln, Riffe und durch schmale Kanäle, sowie durch die Insel Kanifushi gekennzeichnet. Sie ist auch der westlichste Punkt des Atolls, der noch durch ein Leuchtfeuer markiert ist. Der Hauptzugang zum Atoll erfolgt aber zwischen den südlichen Inseln Aligau und Lhossalafushi. Maduvvari liegt genau in der Mitte dieser 7,5 Kilometer breiten Öffnung. Die Ostseite des Atolls hat lange Inseln vorzuweisen, sie besitzt aber weniger Durchlässe, die ihre Konzentration im 30 Kilometer langen Bariereriff zwischen Selhihifushi und Aligau finden.

Naifaru (Einwohner 3.132) ist eine dicht bevölkerte Insel am westlichen Atollrand und auch die Hauptstadt des Atolls. Fischfang ist der Hauptbroterwerb der Einwohner und die Insel ist obendrein für ihre Eingeborenenmedizin bekannt. Hinzu kommen handwerkliche Fähigkeiten, insbesondere Arbeiten mit Perlmutt und Schwarzen Korallen.

Madivaru beherbergt den Nationalen Sicherheitsdienst für die nördlichen Atolle.

Felivaru ist der Standort der MIFCO Fischfabrik, der Hauptindustriezweig des Atolls. Denn das Lhaviyani Atoll gilt als das fischreichste der Malediven. Die meisten der Fischer, die hier ihren Fang abliefern, leben auf den Inseln Naifaru und Hinnavaru.

Hinnavaru (Einwohner 2.706) ist eine weitere, dicht besiedelte Einheimischeninsel, auf der Fischfang ebenfalls der Haupterwerb ist. Der Einfluß der großen Bevölkerungszahl auf die Umwelt läßt sich gut an dem übermäßigen Algenwachstum in der Lagune erkennen. Wie bei vielen anderen Inseln auch, ist dieses Wachstum die Folge des Einleiten von ungeklärtem Schmutzwasser in die Lagune.

Komandhoo steht als neues, 90 Betten Ressort auf der Planungsliste für die nächsten Jahre. Es ist eine kleine, unbewohnte Insel gegenüber von Hinnavaru und besitzt einen schönen Bestand an Kokospalmen und Buschwerk. Das Hausriff liegt zudem nahe an der Insel.

Kuredhdhoo wurde 1978 als Kuredu Camping Resort gegründet und hat sich mittlerweile zu einem 250 Betten-Ressort entwickelt. Zur Zeit ist es noch die einzige Touristeninsel im Atoll. Die Transfers erfolgen per Helikopter, Wasserflugzeug oder mit dem hoteleigenen Speedboot.

Kanuhuraa ist unbewohnt und liegt dicht an Kuredhdhoo. Es zeigt sich als ein besonders hübsches Eiland mit vielen Kokospalmen und einem schönen, umlaufenden Strand. Es liegt in einer flachen, großen Lagune und ist nicht ganz einfach zu erreichen. Auch hier soll bald ein 200 Betten-Ressort entstehen.

Madiriguraidhoo wird auch Guraidhoo oder "Trauminsel" genannt. Bald wird hier ebenfalls ein Hotel mit 200 Betten eröffnet. Die Insel liegt am Außenriff in einer schmalen, langen Lagune. Ein wunderbarer Strand umsäumt die etwa 1,5 Kilometer lange Insel, die mit die größten Erhebungen aufzuweisen hat. Die Nordspitze ist schmal, dafür aber wächst das Eiland im Süden in der Breite auf 250 bis 300 Meter an. Im Norden gibt es wenig Vegetation, dafür aber um so mehr im Osten. Die innere Lagune ist 1,5 bis drei Meter tief, so daß einheimische Boote bei Flut anlanden können. Auch die äußere Riffseite der Lagune ist noch flach. In der Lagune sind bisweilen Rochen anzutreffen.

Dhiffushi, auch Dhiffushimaadhoo genannt, war einst bewohnt. Hier gibt es noch die Überreste einer alten Moschee und eines Brunnens. Das Schiff *City of Victoria* aus Colombo strandete 1966 auf dem Inselriff, konnte aber wieder flott gemacht werden und wurde bezeichnenderweise später auf den Namen *Dhiffushimaadhoo* umgetauft.

Hudhufushi präsentiert sich als eine lange und unbewohnte Insel, die einen V-förmigen Grundriß hat und in der Mitte eine sehr flache Lagune besitzt. Darin stehen

Die Bewohner des Faadhippolhu Atolls sind als Fischer weit bekannt. Während der Tageshitze spendet ein Sonnensegel den nötigen Schatten vor der intensiven Sonne.

einige Mangroven und die Insel selbst ist dicht von Bäumen und Büschen bewachsen. Es gibt einige Kokospalmen, aber nicht viele. Ursprünglich bestand das Eiland aus zwei Inseln, Hudhufushi und Kalhuoiyfinolhu, die vor langer Zeit durch Sandablagerungen zu einer Insel verbunden wurden. Die Insel hat wunderbare Strände und wird in Zukunft eine Hotelanlage mit 400 Betten aufnehmen. Zugang zur flachen Lagune, in der sich oft kleine Junghaie und zahlreiche Rochen aufhalten, haben aber gegenwärtig nur Boote mit geringem Tiefgang.

Olhuvelifushi (Einwohner 336) ist eine Einheimischeninsel im Südosten des Atolls.

Kurendhoo (Einwohner 1.019) ist ebenfalls besiedelt und wird auch Loakurendhoo genannt.

Maafilaafushi war unter der Herrschaft von Sultan Mohammed Imaaduddeen I (1620 bis 1648) besiedelt, danach zogen den Bewohner nach Naifaru um. Ruinen einer alten Moschee und eines Friedhofs mit Grabsteinen mitten auf der Insel sind noch heute zu finden. Vor einigen Jahren beschloß die Regierung, hier wieder Menschen anzusiedeln, um die übervölkerten Inseln Naifaru und Hinnavaru zu entlasten. Große Dschungelgebiete wurden gerodet, eine Moschee, eine Schule gebaut und ein Verwaltungsgebäude errichtet. Doch die Malediver zögerten anfänglich, ihre Heimatinseln zu verlassen. Trotzdem wurde die Insel letztlich binnen kurzer Zeit besiedelt und dichte Seegrasfelder haben sich bereits in der einst so sauberen Lagune ausgebreitet. Ein Kanal gewährt großen wie kleinen Booten Zugang zu der neuen Einheimischeninsel.

Das Tauchzentrum vom Kuredu Island Resort.

Dhidhdhoo wird auch Olhukolhu Dhidhdhoo genannt. Es ist eine unbewohnte, lange wie schmale Insel, die mit vielen Kokosnußpalmen bewachsen ist. Bei Ebbe erstrecken sich einige Sandbänke bis nach Olhukolhu, dem Kanal im Osten des Eilandes. Es soll auch noch eine Insel namens Olhulgiri im Norden gegeben haben; davon aber ist nichts mehr zu finden.

Der Shipyard im Felivaru Kandu ist eine der größten Tauchattraktionen im Lhaviyani Atoll. Das Korallenwachstum an den Wracks ist außergewöhnlich und zahlreiche Fische, einschließlich der Fledermausfische, haben die Wracks zu ihrer neuen Heimat erkoren.

Tauchplätze im Faadhippolhu Atoll (Lhaviyani)

Die meisten Tauchplätze im Lhaviyani Atoll liegen in der nördlichen Hälfte in einem Radius von etwa 16 Kilometern um die Hotelinsel Kuredu, zur Zeit das einzige Ressort im Atoll. Vier neue Ressorts sollen im Norden und Osten entstehen und so weitere, jungfräuliche Tauchgründe in der Region erschließen. Das Atoll besitzt nur wenige Thilas, dafür aber dominiert das Kanaltauchen. Im Westen warten 13 Kandus, im Osten sieben, im Süden sechs sehr breite und auch im Norden gibt es einige, sehr schmale Kanäle, die einen herrlichen Korallenbewuchs haben und bei günstigen Strömungen auch überquert werden können. Erstaunlicherweise gibt es im Atollinnern nur wenige Korallenriffe, wobei einige dicht an den Kanaleingängen liegen. Sie sind relativ flach, sowie geschützt gelegen und bieten einige interessante Tauchmöglichkeiten. Außerhalb des Atolls locken einige wenige Plätze mit Höhlen und Steilwänden, die spannende Abstiege besonders dann versprechen, wenn starke Strömungen vorherrschen. Zudem gibt es am sogenannten "Shipyard" zwei dicht beieinander liegende Wracks mit interessanten Tauchmöglichkeiten auf recht engem Raum.

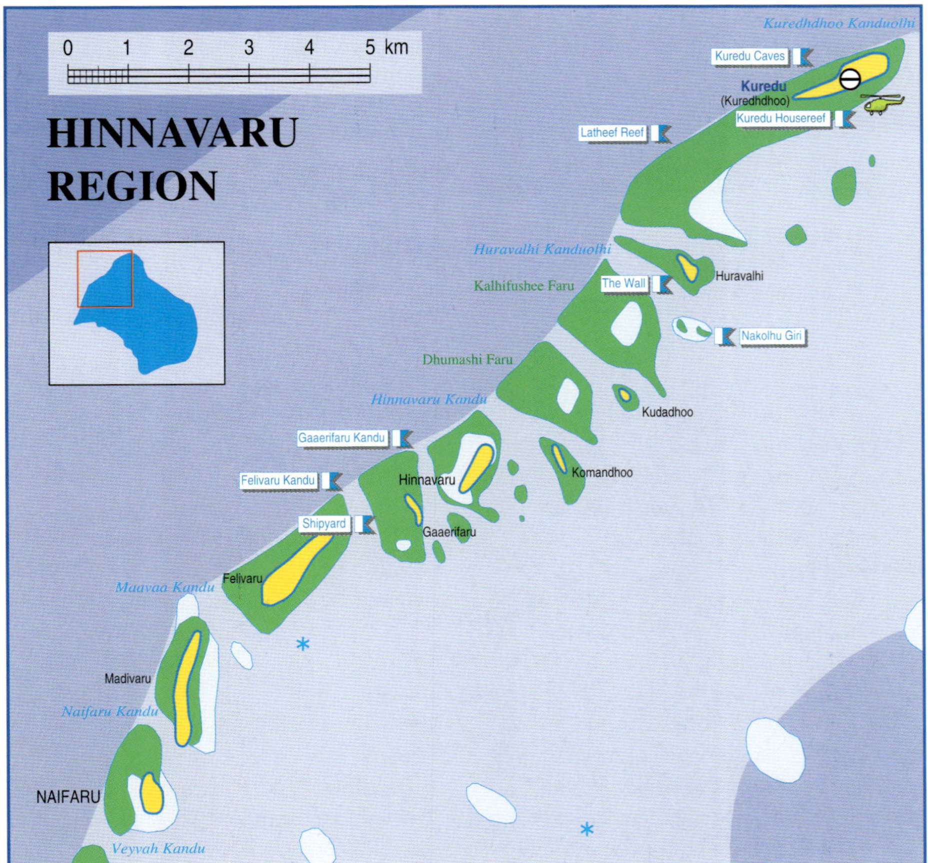

Kuredu Caves **

Zwischen drei und 25 Metern Tiefe liegt eine Reihe von Höhlen mit sandigem Grund im Innern. Sie sind voll von hellgelben Weich- und Fächerkorallen. Husarenfische bewohnen diese Höhlen, während draußen große Füsilierschwärme, Schnapper und andere Riffische patrouillieren.

Kuredu Housereef *

Das Hausriff befindet sich gegenüber dem Bootssteg und ist durch drei Bojen markiert. Man taucht an den Bojen ab und überquert zum Tauchgangsende die Lagune. Das Riff zeichnet sich durch Tisch- und Weichkorallen an seinen Schrägen aus. Hier stehen Riffhaie, Adlerrochen und Füsilierschwärme.

Latheef Reef **

Das steil abfallende Außenriff von Kuredu besitzt einige schöne Höhlen und Riffstrukturen. An diesem Platz finden sich zwei Abschnitte mit Kavernen, deren Decken mit hellen Weichkorallen bedeckt sind. Es gibt zudem Passagen zum Durchtauchen und zahllose Kanten und Vorsprünge bieten dem Fotografen hübsche Motive. Der erste Höhlenabschnitt findet sich in Tiefen zwischen 25 und 32 Metern, der zweite im acht bis 16-Meterbereich.

The Wall **

An der Südseite von Huravahli zeigt sich das Riff als eine totale Steilwand, die erst in 33 Metern auf dem Kanalgrund endet. Dieses ist ein sehr langgestreckter Tauchplatz, folglich ideal für Strömungstauchgänge. Taucher haben die Wahl der Tiefe und können sich an großen Überhängen zwischen 25 bis 30 Metern erfreuen, so wie an Vorsprüngen im 20-Meterbereich und an kleineren Höhlen zwischen 15 Metern und der Oberfläche. Besonders die Vielfalt an kleineren Fischen längs der Steilwand ist für Taucher immer wieder überzeugend.

Gaaerifaru Kandu ***

Dieser Platz steht für eine weitere, spannende Kanalüberquerung zwischen den Außenriffen von Gaaerifaru und Hinnavaru. So wie Felivaru bietet Gaaferifaru Kandu eine große Vielfalt an Schwarmfischen.

An der Oberfläche erscheint die Skipjack II *nur als rostiges Gebilde, unter Wasser aber ist sie wunderbar anzuschauen.*

Shipyard ***

Ort:	Ostseite von Felivaru Kandu
Tiefe:	1- 30 m
Fische:	zahlreich
Korallen:	hervorragend
Merkmale:	Wracks, Weichkorallen, Riffische

Geschichte

In diesem Kanal, der die Inseln Felivaru und Gaaerifaru trennt, liegen zwei Wracks. Dieser Platz ist leicht zu finden, da der Bug des einen Schiffs, der *Skipjack II*, fünf Meter hoch aus dem Wasser ragt. Dieses Wrack war einst das Mutterschiff der Felivaru Fischfabrik und lag etliche Jahre fest am Kai von Felivaru. 1985 wurde entschieden, daß dieses ehemalige japanische Schiff ausgeschlachtet und auf hoher See versenkt werden sollte, da keine Verwendung mehr bestand.

Das Kuredu Island Resort bemühte sich um das Schiff, um so eine neue Tauchattraktion zu erhalten, aber die Behörden weigerten sich. Doch die Taucher erhielten ihr Wrack sogar kostenlos. Denn als die *Skipjack II* zum Versenken auf den Haken genommen wurde und Arbeiter damit begonnen hatten, Löcher in den Rumpf zu brennen, fing sie Feuer. Wegen der noch an Bord befindlichen Chemikalien und einer drohenden Explosion, wurde die Leine zum Schiff gekappt. Der Taucher Hameed Ahmed aus Male erinnert sich:

> "Das Feuer breitete sich sehr schnell aus und das brennende Schiff wurde mit der Strömung in den Kanal zurückgetrieben. Wasser drang achtern ein und mit dem Heck zuerst ging es unter. Der Bug, der noch aus dem Wasser schaute, brannte 20 Tage weiter.

Das Wrack ist heute eine der Attraktionen des Faadhippolhu Atolls. Das zweite Wrack wurde vorher ebenfalls von der Fischfabrik genutzt und am selben Platz versenkt. Auch dieses Schiff stand für lange Zeit senkrecht im Wasser, bis es 1992 durch einen Sturm versank.

Das Tauchen

Das Heck des noch aufrecht stehenden Schiffs befindet sich auf 29 Meter Tiefe, während das zweite Wrack 40 Meter davon entfernt auf seiner Backbordseite in 28 Meter tiefe ruht. Binnen kurzer Zeit wurden beide Wracks von Weich- und Hartkorallen überzogen, zweifellos ob der starken Strömungen, die im Kanal vorherrschen. Es gibt hier einige Höhlen in 18 Metern Tiefe mit etlichen Skorpionsfischen. Die Wracks sind von Muränen besiedelt und in den engen Räumen haben sich Beilbauchfische ein neues Reich geschaffen. Überhaupt bieten die beiden Schiffe verschiedensten Riffischen Zuflucht und Schutz bis hin zu Ammenhaien, die sich gern über dem Sandgrund aufhalten.

Tauchhinweise: Starke Strömungen im Kanal können das Tauchen an den Wracks erschweren. Etwas Schutz bietet die Leeseite des senkrecht stehenden Wracks, doch sollte man sich vor starkem Sog zwischen ihm und dem Riff in Acht nehmen. Bei günstigen Tauchbedingungen ist das aufrechtstehende Wrack, dessen Bug die Oberfläche durchbricht, ein idealer Platz, der dann auch für Anfänger und Fortgeschrittene gleichermaßen geeignet ist.

Felivaru Kandu ***

An der Nordseite von Felivaru bei der Fischfabrik erstrecken sich ein Riff und ein Kanal, wobei das geneigte Riff einige außergewöhnliche Höhlentauchgänge ermöglicht. Doch der Hauptgrund hier zu tauchen ist eine Überquerung des Kanals zwischen Felivaru und Gaaerifaru, wo Taucher bei guten Bedingungen leicht auf Schulen von Adlerrochen, Schildkröten, Weißspitzen-Riffhaien und kleinere Graue Riffhaie stoßen können.

Nakolhu Giri **

Dieses ist ein kleines, aber interessantes inneres Riff, etwa 25 Minuten von Kuredhdhoo entfernt. Steile Schrägen, Überhänge und korallenbesetzte Riffausläufer auf dem Sandgrund sind hier zusammen mit dem intakten, farbenprächtigen Riffdach ideal zu betauchen. Gorgonen, Anemonen, Muränen, Rotfeuerfische und viele andere Riffische bevölkern diesen attraktiven Tauchplatz in seiner ganzen Ausdehnung.

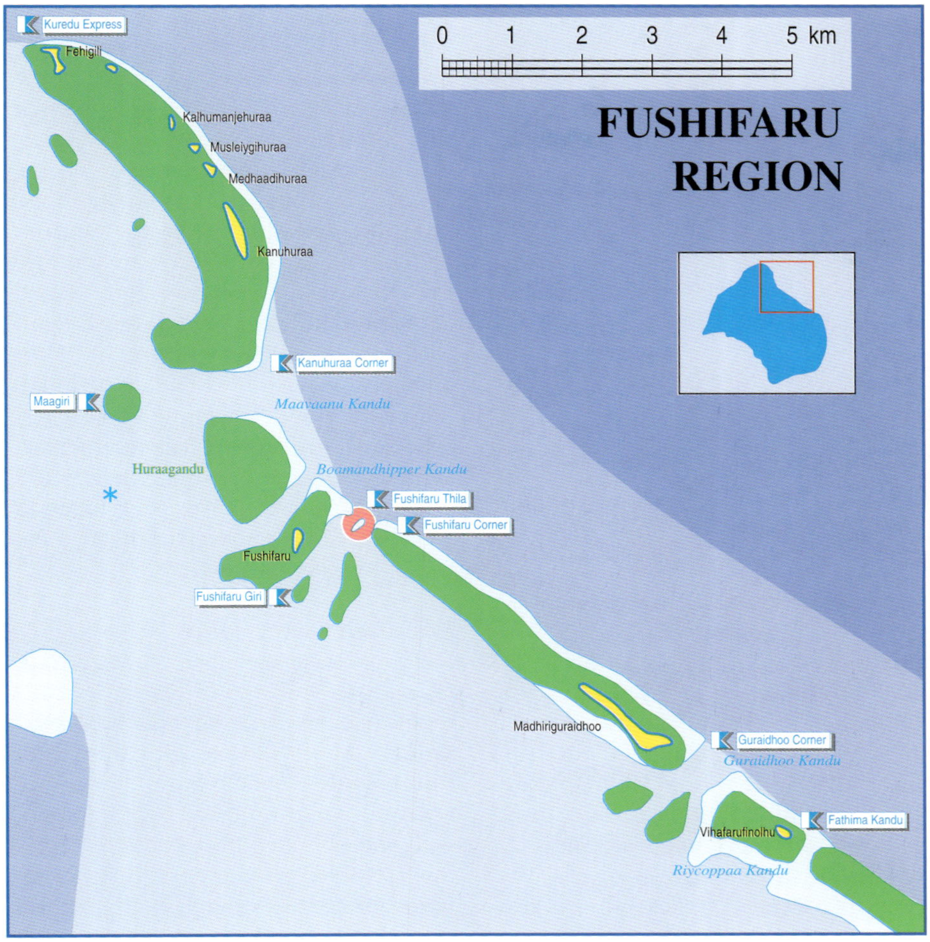

Dreifarbiger Preußenfisch, Dascyllus trimaculatus. *Dieser Fisch wird oft an verzweigten Korallen in Lagunen angetroffen und ist meist der erste Riffbewohner, mit dem Taucher vertraut werden. Er ist ein Algenfresser und verteidigt selbstbewußt sein Territorium gegen andere Pflanzenfresser, so daß in seinem Gebiet es oft zu einem bemerkenswerten Wachstum von Algen kommt. Die furchtlosen Männchen schießen schnell aus ihrem schützenden Riff hervor und zwicken andere Fische, aber auch Taucher. Dieses geschieht besonders während der Nistphase, um so ihre Eigelege vor Eindringlingen zu schützen.*

Guraidhoo Corner **

Dieses ist ein hübsches, völlig intaktes Riff mit zahllosen Fischen und üppigen Korallen auf seinem Dach. Die besten Tauchmöglichkeiten finden sich an seiner Außenseite im 16-Meterbereich, wo große Korallenblöcke und Tischkorallen Schutz für Ammenhaie und Rochen bieten.

Maa Giri *

Maa Giri liegt innerhalb des Maavaaru Kandu und hat die Form einer Blume und bildet die ideale Umgebung für große Fischschwärme. Taucher werden von Hunderten von Füsilieren und Schnappern umschwärmt; ebenso sind hier viele Papageienfische, Süßlippen und Makrelen anzutreffen. Die Riffschräge fällt zunächst treppenförmig ab und geht dann in steile Wände mit Lederkorallen über. Zudem finden sich hier zahlreiche Überhänge und kleinere Höhlen. Maagiri ist zudem für die größten Ansammlungen von Seeanemonen an einem Ort bekannt.

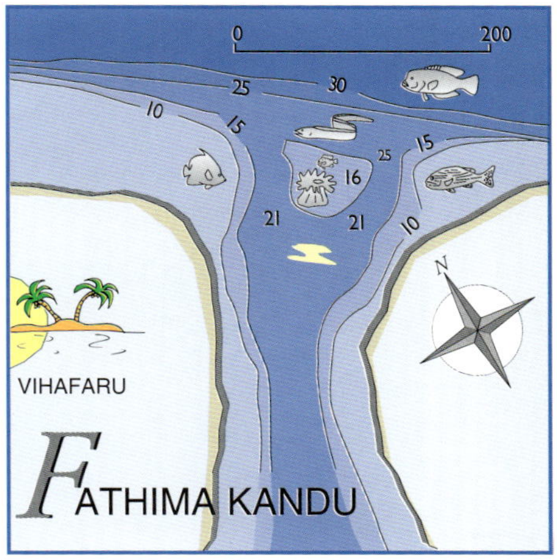

Fathima Kandu *** (Riycoppaa)

In der Mitte des Riycoppaa Kandu in der Nähe des Kanaleingangs liegt ein Thila, das sich bis in 16 Meter Tiefe erhebt. Es ist reich mit Korallen verziert, einschließlich schöner Tischkorallen. Anemonen, kapitale Muränen und andere Fische umstehen das Thila. In 20 bis 25 Metern Tiefe erstrecken sich Sandflächen. Hier steht ein weiteres, schönes Riff mit großen Korallenblöcken und zahlreichen Fischen. Die Außenkante des Kanals fällt steil bis auf 40 und 50 Meter ab und zeigt Überhänge, die in 25 Metern beginnen.

Kanuhuraa Corner **

An der äußeren Riffecke stehen große Korallenblöcke, zwischen denen getaucht werden kann. Hier trifft man auf verschiedene Riffischarten, einschließlich dem Kaiserfisch, dem Nashornfisch oder auf Süßlippen. Nahe der Ecke in etwa 15 Meter Tiefe können Taucher sogar Schaukelfische entdecken. Ebenfalls befinden sich an der Ecke zwischen acht und 22 Metern massive Porritkorallen mit zahllosen Fahnenbarschen dazwischen.

Irgendwo im Tiefwasser zwischen Felivaru und Madivaru liegen die Reste eines Wasserflugzeuges. Denn im Jahre 1987 versuchte ein Rettungsflugzeug bei rauher See zu landen und tauchte dabei mit dem Bug ins Wasser ein und sank. Dabei aber kam niemand zu Schaden, alle Insassen wurden gerettet.

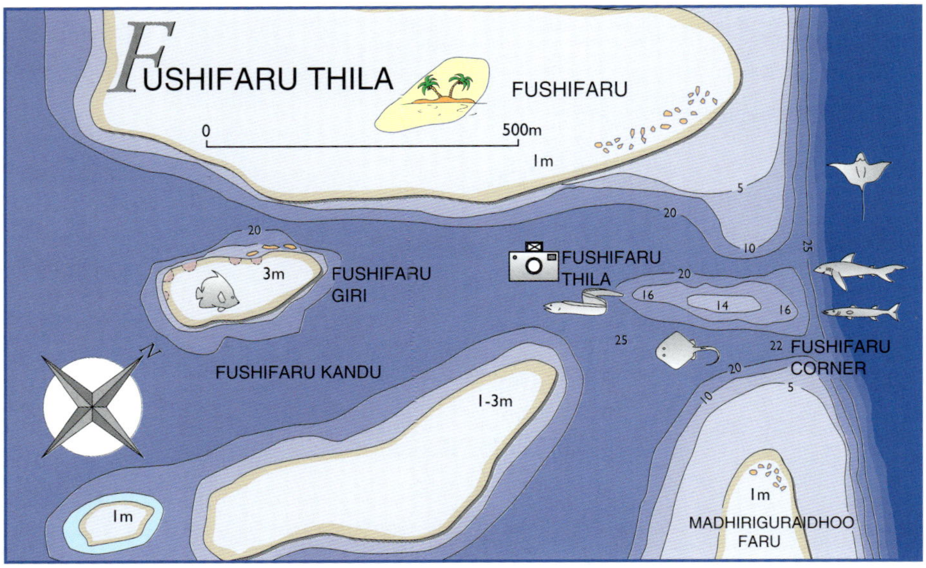

Fushifaru Thila ***

NATURSCHUTZGEBIET

Ort:	Fushifaru Kandu
Tiefe:	10 - 20 m
Fische:	zahlreich
Korallen:	hervorragend
Merkmale:	Mantas, Riffische, Korallen

Dieses Riff kann selbst die erfahrensten Taucher noch mehr als beeindrucken. Denn das Gebiet in einem Radius von 100 Metern um das Fushifaru Thila ist zum Naturschutzgebiet ernannt worden. Das Thila liegt nahe der Atollkante in der Mitte eines 500 Meter breiten Kanals, der das Riff von Fushifaru und Madhiriguraidgoo Faru trennt. Es ist etwa 150 Meter lang und 50 Meter breit und erhebt sich im Zentrum bis auf zehn Meter Tiefe, während es an beiden Ende bis 16 Meter ansteigt. Dieser Platz kann auf zwei Weisen betaucht werden. Der tiefere Außenteil des Thilas in 30 Meter Tiefe ist der Zugang zum Atoll. Dieser Bereich und das Thila können wahlweise in einem oder in zwei Abstiegen erschlossen werden. Längs der Riffkante patrouillieren je nach Strömung Graue Riffhaie, Hammerhaie, Barrakudas und Adlerrochen. Das Dach des Thilas ist völlig unberührt und mit traumhaften Tischkorallen besetzt, die scheuen Fischen und Muränen Schutz gewähren. Putzerstationen sind hier überall anzutreffen, was allerlei Fische und Mantas anlockt. Dichte Schwärme von Schwarzen Schnappern, Süßlippen und verschiedensten Füsilieren sind hier nichts Ungewöhnliches. Die Strömungen im Kanal fördern das Wachstum von Weichkorallen, die förmlich um jeden freien Platz am Riff streiten. Auf dem Sandgrund rund um das Thila halten sich Weißspitzen-Riffhaie und Rochen auf, während Schildkröten und Ammenhaie längs der Riffkanten schwimmen.

Tauchhinweise: Die Strömungen können im Kanal äußerst unangenehm sein, besonders während der Phase des Nordostmonsuns. Eine atolleinwärts gerichtete Strömung verspricht ausgezeichnete Sichtverhältnisse und gestattet es am Außenrand des Atolls zu tauchen, bevor man sich dem Thila zuwendet. Mantas können hingegen besser bei einer auswärts verlaufenden Strömung beobachtet werden. Sicherheitsballons und Seenotsignale sind am Fushifaru Thila ein Muß.

Fushifaru Corner **

Dieser Platz steht für einen Kanal- und Außenrifftauchgang mit vielen Abwechslungen. Er liegt an der Südostseite des Fushifaru Kandu. Der Kanal neigt sich an seinen Seiten langsam von fünf auf 22 Meter. Das Riff ist mit grünen Korallenbüschen überzogen. Der Kanal selbst bietet auf seiner Innenseite nur wenig Aufregendes, dafür aber außen um so mehr. Dort fällt die Wand scharf und steil ab und ist mit kleineren Höhlen und Bögen durchsetzt. Hier werden regelmäßig Graue Riffhaie und Adlerrochen beobachtet. An einer Ecke in acht bis 15 Metern Tiefe gibt es ein Areal kräftiger Hartkorallen, die hier unabhängig von Wind und Wellen gedeihen. Süßlippen, Schaukelfische, Langusten, Muränen, Kofferfische und Schildkröten sind hier zu finden. Igelfische sind genauso anzutreffen, wie auf der Sandschrägen zwischen 18 und 25 Metern Rochen und Weißspitzen-Riffhaie. Der Fischbestand ist sehr abwechslungsreich, darunter befinden sich auch große Schwärme von Füsilieren, Nashornfischen, Schwarzen und Weißen Schnappern und viele Arten von Falterfischen. Dieser Platz bietet in jeglicher Hinsicht Spitzentauchgänge mit vielen Überraschungen.

Fushifaru Giri **

Die Nordwestseite des 300 Meter langen Riffs hat die besten Tauchmöglichkeiten in Tiefen zwischen zwölf und 20 Metern. Hier gibt es einige Riffausläufer und auf der Nordseite schroffe Abschnitte mit Überhängen, während sich im Südwesten eine Wand mit Höhlen befindet. Auf dem Sandgrund in 20 Metern stehen Röhrenaale und längs des Riffs auf halben Weg liegen Weißspitzen-Riffhaie und Stechrochen. Das Riffdach zeigt eine gesundes Wachstum von Tischkorallen und üppiges Leben. Napoleons und Schildkröten sind hier die Hauptattraktionen.

Rechts: Flammenfahnenbarsch, Pseudanthias ignitus. *Ein typischer Vertreter maledivischer Riffbewohner. Männchen sind farbenprächtiger als die Weibchen und sie richten während der Balz ihre Flossen auf und können blitzschnell die Farbe wechseln. Sie treten gewöhnlich in großen Schwärmen in den oberen Riffbereichen auf.*

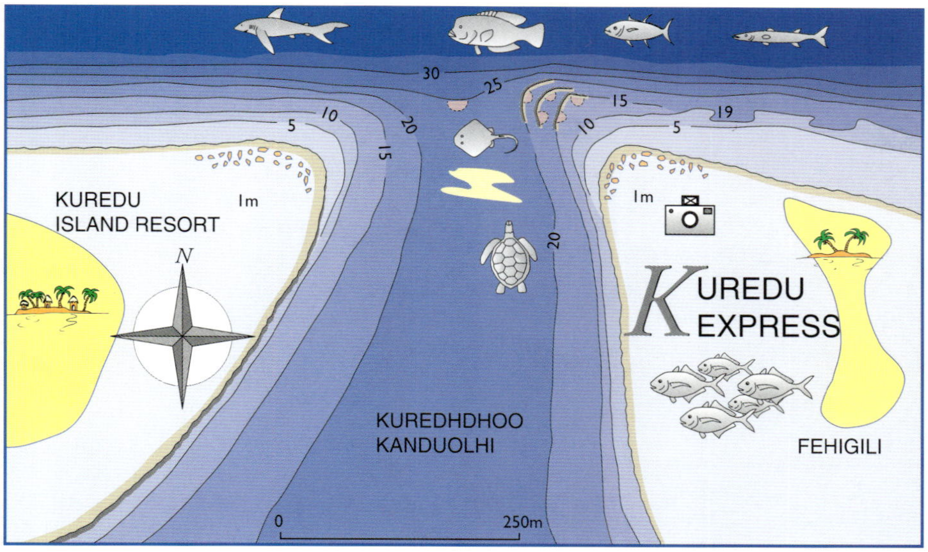

Mitte: Es gibt viele Arten von Füsilieren, einige noch ohne Namen. Im Mittelpunkt des Vordergrundes ist ein Neon-Füsilier, Pterocaesio tile *zu sehen, dahinter eine unbekannte Art mit zwei gelben Streifen. Der andere Fisch ist ein Gelbrücken-Füsilier,* Caesio xanthonota.

Unten: Masken-Igelfisch, Diodon liturosus. *Wie seine Verwandten aus der Kugelfischfamilie, bläst er sich mit Wasser auf, wenn man ihn bedrängt. Seine Haut ist mit Stacheln besetzt, die sich aufrichten, wenn der Körper aufgeblasen wird. So mit ist er bestens gegen Freßfeinde geschützt. Koffer und Igelfische können durch Streß sterben, wenn sie wiederholt durch Taucher gestört und zum Aufblasen genötigt werden.*

Kuredu Express ***

Ort:	Ostseite von Kuredhdhoo Kanduohli
Tiefe:	5 - 22 m
Fische:	zahlreich
Korallen:	sehr gut
Merkmale:	Überhänge, pelagische Fische, Weichkorallen

Im ersten Kanal neben Kuredhdhoo liegt einer der interessantesten Tauchplätze im Atoll. Dabei handelt es sich um einen langen Strömungstauchgang der fast alles bietet, was die Malediven auszeichnet. An der steilen Riffaußenseite gibt es farbenprächtige Überhänge, während an der Ostecke zwischen zehn und 22 Metern das Riff stufenförmig mit Überhängen und Terrassen abfällt. Ist die Strömung nicht zu stark, so können Taucher hier verweilen und beobachten, was um sie herum geschieht. Spannung ist in jedem Fall angesagt. Immer anzutreffen sind die Grauen Riffhaie, Schwarze Schnapper, große Makrelenschwärme, Napoleons und manchmal Barrakudas und Adlerrochen. Fischer aus der Nachbarschaft gehen hier früh am Morgen oft auf Thunafang, denn der Platz verspricht reiche Beute. Die Decken der Überhänge in 18 Metern Tiefe sind mit Weichkorallen übersät und nebenan können Schaukelfische entdeckt werden. Der Kanal weist an seiner Seite ebenfalls kleine Überhänge auf, die voller Muränen sind, während Rochen häufig auf dem sandigen Grund liegen.

Inseln im Addoo Atoll

Das Addoo Atoll ist das südlichste Atoll und liegt unter dem Äquator. Gan ist dabei mit einer geographischen Breite von 0° 42' S das am weitesten im Süden gelegene Eiland. Es gibt vier bewohnte und etwa 20 unbewohnte Inseln und Sandstreifen. Das Atoll hat eine herzförmige Form, ist 18 Kilometer breit und 15 Kilometer lang. Der größte Teil des Atolls wird von Inseln umsäumt. Im Westen sind es Gan, Feydhoo, Maradhoo und Hithadhoo, die durch einen Damm miteinander verbunden sind. Er bildet dabei eine starke Barriere gegen den Tidenhub, so daß zum Gezeitenwechsel die Höhe des Wassers auf beiden Seiten bis zu einem halben Meter variiert. Jede Insel ist mit Kokospalmen bewachsen und die kleinen Orte wirken sauber und ordentlich. Die Siedlungen sind so klein, daß es reicht, als Adresse nur das Haus zu benennen. Die Gebäude sind meist aus Korallengestein errichtet und besitzen Gärten mit üppigen Bananenstauden.

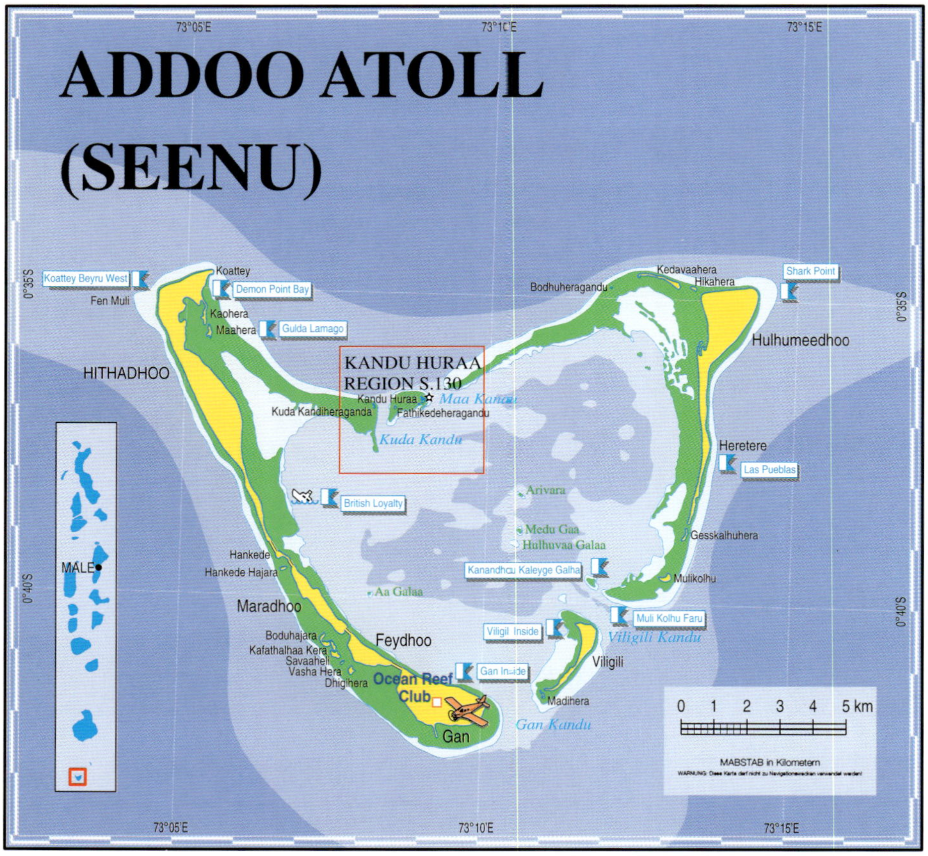

Hithadhoo (Einwohner 7.090) ist mit seinen historischen Relikten die Atollhauptinsel. Bei Koattey befinden sich die Reste eines alten Forts. Schon 1922 besuchte der Archäologe H.C.P. Well die Insel und nahm die Ruinen in Augenschein, doch die Ursprünge des Forts sind nicht sicher bekannt. Eine Legende besagt, daß es der Stützpunkt maledivischer Rebellen unter der Führung von Bodu Thakurufaanu war, der schließlich 1557 die Portugiesen aus dem Land vertrieb. Doch nach Einschätzung von Mr. Mohammed Ibraheem Loutfi von nationalen Zentrum für Linguistik und historische Forschung ist es wahrscheinlicher, daß dieses Fort vom "Lord der Malediven", Kunhali Marakkar aus Malabar errichtet wurde, der zur Portugiesenzeit im Süden des Archipels Handel betrieb. Kunhali besaß 200 Schiffe mit denen er im Indischen Ozean handelte, aber auch zum Plündern lossegelte. Das Fort mit seinen guten Ankermöglichkeiten bei Koattey war für ihn und seine Schiffe eine sichere Zuflucht und Basis, wenn sie von den Portugiesen verfolgt wurden oder die in den Kämpfen beschädigten Schiffe reparieren mußten. An der Nordwestspitze der Insel bei Fen Muli befinden sich noch Betonreste einer britischen Küstenbatterie aus dem Zweiten Weltkrieg, um damals die Nordwestseite des Atolls zu verteidigen. Etwa vier Kilometer weiter südlich von Fen Muli auf der Westseite von Hithadhoo, liegen die Ruinen eines weiteren, alten Forts, das jedoch fast ganz verschwunden ist und dessen Herkunft völlig im Dunkeln liegt. Auf der Insel befindet sich bei Thakurufaanu Miskiiy das Grab von Sultan Hassan X (1701), der 1765 nach 60 Jahren im Exil starb.

Maradhoo kann gleich zwei Dörfer vorweisen. Maradhoo (Einwohner 1.492) und Maaradhoofeydhoo (Einwohner 811). Um Platz für den Stützpunkt auf Gan zu schaffen, wurden die Bewohner von Gan ins benachbarte Feydhoo umgesiedelt und die Einwohner von Feydhoo in die Insel von Maradhoo integriert. Das Südende von Maradhoo wird nun Maradhoofeydhoo genannt. Ein Damm, der 1970 gebaut wurde, verbindet heute Maradhoo mit Hankede Island.

Feydhoo (Einwohner 2.467) wurde 1970 ebenfalls über einen Damm mit Maradhoo verbunden.

Gan ist eine große Insel mit viel Platz. Die ehemalige britische Air Force-Basis ist heute der Ocean Reef Club, ein Ressort, daß erst 1995 eröffnet wurde. Diese Hotelanlage unterscheidet sich völlig von den anderen auf den

Die Start- und Landebahn auf Gan bestand 1941 nur aus Stahlplatten. 1957 wurde sie von den Briten ausgebaut und zur Zeit seines Höhepunktes 1960 - 61 fertigte der Airport 12.500 Passagiere ab.

Malediven, da hier Gäste und Einheimische frei miteinander umgehen können und es keine Trennung zwischen Touristen und Bevölkerung gibt. Ein Damm verbindet Gan und Feydhoo, der 1981 eröffnet wurde. So können Gäste per Fahrrad die Nachbarinseln auf der Westseite des Atolls aufsuchen; allerdings gibt es auf diesem Damm einen Kontrollposten. Die ehemaligen Quartiere der Unteroffiziere wurden in Touristenunterkünfte umgewandelt und die Messe der einstigen Basis ist heute das Restaurant. Eine großzügige Bar und die Rezeption wurden angebaut. Die Air Force Basis in Gan war grundsolide gebaut worden und die alten Gebäude, Straßen, Werkstätten, Gärten und der Flugplatz selbst sind noch gut erhalten. Die Wege sind von schlanken Bäumen umstanden und es gibt hier ein kleines Postamt, sowie einige alte Geschäfte.

Die einstigen Offiziersunterkünfte werden von Regierungsbeamten bei deren Besuchen genutzt und die Kirche wurde in eine Moschee umgewandelt. Eine weitere Küstenbatterie befindet sich auf der Ostseite von Gan. Ihre Kanonen dienen heute in der Nähe des Ocean Reef Club als Kriegsdenkmal.

Viele der Gäste des Clubs kommen mit Flugzeugen der Maldives Airlines, die Gan von Hulhule aus täglich anfliegt.

Einheimische der angeschlossenen Inseln dürfen Gan aber nur während des Tages betreten, nur wer hier arbeitet, kann auch Nachts herüberkommen.

Hulhumeedhoo hat ebenfalls zwei Dörfer, Hulhudhoo (Einwohner 1.828) und Meedhoo (Einwohner 1.489). An der Ostseite befinden sich die Betonüberreste einer Küstenbatterie aus dem letzten Weltkrieg.

Kandu Huraa im mittleren Norden des Atolls und ist als "Bushy Island" bekannt. Während des Zweiten Weltkrieges befand sich hier die Schaltstelle zur Kontrolle der Minenfelder um das Atoll.

BRITISCHER EINFLUß

Im Jahre 1887 wurden die Malediven als britisches Protektorat anerkant und die Kontrolle über die Verteidigung und Außenpolitik lag in England. Die Zeit des britischen Einflusses reichte bis 1965, als die Malediven ihre politische Unabhängigkeit erhielten. Mit dem Ausbruch des Zweiten Weltkrieges wurde das Archipel ein wichtiges Bindeglied in den alliierten Verteidigungsanstrengungen im Indischen Ozean gegen Japan. Als sich die Briten 1941 im Addoo Atoll festsetzten, zählte das Atoll etwa 5.600 Bewohner (1995: 21.000 Einwohner), von denen die meisten plötzlich eine Arbeitsstelle bei der britischen Armee hatten. Gan, militärisch geheimnisvoll "Port T" genannt, wurde als Verwaltungszentrum der Militärbasis ausgesucht, das zuvor noch von einem Kriegsschiff aus operierte. Alle Teile der Streitkräfte, Army, Navy und Air Force, wurden hier auf dieser strategischen Basis im Indischen Ozean stationiert. Sechs Monate später landeten Regimenter aus Bengalen und Indien und man begann mit dem Bau einer Basis zum Landen für Wasserflugzeuge in der Hithadhoo Lagune, die nun von soweit entfernten Plätzen wie Singapur oder Trincomalee in Ceylon angeflogen wurde. Auf Maradhoo entstanden unterirdische Bunker für Bomben und anderes Kriegsmaterial, die mit Bäumen getarnt wurden. Der erste Flugplatz entstand auf Gan mit einer Start- und Landebahn aus Stahlplatten. Die Verteidigung des Atolls wurde verstärkt und an den Zugängen ins Atoll spannte man U-Bootnetze und legte Minenfelder aus. Bei diesen Erdarbeiten wurden auch die letzten baulichen Überbleibsel des Buddhismus auf der Insel beseitigt.

Im Jahre 1944 erfolgte ein Angriff eines japanischen U-Bootes auf den britischen Öltanker *British Loyalty*, der nahe Viligili im Hafen von Addoo ankerte. Ein Mann namens Mohammed aus Hithadhoo erinnert sich:

> Etwa eine Woche vor dem Angriff war die ganze Basis in höchste Alarmbereitschaft versetzt worden, da eine sehr hochfliegende, unbekannte Maschine das Atoll überquert hatte. Es stiegen einige Jagdflugzeuge auf, konnten das feindliche Flugzeug aber nicht finden. Dann eine Woche später erschien ein japanisches U-Boot außerhalb des Atolls und feuerte einen Torpedo diagonal durch den Gan Channel, durch die U-Bootnetze und geradewegs in den Tanker, der innerhalb des Atolls bei Viligili vor Anker lag. Der Angriff erfolgte Nachts und jeder war durch die Explosion sofort alarmiert. Am Morgen lag eine dicke Ölschicht auf dem Wasser, die von den Briten beseitigt wurde. Nach diesem Angriff verlegten die Briten ihre Treibstoffversorgungsanlagen ganz nach Diego Garcia (im Chagos Archipel).

Die *British Loyalty* wurde bei diesem Angriff zwar beschädigt, jedoch nicht versenkt. Erst zum Kriegsende versenkte man den Tanker innerhalb des Atolls südöstlich von Hithadhoo. Heute ist sie die Wrackattraktion. Nach dem Zweiten Weltkrieg zogen sich die Briten von Gan zurück, doch mit der Unabhängigkeit von Indien und Sri Lanka

Das britische Kriegsdenkmal auf Gan liegt nahe dem Ocean Reef Club Resort.

fürchtete man um seine militärische Stärke in der Region. So ließ das britische Luftfahrtministerium 1952 eine Vermessung von Gan durchführen, um einen modernen Flugplatz zu errichten. Als dann 1956 Sri Lanka den Briten nicht mehr gestattete, ihren Navy-Hafen in Trincomalee und den Air Force-Stützpunkt in Katunayake militärisch zu nutzen, waren die Malediven die Alternative, England mit Australien und dem Fernen Osten weiter zu verbinden. Man schloß mit den Behörden einen Vertrag, um Gan als Flugplatz und Hithadhoo als militärisches Kommunikationszentrum zu nutzen. So begann in der zweiten Hälfte des Jahres 1957 der Ausbau des neuen Stützpunktes. Als die Malediven 1965 politisch selbständig wurden, behielten aber die Briten ihre angepachtete Basis auf Gan bei. Doch schon Anfang 1976 entstanden britische Pläne, sich von den Malediven militärisch zurückzuziehen, doch dauerte es noch bis 1986, bis zur vollständigen Aufgabe der Anlagen. Gan deckte zur Zeiten der vollen Nutzung das größte Luftüberwachungsgebiet der Welt ab und war in der Lage, die modernsten Militärmaschinen mit den neusten Lande- und Navigationshilfen aufzunehmen. Von hier wurden in einem Jahr zwischen 1960 und 1961 allein 630 Flugzeuge bewegt und 12.500 Passagier abgefertigt.

Bald nach dem britischen Rückzug wurde berichtet, die Basis stünde zu einer weiteren Verpachtung bereit, doch Präsident Nasir macht klar, daß man Gan keiner weiteren Supermacht mehr überlassen oder für andere militärische Zwecke nutzen wolle. Auch das Angebot der damaligen Sowjetunion von 1 Million Dollar, Gan für seine Fischereiflotte (getarnte Spionageschiffe) zu nutzen, wurde verworfen. Eine Textilindustrie wurde hier später errichtet; doch heute ist es der Tourismus, der in das Atoll führt.

Es gibt keinen besseren Weg der Tageshitze zu entkommen, als in einer klaren Insellagune Mittags zu ankern und zu schwimmen.

Tauchplätze im Addoo Atoll

Taucher die einen unglaublichen Reichtum an Riffischen im Addoo Atoll erwarten, werden enttäuscht sein. Wer aber mehr an Wracks, großen Mantas, Haien, Schildkröten und überhaupt ganzjährig an Großfisch interessiert ist, der wird hier an den Tauchgängen viel Freude haben. Es gibt nur vier Kanäle im Atoll; Gan Kandu, Vigili Kandu, Maa Kandu und Kuda Kandu. Alle Kanäle besitzen nur relativ wenige Höhlen. Zudem sind sie nicht so stark durchströmt wie im Norden nahe anderer Touristeninsel, so daß diese Kandus fast immer betauchbar sind. Die Durchschnittstiefen innerhalb des Atolls liegen bei etwa 35 Metern, sie erreichen aber in der Mitte ein Maximum von 75 Metern. Im Süden der Malediven gibt es auch Unterschiede in der Sprache. Hier nennt am Kandus kandas, Farus sind faras und Giris werden als galhas bezeichnet.

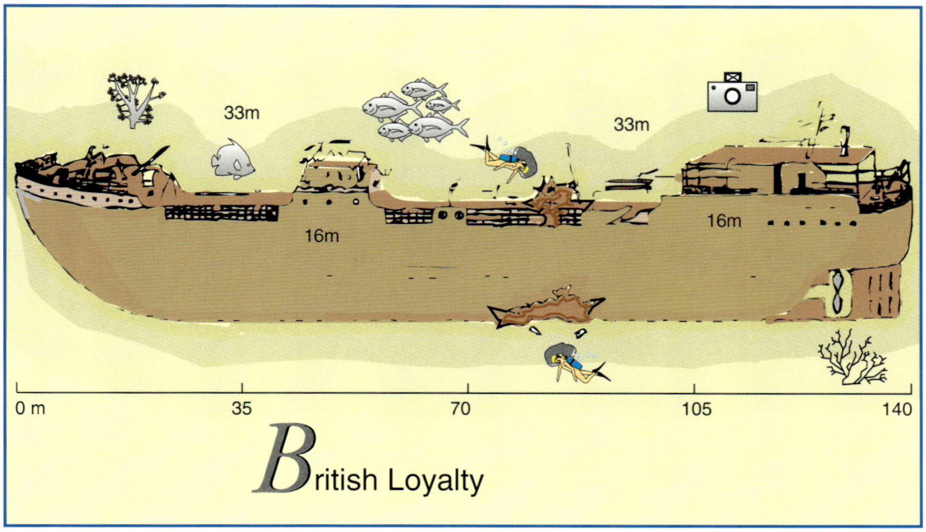

British Loyalty ***

Ort:	südöstlich von Hithadhoo
Tiefe:	16- 33 m
Fische:	Durchschnitt
Korallen:	sehr gut
Merkmale:	Wrack, Korallen

Geschichte

Der 5.583 Tonnen Tanker *British Loyalty* lief 1928 bei Palmers Co. Ltd. in Newcastle vom Stapel. Während des Krieges wurde das Schiff gleich zweimal torpediert. Der erste Angriff erfolgte durch ein japanisches Klein-U-Boot im Hafen von Diego Suarez in Madagaskar am 30. Mai 1942. Der Tanker setzte auf dem Hafengrund auf und wurde später repariert. Der zweite Angriff erfolgte dann am 9. März 1944 im Addoo Atoll. Der Schuß des japanischen U-Bootes durch die Anti-U-Bootnetze, die den Eingang zum Gan Kandu blockierten, war genial. Das Schiff wurde zwar beschädigt, ging aber nicht unter und blieb an seinem Platz bis nach dem Krieg. Am 5. Januar 1946 wurde die *British Loyalty* schließlich von den Briten versenkt, bevor sie Gan verließen. Nach Berichten von Mr. Mohammed Ibraheem Loutfi, einem ehemaligen maledivischen Verbindungsoffizier während des Krieges, wurde das Schiff von einem Schlepper zu seinem endgültigen Ruheplatz geschleppt und schließlich von den Bordkanonen eines britischen Kriegsschiffs in die Tiefe geschickt. Mr. Husain Didi aus Hithadhoo, damals 15 Jahre alt, berichtet folgendes:

> Es waren mehrere Schüsse auf die Steuerbordseite nötig, bevor der Tanker sank. Dabei trat Öl aus dem Schiff aus und es wurden einige Delphine und viele Fische getötet. Dieses Öl stieg sogar noch zehn Jahre danach aus dem Wrack und überspülte die Strände.

Tauchen: Das Wrack liegt 30 Dhoniminuten vom Ocean Reef Club entfernt, zwischen den Inseln Maradhoo und Hithadhoo. Es ruht auf seiner Steuerbordseite in 33 Metern, während die Backbordseite in 16 Metern Tiefe liegt. Der Bug weist dabei genau nach Norden. Die Gesamtlänge der British Loyalty betrug 140, die Breite 20 Meter. Der Bewuchs an Hart- und Weichkorallen ist ausgezeichnet. An einigen Stellen der Reling haben sich dicke Korallenklumpen angesiedelt, die großen, natürlichen Fendern gleichen.

Die Schraube befindet sich auf 28 Meter und besaß ursprünglich vier Blätter aus massiver Schiffsbronze, jedes zwei Meter lang. das obere Blatt fehlt heute, doch die anderen drei sind mit dichten Büschen von Schwarzen Korallen besetzt. Vor dem Maschinenraum, etwa 60 Meter vom Heck entfernt, befinden sich zwei Löcher, eines in Deck- und das andere in Kielnähe. Sie sind so groß, daß man von einem zum anderen hindurchtauchen kann. Vermutlich sind sie die Folgen des Torpedos. Die Sicht am Wrack beträgt etwa 20 Meter. Schwärme von Blaustreifen-Makrelen und große Schildkröten schwimmen längs des Decks, während auf der oberen Seite kleine Fische zwischen den Korallen ein neues Zuhause gefunden haben.

Demon Point Bay *

Bei Koattey gibt es eine kleine Bucht, zu der Tagesausflüge mit Barbecue und in der auch Einführungstauchgänge unternommen werden. Es ist ein gemütlicher Tauchplatz mit einer hübschen Atmosphäre.

Halfterfische, Zanclus cornutus. Ein Verwandter der Familie der Doktorfische. Obwohl er keine Skalpelle an seinem Schwanz trägt, hat er ähnliche Maulstrukturen und weist gleiche Verhaltensmuster auf. Man trifft ihn oft, meist paarweise, im oberen Bereich von Riffschrägen .

Gulda Lamago ***

Dieses Riff liegt im Südosten von Koattey und ist durch eine steile Schräge mit schönen Hart- und Weichkorallen gekennzeichnet. Hier gibt es einige Höhlen mit Langusten und in etwa 35 Metern Tiefe bildet das Riff eine große Aushöhlung, die bis auf den Sandgrund in 40 Metern reicht. Dieser Platz ist auch für Haibegegnungen bekannt.

Koattey Beryu West **

Auf der Riffaußenseite nahe Fen Muli liegt eine Folge von treppenartigen Plateaus in unterschiedlichen Tiefen. Hier stehen zahlreiche Fische zwischen 20 und 30 Metern, sowie Haie, Barrakudas, Schwärme von Doktorfischen und manchmal Mantas. In 30 Metern gibt es einen Steilabfall. Tauchen ist hier nur bei ruhigem Wetter möglich und es kann wegen der starken Strömungen recht anstrengend sein.

Fihal Faru **

Fihal Faru steht für einen kilometerlangen Drift-Tauchgang im Westen von Kuda Kandu. Das Riff erstreckt sich weit in das Atoll und besitzt große große Korallenblöcke, die von der Oberfläche bis zum Grund in 30 bis 35 Metern Tiefe reichen. Die Fischwelt überzeugt hier besonders mit Stachel- und Adlerrochen, sowie mit Schildkröten.

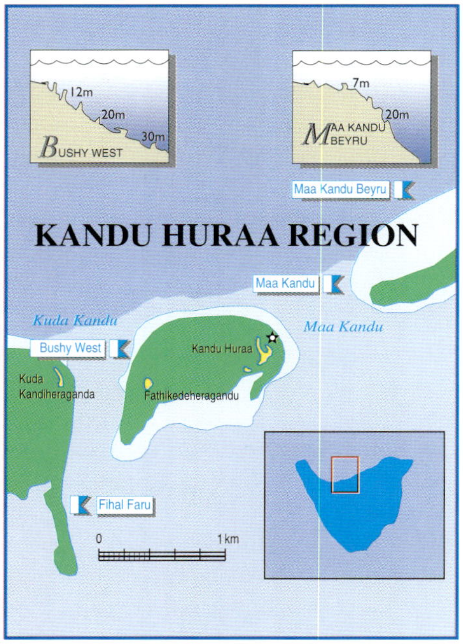

Maa Kandu Beyru *

Diese Stelle am Außenriff ist mit ihren Strömungstauchgängen auch für Beginner geeignet. Sie besitzt wunderbare Tisch- und Hirnkorallen. Füsilierschwärme, Schildkröten, Adlerrochen und manchmal auch Mantas machen diesen Platz besonders attraktiv.

Bushy West **

Das Riff auf der Westseite von Kandu Huraa besitzt eine schöne Schräge mit Korallen, die bis zum Grund in 22 Metern reicht. Hier gibt es überall große Korallenblöcke, zwischen denen Ammenhaie Schutz suchen. Dieses ist ein einfacher Tauchplatz, der regelmäßig Begegnungen mit Adlerrochen, Schildkröten und Napoleons erlaubt.

Maa Kandu **

Maa Kandu ist ein breites Riffdach an der Ecke des Außenriffs zwischen fünf und sieben Metern Tiefe. Verschiedene Korallenarten beherrschen das Bild. Auf der Riffschrägen, die ab zwölf Metern steil abfällt, sind Korallenblöcke, große Hirn- und Lederkorallen das Hauptmerkmal und an der Ecke sind regelmäßig Mantas zu beobachten.

Shark Point ***

An der nordöstlichen Spitze des Atolls, außerhalb von Hulhumeedhoo, liegt ein spektakulärer Haitauchplatz. Das Außenriff fällt von fünf bis auf 30 Meter ab und endet in einem etwa 30 Meter breiten Sandplateau. Hier liegt das sogenannte "Hai-Hotel", wo zur gleichen Zeit bis zu 15 Weißspitzen-Riffhaie und fünf Graue Riffhaie beobachtet werden können. Danach fällt das Plateau bis auf über 60 Meter Tiefe ab.

Las Pueblas **

Dieser Platz liegt am Außenriff von Heretere. Er ist nach den Lehmhäusern der Indianer im Südwesten Amerikas benannt und besitzt eine Steilwand mit vielen, kleinen Höhlen. Die Riffkante befindet sich in einer Tiefe von etwa 20 Metern und fällt steil bis auf 55 Meter ab, wo sie in ein Sandplateau einmündet. Außerhalb des Plateaus in großer Tiefe beginnt ein weiterer Steilabfall. Schildkröten und Barrakudas sind hier anzutreffen, doch ist dieses eher ein Tauchgang mit viel "Landschaft".

Muli Kolhu Faru **

Die Ecke in den Viligili Kandu ist lang und abgerundet und zeigt ein sanft abfallendes Riff von fünf bis 30 Meter. In 35 Meter Tiefe liegt ein großer, hohler Stahlball mit 2,5 Metern Durchmesser. Er diente früher als Auftriebsboje zum Tragen des U-Bootnetzes über den Viligili Kandu. Große Barrakudas, Haie und riesige Mantas mit bis zu vier Meter

Auf den Riffschrägen des Viligili Kandu liegen die Reste von Anti-U-Bootnetzen.

Flügelspannweite sind an der Ecke anzutreffen. Etwa 200 Meter kanaleinwärts liegt eine lange Kette, die an einem eisernen Ankerpunkt an der Riffkante in 15 Meter Tiefe beginnt und sich bis auf den Grund in 34 Metern hinzieht. Jedes Glied ist 20 Zentimeter lang und sie diente einst als Träger für das U-Bootnetz. Daneben können das ganze Jahr über Mantas beobachtet werden. Daher auch der Name des Platzes: der Manta Point des Addoo Atolls.

Kanandhou Kaleyge Galha *

Im Viligili Kandu gibt es ein kleines Riff, das für Anfänger und zum Nachttauchen ideal ist. Es ist halbmondförmig und besitzt auf der Ostseite einen schönen Korallengarten. Korallenblöcke ziehen sich von der Riffschrägen bis zum Sandgrund in 20 Meter Tiefe hin.

Viligili Inside *

Auf der Innenseite der Südecke des Viligili Kandu erstreckt sich ein Riffausläufer, der in acht Meter Tiefe beginnt und auf 20 Metern endet. Man kann einen ganzen Tauchgang an diesem Riff verbringen. Längs des Riffs weiter südlich gibt es flache Einbuchtungen mit hübschen Korallen und auf zehn Metern liegt das Wrack eines etwa zwölf Meter langen Eisenschiffs. Hier stößt man auch auf Drahtseile auf dem Riff, die sich bis in die Lagune erstrecken. Auf dem Grund in 13 Metern liegt eine Eisenkugel mit einer Kette, Teil des U-Bootnetzes über den Viligili Kandu.

Gan Inside *

Gan Inside ist ein Anfängertauchplatz, nahe dem Ostende der Startbahn des Flughafens. In Richtung der Außenseite des Gan Kandu liegt eine kleine Steilwand, die in fünf Meter Tiefe be-

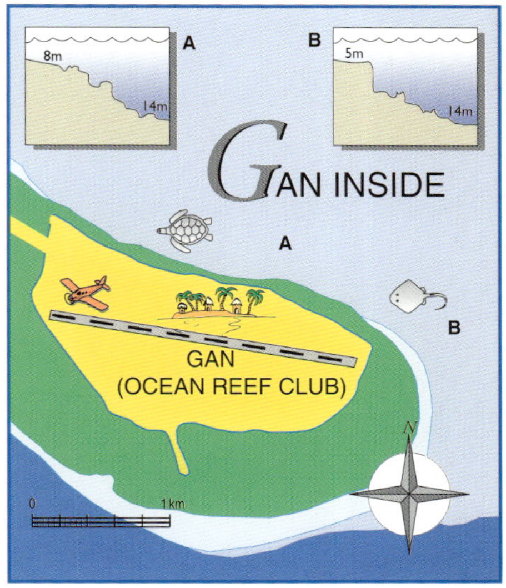

ginnt. Auf dem Riffdach erstrecken sich breite Sandkorridore, auf denen bisweilen zehn oder mehr Rochen rasten. Weiter innerhalb des Kanals neigt sich das Riff bis auf 14 Meter. Auf dem Sandgrund liegen viele Korallenblöcke, wo sich eine große Vielfalt marinen Lebens angesiedelt hat. Taucher stoßen hier auf pelagische Fische wie Schwärme von Makrelen, aber auch auf Stech- und Adlerrochen.

Großer Manta, Manta birostris.

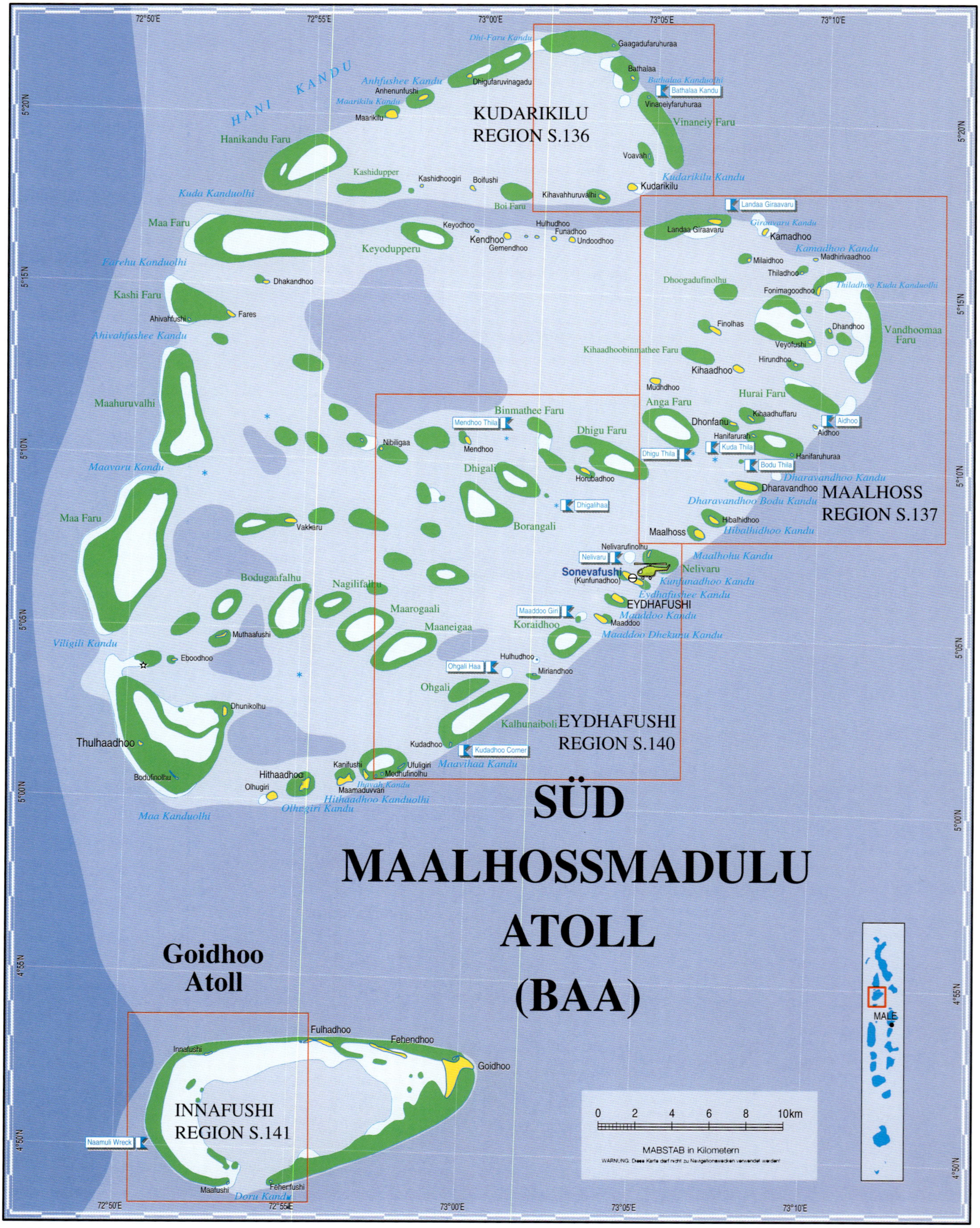
SÜD MAALHOSSMADULU ATOLL (BAA)
Goidhoo Atoll
KUDARIKILU REGION S.136
MAALHOSS REGION S.137
EYDHAFUSHI REGION S.140
INNAFUSHI REGION S.141
HANI KANDU
Dhi-Faru Kandu
Gaagadufaruhuraa
Bathalaa
Bathalaa Kanduolhi
Bathalaa Kandu
Vinaneiyfaruhuraa
Vinaneiy Faru
Voavah
Kudarikilu Kandu
Kudarikilu
Anhfushee Kandu
Anhenunfushi
Dhigufaruvinagadu
Maarikilu Kandu
Maarikilu
Hanikandu Faru
Kashidupper
Kashidhoogiri
Boifushi
Kihavahhuruvalhi
Boi Faru
Kuda Kanduolhi
Maa Faru
Keyodhoo
Hulhudhoo
Funadhoo
Undoodhoo
Kendhoo
Gemendhoo
Keyodupperu
Landaa Giraavaru
Giraavaru Kandu
Kamadhoo
Kamadhoo Kandu
Madhirivaadhoo
Milaidhoo
Thiladhoo
Thiladhoo Kuda Kanduolhi
Farehu Kanduolhi
Dhakandhoo
Dhoogadufinolhu
Fonimagoodhoo
Kashi Faru
Fares
Ahivahfushi
Ahivahfushee Kandu
Finolhas
Dhandhoo
Vandhoomaa Faru
Veyofushi
Kihaadhoobinmathee Faru
Hirundhoo
Kihaadhoo
Mudhdhoo
Hurai Faru
Maahuruvalhi
Binmathee Faru
Anga Faru
Mendhoo Thila
Dhonfanu
Kihaadhuffaru
Aidhoo
Hanifarurah
Nibiligaa
Mendhoo
Dhigu Faru
Dhigu Thila
Kuda Thila
Hanifaruhuraa
Maavaru Kandu
Dhigali
Horubadhoo
Bodu Thila
Dharavandhoo Kandu
Dharavandhoo
Dhigalihaa
Dharavandhoo Bodu Kandu
Maa Faru
Vakkaru
Borangali
Hibalhidhoo
Hibalhidhoo Kandu
Maalhoss
Nelivarufinolhu
Nelivaru
Maalhohu Kandu
Sonevafushi
(Kunfunadhoo)
Kunfunadhoo Kandu
Bodugaafalhu
Nagilifalhu
Eydhafushee Kandu
EYDHAFUSHI
Maarogaali
Maaddoo Giri
Maaddoo Kandu
Maaddoo
Koraidhoo
Maaneigaa
Maaddoo Dhekunu Kandu
Muthaafushi
Viligili Kandu
Eboodhoo
Hulhudhoo
Ohgali Haa
Miriandhoo
Ohgali
Dhunikolhu
Kalhunaiboli
Thulhaadhoo
Kudadhoo
Kudadhoo Corner
Kanifushi
Ufuligiri
Medhufinolhu
Maavihaa Kandu
Hithaadhoo
Bodufinolhu
Olhugiri
Maamaduvvari
Ihavah Kandu
Hithaadhoo Kanduolhi
Othugiri Kandu
Maa Kanduolhi
Fulhadhoo
Fehendhoo
Innafushi
Goidhoo
Naamuli Wreck
Maafushi
Feherifushi
Doru Kandu
0 2 4 6 8 10km
MABSTAB in Kilometern
MALE
72°50'E
72°55'E
73°00'E
73°05'E
73°10'E
5°20'N
5°15'N
5°10'N
5°05'N
5°00'N
4°55'N
4°50'N

Inseln im Süd Maalhosmadulu Atoll und im Goidhoo (Baa) Atoll

Das Süd Maalhosmadulu Atoll und das Goidhoo Atoll gehören zum Verwaltungsbereich des Baa Atolls, das auch auf einigen europäischen Karten als Horsburgh Atoll bezeichnet wird. Weberei und Fischfang sind die Hauptbeschäftigungen der Inselbewohner. Das Süd Maalhosmadalu Atoll ist 42 Kilometer lang und 32 Kilometer breit. Es gibt zehn bewohnte und 41 unbewohnte Inseln. Eydhafushi ist die Hauptinsel des Atolls. Das Atoll selbst wird vom Nord Maalhosmadulu Atoll durch einen 3,2 Kilometer breiten Kanal, den Hani Kandu oder auch Morsby Channel genannt, getrennt. Ein 1,8 Kilometer breiter Kanal, der Kuda Kanduolhi, durchschneidet das Atoll von West nach Ost. Sonevafushi (Kunfunadhoo) ist derzeit die einzige Hotelinsel im Atoll, jedoch sind derzeit vier unbewohnte Inseln für eine touristische Erschließung vorgesehen. Es handelt sich dabei um die Inseln Fonimagoodhoo, Kihaadhuffaru, Horubadhoo und Dhunikolhu. Olhugiri ist die südlichste Insel des Süd Maalhosmadulu Atolls und liegt 13 Kilometer nördlich des Goidhoo Atolls. Das Goidhoo oder Horsburgh Atoll ist 8,5 Kilometer lang und 17,5 Kilometer breit. Es hat drei bewohnte Inseln, Goidhoo, Fulhadhoo und Fehendhoo, die zusammen unter dem kaum aussprechlichen Namen Goi'fulha'fehendhoo geführt werden. Es gibt hier zudem drei unbewohnte Inseln und nur einen Kanal, den Doru Kandu im Süden. Das Atoll bietet in Inselnähe zur Zeit des Nordostmonsuns geschützte Ankerplätze.

Bathalaa ist eine kleine, unbewohnte, palmenlose Insel. Sie wird von viel Sand umsäumt und besitzt eine lange Sandbank auf seiner Westseite. Die Insel hat eine breite, flache Lagune mit ausgezeichneten Ankermöglichkeiten im Westen, nur wenige Schwimmzüge von der Insel entfernt.

Vinaneiyfaruhuraa zeigt sich gerade einmal als winziges Korallen- und Sandinselchen an der Außenecke von Vinaneiy Faru, nur 50 Meter lang und vegetationslos.

Voavah ist unbewohnt und verfügt nur über niedere Vegetationsformen und zehn Palmen. An beiden Enden erstrecken sich zwei Sandbänke, sowie ein schöner Strand im Westen. Die Lagune auf der Westseite besitzt eine tiefe, halbmondförmige Bucht mit bequemen Zugang durch das Riff. Sie ist für Boote mit größerem Tiefgang zum Ankern ideal, aber auch zum Nachttauchen zu empfehlen.

Kudarikilu (Einwohner 489) ist eine Einheimischeninsel. Ein flacher Kanal mit Seezeichen durchschneidet das Riff und führt in eine sehr flache Lagune auf ihrer Westseite. Die Insel besitzt zahlreiche Palmen bis in Strandnähe. Es gibt hier zudem eine alte Moschee und einen Friedhof, so wie sich nahe der Inselnordseite ein großer *Lhoss*-Baum erhebt. Dieser Baum ist ein beliebter Treffpunkt für Jung und Alt. Kudarikilu ist auch als "Bomuge Haasdhisaa" oder Bombeninsel bekannt. Denn 1915 wurde an die Insel eine Ankertaumine gespült. Die neugierigen Bewohner zogen sie an Land und die Tragödie folgte, als einer von ihnen mit einer Eisenstange auf die herausstehenden Zünderspitzen zu schlagen begann. Die Mine explodierte, tötete neun Personen und verletzte weitere 15 Insulaner.

Ein Lhoss-Baum auf Kadarikilu ist der zentrale Treffpunkt der Insulaner.

Landaa Giraavaru ist unbewohnt und hat einige Kokospalmen, die sich vorzugsweise an der östlichen Seite befinden. Natürliche Sandablagerungen finden sich im Westen und eine flache, etwa drei Meter tiefe Lagune umgibt die ganze Insel. Dicht daneben bietet sich im Süden eine gut geschützte Ankermöglichkeit bei etwa 13 Meter Wassertiefe. Hier gibt es große Hirschhornkorallen und massive Korallenblöcke sind überall auf dem Sandgrund verteilt, der als steile Schräge bis auf drei Meter an die Insel heranreicht. Ein äußeres Korallenriff schirmt diesen Ankerplatz zum offenen Wasser hin ab. Dieser Platz ist für Nachttauchgänge hervorragend geeignet während sich die Insel besonders für Picknikausflüge eignet. Auf der Insel selbst finden sich die Ruinen von zwei Gebäuden. Kokospalmen wurden einst auf Landaa Giraavaru gepflanzt und ein breiter Weg angelegt.

Kamadhoo gilt ebenfalls als unbewohnt. Eine Stake markiert die flache Einfahrt in die innere Lagune auf der Westseite. Hier gibt es auch einen schmalen Anlegesteg und man kann am Strand oft Fischer beobachten, die ihre Dhonis reparieren oder das Holz mit Fischöl einstreichen. Eine stinkende Prozedur, die allerdings nur bei ablandigem Wind angewendet wird.

Milaidhoo ist unbewohnt und hat rundum hübsche Schnorchelgründe mit einigen interessanten Korallenformationen auf dem Riffdach.

Fonimagoodhoo zeigt sich als eine dicht bewachsene, unbewohnte Insel mit schönen Stränden und einem Hausriff auf der Westseite. Dieses Hausriff, drei bis sechs Meter von der Ost- und Nordostseite entfernt, zeigt an seinen zahlreichen Felsen einen wunderbaren Weich- und Hartkorallenbewuchs. Schildkröten kommen hierher zur Eiablage an den Strand.

Eine üppige Vegetation, die bis ans Wasser reicht, kennzeichnet Horubadhoo. Eine kleine Zahl von tropischen Vögeln mit weißen Schwänzen nistet auf dieser Insel.

Auf der Ostseite bieten sich gute Ankermöglichkeiten an einer Stelle, wo ein korallenfreier Strandabschnittt direkt ins tiefe Wasser übergeht. Selbst Boote mit einem größeren Tiefgang können bis dicht an den Strand heranfahren, so daß die Insel für Pickniktouren prädestiniert ist. Fonimagoodhoo ist als neue Ressortinsel mit einem 200 Betten Hotel vorgesehen.

Finolhas ist eine wundervolle, urwüchsige, unbewohnte Insel mit einem dichten Bestand an Kokospalmen.

Kihaadhoo ist bewohnt und besitzt einen flachen, durch eine Boje markierten Kanal im Südwesten. Die Insel wird von einem etwa 50 Meter breiten Saumriff mit einer flachen Lagune umgeben.

Mudhdhoo präsentiert sich als eine unbewohnte Insel, auf der zahllose Kokospalmen wachsen und die rundum hübsche Strände zu bieten hat. Früher war das Eiland bewohnt, aus jenen Tagen künden noch die Ruinen einer Moschee, zwei Brunnen und ein alter Friedhof.

Dhonfanu ist unbewohnt und bietet eine Ankermöglichkeit an seiner Nordseite.

Kihaadhuffaru ist mit einigen jungen Kokospalmen spärlicher bewachsen. Die Insel hat einen wunderbaren, umlaufenden Strand und eine mittelgroße Lagune, die jedoch für Bootsmanöver zu flach ist. Das Hausriff besitzt derzeit noch keinen direkten Zugang von der Insel aus. Kihaadhuffaru ist in der touristischen Planung ebenfalls für ein 200 Betten Ressort vorgesehen.

Dharavandhoo ist bewohnt, doch gibt es im Süden der Insel keine Anzeichen, daß auf dem Eiland Menschen leben.

Horubadhoo ist eine große, unbewohnte und bis zum Strand hin dicht bewachsene Insel. Es gibt hier viele Kokospalmen, Pandanus Sträucher und einige bis zu zehn Meter hohe Schraubenpinien, die auf den Malediven sehr selten sind. Auf Horubadhoo nisten einige tropische Vögel, die tagsüber gut zu beobachten und leicht an ihren weißen Schwanzfedern zu erkennen sind. Die Insel wird von einem schmalen Strand und einem intakten Korallenriff umsäumt, daß sich besonders gut zum tauchen und schnorcheln eignet. Es gibt hier im Dschungel die Ruinen einer alten Moschee, ein Badebecken und einen sehr alten Friedhof mit Grabsteinen, die aber keine Inschrift tragen. Es wird berichtet, daß die früheren Bewohner sich auf Dhonfanu niedergelassen haben. Auch Horubadhoo soll zu einem 200 Betten Ressort ausgebaut werden.

Dharavandhoo ist eine stark bewachsene Einheimischeninsel mit einer alten Moschee und einigen frühen Ruinen. Die Einwohner fertigen wie so viele Insulaner im Baa Atoll handwerkliche Produkte aus den Blättern der Schraubenpinien, wie Matten, Fächer oder Lampenschirme für die Touristenmärkte in Male.

Maalhoss zeigt sich ebenfalls als bewohntes Eiland. Die Insel besitzt eine kleine Lagune auf der Westseite, die Booten mit geringem Tiefgang sicheren Schutz während des Nordostmonsuns gewährt. Ein Pfosten mit einem Licht markiert die Einfahrt. Große Heringsschwärme stehen in der Lagune und werden von den Bewohnern gern gegen Abend gefangen. Diese Fische werden entweder gegessen, oder man verwendet sie als Köderfisch. Die Ostseite der Insel ist dschungelähnlich bewachsen. Mitten darin steht der Huraagandhu, oder auch Inselstein genannt. Dieser 60 Zentimeter breite Korallenblock war einst so hoch wie eine Palme, bis er etwa einen Meter über dem Boden vor etwa 20 Jahren abbrach. Seine Herkunft ist jedoch unbekannt. Einer etwa 70 Jahre alten verkrüppelten Palme gilt weiteres Interesse. Um den Baum herum ist alles fein gesäubert und die Insulaner führen gern Touristen zu diesem merkwürdig geformten Baum.

Kunfunadhoo ist stark bewachsen und mit 1,4 Kilometer Länge und einer Breite von 400 Metern recht groß. 1983 eröffnete man hier das Kunfunadhoo Island Resort, daß aber später wegen der isolierten Insellage wieder geschlossen wurde. Im Oktober 1995 erfolgte unter dem Namen Sonevafushi die Wiedereröffnung. Um den Komfort für die Gäste zu steigern und die Transferzeiten zu reduzieren, werden die Gäste per Hubschrauber zur Insel gebracht. Sie liegt 115 Kilometer von Male entfernt und ist zur Zeit das einzige Ressort im Atoll. Die Insel wird von einem Sandstrand umsäumt und im Innern des Dschungels leben Vögel, Nagetiere und Eidechsen. Kaninchen und Hühner sind ebenfalls auf dem Eiland zu finden.

Eydhafushi ist die Hauptinsel des Atolls und Transportzentrum nach Male für die angrenzenden Fischerinseln.

Früh am Morgen beladen die Fischer von Maalhoss ihre Boote mit Waren, die für die Märkte in Male bestimmt sind.

Eydhafushi ist schon seit Jahrhunderten bewohnt und die Große Moschee wurde bereits während der Regentschaft von Sultan Mohammed Mu-eenudhee I (1799 - 1835) errichtet. Die Insel ist leicht an ihren Funkturm zu erkennen, der nachts durch sein Blinklicht weit sichtbar ist.

Kanifushi mit seinem pittoresken Strand im Norden gilt als unbewohnt. Die Insel liegt im selben Riffsystem wie Medhufinolhu, Ufuligiri und zwei weitere Sandbänke. Um in die Lagune zu gelangen, muß ein etwa 100 Meter breites Riff überwunden werden. Die Einfahrt auf der unmarkierten Nordseite kann nur bei Flut erfolgen. Medhufinolhu besitzt zwölf Kokospalmen und Ufuligiri hat einige niedrige buschige Bäume aufzuweisen. Die Inseln und die Sandbänke sind bei Ebbe untereinander verbunden.

Maamaduvvari ist unbewohnt und länglich mit einem Saumriff im Südwesten. Sie besitzt eine schöne, halbmondförmige Lagune mit einem Sandstrand im Nordwesten.

Hithaadhoo präsentiert sich als eine bewohnte Insel inmitten eines ringförmigen Riffs. Sie besitzt im Süden eine weite Lagune und die Einfahrt im Nordwesten des Riffs ist durch einen Pfahl mit einem Licht gekennzeichnet. Die Fischergemeinde ist besonders für ihre Gläubigkeit und für ihren Gehorsam nach den Regeln des Islams bekannt.

Olhugiri ist die erste Insel, die auftaucht, wenn man sich dem Atoll von Süden nähert. Sie ist recht groß, unbewohnt und dicht bewachsen. Sie gilt als Refugium für Vögel und Schildkröten. Olhugiri besitzt ein schmales Saumriff, das sich der Insel im Osten und Norden stark nähert, so wie einen tiefen Kanal dicht an der Ostseite.

Goidhoo stellt die größte Insel in der Goidhoo Gruppe dar und ist 1,6 Kilometer breit, zwei Kilometer lang und somit für maledivische Verhältnisse relativ groß. Die Insel ist bewohnt und große Ablagerungen von Sand und Geröll im Zentrum der Insel lassen vermuten, daß sie über Jahrhunderte hinweg bewohnt war. 1962 wurde sie zur Verbannungsinsel umfunktioniert, obwohl berichtet wird, daß auf Goidhoo und anderen Eilanden des Atoll politische und andere Gefangene seit wenigstens 1602 verbannt worden sind. Ein merkwürdiger Vorfall ereignete sich 1963, als Tausende und Abertausende von Fliegenden Fischen an den Strand der Insel landeten und verendeten.

Fulhadhoo besitzt einen hübschen Sandstrand und eine flache Lagune mit Korallenblöcken an der Südseite dieser bewohnten, und üppig bewachsenen Insel. Die *Corbin* strandet an einem Riff nahe Fulhadhoo am 2. Juli 1602 mit dem Franzosen Francois Pyrard an Bord. Die 40 Überlebenden erreichten mit einem Boot Fulhadhoo am darauffolgenden Tag, doch nur vier von ihnen, einschließlich Pyrard, überlebten die fünfjährige Gefangenschaft. Viele von ihnen wurden auf Fulhadhoo und anderen Eilanden der Inselgruppe gefangen gehalten. Die Überlebenden verbuddelten einiges des Silbers, das sich an Bord der Corbin befunden hatte und eine Geschichte berichtet, daß der Schatz an den Wurzeln eines großen Nika Baumes vergraben wurde. Es wird auch berichtet, daß vor vielen Jahren eine Gruppe von Franzosen auf die Insel kam, um den Schatz zu suchen. Sie fanden aber weder Spuren des Silbers, noch den Nika Baum.

Fehendhoo hat eine ähnliche Form wie Fulhadhoo, ist bewohnt und besitzt ebenfalls eine flache, sandige Lagune mit Korallenblöcken darin an ihrer Südseite. Auf der Westseite der Insel erstreckt sich ein langer Sandstreifen, der bei Ebbe die Insel fast mit Fulhadhoo verbindet.

Innafushi ist klein, unbewohnt mit etwas Vegetation.

Maafushi ist ein vegetationsloser Korallenhaufen mit einem Leuchtturm auf der Westseite des Doru Kandu.

Fehenfushi zeigt sich kaum als Insel, vielmehr ist es nur eine Anhäufung von Korallenschutt an der östlichen Riffseite des Doru Kandu.

Fulhadhoo, im Goidhoo Atoll.

Tauchplätze im Baa Atoll

Die Nord- und Ostseite des Süd-Maalhosmadulu Atolls besitzt viele Inseln, Riffe und Kanäle, die zahlreiche Tauchalternativen ermöglichen. Die Westseite des Atolls wiederum ist durch breite Kanäle und große Rifformationen gekennzeichnet, mit nur wenigen Inseln oder landbezogenen Fixpunkten. Es gibt im Osten etwa 20 Kanäle und neun auf der Westseite. Ein vier Kilometer breiter Kanal, der Hani Kandu, teilt das Nord- und Südatoll. Ein 1,8 Kilometer breiter Kanal, der Kuda Kanduolhi, durchtrennt hingegen das Süd-Maalhosmadulu Atoll in Ost-Westrichtung. In diesem bis zu 200 Meter tiefen Kandu gibt es steile Drop Offs und einige interessante Tauchplätze. Viele der Inseln haben teilweise an ihren Riffen einen Korallenbestand, der über dem Durchschnitt liegt und sie besitzen zudem viele Thilas, meist zwischen sieben und zehn Meter Tiefe. Das Atollinnere weist Tiefen zwischen 30 und 50 Metern auf. In diesen erreichbaren Arealen gibt es auf dem Atollgrund sehr schöne Sand- und Geröllzonen und interessante Korallenblöcke. Die meisten Taucher kommen von Sonevafushi, augenblicklich die einzige Hotelinsel im Atoll. Genauso aber auch wird das Atoll von Safaribooten angelaufen. Vier neue Hotelinseln an der Ostseite des Atolls sind in Planung und sie werden weitere Tauchmöglichkeiten erschließen. Im Goidhoo Atoll gibt es nur einen, etwa zwei Kilometer breiten Kanal im Süden, den Doru Kandu, der hervorragendes Tauchen an seinen Außenkanten verspricht. Das Atollinnere ist recht tief, doch dichter zu den Inseln und Riffen gibt es breite Areale mit flachem Sandgrund, kleinen Riffabschnitten und Korallenblöcken. An der Außenseite des Atolls zeigen als Folge der schweren Brandung und der rauhen See die Riffkanten flache und massiv feste Strukturen.

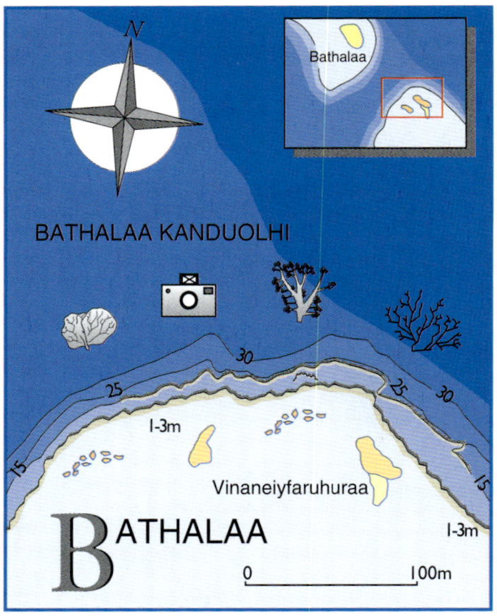

Pinkfarbene Koralle bei Bathalaa.

Bathalaa***

Ort: Bathalaa
Tiefe: 6 - 25 m
Fische: über Durchschnitt
Korallen: hervorragend
Merkmale: pinkfarbene Korallen

Einer der schönsten Anblicke innerhalb des Atolls erfährt man an der nördlichen Außenseite von Vinaneiy Faru, wo eine verwirrende Ansammlung pinkfarbener Korallen die senkrechten Wände des Kanals überzieht. Die Sandinsel Vinaneiyfaruhuraa liegt genau an der Ecke des Kanals, wo auch der Tauchgang beginnt. Das Riff neigt sich sanft bis auf 18 Meter zur einer Kante, danach stürzt es senkrecht bis auf 25 Meter Tiefe ab. Überall an der Riffwand zeigen sich vereinzelte Bereiche von pinkfarbenen Korallen, die von Schwarzen Korallen, von Weich- und Fächerkorallen unterbrochen werden. Auch innerhalb des Kanals gibt es einige Anhäufungen dieser pinkfarbenen Korallen, doch der beste Platz liegt an der besagten Ecke und erstreckt sich über eine Distanz von etwa 100 Metern. Die Riffwand aus Hartkorallen besitzt zudem zahllose Schwämme, wie auch Gorgonen und Schwarze Korallen, die den Platz mit zu einem Kaleidoskop der Farben machen.

Tauchhinweise: Beschädigen Sie keine der Korallen, wenn Sie mit der Strömung an diesem Platz vorbeitreiben.

Voavah *

Ein von Korallen umringter Ankerplatz auf der Westseite dieser kleinen, unbewohnten Insel macht diese zu einem exzellenten Tauchplatz. Er könnte auch gut als Lagune der Himmelsgucker bezeichnet werden, ob ihrer großen Anzahl unterschiedlichster, auch seltener Arten. Das Innere der Lagune ist mit Zoanthiden überzogen, eine kleine, anemonenähnliche Hydrozoenart, die offensichtlich die Herrschaft über das Riff angetreten hat. Als wahrscheinliche Folge davon ist der Fischbestand innerhalb der Lagune sehr mäßig, obwohl an ihrem Außenzugang große Schwärme von Blaustreifen-Schnappern und von

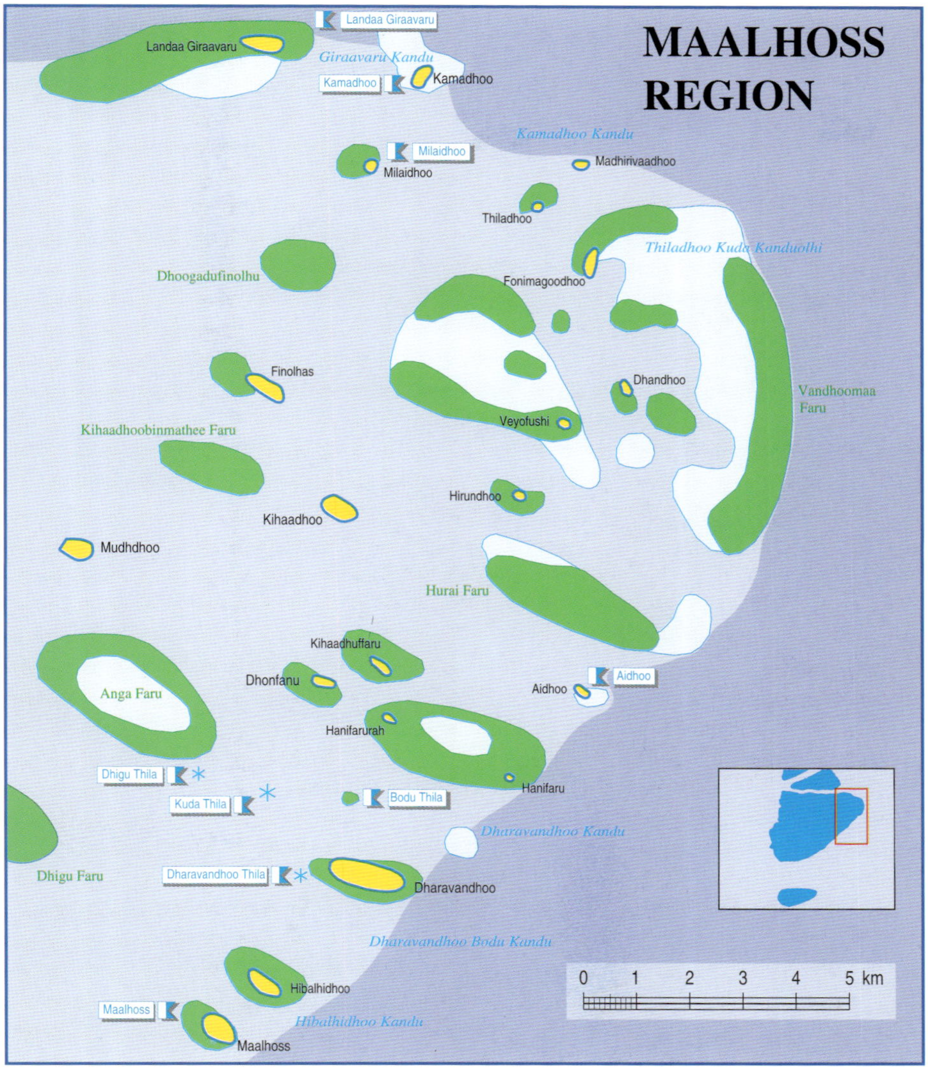

Falterfischen stehen. Hier erstreckt sich auch nahe der Insel ein schmaler, etwa 50 Meter langer Seegrasstreifen. Der Weißfleck-Schermesserfisch kann nahe dieses kleinen Fleckens und an den Sandschrägen, wie auch an dem Riffrücken angetroffen werden.

Landaa Giraavaru **

An der Außenseite von Landaa Griaavaru erstreckt sich ein langes, schmales Riff mit sehr hübschen Hartkorallen auf dem Riffdach. Großfisch beherrscht hier die Szene und Napoleons wie Rochen können hier regelmäßig beobachtet werden.

Landaa Giraavaru Lagoon *

Ein Tauchgang in der Lagune neben dem vor Anker liegenden Safariboot ist eine perfekte Möglichkeit, einen Tauchtag zu beschließen. Die Schiffe können ihren Anker in 13 Meter Tiefe werfen, dicht an einer Sandschrägen im Süden der Insel. Nebenan erhebt sich das Korallenriff bis auf zwei Meter Tiefe und überall auf dem Sandgrund liegen Korallenblöcke, von denen einige bis auf drei Meter ansteigen, wie auch zahllose Hirschhornkorallen unzählige Fische anlocken. Nachttauchgänge sind für Filmer und Fotografen hier besonders ideal. Füsiliere, Kardinalsfische, Schnapper und manchmal auch Schwärme von Korallenwelsen können bei Nacht beobachtet werden. Die Schrägen sind übersät mit den Löchern der Himmelsgucker und Nacktschnecken. Viele Korallen sind mit dünnen Schwammschichten überzogen und unterhalb davon halten sich verschiedene Grundelarten auf.

Diese Zoanthiden, fotografiert bei Voavah, erinnern an kleine Anemonen. Sie sind mit dem Riff verbunden und leben in Kolonien.

Oben: Weißfleck-Schermesserfisch, Xyrichtys aneitensis. *Er ist recht häufig auf Sandschrägen und in Seegrasfeldern anzutreffen.*

Kamadhoo *

Kamadhoo steht für einen ruhigen Rifftauchgang an einer Insel mit einem schönen Korallenbewuchs und einem ordentlichen Fischbestand. An der Westseite stehen unzählige Picasso- und Blaue Drücker, ebenso viele Seepeitschen, die mit Federsternen und kleinen Krabben besetzt sind.

Grundelart, Pleurosicya elengata. *Sie ist auf der Unterseite von Schwämmen in der Lagune von Landa Giraavaru anzutreffen.*

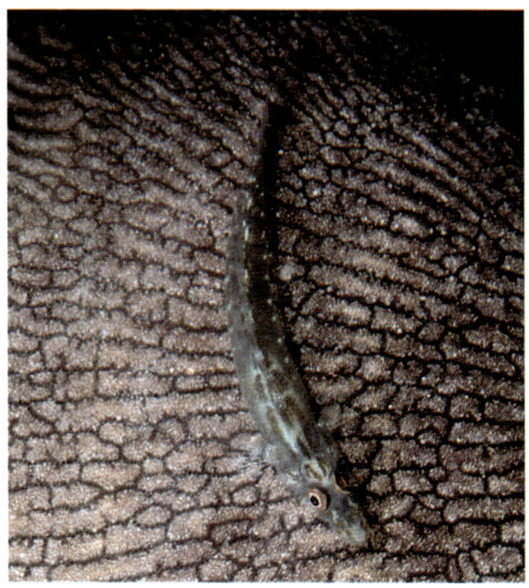

Aidhoo **

Das Riff auf der Nordseite der kleinen Insel Aidhoo ist ein großartiger Platz um Fische aller Arten zu beobachten, einschließlich Thunas, Napoleons und Schnapper. An der Außenseite des Riffs stehen Makrelen und Süßlippen ebenso, wie Schildkröten und Muränen.

Bodu Thila **

Dieses ist ein sehr großes Thila mit einer interessanten Landschaft und der Thilaspitze in acht Meter Tiefe. Das Riff ist mit schönen Weichkorallen besetzt und der Fischreichtum unermeßlich, einschließlich Grauer Riffhaie, großer Füsilierschwärme, Rochen und manchmal auch Mantas. Schildkröten sind regelmäßige Gäste wie auch in den Ästen der Gorgonen Geisterpfeifenfische beobachtet werden können.

Kuda Thila *** (Dhonfanu Thila)

Dieses kleine Thila hat einen schönen Korallenbewuchs auf dem Riffdach in etwa sieben Metern Tiefe. Längs der südlichen Steilwand stehen große Stachelmakrelen und Schnapperschwärme, während sich am Grund in etwa 35 Meter Tiefe Rochen aufhalten.

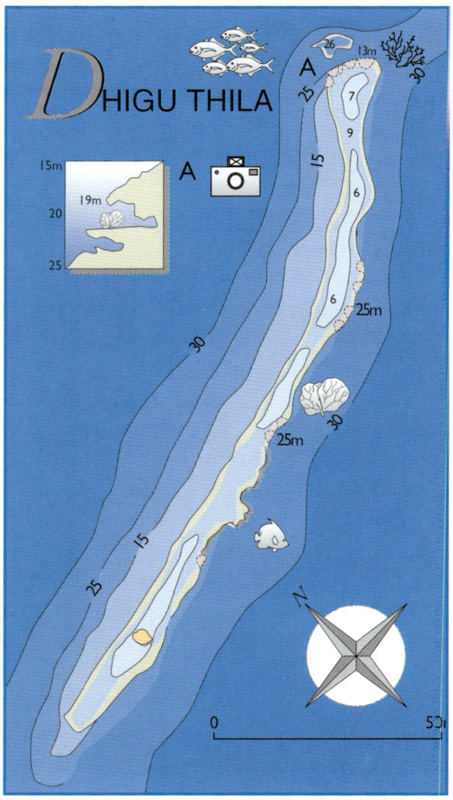

Dhigu Thila ***

Ort:	150 Meter südöstlich von Anga Faru
Tiefe:	6 - 25 m
Fische:	über Durchschnitt
Korallen:	hervorragend
Merkmale:	Höhlen, Überhänge, Fischreichtum

Dhigu Thila ist ein schmales, etwa 200 Meter langes Thila, dessen Dach zwischen sechs und elf Meter Tiefe liegt. An seiner Ostseite befindet sich ein steiler Drop Off von sieben bis 25 Meter Tiefe, so wie eine Höhle voller Schwarzer Korallen in 13 Metern. Um die Kante an der Nordseite liegen einige spektakuläre Höhlen in vertikaler Anordnung längs des Riffs. Nebenan und vom Hauptriff zu sehen, erstreckt sich ein etwa 15 Meter breiter Riffausläufer mit seinem flachen Dach in 26 Meter Tiefe. Große Schwärme von Makrelen und andere Fische sammeln sich am Ende des Thilas und wenn die Strömung zunimmt, steigen hier auch die Freßaktivitäten. Längs der Südseite, meist zwischen 20 und 25 Metern, befinden sich große, lichte Höhlen mit Fächer- und Peitschenkorallen, in denen auch Zackenbarsche, Soldatenfische und andere, kleinere Fische stehen. Auf dem Sandgrund um das Thila kann man oft Schwarzflecken-Rochen antreffen. Das Riffdach selbst ist mit schönen Hartkorallen überzogen, wobei sich am östlichen Ende im flachen Bereich Feuerkorallen angesiedelt haben.

Tauchhinweise: Das Thila liegt in Ost-Westrichtung und auch die Strömung nimmt gewöhnlich diesen Weg. Um alle Vorzüge dieses Platzes zu erfahren, sollte man bei starker Strömung im offenen Wasser noch vor dem Thila stromauf den Tauchgang beginnen. Die Tauchmöglichkeiten betreffen die Nord- wie die Südseiten, wobei der Süden mehr Höhlen und eine hübschere Szenerie bietet. Dieses kann ein Problem verursachen, wenn der Strom vom Osten kommt und Taucher die Höhlen an der Nordostecke aufsuchen wollen. Im flacheren Bereich gibt es kaum strömungsgeschützte Stellen, so daß ein Sicherheitsstop u.U. im freien Wasser erfolgen muß.

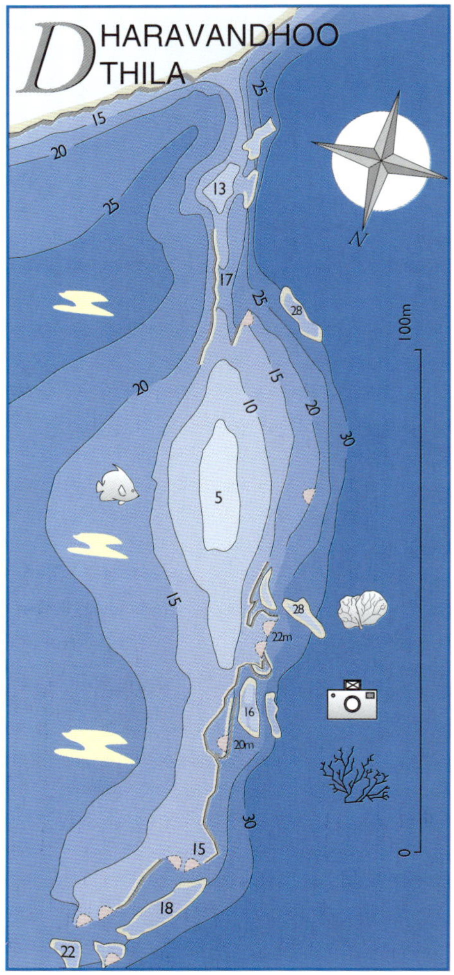

Dharavandhoo Thila ***

Ort:	südwestlich von Dharavandhoo
Tiefe:	5 - 30 m
Fische:	über Durchschnitt
Korallen:	sehr gut
Merkmale:	Höhlen, UW-Landschaft

Das Thila beginnt als ein schmaler Rücken bei der Insel Dharavandhoo und erstreckt sich über 200 Meter hinweg, wobei das Riffdach zwischen fünf und 17 Metern liegt. Längs seines Verlaufs zeigt es eine Reihe von Ablegern, steilen Abbrüchen, bewachsenen Höhlen, Sandschrägen und engen Spalten. In einigen dieser Spalten stehen Fächer- und Peitschenkorallen, so wie auch Schwarze Korallen und einige kapitale Zackenbarsche. Hellgelbe und orangefarbene Schwämme, rosafarbene Seesterne und Seegurken sind hier ebenfalls zu finden. Zudem begeistert hier die UW-Landschaft jeden Fotografen.

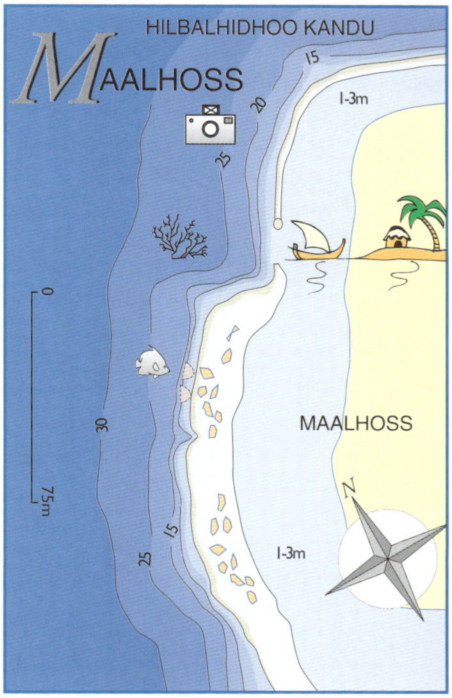

Maalhoss **

Ort:	Westseite von Maalhoss
Tiefe:	3 - 25 m
Fische:	über Durchschnitt
Korallen:	sehr gut
Merkmale:	Riffische

Hilbalhidhoo Kandu liegt auf der Nordseite von Maalhoss und zeigt seine interessanten Stellen nahe der Westecke von Maalhoss, wo sich das Riff nach Süden wendet und steiler wird. Etwa 20 Meter südlich zur Laguneneinfahrt bauscht der Riffverlauf aus und fällt auf 25 Meter ab, bevor er in einem sandigen und mit Korallenschutt bedeckten Meeresgrund ausläuft. Die Riffwand ist mit Höhlen durchsetzt und weist einen interessanten Bestand an Fischen auf, zum Beispiel Kardinalsfische oder den auf den Malediven seltenen Mirakelbarsch. Hier gibt es Schwarze Korallen und in einigen Höhlen halten sich Langusten und Garnelen auf. Auf den Sand- und Geröllschrägen in größerer Tiefe ist die Heimat sehr seltener Arten von Himmelsguckern. Eine andere, nicht häufige Art ist der Seifenbarsch, *Pogonoperca ocellata*. Rund um das Riff halten sich zudem Schwärme von Nadelfischen, Hornhechten und Heringen auf. Ein idealer Platz für den Fischbeobachter.

Oben: Seifenbarsch, Pogonoperca ocellata. *Dieser Fisch ist sehr selten, doch ist er an seinen Hautlappen am Kinn leicht erkennbar. Ganz oben: Nacktschnecken zählen mit zu den farbenprächtigsten Unterwassergeschöpfen.*

Oben: Echter Mirakelbarsch, Calloplesiops altivelis. *Er irritiert seine Freßfeinde mit einem falschen Auge. Ganz oben: Haftgrundel,* Pleurosicya micheli.

Gemeine Putzerfische, Labroides dimidatus *putzen einen kapitale Zackenbarsch. Gruppen dieser "Fließbandarbeiter" halten sich an Putzerstationen auf, um Hautreste und Parasiten von den Kiemen, der Haut und dem Maul vorüberschwimmender Fische zu entfernen. Selbst vor Tauchern machen diese furchtlosen Fische keinen Halt. Sollte es in der Population zu einem Mangel an Männchen kommen, so kann das Weibchen zur Arterhaltung sein Geschlecht wechseln. Putzerfische haben einen hinterhältigen Nachahmer, den Falschen Putzerfisch, den Blenny* Aspidontus taeniatus, *der ihnen sehr ähnlich ist. Hat er erst einmal das Vertrauen eines Fisches gewonnen, so schwimmt er in Bereiche wie die Kiemen oder das Maul, um rohes Fleisch herauszubeißen.*

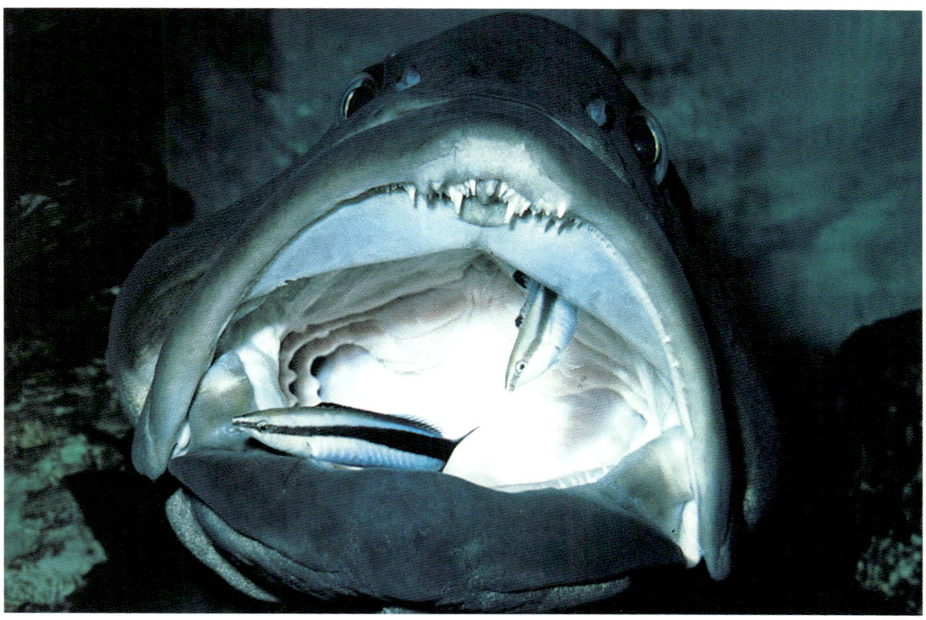

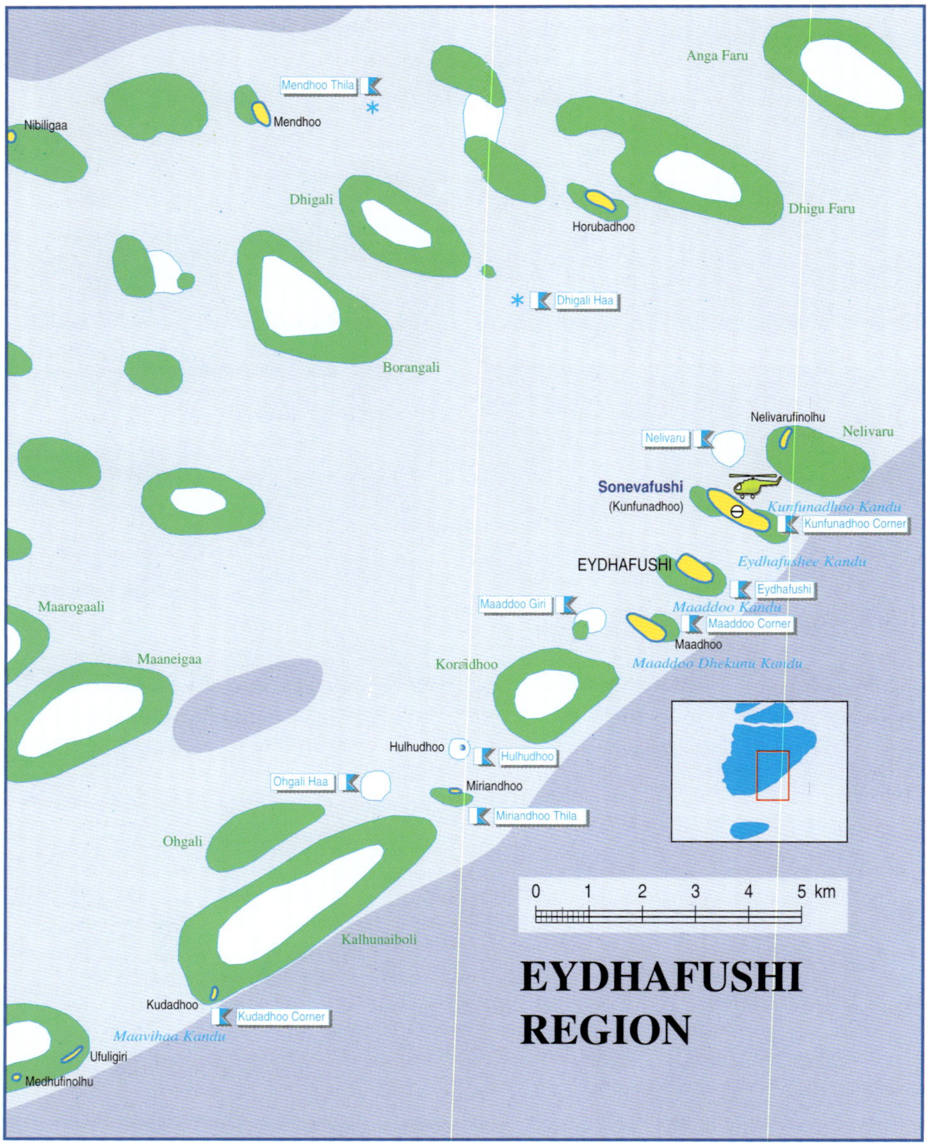

Dhigali Haa ** (Horubadhoo Thila)
Früher war dieses ein beliebter Patz zum Beobachten von Haien für die Gäste von Sonevafushi, doch ist diese Stelle überfischt worden und Haie sind nur noch selten zu sehen. Es dominieren hier Fledermausfische, Makrelen, Füsiliere, kleine Barrakudaschwärme und bisweilen auch Adlerrochen.

Kunfunadhoo Corner **
Die Einfahrt in den Kunfunadhoo Kandu lockt viele pelagische Fische an und an der Außenseite von Kunfunadhoo liegt ein hübsches Riff mit einigen Napoleonfischen. Bei einer atolleinwärts gerichteten Strömung erscheint mit Regelmäßigkeit nahe der Riffecke eine Gruppe von fünf Adlerrochen.

Eydhafushi *
Das Außenriff der Insel bietet hervorragende Tauchmöglichkeiten und ist obendrein ein zuverlässiger Ausweichplatz für die Taucher von Sonevafushi bei Südwestmonsun. Hier sind häufig Schildkröten und Füsilierschwärme vertreten. Die Kanäle beiderseits der Insel sind dagegen für den Taucher weniger interessant.

Nelivaru *
Nahe der Insel Nelivarufinolhu liegt ein Riff mit guten Möglichkeiten für Taucher jeglicher Qualifikation und Erfahrung. Hier gibt es Schnapper, Schildkröten, Thunas und Mantas zu beobachten und Skorpionsfische sind eine besondere Spezialität dieses Platzes.

Maadhoo Corner **
Die Nordostseite des Inselriffs bietet interessante Tauchmöglichkeiten. Bei Strömung, die in das Atoll gerichtet ist, wird es schwieriger hier zu tauchen, da sich das Wasser dann rund um das Riff in zwei Richtungen teilt. Hier gibt es hübsche Überhänge und einen schönen Fischbestand. Auf dem Riffdach weiter innerhalb des Maadhoo Kandu stehen wunderbare Tischkorallen.

Maadhoo Giri *
Maadhoo Giri ist ein Platz, der sich für Anfänger und Profis gleichermaßen lohnt. An der Westecke des Riffs erhebt sich ein langer Schlot, dessen Spitze in drei Metern beginnt und der auf 20 Meter Tiefe endet. Mit viel Glück können hier zwei Anglerfische, einer rot und der andere schwarz, beobachtet werden. Auf 30 Meter Tiefe steht ein großer Schwarm von Blaustreifenschnappern. Östlich der Riffecke liegen mächtige Korallenblöcke, einige Überhänge und zudem stehen hier drei kleine, pinkfarbene Korallen. Es können auch einige Büsche von Schwarzen Korallen betaucht werden, zwischen denen sich manchmal Geisterpfeifenfische aufhalten.

Hulhudhoo **
Auf der Nordostseite des Inselriffs stehen sehr schöne Hart- und Weichkorallen, während Napoleons und Schildkröten regelmäßig zu beobachten sind.

Miriandhoo Thila ****
Südlich von Miriandhoo liegt ein kleines, aber tiefes Thila, das sich nur für erfahrene Taucher eignet. Sein Dach ist voller Weichkorallen und die einsame Lage des Tauchplatzes lockt vielfältiges, marines Leben an, darunter auch peleagische Fische, Adlerrochen und Schildkröten.

Ohgali Haa **
Dieses ist ein großes Riff an der Nordostseite mit interessanten Überhängen. Hier stehen Schwärme von Fledermausfischen, einige Thunas und auf dem Riffdach sind Fetzenfische anzutreffen.

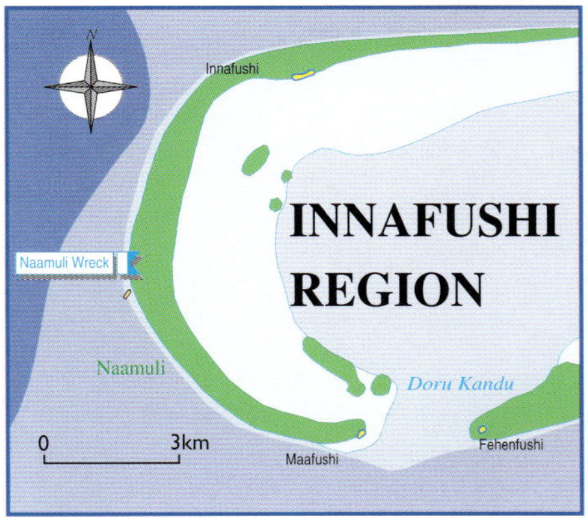

Kudadhoo Corner **

Am Eingang des Maavihaa Kandu gelegen bietet Kudhadhoo Corner eine Fischvielfalt, wie sie an vielen Eingängen zu den unterschiedlichsten Kanälen anzutreffen ist. Darunter befinden sich auch Napoleons, Ammenhaie, Schildkröten und Langusten.

Naamuli Wreck *

Ort: westlichster Punkt des Goidhoo Atolls
Tiefe: 5 m
Fische: über Durchschnitt
Korallen: gut
Merkmale: Stahlschiff

Das Riff auf der Westseite des Goidhoo Atolls wird Naamuli Faru genannt, was soviel wie "Wrackriff" bedeutet. Das Riff zieht sich an der westlichen Atollspitze weit hinaus und auf seinem Dach befinden sich die zusammengebrochenen Überreste eines alten Dampfschiffes. Der Hauptteil des mit Korallen überzogenen Rumpfes bedeckt ein Areal von etwa 30 Metern. Der Rumpf ist durch die Wellen völlig zerschmettert, nur einige Spanten ragen noch in die Höhe, die in einer Entfernung bis zu 50 Metern noch zu finden sind. Der höchste Wrackpunkt liegt bei zwei, der tiefste bei sieben Metern. Wie so viele Wracks, so bietet auch dieses eine gute Deckung für zahlreiche Fische. Die Ursprünge des Wracks liegen im Dunkeln und selbst alte Inselbewohner von Fulhadhoo wissen nicht, wann das Schiff hier strandete. Als es hier vor einigen Jahren entdeckt wurde glaubte man zunächst, die *Corbin* gefunden zu haben und sperrte das Wrack für Taucher wegen des vermeintlichen, archäologischen Wertes. Die Stahlfragmente belegen jedoch, daß es sich um ein viel jüngeres Schiff handeln muß und vielleicht bringen Forschungen noch die wahre Geschichte zu Tage.

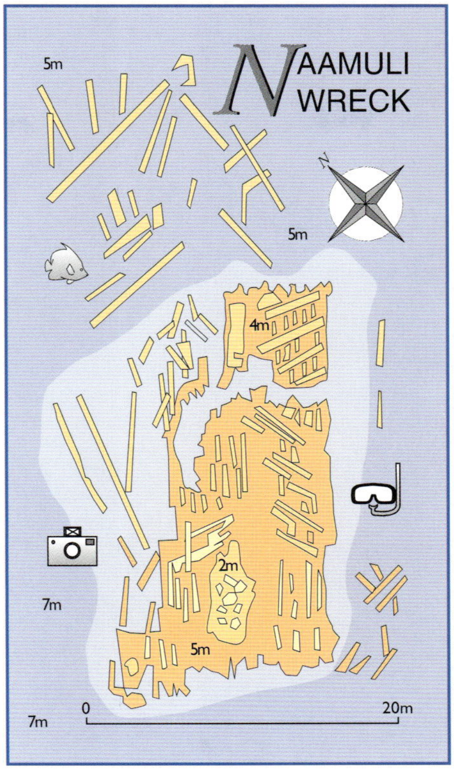

Viele Blennys so wie der Bluttropfen-Kammzähner, Blenniella chyrsopilos *besitzen ein großes Maul und kurze Fortsätze über den Augen.*

Rückkehr nach einer weiteren, wunderbaren Tauchausfahrt auf den Malediven.

Tauchmöglichkeiten

Jedes Ressort bietet Tauchgänge an und jegliche Art von internationalen Qualifikationen wird akzeptiert. Taucher sollten ihr Logbuch, den Qualifikationsnachweis und ein gültiges, tauchsportärztliches Untersuchungszeugnis mitbringen und sich je nach Basis auf einen Checktauchgang einstellen. Die Preise für einen Tauchgang enthalten in der Regel das Gerät, das Blei und den Tauchführer. Die Ausfahrt zum Tauchplatz wird gewöhnlich nochmals mit US$ 10 - 15 berechnet, abhängig von der Distanz. Tauchboote auf den Malediven sollten mit Funk, Rettungswesten, Taucherflagge, Sauerstoff und einem medizinischem Notkoffer ausgestattet sein.

Die meisten Taucher bringen ihre eigene Ausrüstung mit, doch auch Automaten, Jackets, Computer und die ABC-Ausrüstung sind zu mieten. INT- und DIN-Anschlüsse sind geläufig, doch nehmen Sie sicherheitshalber immer einen INT/DIN-Bügeladapter mit. Ganz wichtig sind zur eigenen Sicherheit Oberflächenbojen und pyrotechnische Seenotsignale, denn die Gefahr abzutreiben, ist nicht zu unterschätzen. Diese sollten von zu Hause mitgebracht werden, denn sie sind nicht überall verfügbar.

Für Anfänger, aber auch für Fortgeschrittene, bieten die Ressorts entsprechende Tauchkurse an. Viele Basen offerieren wegen des wachsenden Interesses an der Natur und Umwelt Spezialkurse in der Meeresbiologie und in Fischbestimmungen an. Kleine Bibliotheken und Unterrichtsmöglichkeiten werden in den Tauchschulen immer populärer und spezielle, abendliche Video- und Diapräsentationen gehören zum Standard etlicher Basen.

Tauchpreise

Die Kosten für Kurse und Tauchgänge schwanken je nach Basis. Oft werden neben Einzeltauchgängen auch Tauchpakete für zehn oder mehr Ausfahrten, bzw. für kombinierte Abstiege an Bord der Safariboote angeboten. Mit oder ohne Leihausrüstung, eben um den Gästen gewisse Rabatte einzuräumen. Doch beinhalten diese Pakete oft nur zwei Tauchgänge pro Tag und vielleicht ein bis zwei Nachttauchgänge innerhalb des gesamten Angebotes. Da dieses oft unterschiedlich gehandhabt wird, sollte man sich im Vorfeld beim Reiseveranstalter genau erkundigen, um für sein Geld auch einen adäquaten Gegenwert zu erhalten.

Tauchsaison und Tauchzeiten

Tauchen wird normalerweise das ganze Jahr über angeboten und es gibt nur wenige Tage, an denen Tauchgänge wegen schlechten Wetters oder zu rauher See ausfallen. Meist aber haben die Basen in solchen Situationen und zur Monsunzeit geschützte Ausweichplätze. Nur bei ganz widrigen Umständen werden im Interesse der Sicherheit auch Tauchgänge ganz gestrichen.

Die Hauptsaison dauert von Dezember bis April mit Spitzen um Weihnachten und Neujahr, so wie um Ostern. Zu diesen Zeiten sind die Inseln völlig ausgebucht und auch überbucht und die Preise sind entsprechend höher als sonst. Im August, dem europäischen Ferienmonat, gibt es eine weitere, kleine Saison Den besten Gegenwert für sein Geld erhält man in der Nebensaison zwischen Mai und November. Auch wenn das Wetter dann nicht so gut ist, das Tauchen ist spitzenmäßig und die Inseln sind nicht so überfüllt.

Wissenswertes über Tauchsafaris

Tauchsafaris finden meist in der Zeit zwischen Dezember und April statt, aber einige der Anbieter lassen ihre Boote das ganze Jahr über laufen, mit Ausnahme von Juni bis August, wenn die See besonders rauh ist. Die besten Bedingungen finden sich in der Zeit von Januar bis April, allerdings auch dieses ohne Garantie. Selbst in Monaten wie September und Oktober können recht günstige Bedingungen auftreten.

Auf den Malediven gibt es zahlreiche Anbieter von Safaridhonis. Man sollte sich aber nur an lizensierte Anbieter halten, da diese auch die Erlaubnis zum Befahren anderer Atolle haben und gewissen Sicherheits- und Hygieneanforderungen entsprechen. Die meisten Safarianbieter im Ausland chartern wiederum ihre Boote von registrierten Eignern auf den Malediven. Mittlerweile gibt es moderne Boote mit Video, Filmentwicklungen und Meerwasserentsalzungsanlagen und einige besitzen sogar eine lizensierte Bar für leichte alkoholische Getränke.

Bei vielen der zur Zeit fahrenden Safariboote handelt es sich um Dhonis, die nicht für das Tauchen gebaut worden sind. Sie verfügen nur über begrenzte Wasservorräte, haben einen getrenntes Stromaggregat für die abendliche Beleuchtung, sind laut, haben oft zu viele Gäste an Bord und besitzen zudem nur wenig Stauraum. Jedes Boot hat seinen eignen Sauberkeitsstandard und es ist ratsam, sich zu erkundigen, ob sie über Abwasser- und Gülletanks verfügen. Taucher sollten daher dieses berücksichtigen und bedenken, daß man nur das erhält, wofür man auch bezahlt hat.

Um eine zufriedenstellende Safari zu erleben, sollte man den Veranstalter nach gewissen Aspekten der Tour befragen. Dazu zählen die Kapazität des Bootes, Anzahl der Mitreisenden, Frischwasserkapazitäten zum Duschen und Waschen, die Anordnung des Generators (es ist leiser, wenn er im Maschinenraum steht) und ob sich ein Ersatzaggregat an Bord befindet. Man sollte auch nach den Lademöglichkeiten (Wechselstrom 220-240 V, 50 Hz) und nach den Steckdosen fragen und ggf. entsprechende Adapter mitnehmen. Fragen Sie den Reiseveranstalter nach der Verfügbarkeit der Boote, den Bedingungen und Leistungen, zumal die Charterpreise erheblich schwanken können.

Die Tauchsafari

Viele der Dhonis sind trotzdem für das Tauchen geeignet, da sie meist ein kleineres Dhoni zum Füllen und Lagern der Ausrüstung mit sich führen. Das schafft auf den Safarischiffen Platz. Das kleine und meist langsamere Boot fährt oft voraus und man trifft sich an einem vorgeplanten Tauchort. Der Nachteil dieses Systems besteht darin, daß bei langen Fahrten wahrscheinlich nur maximal zwei Tauchgänge pro Tag möglich sind. Daher sollte man sich nach diesen Dingen und den Leistungen an Bord bereits im Vorfeld erkundigen.

So zum ersten, ob im Angebot ein kleineres Tauchdhoni mit enthalten ist. Ist unbegrenztes Tauchen zugesagt und für wieviel Abstiege am Tag (mehr als zwei?) steht dieses. Werden zudem Nachttauchgänge angeboten und in welchem Umfang? Man sollte sich auch nach einem Reservekompressor an Bord erkundigen und nach der Flaschengröße (12 oder 15 Liter) fragen, wie auch nach den Ventilanschlüssen. Wie steht es an Bord um die Ersatzteilbeschaffung, um Notfallausrüstung, um Sauerstoff und Erste-Hilfe-Koffer. Fragen Sie auch nach dem geplanten Kurs. Denn viele Boote überbrücken zwar große Distanzen in kurzer Zeit, dafür wird aber nur an bekannten Punkten getaucht. Doch viele Taucher wollen lieber in der verfügbaren Zeit nur kurze Wege fahren und tauchen und schnorcheln, als viele Meilen zwischen den Atollen zurückzulegen.

Auch die Art, wie getaucht wird, schwankt zwischen den Anbietern. Auch hier sollte man sich vorher schlau machen. Denn harte Strömungstauchgänge in den Kanälen, Abstiege an stark umströmten Thilas oder Tieftauchgänge sind für einige reizvoll, nicht aber zum Beispiel für Filmer und Fotografen, die lieber an einem ruhigen Platz verharren wollen. Tauchführer sollten daher flexibel sein, um den Forderungen der tauchenden Mehrheit an Bord gerecht zu werden.

Was ist mit zubringen

Wichtig sind Sonnenöl, Sonnenbrille, leichte Bekleidung, je nach Saison eine leichte wasserfeste Jacke, eine Unterwasserlampe, Ersatzbatterien und Filme. Ein gutes Fernrohr, ein Kompaß und für Spezialisten ein GPS und Seekarten sind ebenfalls nützlich.

Sitten und Gebräuche

Beim Besuch von Einheimischeninseln sollte man Rücksicht auf die Gefühle der Bewohner nehmen und sich der konservativen

Kleiderordnung der maledivischen Gesellschaft anpassen. Frauen empfiehlt es sich, Kleider bis über die Knie zu tragen, oder Hosen, die Trikotagen bedecken. Oberteile sollten zudem nicht soweit ausgeschnitten und auch nicht schulterlos sein. Männer verzichten zudem auf nackte Oberkörper. Nacktbaden ist auf allen Malediveninseln verboten, dieses gilt auch für die Hotelinseln. Bikinis und knappe Badeanzüge werden allerdings in den Ressorts akzeptiert.

Visa
Maledivenbesucher brauchen kein Visum; sie erhalten bei der Einreise automatisch ein 30-Tagevisum. Man sollte daher das Land noch Ablauf der 30-Tagefrist wieder verlassen, oder rechtzeitig eine Verlängerung bei der Einwanderungsbehörde in Male im Huravee Building beantragen.

Reisegenehmigungen
Diese Erlaubnis ist notwendig, wenn man auf den Malediven außerhalb der Touristenzonen reisen will. Registrierte Safariboote erhalten für ihre Gäste diese Genehmigung bereits vor Reiseantritt. Bei Besuch einer Einheimischeninsel während einer Safari sollte man sich ruhig bei der Inselverwaltung melden. Die meisten Einheimischen sind sehr gastfreundlich, doch es hinterläßt einen weit besseren Endruck, wenn man sich nach den örtlichen Gepflogenheiten und Bräuchen richtet.

Elektrizität
Die Stromversorgung auf den Malediven basiert auf dem englischen System mit 220 V Wechselstrom bei 50 Hz und der Verwendung der ebenfalls englischen, dreipoligen Rund- oder Flachsteckdosen. Die meisten Ressorts besitzen jedoch Mehrfachadapter, in die fast alle gängigen Stecker passen. Auf Safaribooten ist sicherheitshalber immer ein solcher Universaladapter mitzunehmen.

Krankenversicherung
Eine Auslandskrankenversicherung und eine Krankenrücktransportversicherung sind dringlich angeraten. Die normale Krankenversicherungen decken nicht unbedingt Tauchunfälle, Druckkammerbehandlungen, Helikoptertransport und Rettungsflüge in die Heimat ab. DAN (Divers Alert Network) bietet solche Unfallversicherungen und weltweite Rettungsdienste an. Erkundigen Sie sich daheim genau über diese Versicherungen und die angebotenen Leistungen. DAN bietet seit Dezember 1997 einen speziellen, 21 Tage andauernden Versicherungsschutz für Taucher auf den Malediven an. Er kostet derzeit US$ 10, schließt aber nur die Taucher ein, die auf Basen auf den Malediven tauchen, die keinen Vertrag mit der DAN haben. Der Versicherungsschutz deckt Behandlungskosten ab, die sich aus Deko-Unfällen ergeben, wenn dabei die 30-Metermarke nicht üb erschritten wurde. Mitglieder von DAN Europa und andere DAN-Mitglieder sind bereits automatisch versichert.

Druckkammern und medizinische Versorgung
Das Medical Center auf Bandos verfügt über eine 24 Stunden einsatzbereite Dekokammer, die nur von Spezialisten bedient wird. Das Center entspricht europäischem Standard und ist mit Tauchmedizinern aus Deutschland und einer ausgebildeten Krankenschwester besetzt. Ein maledivischer Techniker bedient zusammen mit besonders geschulten Tauchlehrern von der Insel diese Kammer. Die Kammer hat in ihrem Hauptteil Platz für vier Personen und für zwei weitere in der Zwischenschleuse. Eine Person kann darin liegend auf einem speziellen Bett für Dekokranke behandelt werden, so daß diese auch während der Behandlung gedreht werden können.

Weitere Dienste wie eine Hotline zur Beantwortung medizinischer und von verschiedenen Tauchtauglichkeitsfragen werden ebenso angeboten, wie es auch eine direkte, mobile Telefonverbindung zu den Taucherärzten gibt. Zudem gibt es auf Bandos eine kleine Klinik mit zwei Betten. Sie ist mit Röntgengeräten ausgestattet und kann auch kleinere Behandlungen durchführen. Für Rettung und Wiederbelebung stehen ein Beatmungsgerät, ein Defillibrator und weiteres, notwendiges technisches Gerät und Tragen zur Verfügung. Patienten werden per Helikopter, Wasserflugzeug oder Speedboot nach Bandos gebracht.

Kontaktadresse
Bandos Medical Centre
Bandos Island Resort, Republic of the Maldives
Tel. +(960) 44 00 88
Fax +(960) 44 00 60
Mobiltel. + (960) 77 10 86
Email: bmc@dhivehinet.net.mv

Bei größeren medizinischen Problemen steht das neue Indira Gandhi Hospital in Male zur Verfügung (Tel. 31 66 47). Private medizinische Versorgung bieten zudem die AMDC Klinic (Tel. 32 59 79) und das ADK Private Hospital (Tel. 32 43 31) an.

Tauchtauglichkeitsuntersuchuung
Vor jedem Tauchkurs oder bei Beginn jeglicher Tauchaktivitäten müssen Taucher ein medizinisches Merkblatt ausfüllen und unterschreiben. Sollten weitere Untersuchungen notwendig sein und das Ressort kann keinen qualifizierten Arzt stellen, so können diese kompletten Untersuchungen auch in Male bei der AMDC Klinik, im ADK Hospital oder im Bandos Medical Centre durchgeführt werden. Taucher sollten sich am besten vor Reiseantritt mit einer gültigen Tauchtauglichkeitsbescheinigung eindecken und vorallen diese auch mitbringen.

Allgemeine Gesundheitshinweise
Im Vergleich zu anderen asiatischen Ländern sind die Malediven relativ frei von großen Gesundheitsproblemen. Die Ressorts sind sauber und die Reinlichkeitsanforderungen gelten als sehr hoch. Auch in Male sind die hygienischen Bedingungen, und dieses besonders in den Teestuben, in den letzten Jahren erheblich angestiegen. Die meisten Touristeninseln, aber auch die meisten Einheimischeninseln und Male selbst benutzen zum Trinken und Waschen Wasser aus Entsalzungsanlagen. Die Wasserqualität ist gut und verursacht so gut wie keine Magenprobleme. Aber trotzdem verkaufen viele Hotels Mineralwasser aus Flaschen. Wenn auch nicht erforderlich, so sollte jeder im eigenen Interesse sich gegen Tetanus, Diphtherie, Polio und Hepatitis A impfen lassen. Impfungen gegen Gelbfieber sind gesetzlich vorgeschrieben, wenn aus derartig infizierten Gebieten eingereist wird.

Gesundheitstips
Trinken Sie viel Wasser und gewöhnen Sie sich langsam an die hohen Temperaturen um einen Hitzschlag zu vermeiden. Leichte wie lockere Kleidung ist ebenso angeraten, wie entsprechende Sonnenschutzmittel. Verletzungen an Korallen können sich oft wegen Verunreinigungen, Schleim und Nematocyten entzünden. Nehmen Sie daher antiseptische Mittel oder medizinische Seife zur Wundreinigung mit, sowie entzündungshemmendes Puder und etwas Verbandszeug.

Benutzen Sie auch destilliertes Wasser zum Reinigen der Ohren nach jedem Tauchgang, um auch hier Entzündungen vorzubeugen und vermeiden Sie vorallem Wattebäusche und -stäbchen zur Reinigung. Bei Verletzungen durch Steinfische, Rochen oder Konusmuscheln sollte das betroffene Areal in heißem Wasser gebadet und ein Arzt konsultiert werden.

Wurde während einer Maledivenreise sehr viel getaucht, so empfehlen sich zum Ende der Reise einige Flachwassertauchgänge und 24 Stunden Tauchverbot, bevor man ins Flugzeug steigt.

Fischindex

KLASSE DER CHONDRICHTHYES (Knorpelfische)

Adlerrochen MYLIOBATIDIDAE
- Gefleckter Adlerrochen Aetobatus narinari 66

Haie CARCHARHINIDAE
- Grauer Riffhai Carcharhinus amblyrhynchos 87
- Schwarzspitzen-Riffhai Carcharhinus meleancpterus 43
- Weißspitzen Riffhai *Triaenodon obesus* 54

Haie RHINCODONTIDAE
- Walhai *Rhincodon typus* 99

Stechrochen DASYATIDIDAE
- Schwarzpunktrochen *Taeniura meyeni* 82

Teufelsrochen MOBULIDAE
- Großer Mantarochen *Manta birostris* 39

KLASSE DER OSTEICHTHYES (Knochenfische)

Barrakudas SPHYRAENIDAE
- Gelbschwanz-Barrakuda *Sphyraena flavicauda* 76
- Großer Barrakuda *Sphyraena barracuda* 86

Blennys BLENNIIDAE
- Bluttropfen-Kammerzähner *Blenniella chrysospilos* 141

Büschelbarsche CIRRHITIDAE
- Forsters Büschelbarsch *Paracirrhites forsteri* 45
- Monokel-Buschelbarsch *Paracirrhites arcuatus* 98

Drückerfische BALISTIDAE
- Gelbsaum-Drückerfisch *Pseudobalistes flavimarginatus* 61
- Leoparden-Drückerfisch *Balistoides conspicillum* 81
- Rauher Drückerfisch *Canthidermis maculatus* 49
- Riesen-Drückerfisch *Balistoides viridescens* 61
- Rotzahn-Drückerfisch *Odonus niger* 80

Eidechsenfische SYNODONTIDAE
- Indischer Eidechsenfisch *Synodus indicus* 52
- Riff-Eidechsenfisch *Synodus variegatus* 112

Fahnenbarsche/Seifenbarsche/Zackenbarsche SERRANIDAE
- FAHNENBARSCHE
- Flammen-Fahnenbarsch *Pseudanthias ignitus* 124
- SEIFENBARSCHE
- Seifenbarsch *Pogonoperca ocellata* 139
- ZACKENBARSCHE
- Getarnter Zackenbarsch *Epinephelus polyphekadion* 63
- Pfauen-Zackenbarsch *Cephalopholis argus* 38
- Riesen-Zackenbarsch *Epinephelus lanceolatus* 29
- Sattel-Forellenbarsch *Plectropomus laevis* 29
- Spitzkopf-Zackenbarsch *Anyperodon leucogrammicus* 38
- Stierkampfzackenbarsch *Epinephelus fuscoguttatus* 38

Falterfische CHAETODONTIDAE
- Fähnchen-Falterfisch *Chaetodon auriga* 83
- Halsband-Falterfisch *Chaetodon collare* 111
- Masken-Weipelfisch *Heniochus monoceros* 105
- Röhrenmaul-Pinzetenfisch *Forcipiger flavissimus* 84
- Schwarm-Weipelfisch *Heniochus diphreutes* 84
- Schwarzer Pyramiden-Falterfisch *Hemitaurichthys zoster* 30

Feilenfische MONACANTHIDAE
- Palettenstachler *Oxymonacanthus longirostris* 47
- Schrift-Feilenfisch *Aluterus scriptus* 94

Fledermausfische EPHIPPIDAE
- Langflossen-Fledermausfisch *Platax teira* 104

Flötenfische FISTULARIDAE
- Flötenfisch *Fistularia commersonii* 85

Füsiliere CAESIONIDAE
- Blaugoldener Füsilier *Caesio varilineata* 78
- Dreifach gestreifter Füsilier *Pterocaesio trilineata* 43
- Gelbrücken Füsilier *Caesio xanthonota* 125
- Himmelblauer Füsilier *Caesio lunaris* 111
- Neon-Füsilier *Pterocaesio tile* 80

Glas-/Beilbauchfische PEMPHERIDIDAE
- Pazifischer Glasfisch *Parapriacanthus ransonneti* 33

Großaugenbarsche PRIACANTHIDAE
- Gewöhnliche Großaugenbarsche *Priacanthus hamrur* 33

Grundeln GOBIIDAE
- Große Haftgrundel *Pleurosicya elongata* 137
- Haftgrundel *Pleurosicya micheli* 139
- Quergestreifte Grundel *Amblygobius semicinctus* 28
- Rosastreifen-Partnergrundel *Amblyeleotris aurora* 83

Halfterfisch ZANCLIDAE
- Halfterfisch *Zanclus cornutus* 130

Igelfische DIODONTIDAE
- Masen-Igelfisch *Diodon liturosus* 125

Kaiserfische POMACANTHIDAE
- Blaumasken-Kaiserfisch *Pomacanthus xanthometopon* 112
- Dreipunkt-Kaiserfisch *Apolemichthys trimaculatus* 37
- Imperator-Kaiserfisch *Pomacanthus imperator* 96
- Pfauen-Kaiserfisch *Pygoplites diacanthus* 37

Kaninchenfische SIGANIDAE
- Silber-Kaninchenfisch *Siganus argenteus(?)* 51
- Tüpfel-Kaninchenfisch *Siganus stellatus* 102

Kardinalbarsche APOGONIDAE
- Tiger-Kardinalbarsch *Cheilodipterus macrodon* 51

Kofferfisch OSTRACIIDAE
- Gelbkammer-Kofferfisch *Ostracion cubicus* 41

Kugelfische TETRAODONTIDAE
- Mappa-Kugelfisch *Arothron mappa* 33
- Sattel-Kugelfisch *Canthigaster valentini* 112
- Schwarzfleck-Kugelfisch *Arothron nigropunctatus* 34

Lippfische LABRIDAE
- Bäumchen-Lippfisch *Novaculichthys taeniourus* 102
- Gemeine-Putzerfische *Labroides dimidiatus* 139

Nepoleon-Lippfisch *Cheilinus undulatus* 67
Vogel-Lippfische *Gomphosus caeruleus* 98
Weißfleck-Schermesserfisch *Xyrichtys aneitensis* 137
Weißgebäudeter-Opossum-Zwerglippfisch *Wetmorella albofasciata* 45
Zweifleck-Schweinslippfisch *Bodianus axillaris* 100

Meerbarben MULLIDAE
Doppelband-Meerbarbe *Parupeneus bifasciatus* 100

Mirakelbarsche PLESIOPIDAE
Echter Mirakelbarsch *Calloplesiops altivelis* 139

Muränen MURAENIDAE
Bartmuräne *Gymnothorax breedeni* 69
Riesenmuräne *Gymnothorax javanicus* 62

Papageienfische SCARIDAE
Grünbinden-Papageienfisch *Scarus prasiognathus* 49
Masken-Papageienfisch *Cetoscarus bicolor* 62

Pfeifenfische SYNGNATHIDAE
Seenadel *Corythoichthys insularis* 45

Pfeilgrundel MICRODESMIDAE
Kiemenfleck-Wurmgrundel *Gunnelichthys monostigma* 52
Pracht-Schwertgrundel *Nemateleotris magnifica* 97
Scherenschwanz-Torpedogrundel *Ptereleotris evides* 101

Riffbarsche POMACENTRIDAE
Dreifarbiger Preußenfisch *Dascyllus trimaculatus* 123
Endemische Anemonenfisch *Amphiprion nigripes* 85
Indopazifischer Sergeant *Abudefduf vaigiensis* 39

Röhrenaale CONGRIDAE
Ohrfleck-Röhrenaal *Heteroconger hassi* 40

Sandbarsche PINGUIPEDIDAE
Maledivische Sandbarsche *Parapercis signata* 43

Sandtaucher TRICHONOTIDAE
Langgestreifter Sandtaucher *Trichonotus elegans* 52

Schiffshalter ECHENEIDAE
Gestreifter Schiffshalter *Echeneis naucrates* 101

Schnapper LUTJANIDAE
Blaustreifen Schnapper *Lutjanus kasmira* 32
Buckel-Schnapper *Lutjanus gibbus* 32
Doppelfleck-Schnapper *Lutjanus bohar* 66
Gelbkopf-Schnapper *Macolor macularis* 100
Schwarzweiß-Schnapper *Macolor niger* 29

Skalpell-Doktorfische Schwanzflossen ACANTHURIDAE
Vlamings-Nasendoktor *Naso vlamingii* 95
Weißkehl-Doktorfisch *Acanthurus leucosternon* 31

Skorpionsfische SCORPAENIDAE
Drachenkopf *Scorpaenopsis oxycephala* 37
Gewöhnliche Rotfenfische *Pterois volitans* 40

Soldatenfische HOLOCENTRIDAE
Riesen-Husar *Sargocentron spiniferum* 117
Soldatenfisch *Myripristis adusta* 42
Weißspitzen-Soldatenfisch *Myripristis vittata* 42

Stachelmakrelen CARANGIDAE
Blauflossen-Makrele *Caranx melampygus* 97
Dickkopf-Makrele *Caranx ignobilis* 103
Großaugen-Makrele *Caranx sexfasciatus* 65
Querstreifen-Makrele *Carangoides ferdau* 52
Regenbogen-Renner *Elagatis bipinnulata* 33
Rotschwanz-Heringsmakrele *Decapterus macarellus* 46
Schwarze Makrele *Caranx lugubris* 62
Stupsnasen-Pompano *Trachinotus blochii* 38

Straßenkehrer LETHRINIDAE
Goldlinien-Straßenkehrer *Gnathodentex aurolineatus* 47
Großaugen-Straßenkehrer *Monotaxis grandoculus* 47

Süßlippen HAEMULIDAE
Gefleckte Süßlippe *Plectorhinchus chaetodonoides* 105
Orient-Süßlippe *Plectorhynchus orientalis* 69

Thunfische SCOMBRIDAE
Hundezahn-Thunfisch *Gymnosarda unicolor* 67

Trompetenfisch AULOSTOMIDAE
Trompetenfisch *Aulostomus chinensis* 31

KLASSE DER REPTILIA (Reptilien)

Lederschildkröten DERMOCHELIDAE
Lederschildkröte *Dermochelys coriacea* 55

Schildkröten CHELONIDAE
Bastard Schildkröte *Lepidochelys olivacea* 55
Echte Karettschildkröte *Eretmochelys imbricata* 55
Suppenschildkröte *Chelonia mydas* 55
Unrechte Karettschildkröte *Caretta caretta* 55

Tauchplatzverzeichnis

NORD MALE ATOLL

Akirifushi Caves 54
Aquarium 35
Asdhoo Rock 32
Back Faru 41
Banana Reef 42
Banana Reef (West) 48
Bandos 43
Baros Thila 48
Barracuda Thila 37
Black Coral Reef 43
Blue Lagoon 36
Blue Lagoon (West) 52
Bodu Giri 33
Bodu Hithi Thila 50
Cave Corner 32
Chicken Island (Nord) 34
Chicken Island 41
Club Med Corner 41
Colosseum 34
Coral Garden 36
Coral Garden (Nord) 54
Eri Faru 54
Erlangen 26
Fairytale Reef 28
Far Reef 30
Funadhoo 43
Furana North 41
Furana South 41
Furana Thila 41
Guruwa Faru 28
Hannes Reef 40
Hans Hass Place 45
Helengeli Thila 29
Hembadhoo Wreck 50
Himmiya Beyru 54
HP Reef 36
Hulhule Reef 43
Ihiga 52
Ilkka Reef 37
Kagi 28
Kagi Kandu 29
Kani Corner 35
Kikki Reef 45
Kuda Faru 53
Kuda Haa 47
Kuda Kandu 30
Kuda Thila 53
Kukulhu 41
Lady Christine 27
Lankan Caves 39
Lions Head 46
Long Reef 31
Maagiri Caves 40
Maagiri Thila 40
Madigaa 52
Madi Thila 51
Madivaru 52
Maldive Victory 44
Manta Point 39
Mas Thila 48
Meeru Corner 33
Middle Point 36
Miyaru Faru 31
Miyaru Thila 31
Nakatcha Thila 48
Nassimo Thila 38
Okobe Thila 37
Old Shark Point 46
Old Virgin 36
Olhahali Caves 54
Palm Reef 36
Peak 50
Potato Reef 37
Prisca Corner 32
Prisca Head 31
Rasfari 49
Rassag Place 28
SS Sea Gull 26
Saddle 53
Shallow Point 48
Shark Point 53
Stairs 33
Vah Kandu 28
Wall 48
West Point 52
West Rock 33
Z Reef 53
Ziyaarai Thila 53

SÜD MALE ATOLL

Adam Faru 69
Balcony 70
Bushy Thila 64
Bolifushi Housereef 63
Cathedral 62
Cocoa Corner 65
Coral Garden 61
Coral Garden (Ost) 63
Dhigu Thila 64
Embudhoo Canyon 62
Embudhoo Express 63
Embudhoo Kandu 63
Embudhoo Thila 63
Guraidhoo Corner 67
Ihi Reef 69
Kandooma Caves 65
Kandooma Thila 65
Kuda Giri 65
Kudarah 69
Lhohi Faru Thila 69
Lhohi Housereef 69
Lhohi Paradise 69
Lhosfushi Kandu 66
Maafushi Caves 65
Manta Point 64
Mas Thila 63
Medhu Faru 66
Miyaru Faru 65
Ramm Faru 69
Ran Faru 69
Ran Thila 65
Ranikan 68
Rannalhi Faru 70
Sandune 66
Shark Point 63
Vaadhoo Caves 61
Vaadhoo Housereef 60
Vaagali Bodu Thila 70
Vaagali Caves 70
Velassaru Caves 60

NORD ARI ATOLL

Bathalaa Maagaa Kanthila 80
Beyru Thila 79
Beyru Madivaru 79
Berucolo Falhu 89
Berucolo Thila 89
Bluecaves 89
Bodu Thila 83
Bodu Thila 77
Coral Garden 79
Dhiggaa Faru 89
Dhigu Thila 79
Donagali Thila 89
Donkalo Thila 88
Ellaidhoo Housereef 84
Fesdu Housereef 88
Fesdu Top 88
Fesdu Wreck 89

Fish Head 86
Gangehi Pass 77
Halaveli Wreck 82
Himendhoo Dhekunu Kandu 88
Kari Beyru Thila 80
Kuda Giri 77
Kuda Thila (Nord) 78
Kuda Thila 83
Kuramathi Housereef 76
Maa Thila 77
Maalhoss Thila 89
Maaya Thila 81
Mathaggahaa Faru 89
Medhu Thila 83
Miyaruga Thila 78
Mushimasmingili Thila 86
Orimas Thila 85
Rasdhoo Madivaru 75
Tin Thila 89
Ukulas Thila 77

SÜD ARI ATOLL

Angaga Thila 101
Ariyadhoo 98
Atabu Thila 104
Bodufinolhu Thila 99
Broken Rock 96
Bulandili 104
Bulhaa Lhohi Caves 102
Dega Thila 104
Dhidhdhoo Beyru Faru 98
Dhigurah Arches 96
Dhigu Thila 101
Dhigurah Thila 95
Eboodhoo 104
Emas Thila 105
Gondoli Thila 104
Huruelhi Kandu 100
Kudadhoo Beyru 98
Kudadhoo Etheru Faru 98
Kudarah Thila 97
Maamigili Faru 99
Maamigili Kandu 99
Madivaru 100
Manta Reef 100
Moofushi Kandu 105
Panettone 103
Pineapple Thila 101
Rangali North 101
Rangali Outside 101
Rangali South 100
Rehi Reef 102
Thinfushi Ethere Thila 95
Thundufushi Thila 103
Vilamendhoo Thila 94
Viligilivaru Thila 94

FELIDHOO ATOLL

Anbaraa 117
Anbaraa Thila 117
Boamas Kandu 117
Caravara Bodu 114
Caravara Ecola 114
Devana Kandu 112
Dhiggiri Kandu 110
Felidhoo Kandu 113
Fotteyo 115
Fufalhi Kandu 110
Fulidhoo Caves 110
Fushi Kandu 114
Hulhidhoo Kandu 113
Ihiga 110
Keyodhoo Kandu 114
Kudaboli Kandu 117
Kuda Kandu 114
Kunaavashi Kandu 117
Maafussaru Kandu 117
Manta Point 110
Medhu Kandu 111
Miyaru Kandu 111
Rakeedhoo Kandu 116
Vattaru Kandu 116

MULAKU ATOLL

Mulaku Kandu 117

FAADHIPPOLHU ATOLL

Fathima Kandu 123
Felivaru Kandu 122
Fushifaru Corner 124
Fushifaru Giri 124
Fushifaru Thila 124
Gaaerifaru Kandu 121
Guraidhoo Corner 123
Kanuhuraa Corner 123
Kuredu Caves 121
Kuredu Express 125
Kuredu Housereef 121
Latheef Reef 121
Maa Giri 123
Nakolhu Giri 122
Shipyard 122
The Wall 121

ADDOO ATOLL

British Loyalty 129
Bushy West 130
Demon Point Bay 129
Fihal Faru 130
Gan Inside 131
Gulda Lamago 129
Kanandhou Kaleyge Galha 131
Koattey Beryu West 130
Las Pueblas 130
Maa Kandu 130
Maa Kandu Beyru 130
Muli Kolhu Faru 130
Shark Point 130
Viligili Inside 131

SÜD MAALHOSMADULU ATOLL

Aidhoo 138
Bathalaa 136
Bodu Thila 138
Dhigu Thila 138
Dharavandhoo Thila 138
Dhigali Haa 140
Dhonfanu Thila 138
Eydhafushi 140
Horubadhoo Thila 140
Hulhudhoo 140
Kamadhoo 137
Kuda Thila 138
Kudadhoo Corner 140
Kunfunadhoo Corner 140
Landaa Giraavaru 137
Landaa Giraavaru Lagoon 137
Maaddoo Corner 140
Maaddoo Giri 140
Maalhoss 139
Miriandhoo Thila 140
Nelivaru 140
Ohgali Haa 140
Voavah 136

GOIDHOO ATOLL

Naamuli Wreck 141

Tauchsafariboote auf den Malediven

SCHIFFSNAME	KONTAKTADRESSE AUF DEN MALEDIVEN	TEL. (960)	FAX (960)	EMAIL	TECHNISCHE DATEN - BOOT: Länge (Meter)	Breite (Meter)	Tiefgang (Meter)	Schallgedämpfter Generator	Reisegeschwindigkeit (Knoten)	UNTERBRINGUNG: Passagiere (Anzahl)	Kabinen (Anzahl)	Kabinen mit eigener Toilette (Anzahl)	Kabinen mit Gemeinschaftstoilette (Anz.)	Heißwasser
Aisha	Crown Company Pvt Ltd	322432	324009	crown@dhivehinet.net.mv	25.3	6.7	2.8	✓		14	7	7		
Barutheela	Barutheela Enterprises	772047	316824	baru@dhivehinet.net.mv	28.0	7.5	2.5	✓	11	16	6	6		
Blue Dolphin	Grey Dolphin Travel Pvt Ltd	315439	321549		25.0	6.5	2.5	✓	10	12	6		6	
Blue Planet	Guraabu Trade and Travels	772678	450501	guraabu@usa.net	19.0	5.5		✓	12	10	5			
Blue Shark	M. Stella	327826	326382		26.8	9.0	3.0	✓	10	30	9	9		✓
Bodumahora	Pheonix Hotel and Resorts Pvt Ltd	323181	325499	phoenix@dhivehinet.net.mv	21.0	7.7	1.2	✓	12	12	6	6		
Cassiopaia	Dream Diving Tours Maldives Pvt Ltd	313275	327284	dream_diving@t_online.de	23.0	8.0		✓	9	14	7		7	
Cozy	Noomara Holidays Pvt Ltd	316146	314471	noomara@dhivehinet.net.mv	16.0	4.5	1.8		10	10	5		5	
Dhandahelu II	Pheonix Hotel and Resorts Pvt Ltd	323181	325499	phoenix@dhivehinet.net.mv	18.9	6.5	1.8	✓	10	12	6	6		
Discovery I	Isle Cruising Pvt Ltd	771383	316153		32.0			✓	11	25	11	11		✓
Dolphin	Seafari Adventures Club	316172	316783	seafari_maldives@iol.it	16.0	5.0	1.4	✓	9	9	4		4	
Eagle Ray	Albatros Top Boat (www.albatros.com)	324773	310782	albatrostopboat@gse.it	30.0	9.0	2.0	✓	8	14	7	7		
Fathuhul Bari	Albatros Top Boat (www.albatros.com)	324773	310782	albatrostopboat@gse.it	32.0	9.0	2.0	✓	9	20	10	10		
Flying Fish	Panorama Maldives Pvt Ltd	327066	326542	panorama@dhivehinet.net.mv	26.0	9.0	3.0	✓	10	16	8	8		
Gahaa	Voyages Maldives	323617	325336	voyages@dhivehinet.net.mv	18.2	6.0	2.3		8	10	5		5	
Green Peace	Voyages Maldives	323617	325336	voyages@dhivehinet.net.mv	15.4	4.7	1.5		8	6	2		2	
Gulfaam	Voyages Maldives	323617	325336	voyages@dhivehinet.net.mv	19.3	6.0	2.3		8	12	6		6	
Haveli	Panorama Maldives Pvt Ltd	327066	326542	panorama@dhivehinet.net.mv	30.0	10.0	3.0	✓	12	22	11	11		✓
Horizon Cruiser	Blue Horizon Pvt Ltd	321169	328797	bluehrzn@dhivehinet.net.mv	28.0	9.0	1.6	✓	11	18	9	9		✓
Horizon II	Blue Horizon Pvt Ltd	321169	328797	bluehrzn@dhivehinet.net.mv	15.0	5.0	1.0	✓	11	6	3	3		
Iruvai	South Asia Charters Pvt Ltd	321931	327355	info@sacharter.com	18.9	5.0	2.1	✓	8	8	4	4		✓
Kaaviya	Pheonix Hotel and Resorts Pvt Ltd	323181	325499	phoenix@dhivehinet.net.mv	20.0	6.0	1.7	✓	12	12	6		6	
Kamana	Meeru Male Office	314149	314150	meeru@dhivehinet.net.mv	28.0	6.4	2.6	✓	8	14	7		7	
Keema	Maldives Scuba Tours	320981	320981	creative@dhivehinet.net.mv	25.0	8.0		✓	12	12	6	6		✓
Kethi	Voyages Maldives	323617	325336	voyages@dhivehinet.net.mv	19.5	6.5	2.5	✓	10	12	6		6	
Koimala	Voyages Maldives	323617	325336	voyages@dhivehinet.net.mv	23.0	6.8	2.8	✓	10	12	6	2	4	
Kudhiboli	Pheonix Hotel and Resorts Pvt Ltd	323181	325499	phoenix@dhivehinet.net.mv	19.6	5.9	1.6	✓	10	10	5		5	
Kureli	Pheonix Hotel and Resorts Pvt Ltd	323181	325499	phoenix@dhivehinet.net.mv	20.1	6.0	1.1	✓	10	12	6		6	
M/Y Jaariya	Liveaboard Maldives Pvt Ltd	325152	325152	liveaboa@dhivehinet.net.mv	38.0	8.0	2.8	✓	11	20	10	10		✓
Maarana	Liveaboard Maldives Pvt Ltd	325152	325152	liveaboa@dhivehinet.net.mv				✓						✓
Maavahi	Albatros Top Boat (www.albatros.com)	324773	310782	albatrostopboat@gse.it	27.0	8.5	1.8	✓	10	16	8	8		✓
Madivaru 3	Seafari Adventures Club	316172	316783	seafari_maldives@iol.it	24.0	8.0	1.8	✓	12	11	7	5	2	
Madivaru 7	Seafari Adventures Club	316172	316783	seafari_maldives@iol.it	30.0	12.0	2.0	✓	12	16	8	8		
Manthiri	Sea N See Pvt Ltd (www.manthiri.com)	325634	325633	seansee@dhivehinet.net.mv	25.9	7.6	2.2	✓	10	12	6	6		✓
Mendhoo	Pheonix Hotel and Resorts Pvt Ltd	323181	325499	phoenix@dhivehinet.net.mv	21.1	6.4	1.3	✓	12	12	6		6	
Moodhumaa	OK Maldives	324463	324463	okmaldives@wanadoo.Fr	26.0	7.0	1.8	✓	12	14	7	7		✓
Moonima	Madoogali Male Office	317975	317974		26.0			✓	10	12	5	5		✓
Nasruali	Lifsham Travel & Tours	325386	320381	lift23@dhivehinet.net.mv	19.8	8.3		✓	14	12	6	6		
Nasrumano	New Flower	390097	390098		22.8	8.2		✓	10	10	5	5		
Nautilus One	Nautico Maldives Pvt Ltd	315253	324496	nautico@dhivehinet.net.mv	30.0	9.5	2.0	✓	14	16	8	8		
Niru	Blue Horizon Pvt Ltd	321169	328797	bluehrzn@dhivehinet.net.mv	16.3	5.2		✓	8	8	4		4	
Ocean Safari	Travelin Maldives Pvt Ltd	317717	314977	travelin@dhivehinet.net.mv	23.0	9.6	2.5	✓	10	20	10		10	✓
Orca	Panorama Maldives Pvt Ltd	327066	326542	panorama@dhivehinet.net.mv	22.0	8.0	3.0	✓	8	12	6	6		
Panorama	Panorama Maldives Pvt Ltd	327066	326542	panorama@dhivehinet.net.mv	17.0	5.5	1.5	✓	8	8	4	4		
Sarah I	Eurodivers	316879	313868	edmaldop@dhivehinet.net.mv	24.0	7.0	2.0	✓	12	12	6	4	2	
Sea Coral	Voyages Maldives	323617	325336	voyages@dhivehinet.net.mv	18.0	5.4	1.6		8	8	4		4	
Sea Farer	Voyages Maldives	323617	325336	voyages@dhivehinet.net.mv	17.0	5.3	1.6		8	8	4		4	
Sea Pleasure	Sea Explorers Assoc.iates	771437	316783	pleasure@dhivehinet.net.mv	17.5	5.8	1.0	✓	10	8	4	4		
Sea Queen	Maldives Scuba Tourss	320981	320981	creative@dhivehinet.net.mv										
Sea Ranger	Voyages Maldives	323617	325336	voyages@dhivehinet.net.mv	15.3	4.7	1.5		8	6	3		3	
Shadas	Shadas Pvt Ltd	310179	310179	shadas@tim.it	16.0			✓	12	7	4	4		
Silvester	Yacht Tours Maldives Pvt Ltd	316454	310206	yachtour@dhivehinet.net.mv	30.8	9.0	2.5	✓	11	16	8	8		✓
Sosun	Candy Maldives Pvt Ltd	322854	322855		20.0	6.5			10	8	4	1	3	
Suwasa	Pheonix Hotel and Resorts Pvt Ltd	323181	325499	phoenix@dhivehinet.net.mv	16.2	4.9	1.2	✓	8	11	4		4	
Tombilli	MA.Nooree	320981	320981	creative@dhivehinet.net.mv	26.0	8.0		✓	12	12	6	6		✓
Triton	Blue Fin Cruise Pvt Ltd	310976	310976		21.5	6.4		✓	10	10	5		5	
Vaaredhuni	Island Holidays	320856	316272	holidays@dhivehinet.net.mv	21.0	6.0		✓	12	10	5		5	
Warrior	Noomara Holidays Pvt Ltd	316146	314471	noomara@dhivehinet.net.mv	16.0	4.5	1.8		10	8	4		4	
Wattaru	Noomara Holidays Pvt Ltd	316146	316146	noomara@dhivehinet.net.mv	20.0	5.0	2.0		8	9	4		4	
KREUZFAHRTSCHIFFE														
Atoll Explorer	Universal Enterprises	323080	322678	sales@unisurf.com	47.6			✓	9.5	40	20	20		✓
Coral Princess	Eastinvest Pvt Ltd	320850	323463	halaveli@dhivehinet.net.mv	40.8	12.8	2.8	✓	8	43	19	19		✓
Island Explorer	Universal Enterprises	323080	322678	sales@unisurf.com	84.4	13.3	6.7	✓	16	148	74	74		✓
Ocean Paradise	Travelin Maldives Pvt Ltd	317717	314977	travelin@dhivehinet.net.mv	74.0	12.0	4.5	✓	12	100	50	12	38	✓

	TAUCHEN								KOMUNIKATIONSSYSTEME				ZUSÄTZLICHE AUSSTATTUNG						SONSTIGES				
SCHIFFS-NAME	Sprachen an Bord *	Begleitdhoni	Zwei Tauch-gänge pro Tag	Vier Tauch-gänge pro Tag	Nachttauchen	Unbegrenztes Tauchen	Sauerstoff	Leihausrüstung	Funktelefon	Mobiltelefon	VHF-Funk	CB-Funk	Klimaanlage	Meerwasserauf-bereitungsanlage	Ladegeräte	220 Volt	110 Volt	12 Volt Gleichstrom	Sonnendeck	Hochseefischen	Windsurfen	Bar an Bord	Videogerät
Aisha												✓				✓		24	✓	✓		✓	
Barutheela	e,g,m	✓				✓	✓	✓	✓	✓	✓	✓	✓	✓	✓	✓		12	✓	✓	✓	✓	✓
Blue Dolphin	m,e,g	✓				✓	✓	✓		✓		✓			✓	✓		24	✓	✓		✓	✓
Blue Planet	g	✓	✓		✓		✓	✓	✓	✓		✓			✓	✓		12	✓			✓	✓
Blue Shark	m,e	✓		✓	✓	✓	✓		✓	✓			✓			✓		12	✓	✓		✓	✓
Bodumahora	m,e	✓				✓	✓	✓	✓			✓			✓	✓		12	✓	✓			✓
Cassiopaia	e,g	✓	2,3		✓		✓	✓		✓	✓				✓	✓		24	✓			✓	✓
Cozy	m,e		✓		✓		✓	✓				✓				✓		24	✓		✓	✓	
Dhandahelu II		✓				✓	✓	✓	✓			✓			✓	✓		12	✓	✓			✓
Discovery I	m,g	✓	✓		✓	✓	✓	✓		✓		✓	✓	✓	✓	✓		✓	✓			✓	✓
Dolphin	e,i	✓	✓	✓	✓	✓	✓				✓	✓			✓	✓			✓	✓	✓	✓	✓
Eagle Ray	m,i,e,f,g	✓	2/3		✓		✓	✓	✓	✓	✓	✓			✓	✓		12	✓		✓	✓	✓
Fathuhul Bari	m,i,e,f,g	✓	✓		✓		✓	✓	✓	✓	✓	✓	✓	✓	✓	✓		12	✓		✓	✓	✓
Flying Fish	i	✓		✓	✓	✓	✓	✓		✓		✓				✓	✓	12	✓	✓	✓		✓
Gahaa	e,f	✓	✓		✓	✓	✓	✓	✓		✓	✓				✓		12	✓		✓		
Green Peace	e	✓	✓		✓			✓				✓				✓		12	✓		✓		
Gulfaam	e,f	✓	✓		✓	✓	✓	✓			✓	✓				✓		12	✓		✓		
Haveli	g	✓		✓	✓	✓	✓	✓		✓		✓		✓		✓	✓	12	✓	✓	✓		✓
Horizon Cruiser	m,e,i,g	✓	✓	✓	✓	✓	✓	✓		✓	✓	✓	✓	✓	✓	✓	✓	12	✓	✓	✓	✓	✓
Horizon II	m,e,i,j,g		✓	✓	✓	✓	✓	✓		✓		✓			✓	✓		12	✓	✓	✓	✓	✓
Iruvai		✓	✓				✓	✓		✓	✓	✓	✓	✓	✓	✓		12	✓	✓		✓	✓
Kaaviya	m,e	✓	✓			✓	✓	✓	✓			✓			✓	✓		12	✓	✓			✓
Kamana	m,e,	✓	3		✓		✓	✓		✓	✓	✓	✓	✓		✓			✓			✓	✓
Keema	e	✓	3		✓		✓	✓		✓		✓	✓	✓	✓	✓	✓	12	✓	✓	✓	✓	✓
Kethi	e,f	✓	✓		✓	✓	✓	✓	✓		✓	✓				✓	✓	12	✓		✓		✓
Koimala	e,i	✓	✓		✓	✓	✓	✓	✓		✓	✓	✓			✓	✓	12	✓		✓		✓
Kudhiboli	m,e	✓				✓	✓	✓	✓			✓			✓	✓		✓	✓	✓			✓
Kureli	m,e	✓				✓	✓	✓	✓			✓			✓	✓		✓	✓	✓			✓
M/Y Jaariya	e,g,m	✓	✓		✓		✓	✓	✓		✓	✓	✓	✓	✓	✓		12	✓	✓	✓	✓	✓
Maarana	e,g,m	✓	✓		✓		✓	✓	✓			✓	✓	✓	✓	✓		12	✓		✓	✓	
Maavahi	m,i,e,f,g	✓	✓		✓		✓	✓	✓	✓	✓	✓	✓		✓	✓		12	✓		✓	✓	✓
Madivaru 3	e,i	✓	✓	✓	✓		✓	✓	✓		✓	✓	✓	✓	✓	✓	✓	12	✓	✓		✓	✓
Madivaru 7	e,i	✓		✓			✓	✓	✓	✓	✓	✓	✓	✓	✓	✓	✓	12	✓	✓		✓	✓
Manthiri	e	✓		✓	✓		✓	✓	✓		✓		✓	✓	✓	✓	✓	✓	✓			✓	✓
Mendhoo	m,e	✓				✓	✓	✓	✓			✓			✓	✓		✓	✓	✓			✓
Moodhumaa	e	✓	✓		✓		✓	✓	✓	✓		✓	✓	✓		✓		✓	✓	✓		✓	✓
Moonima	i,e,d	✓	✓		✓		✓	✓		✓		✓		✓	✓	✓		✓	✓	✓		✓	✓
Nasruali	e	✓			✓	✓		✓				✓			✓	✓		12	✓	✓		✓	
Nasrumano	g	✓			✓	✓	✓	✓				✓	✓		✓	✓		12	✓	✓	✓	✓	✓
Nautilus One	m,e,g	✓				✓	✓		✓	✓	✓	✓		✓	✓	✓		12	✓	✓	✓	✓	✓
Niru	m,e		✓	✓	✓	✓	✓	✓		✓		✓				✓	✓	✓	✓	✓	✓	✓	✓
Ocean Safari	m,e	✓			✓	✓	✓	✓	✓	✓	+UHF	✓	✓	✓	✓	✓		✓	✓	✓	✓	✓	✓
Orca	g	✓		✓	✓	✓	✓	✓				✓				✓	✓	✓	✓	✓	✓	✓	✓
Panorama	i	✓		✓	✓	✓	✓	✓		✓		✓				✓	✓	✓	✓	✓	✓	✓	✓
Sarah I	e,g		✓		✓	✓	✓	✓				✓				✓			✓	✓	✓	✓	✓
Sea Coral	e	✓	✓		✓							✓				✓		✓	✓		✓		
Sea Farer	e	✓	✓		✓							✓				✓		✓	✓	✓		✓	
Sea Pleasure	e,g,i,f,d	✓	✓	✓	✓		✓	✓		✓	✓	✓		✓	✓	✓		✓	✓			✓	✓
Sea Queen	e,m																			✓	✓	✓	✓
Sea Ranger	e	✓	✓		✓							✓				✓		✓	✓		✓		
Shadas	i,e,f	✓	✓		✓		✓	✓			✓	✓				✓		✓	✓	✓		✓	
Silvester	m,i	✓	✓				✓		✓	✓	✓	✓	✓	✓	✓	✓		12	✓	✓		✓	✓
Sosun	m,e	✓						✓				✓				✓		24	✓	✓		✓	✓
Suwasa	m,e	✓				✓	✓	✓	✓			✓			✓	✓		✓	✓	✓			✓
Tombilli	g,e	✓	2,3		✓		✓	✓		✓		✓		✓		✓		✓	✓	✓		✓	✓
Triton	m,e,g	✓	2,3		✓		✓	✓				✓				✓		✓	✓	✓	✓	✓	✓
Vaaredhuni	m,e	✓	2,3		✓		✓		✓			✓			✓	✓			✓				
Warrior	m,e,i	✓			✓	✓	✓	✓		✓		✓				✓		✓		✓	✓	✓	✓
Wattaru	m,i	✓	✓		✓		✓		✓			✓			✓	✓		✓		✓	✓	✓	✓
KREUZFAHRTSCHIFFE																							
Atoll Explorer	m,e	✓	✓		✓		✓	✓	✓	✓	✓	✓	✓	✓	✓	✓	✓	✓	✓		✓	✓	✓
Coral Princess	e,g,j	✓	✓		✓		✓	✓	✓	✓	✓	✓	✓	✓	✓	✓		12	✓	✓	✓	✓	✓
Island Explorer	m,e	✓	✓		✓	✓	✓	✓	✓	FAX/IDD	+UHF	✓	✓	✓		✓		✓	✓		✓	✓	✓
Ocean Paradise	m,e	✓	✓	✓	✓	✓	✓	✓	✓	✓	+UHF	✓	✓	✓	✓	✓	✓	12	✓	✓	✓	✓	✓

* e=Englisch, g=Deutsch, i=Italienisch, m=Maledivisch, f=Französisch, sw=Skandinavisch, j=Japanisch, d=Holländisch sp=Spanisch

Verzeichnis der Ressorts

Ressortname	Inselname	Seite	Entfernung Flughafen (km)	Zimmer	Tel.-Nr. Ressort	Tel.-Nr. Male	Fax-Nr. Ressort	Fax-Nr. Male
Alimatha Aquatic Resort		108	58	102	450575	323524	450544	322516
Angaga Island Resort		93	92	50	450510	318136	450520	323115
Ari Beach Resort	Dhidhdhoo Finolhu	92	92	121	450513	321930	450512	327355
Asdu Sun Island		23	32	30	445051	322169	445051	324300
Athurugau Island Resort		93	77	46	450508	310489	450574	325336
Bandos Island Resort		21	8	225	440088	325529	443877	321026
Banyan Tree	Vabbinfaru	25	16	48	443147	323369	443843	324752
Baros Holiday Resort		25	14	75	441920	323080	443497	322678
Bathala Island Resort		74	58	37	450587	315236	450558	315237
Biyadoo Island Resort	Biyaadhoo	58	34	96	447171	324699	447272	327014
Boduhithi Coral Island		24	27	87	443981	313938	442634	313939
Boduhuraa		57	27	36	443599	314008	443886	327058
Bolifushi Island Resort		59	16	40	443517	317526	445924	317529
Club Med	Farukolufushi	21	2	152	443021	322976	441997	322850
Club Rannalhi		58	34	116	442688	323323	442035	317993
Coco Palm Resort	Dhunikolhu		124	100	230011	324658	230022	325543
Cocoa Island Resort	Makunufushi	58	34	8	443713	322326	441919	322326
Dhiggiri Tourist Resort		107	68	45	450593	323524	450592	322516
Dhigufinolhu Island Resort		57	27	97	443599	314008	443886	327058
Ellaidhoo Tourist Resort		74	58	50	450586	317717	450514	314977
Embudhu Village	Eboodhoo	57	11	117	444776	322212	442673	318057
Eriyadhoo Island Resort		24	40	46	444487	324933	445926	324943
Fesdu Fun Island	Fesdhoo	74	72	55	450541	323080	450547	322678
Fihaalhohi Tourist Resort		58	35	69	442903	323369	443803	324752
Filitheyo Island Resort	(*Nov. 1999)		120	125		324933		324943
Four Seasons Resort at Kuda Huraa		22	16	106	444888	325529	441188	318992
Full Moon Beach Resort	Furanafushi	21	8	150	442010	323080	441979	322678
Fun Island Resort	Bodufinolhu	58	35	100	444558	316161	443958	314565
Gangehi Island Resort		73	77	25	450550	323938	450506	313939
Gasfinolhu Island Resort		22	23	40	442078	323441	445941	322964
Giraavaru Tourist Resort		25	11	64	440440	318422	444818	318505
Hakuraa Club	Hakuraa Huraa		129	70	460014	313738	460013	326264
Halaveli Holiday Village		74	61	56	450559	322719	450564	323463
Helengeli Tourist Village		23	43	50	444615	328544	442881	325150
Hilton Maldives on Rangali Island		92	96	130	450629	324232	450619	324009
Holiday Island	Dhiffushi	92	93	142	450011	316161	450022	314565
Hudhuveli Beach Resort	Lankanfushi	22	13	44	443982	325529	443849	321026
Ihuru Tourist Resort		25	16	45	443502	326720	445933	326700
Kandooma Tourist Resort	Kandoomafushi	58	29	81	444452	323360	445948	326880
Kanifinolhu Tourist Resort		22	19	145	443152	322451	444859	323523
Kanuhuraa Beach & Spa Resort	(*Nov. 1999)	119	125	100		324830		310549
Kihaadhuffaru (Le Meridien)		134	105	100	230346	320157	230347	327748
Komandhoo Island Resort		119	129	45	230377	326545	230377	326544
Kudahithi Tourist Resort		24	27	7	444613	313938	441992	313939
Kudarah Island Resort		92	88	30	450610	313938	450550	313939

Ressortname	Inselname	Seite	Entfernung Flughafen (km)	Zimmer	Tel.-Nr. Ressort	Tel.-Nr. Male	Fax-Nr. Ressort	Fax-Nr. Male
Kuramathi Tourist Resort		73	53	274	450527	323080	450556	320274
Kuredu Island Resort	Kuredhdhoo	119	117	300	230337	326545	230332	326544
Kurumba Village	Vihamanaafushi	21	5	170	442324	323080	443885	320274
Laguna Beach Resort	Velassaru	59	11	129	445906	322971	443041	322678
Lhohifushi Island Resort		22	35	127	443451	313446	441908	318685
Lily Beach Resort	Huvahendhoo	91	85	77	450013	317464	450646	317466
Maayafushi Island Resort		74	63	60	450588	320097	450568	326658
Machchafushi Island Resort		92	95	48	454545	327849	454546	327277
Madoogali Tourist Resort		74	74	50	450581	317975	450554	317974
Makunudu Island	Makunudhoo	24	37	37	446464	324658	446565	325543
Medhufushi Island Resort	(*Nov. 1999)		129	120		324933		324943
Meeru Island Resort	Meerufenfushi	23	39	212	443157	314149	445946	314150
Mirihi Island Resort		92	92	35	450500	325448	450501	325448
Moofushi Resort		93	84	60	450598	326141	450509	313237
Nakatchafushi Tourist Resort		25	24	51	443847	322971	442665	322678
Nika Hotel	Kudafolhudhoo	73	74	27	450516	325091	450577	325097
Ocean Reef Club	Gan	126	480	78	588019	321986	588020	310665
Olhuveli View Hotel		58	35	125	442788	320457	445942	320467
Palm Beach Island	Madiriguraidhoo	119	129	100	230084	314478	230084	314578
Palm Tree Island	Veligandu Huraa	57	27	52	443882	314008	440009	327058
Paradise Island Resort	Lankanfinolhu	22	10	260	440011	316161	440022	314565
Pearl Island Resort	Meedhupparu (*Mai 2000)		130	215	230116	323378	230128	324783
Ranveli Village	Viligilivaru	91	77	56	450570	316921	450523	316922
Reethi Beach Resort	Fonimagoodhoo	133	105	100	232626	323758	232727	328842
Reethi Rah Resort	Medhu Finolhu	24	35	60	441905	323758	441906	328842
Rihiveli Beach Resort	Mahaana Elhi Huraa	58	40	50	443731	322421	440052	320976
Royal Island	Horubadhoo (*Juni 1999)	134	95	150	230088	316161	230099	314565
Sonevafushi Resort	Kunfunadhoo	134	103	51	230304	326685	230374	324660
Summer Island Village	Ziyaaraiyfushi	24	37	92	441949	322212	441910	318057
Sun Island Resort	Nalaguraidhoo	92	100	350	450088	316161	450099	314565
Taj Coral Reef Resort	Hembadhoo	24	32	44	441948	313530	443884	314059
Taj Lagoon Resort	Eboodhoofinolhu	57	11	64	444451	317530	445925	314059
Tari Village	Kanu Huraa	22	16	24	440013	322537	440012	322798
Thulhaagiri Island Resort		22	11	58	445930	322844	445939	321026
Thundufushi Island Resort		93	87	67	450597	310489	450515	310390
Twin Island	Maafushivaru	92	85	38	450596	323512	450524	320274
Vaadhoo Diving Paradise		59	10	33	443976	325844	443397	325846
Vakarufalhi Island Resort		92	64	50	450004	314149	450007	314150
Velavaru Tourist Resort			125	92	460028	324658	460028	325543
Velidhu Island Resort	Velidhoo	73	69	87	450018	313738	450630	326264
Veligandu Island Resort		73	51	65	450519	322432	450648	324009
Vilamendhoo Island Resort		91	85	141	450637	324933	450639	324943
Villivaru Island Resort	Viligilivaru	58	34	60	447070	324699	447272	327014
Vilu Reef Resort	Meedhuffushi		129	68	460011	325977	460015	320419

Begriffe und Redewendungen in Dhivehi

ZAHLEN

Eins	*Eheh*
Zwei	*Dheiy*
Drei	*Thineh*
Vier	*Hathareh*
Fünf	*Faheh*
Sechs	*Haeh*
Sieben	*Hatheh*
Acht	*Asheh*
Neun	*Nuvaeh*
Zehn	*Dhihaeh*

WOCHENTAGE

Montag	*Hoama*
Dienstag	*Angaara*
Mittwoch	*Budha*
Donnerstag	*Buraasfathi*
Freitag	*Hukuru*
Samstag	*Honihiru*
Sonntag	*Aadheet'tha*

ZEIT

Tag	*Dhuvas*
Mittag	*Mendhuruh*
Abend	*Haveeru*
Mitternacht	*Mendhamu*
jetzt	*Mihaaru*
gestern	*Iyye*
morgen	*Maadhan*
Morgen	*Hendhunu*
Nachmittag	*Mendhuru fas*
Nacht	*Reygandu*
Morgendämmerung	*Fathis*
später	*Fahun*
heute	*Miadhu*

HILFREICHE WORTE

Anker	*Nagili*
Blut	*Ley*
Boot	*Dhoani*
Delphin	*Koamas*
Dünung	*Baani*
Ebbe	*Hiki dhiya*
eng	*Hani*
essen	*Kaan*
Fisch	*Mas*
Fischer	*Masveriya*
Flut	*Bodu dhiya*
Geld	*Faisaa*
Gezeiten	*Dhiya*
glücklich	*Ufaa*
groß	*Bodu*
Heck	*Kolhufas*
heiß	*Hoonu*
herüber	*Hurahah*
Himmel	*Udu*
Horizont	*Udhares*
Hummer	*Ihi*
Insel	*Rah/Fushi*
kalt	*Fini*
Kompaß	*Samugaa*
Koralle	*Gaa/Muraka*
Lagune	*Faruthere*
lang	*Dhigu*
leer	*Hus*
Mast	*Kunbu*
Medikament	*Beys*
Mond	*Handhu*
Muschel	*Boli*
naß	*Theiy*
oben	*Matheega*
Ozean	*Maakandu*
Regen	*Vissaara*
Regenbogen	*Vissaara dhuni*
Rettung	*Salaamaiykurun*
Riff	*Faru*
Ruder	*Hungaanu*
Sandbank	*Finolhu*
Seil	*Roanu*
Sonne	*Iru*
Springflut	*Foamathi*
Steigende Flut	*Foodhey dhiya*
Strand	*Athirimathi*
Strömung	*Oi*
Sturm	*Koligandu*
Tauchgang	*Feenun*
Temperatur	*Fini hoonu min*
trinken	*Boan*
Ufer	*Gondu dhoh*
Vogel	*Dhooni*
Wasser	*Fen*
Wellen	*Raalhu*
Wetter	*Moosun*
wieder	*Adhi*
Wind	*Vai*

HILFREICHE, LOKALE BEGRIFFE

Atoll	Eine Gruppe von Inseln, die von einer normalen Riffformation umgeben ist
Cona	Eine freies Gebiet zwischen Korallen
Falhu	Eine Lagune, die von einem Riff umgeben ist und in der sich bisweilen eine oder mehrere Inseln befinden
Faru	Eine langes Riff, das teils bei Ebbe sichtbar ist
Finolhu	Eine Insel mit nur wenigen oder gar keinen Kokospalmen darauf
Fushi	Eine große Insel, gewöhnlich am Außenriff eines Atolls gelegen
Futtaru	Ein Riff, an dem sich die Wellen brechen
Giri	Eine kleine Korallenerhebung, die bis einige Meter unter die Wasseroberfläche reicht
Halu	Ein Kahlschlag, eine freie Stelle in der Lagune
Kandu	Das Meer innerhalb eines Atolls
Kandu Olhi	Ein Kanal mit Verbindung zur offenen See, der durch ein Atoll führt
Maa Kandu	Das Meer außerhalb eines Atolls
Thila	Ein Korallenriff, die bis einige Meter unter die Wasseroberfläche reicht
Vilu	Eine tiefe Stelle innerhalb einer Lagune

HILFREICHE REDEWENDUNGEN

Wann gehen Sie?	*Kaley dhanee kon irakun*
Wo ist es ?	*E Kobaa*
Wohin gehen Sie?	*Kaley dhanee kon thaakah*
Beeilen Sie sich	*Avas kuraathi*
Gehen Sie voran	*Kuriah dhey*
Seien Sie langsam	*Madun dhey*
Wieviel?	*Kihaa vareh*
Wie geht es Ihnen?	*Haalu kihineh*
Danke	*Shukuriyyaa*
Passen Sie auf	*Balaathi*
Was ist es?	*Eee kon echcheh*
Was ist los, was liegt an?	*Kihineh vee*
Wann fahren wir?	*Aharemen dhanee kon irakun*
Wie lange dauert es?	*Kihaa ireh nagaanee*
Was für eine Insel ist es?	*E othee kon rasheh*
Wie heißt das Riff?	*Mi farah kiyanee kon nameh*
In welche Richtung geht die Strömung?	*Oi othee kon thaakah*
Entschuldigen Sie bitte, es tut mir leid	*Maafu kurey*
Seien Sie vorsichtig	*Faruvaa bahattaathi*
Ich verstehe	*Ehen dhoa*
Ja	*Aanh/ladda/aadhe*
Nein	*Noon*
Wie spät ist es?	*Gadin kihaa ireh*